商业社会的根基

渠敬东 主编

社会理论辑刊
第二辑

前　　言

在我们今日的生活中，经济的方面，已经成了社会中每个人无论是否喜欢，都不得不关心的基本问题和处境。但另一方面，又似乎没有人能够说清它到底是怎么一回事。决策者们，或许有着良好的意愿，却往往左支右绌、顾此失彼。职业经济学家们，凭借着高深的数学本领，摆弄着抽象复杂的模型，重复那些从未在现实中出现，却以之衡量现实的假设和命题。头脑灵活、社会经验丰富的人，密切关注着左右摇摆的政策，凭借自己的人脉和手腕，机警地捕捉着市场上突然出现又转瞬即逝的机会，捞一票就溜之大吉。靠收入养家糊口的大众，不辞辛劳地整日做着自己的活计，节俭度日，小有积攒，但盲目跟随风潮令辛苦钱一瞬间就被卷走。经济，似乎是一股无法安定又支配一切的巨大力量，人心随它而动，永无宁日。

所谓的经济，是否就是这样且从来如此？是否它来到这个世界，就是为了扰乱一切人的生活，而从来没有自己的归宿和家园？

当然不是这样。在本辑《社会理论辑刊》中，主题研究的相关文章，正是要从不同的角度，尝试帮助我们理解什么是现代经济社会，它到底来自何方，有着什么样的理由和根基。作为现代私有财产学说和政治经济学的奠基人，约翰·洛克的思想观点有着重要意义。与通常的理解不同，他并不是贪婪占有的鼓吹者，也不是资本主义的辩护士。他恰恰认为，只有基于普遍劳动的分工社会，使每个人不安分的自由各得其所，将自我借助劳动的道德自由落实于财产，才能真正克服贪婪与奴役，使每个人拥有实现梦想、获得此世幸福的可能。丹尼尔·笛福这位"小说大家"，讲述鲁滨逊流落荒岛的故事,看似传奇,却饱含着洞察现代经济社会的深意。和洛克有些类似,他并非主张远离经济社会的浮华躁动,孤身一人离群索居;而是正要指出,对于在波涛汹涌的激情与虚妄之海上航行的现代人,只有真正坚定的伦理生活和信仰,才是他们确定航向、找到友人的星与罗盘。他为英国所做的商业规划,正是对现代经济如何增强国力、改善民风、重塑社会结构的正面阐述。笛福的整体眼光和政治视野也向我们表明,现代经济社会并不是理性自利的抽象原子博弈的市场,它的真正良性运行,需要具有自身整体性的社会组织和国家。在这方面,继承了培根学术传统的威廉·配第(William Petty),从神性自然和商业帝国两重视角出发,向我们说明,现代经济社会之所以在英国繁荣成长起来,背后有着什么样的相应世界观和政治思想的转变。

这些文章都向我们表明,探讨现代经济社会的思想家们十分清楚,现代社会并不天然是一种"脱嵌"的状态;相反,"脱嵌"恰恰表明我们太过关心经济本身,而不够关心人的道德信仰与伦理实践、社会组织的生存状态、国家的政治理想与文化的高远之境。对社会来说,经济只有依靠这些方面才有健康的生命,而它们也要依靠健康的经济才有活力。经济生活包含的想象、筹划、财富和国力这些巨大的抽象力量,必须落实于每个人具体的伦理生活和实践行动,伴随着相应的道德品质,才不会将我们的生活变成危险的旋涡。

当然,本辑所讨论的这些思想家,他们并没有生活在资本主义高度发达的时代。他们所想象的经济社会,要比今日的简单朴实许多。他们也并没有直接面对我们的困难处境,给出直接的解决方案。但这并不意味着他们的思想对我们没有意义。恰恰相反,或许正是因为他们与我们有距离,对于总是生活在狭隘自我想象中的我们,才有着更多的价值。如果我们承认,他们看问题的确比我们深刻,他们作品中蕴含的人性与生活,就并不那么陌生、遥远。他们同样是我们需要面对的传统,更何况这条道路,我们今天也不得不践履其中。无论是要走出某种新路,还是想要"走在老路上",抑或二者兼顾,问道于先贤总不会错。

王　楠

2020 年 6 月 7 日

目录

·主题研讨　商业社会的根基

自然状态与政治社会

　　——约翰·洛克的现代社会观 - 王　楠　3

鲁滨逊的出走、改造与重返 - 杨　璐　101

英国商业规划

　　——前言及首章 - 丹尼尔·笛福　163

笛福年表 - 杨　璐　219

"政治算术"：商业帝国的经纶之道 - 康子兴　255

·学术论文

道德理想与社会重组

　　——涂尔干宗教研究的理论意图 - 陈　涛　293

·中国研究

臣为君服 - 谭明智　351

新史学与中国早期社会理论的形成

　　——以陈黻宸的"民史"观为例 - 侯俊丹　375

·书　评

约翰·奥尼尔的醉与爱

　　——读《灵魂的家庭经济学》- 孙飞宇　411

滕尼斯的学术传统与政治担当

　　——评《滕尼斯传：佛里斯兰人与世界公民》- 张巍卓　465

主题研讨　商业社会的根基

自然状态与政治社会
—— 约翰·洛克的现代社会观 ／王楠

约翰·洛克(John Locke,1632—1704年)已经逝去300多年了,但在20世纪后半期的政治哲学和思想史研究中,他却从未离开过人们的视线。从旁人的角度来看,学界的争论似乎只是学者们就如何解释大师的思想而进行的无关紧要的口舌之争,但事实绝非如此。洛克这样的思想家之所以始终处于争论的中心而没有被后人遗忘,恰恰在于他的思想对于现代社会至关重要,某些文明传统的道德实践和生活样式,与他的思想密切相关,甚至体现了他的理想和规划。所以,真正有意义的思想史争论的本质,是人们对现实生活的重新反思,是借助伟大哲人的思考来理解自己的生活。20世纪有关洛克的种种争论,正是争论洛克留给现代社会和西方文明的遗产到底是什么。

在这些争论中,洛克有关自然状态的学说是研究者争论最多的疑难问题之一。按照列奥·施特劳斯(Leo Strauss)的说法,他在《政府二论》(*The Second Treatise of Government*)①开篇所描绘的自然状态,堪称由上帝和善良精灵统治的黄金时代,可随后又亲手将其破坏殆尽,显露出缺乏安

---

① John Locke, "The Second Treatise of Government", in *Two Treatises of Government*, Peter Laslett (ed.), Beijing: China University of Political Science and Law Press, 2003;中文版参见洛克:《政府论》下篇,叶启芳、瞿菊农译,商务印书馆1964年版。本文将洛克的 *The Second Treatise of Government* 译为《政府二论》,*The First Treatise of Government* 译为《政府一论》,*Some Thoughts Concerning Education* 译为《教育漫话》,*Of the Conduct of the Understanding* 译为《论指导理解力》,understanding 一词视场合的需要而译为"理解力"或"理解"。除了《教育漫话》的献词及使用的某些英文版本的洛克著作,其引文标注采用英文版的页码,以及《漫谈绅士的阅读和学习》和《基督教的合理性》的注解引文标注选用中译本页码外,本文中引用的《人类理解论》《教育漫话》《论指导理解力》《政府论两篇》的引文标注的卷·章·节·段编号,均为洛克著作的标准编号,为各个英文本和中译本共同采用,故不专门指出所用版本,请读者留意。本文中洛克著作原文的中文翻译,笔者参考了现有的中文译本,部分有所改动。

全、充满争执和斗争的面貌①。这样奇特而明显的前后不一致,到底是洛克自己暗含深意,故作曲笔,还是根本就没想清楚这个问题? 围绕这个问题,洛克的研究者们各执一词,争论不休。

造成这种局面的直接原因,当然是洛克自己对自然状态异乎寻常的描述。从表面上看,洛克在《政府二论》一开篇似乎就已将自然状态说得明明白白,那是一个有着理性和自然法制约、人人自由平等、彼此尊重自然权利的和平状态。但继续读下去并细加琢磨,就会发现它着实令人困惑。洛克笔下的自然状态,弹性似乎非常大。一方面,它"自由却非放任","其中有着自然法来治理、约束着每一个人",是"完善的自由状态,人们在自然法的范围内,按照他们认为合适的方式,来安排其行动,处置他们的占有物和人格"。② 并且"在这种状态下,自然法的执行被交给了每一个人,人人都有权来惩罚这法的僭越者,以防止对它的违反为度"③。这样看来,自然状态应该相当完善,理性得到普遍尊奉,违法者人人得而诛之。可另一方面,洛克又大大方方地承认,自然状态有着种种"不便":自爱和激情会使得人们在处理案件时有所偏私,不适于自己充当法官④;对财产权的享有也"很不确定,始终有受他人侵犯的威胁",因为"大部分人并不严格遵从公道和正义,在这种状态下他对财产的享有很不安全、很不稳定……虽然自由却充满了恐惧和持续的危险"⑤。这样看来,自然状态下个人的财产,又似乎很容易遭受他人恶意和阴谋的威胁。更令人吃惊的是,洛克竟然公然承认,自然状态"缺少一种确立的、既定的和为人所知的法,经一致的同意接受为是非的标准和裁断纠纷的共同尺度"⑥;这一立场似乎与前面所说的自然状态是自然法支配的理性状态完全相悖。

---

① 列奥·施特劳斯:《自然权利与历史》,彭刚译,生活·读书·新知三联书店2003年版,第229—230页。
② 洛克:《政府二论》,第6段。
③ 洛克:《政府二论》,第7段。
④ 洛克:《政府二论》,第13、124段。
⑤ 洛克:《政府二论》,第123段。
⑥ 洛克:《政府二论》,第124段。

所以,虽然洛克强调,"自然状态与战争状态之间相去之远,有如和平、善意、互助和保存的状态与敌对、恶意、暴力和相互毁灭的状态之间的距离一般"①,但大量的文本证据表明,自然状态似乎距战争状态并不遥远,随时都可能滑到那一边去。自然状态似乎既很有秩序又缺乏秩序,既安定祥和又容易变质。这到底是怎么一回事?

既然自然状态包含着理性与激情、和平与战争这两个方面,研究者对它的解释也围绕着这两个方面展开。第一种观点认为,洛克的自然状态确实更多指的是和平而有理性的理想状态,接近《政府二论》第2章开头所描述的那种"和平、善意、互助和保存"的状态。只是由于人性的不足和外界条件的变化,才导致自然状态滑向了战争状态。约翰·邓恩(John Dunn)和科尔曼(John Colman)基本持这样的观点。前者认为自然状态是一种非历史的基于神学反思的抽象,没有经验内容;而后者则尽量压低人性中恶的一面,强调理性的一面。② 但这种解释存在两个问题。首先,如果自然状态那样好,人人或至少大多数人都是理性的自由人,那么这种向战争状态的滑落如何可能发生?理性的人们为何如此轻易地忘记了自然法,被激情和风俗带向了腐败?其次,上面这种解释本质上认为,社会越是接近未开化的原始状态,就越接近理想状态,但洛克并不爱用乡愁气息的笔触来描述初民社会。虽然他说过:"有理由认为,那些没有理性、未经教化的栖居者所在的山林,更适合给予我们行为的规则,那里的人因顺从自然而保持正直;而在城市和宫殿里的自称文明和理性的人们,却在榜样的权威影响之下,偏离了自己的正轨。"③但这段引文的上一段,就是洛克在《人类理解论》(*An Essay Concerning Human Understanding*)中提到过的灭绝人性的秘鲁土人的例子。洛克明确不赞成原始部落更有德性,"儿

---

① 洛克:《政府二论》,第19段。
② John Dunn, *The Political Thought of John Locke*, New York: Cambridge University Press, 1969, pp.97 – 103; John Colman, *John Locke's Moral Philosophy*, Edinburgh: Edinburgh University Press, 1983, pp.180 – 185.
③ 洛克:《政府二论》,第58段。

童、白痴、生番和文盲",并不比其他人更明白道德的真理。①

第二种解释则走向另一极端。其代表人物正是施特劳斯。在他看来,洛克有关自然状态的正面描述其实只是一种修辞,洛克的真正看法其实更接近霍布斯(Thomas Hobbes),战争状态才更接近人类根本处于的状态。② 与施特劳斯相比,迈克尔·扎科特(Michael Zuckert)的解读要全面些,他看到了自然状态可以和平也可以暴力的复杂性,但他仍然认为,自然法的执行权损害了自然法的主导性,使他的自然状态呈现出更为接近霍布斯的面向。③

第三种解释是彼得·拉斯莱特(Peter Laslett)的骑墙态度。他认为洛克的自然状态前后不一致,弹性如此之大,恰恰说明了后者"出色的现实主义",这种模糊不清的自然状态,"容纳了那些经常被人认为他和一般的个人主义态度所不具备的因素"④。但是,即使不考虑拉斯莱特对洛克《政府论两篇》的其他一些错误理解,他对自然状态的解释也太简单了。如果思想家给出了一个内涵松散的概念,不应当简单地认为这体现了现实本身的复杂性,而该搞清楚这种现实的复杂性意味着什么,去思考这个概念是否真的那样松散,并且为什么是这样。

不重要的问题没有争论的价值。之所以洛克的自然状态学说能引起如此多的争论,正是因为无论研究者们的立场为何,他们都意识到了这个问题的重要性。对社会理论和政治哲学来说,早期现代自然法哲学家有关自然状态的讨论具有根本意义,正是有关自然状态的观点差别决定了

---

① 洛克:《人类理解论》,第 1 卷第 2 章第 27 段、第 1 卷第 3 章第 9 段;英文版参见 John Locke, *An Essay Concerning Human Understanding*, Peter H. Nidditch (ed.), Oxford: Clarendon Press, 1975;中文版参见洛克:《人类理解论》,关文运译,商务印书馆 1959 年版。
② 列奥·施特劳斯:《自然权利与历史》,彭刚译,生活·读书·新知三联书店 2003 年版,第 229—234 页。
③ 迈克尔·扎科特:《自然权利与新共和主义》,王崟兴译,吉林出版集团有限责任公司 2008 年版,第 312—318 页。
④ 彼得·拉斯莱特:《洛克〈政府论〉导论》,冯克利译,生活·读书·新知三联书店 2007 年版,第 128 页。

他们如何理解人的道德本性、社会的本质和存在方式以及社会与政治的关系。这一点,我们可以通过对比霍布斯和洛克的自然状态学说来说明。

通常认为,霍布斯的自然状态本质上是一种反社会的社会状态,而不是非社会的"自然状态",比如卢梭早就指出了这一点。[①] 但并不能认为霍布斯所描述的自然状态中,人与人之间没有任何除战争之外的社会关系。霍布斯十分清楚,人性中有着某种自然的社会性激情,有着称为善行(benevolence)、善意(good will)或慈善(charity)的"想对他人好的欲望",有着称为亲切(kindness)的"为了社会交往(society)而对人产生的爱",有着"社会的倾向"(aptness to society)。[②] 即使不考虑人的社会性,作为维护和平、保存自我手段的自然法,也绝非难以理解。即使少有人能看到自然状态的必死之局,基于真正的科学而推演出自然法,"但人不会没有比较平静的时候,而在那些时候,就没有什么东西更容易被理解了,即使是对无知者和未受教育的人来说也是如此"[③]。霍布斯只是认为,在自然状态中,人的社会性敌不过骄傲和猜忌,少数有理性的人面对多数无理性的人,也只能放弃遵守自然法而运用自然权利来保存自己,否则只能造成自己的毁灭。要克服这种困难,使人的社会性和自然法道德真正实现,必须依靠政府的权威,借助法律和惩罚来遏制自爱的激情,改变现实的社会条件。所以,霍布斯的真正观点不是说社会是不可能或不自然的,而是说没有政府权威的社会无法实现秩序,它会因人的骄傲和寻求自我保存而陷入战争状态。人性绝对自我的本质决定了具有绝对权威性质的政府是社会秩序实现的前提,只有它能遏制绝对自我,实现道德。

从这样的观点反观洛克,我们才能看到二者在自然状态概念上的真

---

① 卢梭:《论人类不平等的起源和基础》,李常山译,商务印书馆1997年版,第98页。
② Thomas Hobbes, *Leviathan*, Beijing: China University of Political Science and Law Press, 2003, pp.41, 106.
③ 霍布斯:《论公民》,应星、冯克利译,贵州人民出版社2003年版,第1卷第3章第26段;Thomas Hobbes, *Leviathan*, Beijing: China University of Political Science and Law Press, 2003, p.109. 研究者们总是津津乐道于洛克自然状态中的"霍布斯时刻",但对霍布斯自然状态中的"洛克时刻"却往往视而不见。

自然状态与政治社会　9

正区别。二人的自然状态观,并不是战争对和平、激情对理性的截然相反的二元对立,而是在人性何者为本、社会的基准点为何这些问题上存在分歧,由此导致了政治与社会的性质及关系观点的根本差别。洛克的自然状态中当然也有"霍布斯时刻",也有双方只以强力相胁的战争,但那是因人性的软弱,对某种初始秩序状态的偏离。但即使是这样的时刻,自然法也从未根本缺席。① 而霍布斯的起点则始于战争,自然法只是保存生命的人为手段。所以在洛克那里,理性与道德而非绝对自我是人性的本质和社会的基础,政府只是从旁维护的助手和必要的补充。对霍布斯来说,好比人天生是个瘸子,他能够依靠理性而设计出人造的助行器来帮助自己站起来走路,却永远无法丢掉它,所以拥有绝对权力的政府是社会秩序的前提。而洛克则认为人天生有健康的腿脚,即使需要穿鞋来避免赤足行走难免的伤害与不便,但人并不是依靠鞋才能行走,因此恒久的道德法则和社会生活中的道德状态反而是政治和政府能够成立的基础。自然法哲学家有关自然状态的讨论,实际上是要说明人性的本质、社会秩序的真正基础以及政治和社会的根本关系是什么。

对洛克而言,自然状态中的人性本质,不是绝对自我保存意义上的自然权利,而是追求幸福、通过劳动建立自身,并在相互尊重生命财产前提下的和平生活。虽然人可能偏离其本性,违反自然法,但这一基准尺度决定了政治社会的本质,并且界定了政府的权力范围。

要真正质疑洛克自然状态的秩序本质,必须首先质疑是否有自然法存在,以及人是否可能认识自然法。洛克对此给出了肯定的答案。笔者另有专文讨论这个问题,在此不详加论述。② 洛克认为,虽然造物主的意志深不可测,人无法直接得知,但人能够通过研究此世的人性与自然,凭借观念创造的方式来不断寻求和揭示那"隐藏"的自然法,符合自然法的道路也是人的此世幸福之路。因此,在人的主观抽象与上帝隐遁的张力

---

① 洛克:《政府二论》,第 16—19、124—126 段。
② 王楠:《劳动与财产:约翰·洛克思想研究》,上海人民出版社 2014 年版,第 4 章。

之中，在人自然的凡俗生活中显露出某种首要的根本自然法：人对自身自由之自然正当的运用，是追求幸福与善好的基本条件。这也就是洛克这个小工清扫出来的"地基"，每个人都能够用他的自由和力量建造起自己的家园。① 这一新的"地基"开辟出的人正当运用自由的道德空间，是自然状态的根本意义，也是由此决定的社会的根本特征。政治的意义就在于保护这一自由的道德空间。

对洛克来说，通过劳动获得财产的现世行动，是人在自然状态中的主要生活方式。理解经济发展、家庭和部落等社会形式以及有政府的政治社会的根本参照点同样是自然状态，它是一切社会实在的真正实体。从历史的角度来看，初民时代是相对静止稳定的"黄金时代"。此时社会的基本单位是家庭，其中起主导作用的是父权，而家庭和父权的根本意义是养育和教育孩子。从父权逐渐发展出政治性的治理权威，但其目的仍然是保护家庭成员的生命财产，裁断纠纷争执，维护家庭的秩序。当多个家族构成部落时，开始选立领袖负责更大规模的部落社会的对外战事。但这时的对内治理权力仍然是很薄弱的。

不过，随着劳动和贸易社会的发展，一方面，"生养众多，布满大地"的神意得以借劳动增长和社会分工而实现，民众的物质生活水平有了普遍的提高，脑力劳动和体力劳动的分工也开始出现；另一方面，社会财富的增加也使战争状态的可能性提高，政府的治理权威需要加强，权力也相应地增长起来。面对社会纷争和政治权力扩张的双重压力，需要在肯定自然法的基础上，结合具体的社会条件，明确人的自然权利和道德生活，为正当的政治权威奠定基础。这正是洛克分析自己社会的出发点。广大研究者往往错认洛克为抽象哲学家和政治理论家，忽视他对身处时代社会的具体风俗传统的态度。在具体现实的层面上，洛克绝非激进的革命者。他十分清楚当时社会的阶层分工，并对各阶层在社会中应起的作用及相关的道德建设有着明确的看法。在他看来，只有将自然权利的道德与社

---

① 洛克：《人类理解论》，关文运译，商务印书馆1959年版，"赠读者"。

自然状态与政治社会　11

会既定的风俗传统相结合,才能使前者真正落到实处,建立起能够包容人的理性自由的有秩序的新社会。即使这社会需要保留革命的位置,革命成功的真正基础,也并不是如汪洋大海般恣肆的暴民,而是需要政府却不完全依赖政府权威,自身有其道德秩序、并不时刻趋于离心解体的政治社会。作为政治基础的公民共同体和人民,其现实的生活乃是这样的社会空间。

洛克与霍布斯的出发点类似,但他的自然状态和政治社会学说,对现代社会给予了不同于霍布斯方向的奠基。霍布斯揭示了人的生命及其自由的赤裸正当性,认为它即使可能陷入绝对自我之恶,但本质上这种自然自由是人性的现实并且可欲,虽然它时时刻刻需要绝对权力的遏制以维持在稳定的轨道上。只有依赖具有绝对权威的主权者,社会才能实现和平和秩序。洛克赞同霍布斯对人之生命的基本肯定,但他却并没有认可霍布斯的现代社会方案。在他看来,人的自然自由并不是不知界限的伸张,而是一种道德自由。其根本服从的约束尺度和界限,不是作为方便手段的利维坦,而是出于自然的道德法则,人能够运用理性去服从这些法则,这就是自然权利的真义。政治的根本基础也正在于此。政府的目的是保护人的此种道德自由并由此获得权力。社会的本质是人运用自由、追求幸福的空间。洛克所开辟的道路,构成了现代社会基本理解与实践的重要基础。

第一部分 自然状态

首先要解决的问题是,为什么洛克的自然状态会呈现出这样的复杂性。这个问题的答案,深深植根于洛克哲学的核心。试图开辟"观念的新途"的洛克,一开始就面临着这样的矛盾:虽然造物主和自然早已为人类规定了他的义务和生活方式,但初始是"白板"的人,一开始并不是与他自己的这种本性(nature)处于直接统一的状态。这是洛克在《人类理解论》第1卷否定一切天赋本原的意图所在。他并不是否认人的道德本质,而只是要强调,人初始的存在状态并不是与这一本性直接合一的,后者没有被直接"赋予"人。人这种特殊存在的性质就在于,在初始状态下,他的形式只是抽象无规定和实质的力,处于"白板"状态。而他的本性,既潜藏在自身之中,也潜藏在世界之中,前者是理性和各种可能培养起来的道德品质,后者是永恒真理或自然法。只有当他真正进入经验世界,运用自己的力去作用于外界的对象时,才能将那潜藏着的未实现的本性以自身品质和外在作品的方式实现出来,获得自己的实质,最终重新实现自身形式与本性的合一。人要用自己的自由来实现自己的本性,这是人这一特殊实体的根本性质。

理解了这一点,我们才能掌握自然状态的复杂性。符合人的本性的状态乃是完善的理性自由,但"白板"之人所蕴含的力的双重可能性,他的激情、自爱的一面与他理性、自由的一面,使他既可能偏离又可能朝向他的本性来运动。自由、平等、彼此尊重权利的本性是静止的核心,而人性的抽象形式同时导致偏离和实现这一核心的运动,自然状态正是围绕着这个核心展开的运动,它的不稳定性正是这种运动性的体现。但这一运动有着根本的目标:朝向维护自然法和自然权利的方向。

在自然状态中,"其中有着自然法来治理、约束着每一个人,理性,也就是这法,教导着有意听从它的任何人"①。自然法作为上帝为人类颁布的永恒法,与人类相伴随并且始终具有约束力。但这自然法虽然永在,却是隐匿的,"自然法是未成文的,除在人们的心智之中无处可找"②。但在现实中,总有一些"有意听从它的人"(who will but consult it),那些运用自身的理性的人,能够在自己的心智中将它写出来并服从它。反之,现实中同样有不知自然法,或出于激情和自爱而违背自然法的人。因此,人的基本处境正是前者针对后者的违法行为来维护自然权利,执行自然法。因此,自然法的执行权是自然状态的核心,正在于它是自然状态运动性的表达,自然权利以违反和相对维护它的形式而得到了实现。在"论自然状态"的第4—6段阐明了遵守自然法的人的本性状态之后,洛克马上指出:"和此世有关人类的一切其他法律一样,如果在自然状态中没有人有权力来执行它以保护无辜者,约束罪犯,那么自然法就会落空了(in vain)。"③如果说在现实中每个人都受着理性的约束,都不会违反自然法,那么"落空"的应当是这种惩罚的权利而不是自然法,说自然法不"落空",并不是说没有人违反它。洛克清楚地知道,现实中的人受"激情的冲动和放纵不羁的意志"驱使,可能违反自然法,"放弃人性的本原"而成为野兽。④ 人应当运用自己的理性和自由来维护自然法,用惩罚和赔偿来维护和恢复合乎自然法的秩序,自然法的执行权在这里发挥着非常关键的作用。

或许是身为医生的缘故,洛克对自然状态的描述,也有些像人体自然所处的状态。健康是人体的本性,但刚出生的弱小婴儿,不能算是"健康的人"的完整体现。他就像洛克所说的充满力的"白板",蕴含着健康成

---

① 洛克:《政府二论》,第4、6段。
② 洛克:《政府二论》,第136段。
③ 洛克:《政府二论》,第7段。
④ 洛克:《政府二论》,第8、10段。

长与患上疾病的双重可能性,这同样是人的本性。无论是患病,还是身体抵抗疾病而恢复健康,都同样是自然的事情。"论自然状态"这一章的行文逻辑,就像描述人体患病和免疫力抵抗的过程,它从初始的稳定状态,伴随着偏离和朝向自然法的这种双向运动,其紧张逐渐加剧。① 一方面,"这种法确实存在,对于一个理性造物和自然法的研究者来说,这种法就像国家的实定法一样可以理解和浅显";但另一方面,即便人依据自然法来惩罚罪犯,"自爱使人偏袒自己和朋友,心地不良、激情和报复心使人过分惩罚别人",这样的情况也很有可能出现。② 当这自然状态内含的张力不断加剧以致发展到战争状态的时候,政治社会就成为必要的补救。当疾病过于严重时,人体无法靠自己恢复健康,机体陷入彻底的混乱失序状态。这时就有必要借助人为的手段,以药物和治疗,帮助人来恢复健康。战争状态就像是人患了重病的情况,而政治社会则是借助人为手段来协助维护健康的情形。

理解了这一点,我们就清楚了自然状态、战争状态和政治社会三者的关系。战争状态可以说是从自然状态那里发展出来的一个阶段,它不同于自然状态的关键在于战争状态下,强力或绝对权力取代了理性,主导了人与人之间的关系:"人们依据理性而生活在一起,不存在拥有权威对他们进行裁判的世间共同的上级,这正是自然状态。但是,对另一个人的人格使用强力(force)或表示企图使用强力,又不存在世间可以向其诉请救助的共同上级,这就是战争状态。"③当有人试图对我施加自然法规定之外的正当权利,不当地侵犯我财产的时候,可以看作他想要夺去我的生命。因为财产是自我保存的前提条件,对我人身和所有物的侵犯,可以被视为危及我的生命保存。如果这时又没有共同上级可以诉请援助,我就有权以战争的方式,运用同样的强力来进行自卫,毁灭对方,"就像可以杀

---

① 洛克:《政府二论》,第7—13段。
② 洛克:《政府二论》,第12—13段。
③ 洛克:《政府二论》,第19段。

自然状态与政治社会　15

死一只豺狼或狮子一样"①。这就是战争的权利(right of war)。从某种意义上说，它非常类似霍布斯的自然权利，即保存生命的绝对自由。但洛克不同于霍布斯之处在于，生命并不仅仅因为它是生命就应当以绝对自由来捍卫，生命只有作为自然法所规定的自然权利、作为有道德的生命才有权和值得捍卫。战争的唯一目的是不惜以生命为代价，来捍卫这样的生命和这种生命的生活本身。即使是在战争状态的极端情形下，自然法和自然权利也仍然作为人的根本规定性而没有缺席。所以霍布斯的绝对的自然权利在洛克这里转化为了自然法的执行权。② 战争状态只是自然状态发展出来的一种极端情况，前者要基于后者来界定。战争并不就是人自然的状态，虽然从人的自然状态中可能产生出战争来。

同样，政治社会也只有作为自然状态的补充，以求避免战争状态才有意义。"避免这种战争状态是人类组成社会和脱离自然状态的一个重要原因。因为如果世间有一种权威、一种权力，可以向其诉请救济，那么战争状态就不再继续存在，纠纷就可以由那个权力来裁决。"③政治社会提供了实定法、裁判者和强有力的执行权力，以维护自然法，补充自然状态的不足，避免自然状态滑向战争状态。④ 但它的根本目标仍然是维护自然状态的秩序本质，其基础是由理性自由的公民组成的人民共同体。因此，在好的公民社会中，政府能够发挥其维护自然法的职能，社会接近于自然状态的和平与稳定的一面，人们能够安然享有自己的劳动和财产。所以，自然状态在人类社会的各个环节中都没有缺席，而是作为人类存在的基本规定，蕴含在现实社会之中。

"与其将孩子交给那些急于卖弄手段之人，或那些将日常小病也当大病来治、决不接受节食或类似方法的人，还不如整个地交给自然来得安

---

① 洛克：《政府二论》，第16—19段。
② 在本文第六部分讨论人民的革命权利时，我们还会回到这一问题上来。
③ 洛克：《政府二论》，第21段。
④ 洛克：《政府二论》，第124—126段。

全。"①洛克在《教育漫话》中的这段论述,倒可以当作他理解自然状态和政治社会关系的注脚。从某种意义上说,霍布斯眼中的人生下来就疾病缠身,他缺乏自然的力量来让自己健康,而只能依靠医生和药物来克制疾病的扩散,面对庸医和药物副作用的折磨,他为了保住性命只有容忍下去,因为他的本性就是软弱不足。而洛克不同:人的本性是健康,并且有着朝向健康的自然能力。虽然人不能避免生病,不能完全不要医生,但最根本的是,他自己有着健康的能力。他的本性虽然不是生来完善,但他能依靠自己的力量,向着完善的方向努力。这是他不依赖医生和药物,甚至在必要的时候可以抛掉庸医毒药的前提条件。②

洛克十分清楚,将自然法的执行权交到每一个人的手里,不仅仅是一种"奇怪的学说"。迈出这一步,需要极大的勇气和信念。他并不是没有看见人在世间犯下种种的恶,而是恰恰相反。但他相信,可能作恶的每个人,也同样有着向善的自然之根。道德的真正基础,并不在某些人和群体、某种制度或宗教中,而是在每一个人的身上。确实,人也可能不知晓道德,误用自身的自由,自然状态之二重性也表明,人的状态正是不断追求真理和道德、但成功与失败并存的自由的永恒状态。人自然的状态并不是病态,或要依赖于某个全能的主宰,而是虽然可能偏离健康,却仍然追寻着道德并努力去实现这道德的状态。这样的自然状态,奠定了社会的本体基础。

---

① 洛克:《教育漫话》,第29节;英文版参见 John Locke, *Some Thoughts Concerning Education and of the Conduct of the Understanding*, Ruth W. Grant, Nathan Tarcov (eds.), Cambridge: Hackett Publishing Company, 1996;中本版参见洛克:《教育片论》,熊春文译,上海人民出版社2005年版。
② 所以,成功革命或避免革命的真正基础都在于组成政治社会基础的人是否"健康"。如果公民没有应有的道德,那就只能在利维坦之下苟延残喘,或忍受革命热病的反复发作。我们在文章的第六部分还会回到这个问题上来。

第二部分　人类社会与历史

讨论完了自然状态,接下来要讨论洛克是如何看待社会的。在洛克的思想中,社会并不像自然状态那样,是一种人类此世存在的本体性状态,而是在现实中生活的实在状态。从上面的讨论一路下来,我们容易觉得,洛克的社会概念应该是很抽象的。好像《人类理解论》或"论自然状态"中较为抽象的个体能够直接组成社会,它是由原子化的个体组成的松散的市场,或是一个契约政治共同体、没有面目的人民的总体,并且认为它是非历史的。但洛克对社会的理解其实要具体丰富得多,现实社会中的种种风俗传统与个体自主性和自然权利之间的关系,也要微妙得多,人类的历史也就是社会的历史。从某种意义上说,社会是叠加在自然状态之上的人类生活更具体化的存在方式,包含着人的各种群体性存在模式。每个人并不是直接生活在自然状态中,而是生活在社会中。正如洛克所指出的那样:

> 上帝既把人造成这样一种动物,根据上帝的判断他不宜于单独生活,就使他处于必要、方便和爱好的强烈要求下,迫使他加入社会,并使他具有理解力和语言以便继续社会生活并享受社会生活。①

每个人都出生和成长于家庭,在社会的经济领域中进行劳动和贸易,并身为某一公民社会的公民。人类的历史,是参照自然状态这一基础,由各种现实的社会组成的一幅画卷。

---

① 洛克:《政府二论》,第77段。

一、家族作为社会

(一) 夫妻社会

在洛克看来,家族(family)堪称最基本和原初的人的集体生活单位。但它本身并不是一个社会,而是由三种更基本的社会构成:"最初的社会是在夫妻之间,这是父母与儿女之间社会的开端;嗣后又加上了主仆之间的社会……所有这些关系可以而且通常也确实会合在一起而构成一个家族。"① 夫妻、父母与子女、主仆是三种更基本的社会,而家族又可以在这三种社会关系之上,建立起一种政治社会的最初模式。

要理解洛克如何看待社会,我们要注意他对社会的分析方式。洛克对社会的说明,是将现实社会中存在的某种经验现象、该社会的基本构成逻辑和它所要达到的根本目的合在一起来讲。从洛克对最初的社会也就是夫妻社会的描述上,我们可以清楚地看出这一点:

> 夫妻社会是基于男女之间的自愿合约构成的。虽然它主要包含着为其主要目的,即生殖所必需的那种对彼此身体的共有和权利,然而它还带有互相扶养和帮助以及对利益的共享,这不但为巩固他们的互相照顾和亲密感情所必要,而且亦为他们共同的子女所必要,因为他们的子女有权利得到他们的养育扶持,直到他们能够自立为止。②

洛克承认,在现实中,夫妻关系的首要特点是双方对彼此身体的权利,以及相互帮助和利益分享的特点,但他对这些特点的解释是参照更根本的目的——生育和抚养孩子来决定,这一目的又是出于上帝和自然法

---

① 洛克:《政府二论》,第 77 段。
② 洛克:《政府二论》,第 78 段。

自然状态与政治社会 19

对人繁衍众多的要求。对彼此身体的权利是为了生殖,而夫妻的长久结合、相互扶助,又是孩子能够得到更好养育的必要条件:

> 人们在这里不能不赞美伟大造物主的智慧,他赋予人以一种能为将来准备又能供应目前需要的先见和能力,并使夫妻的社会必然应该比其他动物的两性结合更为持久,从而可以鼓励他们的勤劳,可以使他们的利益结合得更紧密,以便对于他们共同的子女提供给养并进行储藏,而夫妻社会如果随意结合或者经常很容易地宣告解散,那就会大大危害他们共同的子女。①

所以,婚姻之所以有彼此忠实和长久结合的特征,是因为这为养育子女所需要,夫妻双方的自愿结合,其根本目的正在于此。洛克想要通过对现实风俗的重新解释,来实现自然法与风俗(custom)的结合。当风俗与自然法相符合,能够实现自然之目的的时候,它就是正当的,这正是洛克所说的意见法或名誉法:"称、讥、毁、誉,借着秘密和默认的同意,在各种人类社会中、部落中、团体中,便建立起一种尺度来,使人们按照当地的判断、格言或时尚,来毁誉各种行动。"②

在洛克看来,虽然不同社会的风俗各异,但那些与保存人类的自然目的相合、有利于社会秩序和普遍福利的行为,在各处都会受到称赞。意见法或名誉法,与自然法大部分相一致:"我们正不必惊异,在任何地方,尊重和轻视、德行和恶行,大部分都和上帝法律所立的那个不变的是非规则相应合。因为只有服从上帝所定的法律,才能直接明显地来获得、来助进人类的普遍幸福,而且要忽略这些法律,亦会招来极大的不幸和纷扰。"洛克虽然肯定自然法与自然权利的根本地位,但他不是反对一切风俗与传统,而是恰恰认为,各个社会的风俗传统、对善与恶的看法,在大部分时候

---

① 洛克:《政府二论》,第80段。
② 洛克:《人类理解论》,第2卷第28章第10段。

与自然法相一致,否则就不可能保障社会的秩序与繁荣:"纵然风尚有所败坏,应当作为德与恶规则的自然法的真正界线,仍然能够保存下来。"①没有一个长期维持的社会,能够容忍杀戮、伤害和盗抢作为民众日常的生活方式而存在。洛克认为,自然与风俗并不是必然对立的,自然法与自然权利作为一种基本的道德准则,与大多数社会既定的风俗实践相合。在夫妻社会中,只要不违背其根本目的,"最后的决定和规治,自然而然地落在较为能干和强健的男子分内"②也是可以接受的。实际上,洛克所有关于社会的讨论,关注的都是如何实现现有风俗习惯与自然法的结合,而不是激进地变革社会的风俗。在父权、财产继承和不平等分配上,这一特点表现得最明显。③

但另一方面,由于洛克解释风俗的基本出发点仍然是自然法和自然状态中的人,所以风俗的本质也要由此来得到规定。洛克对家族的理解,焦点已经转移到了孩子的身上。对孩子的养育和教育,成了夫妻关系和父权的真正要害。正是因为洛克清楚地看到,刚出生的人并不是与其本性相符合的理性自由人,其高度的主观抽象性更可能导致本性的败坏和堕落,因此家庭对于每个人本性的实现有着极为重要的意义。"人生而自由,也生而有理性,但这不是说我们生来就实际能运用这两者。"④肤浅理解洛克自由和财产观的人,往往根本未意识到,自由是一种经过严格教育和培养的道德品质,而不是意志的随意运用。自然状态中的理性之人绝不是天然的,人只有通过教育才能成为这样的人。在洛克这里,父权拥有极为重要的地位,正在于它的本质乃是教育的权力。

---

① 洛克:《人类理解论》,第 2 卷第 28 章第 11 段。
② 洛克:《政府二论》,第 82 段。
③ 试图将一种新的自然(nature)概念与习惯(habit)和风俗结合起来,而不是将两者截然对立起来,是洛克思想中极为值得注意的特点。这一点在他对教育的讨论中看得特别明显,参见渠敬东、王楠:《自由与教育:洛克与卢梭的教育哲学》,生活·读书·新知三联书店 2012 年版。
④ 洛克:《政府二论》,第 61 段。

(二) 父权

洛克在《政府一论》中对罗伯特·费尔默(Robert Filmer)的批评,容易让人误以为洛克是父权的坚决反对者。但其实洛克只是反对费尔默将政治上的绝对权力奠基在父权上的做法。在洛克自己的思想中,父权有着极为重要的地位。他之所以看重父权,其逻辑和上一部分所述相似,面对17世纪英国家长权威的风俗,洛克不是单纯否定,而是从自然法的角度来重新界定。在他看来,夫妻在生育孩子之后,家族自然地扩展为父母和子女的社会。对子女而言,"他们的父母在他们出世时和出世后的一段期间,对他们有一种统治和裁判权(jurisdiction)"①,但这只是一种暂时和有限的支配。一方面,"他对儿女的命令只是暂时的,不能及于他们的生命或财产……他的权力不能推及于儿女的生命或他们靠自己的劳动或他人的赠予所得的财物,而当他们达到成年并享有公民权时,也不能及于他们的自由";另一方面,这种统治和裁判权即所谓父权,其正当性和目的仍然源于自然本身的要求,"只是对他们未成年时的孱弱和缺陷的帮助,以及他们教育所必需的纪律"。②

孩子生来"孱弱无助,没有知识和理解"③,他的生命需要父母的养育才能保存,而他的理性也只有通过教育才能培养起来。人如果缺乏认识自然法的理性,那么他"就不能说是受这个法律的约束;亚当的儿女既然不是一生下来就受这个理性法的约束,他们一时还不是自由的"。孩子应当受到他人的管束和支配,就在于自由的前提不是单纯的生命,而是对应当服从法律的认识。因为"法律,按其真正的概念而言,与其说是限制还不如说是指导一个自由而理智的行动者去追求他的正当利益……法律的目的不是废除或限制自由,而是保护和扩大自由:在任何有法的被造存在的状态中,哪里没有法律,哪里就没有自由"④。未经教育的孩子,"还处

---

① 洛克:《政府二论》,第55段。
② 洛克:《政府二论》,第65段。
③ 洛克:《政府二论》,第56段。
④ 洛克:《政府二论》,第57段。

在缺乏理解来指导他的意志的情况下,他就缺乏他自己的可以遵循的意志",所以没有真正的自由,而需要听命于父母的意志,"谁替他理解,谁也就应当替他意志;他必须规定他的意志并规范他的行动"。① 这是父母在孩子未成年的时候对他有支配权的根本原因。

但是,既然人应当成为服从自然法、能够通过劳动获得财产的理性自由人,所以"亚当和夏娃以及他们之后的所有父母根据自然法,有责任来保护、养育和教育他们所生的儿女"。儿女虽然是父母所生,但从他作为人这一物种的一分子的角度来说,他并非父母的作品,而是"他们自己的创造者,即他们为其儿女对之负责的全能之神的作品"。所以在孩子学会和能够保存自己之前,父母有义务照料他,并培养起他运用理性和自由来自我保存的能力,这就是养育和教育的责任。② 父母对子女拥有的权力是管束和教育的权力而非绝对支配权,"他对儿女的命令只是暂时的,不能及于他们的生命或财产"③。当孩子达到了法定的成人年龄,就可以被视为自由人,脱离父母的监护和支配。在子女一方,由于父母养育和教育了子女,付出了辛劳和感情,所以儿女应当"承担永久尊敬他们父母的义务,其中包括用一切形之于外的表达方式,来表示内心的尊重和敬爱"④。将夫妻社会与父母和子女的社会放在一起就能看到,家庭的核心目的,一方面在于繁衍人类,一方面在于抚养和教育子女,使其成为符合人的本性、能独立保存自己的理性自由人、政治社会的合格公民。

(三) 主仆

洛克对主仆社会的讨论虽然简短,却有重要意义。对夫妻关系和父权的重新定位,使抚养和教育孩子成为家族的根本目的,同样,洛克对主仆关系的解释,也改变了仆人作为"下人"的命运。在洛克看来,主人和仆人构成的社会,其基础乃是主仆双方的自愿合约:"一个自由人向另一

---

① 洛克:《政府二论》,第58段。
② 洛克:《政府二论》,第56段。
③ 洛克:《政府二论》,第65段。
④ 洛克:《政府二论》,第66段。

自然状态与政治社会 23

人在一定时期内出卖自己的服务以换取工资,从而使自己成为另一人的仆人",而主人只有"暂时支配他的权力,而且不超越他们之间契约中所规定的范围"。① 主仆之间,如同自然状态中签订契约的两个人,他们原本基于各种理由的等级差别,被这样的关系拉平了。仆人没有让渡自己生命和自由的权利,所以主人对仆人的支配权也不能涉及仆人的自然权利,双方在人格上是完全平等的。所以洛克认为,要培养起孩子普遍的人道情感,正在于要教孩子像对待其他人有礼貌一样对待仆人,让孩子意识到,仆人与自己是一样的人。②

另一方面,洛克对主仆关系的解释,也是对人在何种情况下能够支配他人劳动的说明。虽然自由劳动是人的自然权利,人不能将完全的自由来让渡,但人仍然可以基于契约,将自己在特定时间内的某种劳动当作服务来让渡,使自己的劳动的产品和效果归他人所有,所以"我的仆人割的草皮"也是我的财产。③ 洛克肯定人应当通过劳动获得财产,绝不等于说他认为,人应该只占有和使用由自己的劳动创造的产品。普遍劳动不意味着自给自足,这在现代文明社会中既不可能,也使人无法享受到分工带来的好处。工匠对社会的贡献,正在于他们向他人提供了自己的劳动产品。④ 因此,基于自愿契约的交易,是彼此让渡劳务和产品的合法途径,甚至是促进社会中的人普遍通过劳动获得财产的关键,我们很快会讨论到这一点。洛克将历史上存在的出卖自身的情况,也解释为契约式的服劳役,主人没有随意处置奴隶的权力。虽然借助战争状态和惩罚违反自然法之人的讲法,洛克还保留了真正意义上的奴隶在现实中的可能性,但他的基于自然权利和自然状态的这种解释,在思想的层面已经"解放"了

---

① 洛克:《政府二论》,第 85 段。
② 洛克:《教育漫话》,第 117 节。
③ 洛克:《政府二论》,第 28 段。
④ 洛克:《人类理解论》,第 4 卷第 12 章第 11—12 段。在这里需要强调的是,洛克并不是贸易社会无保留的支持者,自然状态而非贸易社会才是人类社会的本质。洛克既看到了贸易社会带来的好处,也看到了可能产生的问题,这一点我们马上就会谈到。

奴隶。①

二、人类社会的最初时代

在一般的观点看来,洛克思想的代表性特征是非历史性或反历史,正如马克思(Karl Marx)批评资产阶级将鲁滨逊视为自然人的代表却无视历史事实一样。但正如我们前面所指出的,洛克借助意见法和风俗的概念来缓和自然和社会历史之间的矛盾。他也绝没有认为,在历史上业已存在的种种社会和政治实践,都基于对自然法的明确意识,或完全与自然法无关。意见法和风俗既可能实现,也可能背离自然法,但在历史上,借风俗习惯来实现自然法的主要方式未必是有意识的主动遵从,更多是未具有明确意识的默许同意(tacit consent)。洛克非常清楚,自然权利本身是极其抽象的,要在现实中来维护和实现它,必须借助具体的制度和实践方式。默许同意的概念之所以重要,正在于人们往往不是以理性和明确自愿的方式,而是基于具体实践的需要和有用,以习惯成自然的方式,通过种种风俗习惯来实现自然权利。一个身具良好教养、在日常生活中举止得体、心怀仁爱之心的有德之人,即使不懂自然权利学说,也很可能在默默践行着它。历史对于自然权利的实现绝不是不具意义,而恰恰是极具意义。在洛克看来,古往今来在各个社会中流传的道德学说、社会普遍认可的德与恶,"很大程度上都和上帝法律所立的那个不变的是非规则相应合"②。因此,要实现自然权利,绝不意味着全盘推翻风俗传统,而是一方面要将那些其实一直很好地实现它们、与之相合的传统保留下来,另一

---

① 洛克:《政府二论》,第 24 段。从这个角度来看,马克思毫无疑问是洛克的学生。他对资本主义社会的批判正在于他认为,虽然资产阶级鼓吹自由和平等,但无产阶级实际上仍然是资产阶级的奴隶。只有消灭分工的共产主义社会,才能实现真正的普遍自由和平等。没有洛克的第一步解放,就不可能有马克思的更彻底的解放。
② 洛克:《人类理解论》,第 2 卷第 28 章第 11 段。

方面要逐渐培养起能良好实现它们的新的风俗习惯。① 考察人类社会的历史,也是对自然权利如何实现、道德之得与失的考察。

在洛克看来,夫妻、父母与子女、主仆,"这些关系可以而且通常也确实会合在一起构成一个家族"②。人类社会的历史,始于作为人类社会基本组织的家族。以《圣经》的历史叙述为基础,洛克认为,无论是人类的最初始祖亚当和夏娃,还是大洪水之后的诺亚和他的子孙,都处于家族之中。家族成员之间的道德关系,保障了对孩子的养育和教育,以及家庭各成员的基本权利。此外,家庭中的父亲,在所有家庭成员默许的情况下,也可能成为这个社会的治理者(governor)。这正是为何历史上家族的父亲可能变成君主的真正原因。在洛克看来,由于孩子习惯了服从父亲的教育和权威,家族社会也需要治理者,所以孩子在成年后仍然保持对父亲的服从,允许他来治理自己:

> 儿女们以默认和难以避免的同意使父亲具有权威并进行治理,那是很容易的和几乎是很自然的。他们在孩童期间就习惯于服从他的指导,把他们的小的争执向他提出;而当他们成人以后,谁更适宜于治理他们呢?……当争执发生时,除了像他这样把他们都抚养长大并对他们都有爱心的人,还能从哪里找到更为合适的仲裁者呢?难怪他们对未成年和成年并不做出区别……他们一直所处的那种治理局面,依然对他们是保护多于限制;他们的和平、自由和福利没有

---

① 当然,洛克并不是没有看到自然与风俗之间可能存在的张力,他仍然为人民保留了革命的权利。但必须注意的是,洛克所说的革命,是在政府解体而非社会解体的情况下。只有具有公民基本道德、能够形成统一的社会共同体的人,才称得上是人民,才有能力通过革命来更换政府。在社会已经解体的情况下是无法革命的,正如没有地基就无法盖房子一样,参见洛克:《政府二论》,第211段。本文第六部分还会再讨论这个问题。从历史事实上来看,1688年光荣革命和美国革命恰恰印证了洛克的革命理论,它们的本质都是社会变更政府。光荣革命是构成社会主导力量的辉格党和托利党遏制想在英国建立天主教及相应君主制度的詹姆士二世,因为天主教和相应的君权已经无法和英国的民情相适应。而美国革命是经历上百年社会风俗实践的殖民地社会,尝试摆脱既不了解其民情也无法代表其利益的英国政府并建立自治政府的努力。
② 洛克:《政府二论》,第77段。

比在父亲的统治下能够得到更可靠的保障。

所以，一些家庭的儿女的自然的父亲不知不觉地也变成了政治上的君主。①

在洛克看来，君主政体正是源于这种对父亲治理权威的持续服从。在相对独立的大家族中，治理的权威往往集于作为一家之主的父亲之手，子女"容许父亲一人在他的家庭里行使每个自由人自然享有的自然法的执行权"。但洛克强调，父亲的权力只限于执行自然法，以保护家族成员的自然权利为目标，没有绝对的支配权。君主政体的合法性，只是基于儿女们"明白或默认的同意"②。因此他认为，主张君主基于父亲的身份而拥有绝对权力、绝对君主制（absolute monarchy）是天赋神圣政体的观点，错误地理解了君主政体的起源和本质。洛克指出，对于这些家族的成员来说，"君主制是神法（jure divino）这一说法，在近来的神学把它向我们启示之前，人类是从来没有听见过的；他们也从来没有容许过父权可以享有一种支配的权利或成为一切治理的基础"③。洛克在《政府一论》中对费尔默的批判，并不是要彻底消解父权和政治权力的联系，而是要澄清两者之间的真正关系。

当然，在历史上并非每个家族都是作为个别的社会群体而独立生活。现实中大量存在几个家族共同生活而聚居形成部落的情况。洛克认为，如果这些家族彼此之间不是没有政府的自然状态，而是能够结成有着共同治理者的社会，那么一般的情形是，由这些家族"选立他们认为最能干和可能最善于统治他们的人来统治他们，这是毋庸置疑的"④。在他看来，在人类社会的早期，聚居的家族选举出的共同的治理者，较少是因为需要共同的裁判来解决有关自然法的纠纷以及运用强力惩罚违反者，更

---

① 洛克：《政府二论》，第75—76段。
② 洛克：《政府二论》，第74段。后面会进一步讨论政府形成的逻辑。
③ 洛克：《政府二论》，第112段。
④ 洛克：《政府二论》，第105段。

自然状态与政治社会　27

多是出于需要一名战争中的统帅,在与其他社会发生冲突时指挥他们作战:

> 因为他们当时的情况是对于防御外侮比对法律的多样更感需要。一种简单而贫穷的生活方式下的平等,既然把他们的欲望局限在各人的少量财产范围内,就很少造成纠纷……他们首先注意和考虑的事情,只能被认为是怎样防御外侮来保障自己。他们置身于一个最能达到这个目的的治理结构(frame of government)下,推选最贤明和勇敢的人在他们的战争中指挥他们、领导他们去攻打敌人,而主要在这方面做他们的统治者,这是很自然的事情。①

在这一时期的社会中,人类较为接近自然的和平状态。欲望尚未膨胀,风俗也较为纯朴,土地广阔、物质匮乏等外在条件,决定了人们很少因为财产而发生争执。人们彼此聚居生活,更多是出于"熟悉、友谊和信任"。洛克认为,当时美洲大陆上的印第安人非常接近这样的一种情况,而美洲是"亚洲和欧洲原始时代的模型",所以对印第安人的观察,有助于了解人类早期的状况:"印第安人的国王不过是他们军队的将帅,虽然他们在战争中享有绝对的指挥权,但是在境内以及在平时,他们行使很小的支配权,只有十分有限的主权。"②

所以在人类的早期时代,人们往往自然形成由一个或多个家族构成的社会,受家长或共同推选的领袖的治理,由这个单一的治理者掌握政治权威。洛克认为,这就是君主政体成为历史普遍现象的原因。在这一时期,虽然统治权总是集于一人之手,但社会的外在条件和人性的内在状态,决定了这个时期往往有着"较好的治理者和不甚恶劣的臣民",有着"关怀、循循善诱、和蔼和慈爱"的父亲和"最有智慧、最勇敢"的领袖,而

---

① 洛克:《政府二论》,第107段。
② 洛克:《政府二论》,第108段。

"天真和诚实使人们彼此有深厚的信赖",所以洛克称这个时代为"贫穷而有德的时代"和"黄金时代"。[1]

但是在洛克看来,随着历史的发展,基于人的本性与外部条件的相互作用,这个时代终将成为过去。一方面,人类运用智慧和劳动,努力改善自己生活的倾向是无法遏止的;另一方面,美洲印第安人"匮乏、不适和劳碌、尽管勤劳却难以维生的生活"[2],也并不值得羡慕。洛克清楚地看到,如果朝向更为富足、繁荣社会的历史不能倒转,也有其正当性,那么真正的挑战在于,人如何在一个富裕的时代,能够不被金钱和占有欲腐蚀,仍然拥有纯朴的德性。

---

[1] 洛克:《政府二论》,第 107、110—111 段。
[2] John Locke, *Political Essays*, Mark Goldie (ed.), New York: Cambridge University Press, 1997, p.261.

第三部分 劳动、贸易及社会后果

一、劳动的社会价值

洛克认为,在人类社会初期,个人获得属于自己的财产,正是通过劳动使上帝赐予的材料脱离共有的状态,成为自己的产品而归于私有。最初的人,通过捕杀动物、采摘果实这样的初级劳动,将自己的力作用于上帝赐予人类的自然资源,使之变为自己所用的产品。不懂得耕作的印第安人,正是这样来获得属于自己的一份财产并对之加以享用的。[①] 但是,洛克深刻认识到,人类并不能够,也不应当始终停留在刀耕火种、衣食匮乏的初民社会时代,劳动与人类相互交往的发展,同样也会导致社会发生重大的变化。《政府二论》中"论财产"一章的讨论,正是要揭示基于私有财产权的劳动和贸易,会导致社会发生什么样的变化,会为人的道德和世俗生活带来什么样的结果。

洛克《政府二论》中"论财产"一章一直是研究者争论的焦点。长期以来,麦克弗森(C. B. Macpherson)的"占有性个人主义"解释占据着主导地位。在他看来,洛克"论财产"一章的中心意图在于肯定资本主义积累的正当性。从结构上看本章可以分为两个部分。在第25—36段,洛克一方面强调个体劳动是财产权的基础,另一方面强调自然存在着腐败来限制那些占有过多劳动产品和土地的人。但从第37段货币出现开始,洛克

---

① 洛克:《政府二论》,第26—27段。

在行文中逐渐消除了对个体财产占有的"自然的限制",并最终肯定了土地的圈占和财产的不平等,因此麦克弗森认为,洛克虽然以劳动作为私有财产的基础,但最终肯定的乃是一种资本主义式的财富积累和生产资料集中,因此,这一章的根本目的在于为资本主义的私有制做辩护。①

从历史的角度看,麦克弗森的马派观点有着根本的缺陷。在洛克的时代,资本主义生产方式根本尚未产生,足以用于再生产的剩余物品(stock)都甚少,转化为资本(capital)更是无从谈起。② 所以除非洛克未卜先知,预见到未来的资本主义生产和生产资料的集中,否则无论如何都谈不上为自己都不知道的资本主义"原始积累"做什么"辩护"。不过,即便在思想的层面,麦克弗森的"占有性个人主义"观点也站不住脚。如果我们深入"论财产"一章的行文,仔细思考洛克在这一章的两部分论证到底强调的东西是什么,就能够看到洛克关心的根本不是个人财产的积累。实际上,与麦克弗森的观点完全相反,洛克"论财产"一章的开创性意义在于,其不仅在前一部分肯定了基于个体劳动的私有财产的正当性,在后一部分同样肯定了劳动的社会价值、社会的分工合作和劳动产品的普遍利用,第一次系统阐述了社会学意义上的劳动价值论与分工社会的观点。这才是洛克"论财产"一章两部分结构的根本意义。马克思和帕森斯(Talcott Parsons)等经典社会学理论家都看到了这一点,他们一致认为,"论财产"一章是政治经济学传统的社会理论的基石。③

---

① C. B. Macpherson, *The Political Theory of Possessive Individualism*: *Hobbes to Locke*, Oxford: Oxford University Press, 1962, pp.197 – 238. 麦克弗森这种解释具有广泛影响的原因,并不在于其本身有多大的创新和洞见,关键在于,其所提供的"占有性个人主义"这一现代资产阶级的形象,迎合了我们早已具有的偏见或进行种种现代性批判的需要。许多研究者对他观点的赞同正体现了这一特征。参见列奥·施特劳斯:《自然权利与历史》,彭刚译,生活·读书·新知三联书店 2003 年版,第 239 页注 104。

② 即使是马克思也只是指出,这一"原始积累"时期对土地的圈占只是为未来的资本主义生产创造条件而已,土地本身在这个时代尚未成为资本。而且 17 世纪下半叶实际上还是英国自耕农最为兴盛的时期,土地还尚未集中到少数地主的手中。参见卡尔·马克思:《马克思恩格斯全集》第 44 卷,人民出版社 2001 年版,第 1 卷第 7 篇第 24 章。麦克弗森表面追随马克思的观点,实际上完全缺乏后者的历史眼光。

③ 卡尔·马克思:《马克思恩格斯全集》第 26 卷,人民出版社 1956 年版,第 393 页;塔尔科特·帕森斯:《社会行动的结构》,张明德等译,译林出版社 2003 年版,第 111 页。

在洛克看来,人类社会的最初时代,一方面,上帝赐予人们的资源十分丰富,人口又少,这使得每个人都有可能通过自己的劳动来获得财产,维持生活。个人的占有并不影响他人获取财产的机会。另一方面,上帝又用腐败来限制个人财产的数量。每个人占有的财产,不应超过他能够享用的范围。如果一个人捕杀了过多的动物,采摘了过多的果实,超过了自己的使用范围而将之据为己有,那么他就违背了上帝的自然法:"谁能在一件东西败坏之前尽量用它来供生活所需,谁就可以在那个限度内以他的劳动在这件东西上确定他的财产权,超过这个限度就不是他的份所应得,就归他人所有。上帝创造的东西不是供人们糟蹋或败坏的。"①因此,如果有人过多占有劳动产品,并且"在他手里未经适当利用即告毁坏……他就违反了共同的自然法,就应当受到惩处",因为"他侵犯了他的邻人的应享部分",应当剥夺他对这部分财产的权利。② 而他占有物品的腐败,也就像是自然的惩罚,所以没有人会过多地占有劳动产品。在这一时期,"世界上天然物资丰富,消费者很少,一个人的勤劳所能得到的并对它独占而不让别人分享的一部分物资,特别是限于理性所规定的可以供他使用的界限,其数量很小,那时对这样确定的财产大概就很少发生争执或纠纷"③。劳动和使用,共同构成了对个人占有财产数量的限制。

不过,随着社会的发展,私人对财产的占有,会逐渐从兽肉、果实扩展到"包括和带有其他一切东西的土地本身"④。虽然洛克没有像后来的学者那样,将人类社会的发展按照经济模式划分成捕猎采摘、游牧和耕作几个阶段,并认为这是历史发展的必然,但从叙述顺序来看,他基本认为,人类从捕猎采摘走向定居耕作是自然的过程,而这一过程也是合理的。因为:

---

① 洛克:《政府二论》,第 31 段。
② 洛克:《政府二论》,第 37 段。
③ 洛克:《政府二论》,第 31 段。
④ 洛克:《政府二论》,第 32 段。

上帝将世界给予全人类所共有时,也命令人们要从事劳动,而人的贫乏处境也需要他从事劳动。上帝和人的理性命令他要垦殖土地,这就是说,为了生活需要而改良土地,从而把属于他的东西,即他的劳动施加于土地之上。①

洛克认为,劳动既使人能将产品作为自己的财产,也使人能将土地作为自己的财产。"土地的财产权,也是与前者一样取得的。"如果人将自己的劳动作用于土地,使之得到人的"耕耘、播种、改良和栽培",而"在上面添加了属于他自己的财产",那么这块土地也就成了耕种者的财产,"就好像是用自己的劳动从公地中圈出的那样"。② 在洛克看来,劳动不仅使人获得了占有物,还使人获得了地产(estate),后者与前者一样,都属于人的自然权利。圈占土地和占有劳动产品有本质上的相似性,两者都是劳动者运用自己的力作用于对象而使后者发生变化。正如人将一块木头做成凳子,使前者发生了根本变化一样,人开垦和改良一块土地的行动,也使它发生了根本变化。所以,某人在其上耕耘的土地,同样是人的正当财产。并且如果土地的私有权不能得到明确,那么懒惰、狡诈之人完全可能"干预旁人业已用劳动改进的东西","白占人家辛劳的便宜"。③ 使勤劳的人受到伤害,违背上帝要人用劳动来维生的要求。因此,"上帝命令人开拓土地,从而授权给人在这范围内将土地归私"④。

另一方面,在人类社会的最初阶段,劳动使土地成为私有财产"并不会损及任何旁人的利益,因为还剩有足够的同样好的土地,比尚未取得土

---

① 洛克:《政府二论》,第32段。
② 洛克:《政府二论》,第32段。
③ 洛克:《政府二论》,第34段。
④ 奥利夫克罗纳(Karl Olivecrona)正确地指出,在这里洛克从肯定使用土地过渡到了肯定圈占(enclosing)土地,并且洛克确实将圈占作为使用的前提。参见 Karl Olivecrona, "Locke's Theory of Appropriation", in Richard Ashcraft (ed.), *John Locke: Critical Assessments*, Vol.3, London: Routledge, 1991, p.335。洛克的这种过渡反映了与其人性观点紧密结合的财产观,由于使用必然以占有和支配为前提,并且在这个环节上主观抽象性极易扩张,因此财产权必然要明确"属于某人的"占有和支配,由此来消除争执和侵害。

自然状态与政治社会 33

地的人所能利用的还要多"①。洛克认为人类最初的状况,就像当时生活在美洲的印第安人,土地广阔,人口稀少,所以任何人圈占土地都不会损害他人的利益,影响他人获取财产,因为土地太多了。在这个贸易并不发达、货币尚未出现的时代,每个人乐于占有和利用的土地也很有限。就像一个人从河中取水来饮,不会伤害从同一条河中取水的人一样。使用和腐败同样限制着人们占有土地的数量:"如果在他圈用范围内的草在地上腐烂,或者他所种植的果实因未被摘采和贮存而败坏,这块土地,尽管经他圈用,还是被看作荒废的,可以为任何其他人所占有。"②

所以,在人类社会的早期,土地的广阔、人口的稀少和腐败的限制,使得每个人都能够拥有自己的土地。满足每个人生活需要的土地,如果能够充分结合劳动,其范围必然相当有限。洛克甚至认为,即便世界上的人口像他身处的时代一样多,甚至有两倍那么多,"假使没有发明货币(money),人们没有取得默许的一致,赋予它一种价值,从而(基于同意)造成了更多的占有和对它们的权利",那么人人仍将能够拥有自己的土地。因为在那种情况下,每个人圈占和利用的土地仍会很少。因此,"财产的幅度是自然根据人类的劳动和生活所需的范围而很好地规定的。没有任何人的劳动能够开拓一切土地或把一切土地划归私用;他的享用也顶多只能消耗一小部分;所以任何人都不可能在这种方式下侵犯另一个人的权利,或为自己取得一宗财产而损害他的邻人,因为他的邻人(在旁人已取出他的一份之后)仍然剩有同划归私用以前一样好和一样多的财产"③。

但是,货币的出现打破了这种情形。紧接着刚才第36段引文的第37段一开头,洛克指出了货币的性质:"最初,人们超过需要的占有欲改变了事物的内在价值(intrinsic value),而这种价值是由事物对人生活的功用

---

① 洛克:《政府二论》,第33段。
② 洛克:《政府二论》,第38段。
③ 洛克:《政府二论》,第36段。

34 商业社会的根基

决定的;或者说,人们已经同意让不会耗损和败坏的一小块黄色金属值一大块肉或一大堆粮食。"①在洛克看来,虽然货币本身缺乏自然的内在价值,饥不能食寒不能衣,但人仍然可以基于贸易的需要,从交换媒介的角度使其发挥"对人生活的功用"。自然法本身虽并未赋予货币价值,但人出于贸易使用的自然需要,凭借社会同意的意见法的方式,为货币赋予了价值。在这里我们看到,使货币具有价值的真正根源正是与人的自然需要紧密结合的社会。

另一方面,如果我们仔细阅读发生转折的第 36 段和第 37 段,就能够看到,即使抽掉有关货币的上述议论,这两段之间也存在着微小但重要的差别。第 36 段论证的核心是个人通过劳动获得财产不致损害他人,即使这财产包括土地。因为他劳动所及和对他有用的土地财产不会很多,"他的邻人(在旁人已取出他的一份之后)仍然剩有同划归私用以前一样好和一样多的财产"。即使当前世界上密集地区的多余人口都迁去美洲开垦土地,他们也会获得属于自己的一份财产,"同样的限度仍可被采用而不损及任何人"②。在这里,个人劳动和财产占有对社会中他人的意义还只是消极的"无害"。但到了第 37 段,个人劳动和财产与他人的关系却发生了根本性的转折:"一个人基于他的劳动把土地划归私用,并不减少而是增加了人类的共同物品(common stock)。"③个人劳动和财产占有不只是对他人"无害",更是对他人"有益"的行为,在作为"上帝赐予人类的共有财产"的"自然"之外,出现了一种新的共同财产即"共同物品"。个人劳动的意义,不只在于没有减少前者,更重要的意义在于增加了后者,这是在货币之外第 36 段和第 37 段的另一根本差别。"一个人基于他的劳动把土地划归私用,并不减少而是增加了人类的共同物品。因为一英亩被圈用和耕种的土地所生产的供应人类生活的产品,比一英亩同样肥沃而

---

① 洛克:《政府二论》,第 37 段。
② 洛克:《政府二论》,第 36 段。
③ 洛克:《政府二论》,第 37 段。

共有人任其荒芜不治的土地(说得特别保守些)要多收获十倍。"① 开垦和圈占土地的关键意义并不只是满足个人的需要,更在于社会中所有人拥有的劳动产品总量得到了提高。实现这一点的关键正是劳动的社会化。从"论财产"章的第 37 段到第 43 段,洛克论证的基本主题正是劳动不仅是个人私人财产的基本条件,也能够为社会创造出更多产品。在货币基于社会而获得价值的同时,劳动也同时具有了社会的价值。为了满足人们的自然需要而进行劳动与货币的社会使用,正是贸易社会的本性。

在洛克看来,之所以"那个圈用土地的人从 10 英亩土地上得到的生活必需品,比从 100 英亩放任自流的土地得到的更要丰富",正是因为,个体对土地的开垦和圈用,使土地产品的产量得到提高:"他的劳动现在从 10 英亩土地上供应了至少相等于从 100 英亩土地上生产的产品。"② 劳动,为社会提供了人类可以使用的价值,这一价值才是社会交换价值的基础。洛克在第 40 段指出,"正是劳动使一切东西具有不同的价值",这里的价值绝不只是具体的使用价值,因为从文本中看得很清楚,当洛克在这段对比"一英亩种植烟草或甘蔗、播种小麦或大麦的土地同一英亩公有的、未加任何垦殖的土地"的价值的时候,他心里想的不只是前者比后者能够多提供多少有用的东西,而且考虑的是这两块土地所具有的交换价值的差别。③ 因为在后文中,洛克对这两块土地价值的说明清楚表明了这一点:"这里年产 20 蒲式耳小麦的一英亩土地和在美洲的另一英亩土地,倘用同样的耕作方法,可以获得相同的收成,它们无疑地具有相同的自然和内在的价值(natural, intrinsic value)。然而人类从这块土地上一年所得的好处为五英镑,但从那块土地上,假如一个印第安人所得的一切利益在这里估价出售的话,可能是一文不值;至少我可以真诚地说,不到千分之一。"物品的价值差异在社会的交换过程中体现出来,而造成这种价值的

---

① 洛克:《政府二论》,第 37 段。
② 洛克:《政府二论》,第 37 段。
③ 洛克:《政府二论》,第 40 段。

是人的劳动:"将绝大部分的价值加在土地上的是劳动,没有劳动就几乎分文不值。"①商品交换价值的本质在于劳动。这里的劳动,不是只给自己提供吃穿用品的自给自足的劳动,而是投入到社会分工体系之中,向社会中的他人提供有用价值的社会劳动。② 对在文明社会中生活的人来说,即使是他日常所吃的一块面包,也包含着无数人辛勤劳动的汗水。"不仅犁地人所费的力气、收割人和打麦人的劳累和烤面包人的汗水,要算进我们所吃的面包里,就是那些训练耕牛,采掘、冶炼铁和矿石,砍伐并准备木材来制造犁、磨盘、烤炉或为数甚多的其他工具的人们的劳动,只要是这种粮食从播种到制成面包所必需的,都必须计算在劳动的账上,并承认它具有这样的效果。"③从"论财产"的第37段到第43段,个人劳动从为社会节约土地到向社会提供可交换的产品再到作为日常用品中的一个环节而存在,其社会性越来越强。洛克清楚地看到,每个人向社会提供的劳动构成了交换价值的基础,而劳动分工的体系支撑着文明社会中每个人的生活。个人劳动的真正价值在于它为社会和他人提供了可资利用的物品,后者正是洛克所说的共同物品。

只有理解了劳动的社会价值,我们才能够看到洛克"论财产"一章的两部分结构的意义。我们往往觉得洛克在这一章中对私有财产的肯定消解了共同体,个人只需要默默劳动,无须他人就可以拥有自己的财产,而后一半中对财富积累的肯定又似乎支持了"占有性个人主义"。但只要我们仔细分析就能看到,洛克试图以第一部分的私有财产为基础,在第二部分中建立起贸易社会的概念。货币的价值正在于它是贸易的媒介,而商品贸易的真正基础在劳动。在贸易社会中,每个人的劳动并不仅仅属于他自己,其真正的价值在于为社会贡献力量。在所有人辛勤劳动和分工协作的基础上,社会结成了一个整体,将个人分散的力量相互补充、结合

---

① 洛克:《政府二论》,第43段。
② 在洛克的行文中,我们已经能够清楚地看到马克思后来的抽象劳动和交换价值的概念。
③ 洛克:《政府二论》,第43段。

在一起,形成一股巨大的力量,为所有人带来更幸福的生活。如果说对人生活的有用性是事物内在价值的唯一标准,那么这一标准并不由物品天然的有用性、自然的恩赐来决定。对处于初民状态的人来说,旷野中的蕴含矿物的石头有什么用呢?地底下埋藏的黑色的油有什么用呢?柑橘表面长出的青色霉菌有什么用呢?正是人运用头脑和身体的劳动以及相互结成的交往关系,使这些看似无用的东西具有了巨大的价值。无数人的劳动添加在这些自然赐予的材料上面,为全人类创造出了无数可供使用的东西,个人的劳动和财产变成了社会的共同物品。这正是英国的粗工也比美洲酋长的物质生活条件优越的根本原因。

洛克清楚地看到,在此世中生活的人:

> 要求(衣食住)这些必需品的持续供给,还经常需要药品;而生活便利品我们需要得还要多。为了供应这些东西,自然提供给我们的材料大部分相当粗糙,不合使用;需要劳动、工艺和思考来使之适合我们处境的需要,如果人的知识没有找到途径来减少劳动,将那些最初看似毫无用处的东西加以改进,我们花上全部时间,也只能给贫穷、悲惨的生活提供一点贫乏的供给品。①

因此,人们应当辛勤劳动,各自从事专门的事业,将自己的技能和作品提供给社会:"各种工艺,则既关涉于自然的各个部分,因此分派给具有某种私人天赋的特定的人们,既是为人生公共的利用,也是为他们自己在此世维生。"②劳动和财产的概念以及此世生活的自然正当性,使人对上帝履行的天职(calling)转化为了服务于他人和社会的职业:"首先发明印刷术、发现罗盘、发现金鸡纳霜③的功用的人们,比设立学院、工场和医院

---

① John Locke, *Political Essays*, Mark Goldie (ed.), New York: Cambridge University Press, 1997, pp.260–261.
② 洛克:《人类理解论》,第4卷第12章第11段。
③ 金鸡纳霜,即奎宁。

38　商业社会的根基

的人们,还更能促进人的知识,还更能供给人以有用的物品,还救了更多数人的性命。"①

在洛克看来,生活在美洲的印第安人过着"匮乏、不适和劳碌的生活",他们"尽管勤劳却难以维生"。② 这种状况,与自然对人提出的保存生命和繁衍种族的要求相矛盾。要克服这一困境,只有所有人都投入到劳动中来,借助贸易的方式,将自己的劳动产品贡献给社会。因此,金银和钻石这样的物品,虽然缺乏一般生活必需品的那种借以保存生命的内在价值,却可借想象(fancy)和同意来赋予它一种价值,让它承担劳动产品等价物的功能。人们对那些由他的劳动生产出来的东西拥有财产权,但是,如果将自己的劳动产品"囤积起来,超过自己使用的范围,这就是一件愚蠢而不诚实(dishonest)的事情"。只要他能够将其交给社会,供其他人利用,无论是赠送他人,还是交换其他耐久物品,抑或用它来换金银钻石,"只要没有东西在他手里无用地毁坏掉,他就不曾浪费共同物品,就不曾毁坏属于他人的东西的任何部分"③。换句话说,在贸易体系内,劳动生产和出卖产品的关键在于要以货币为中介,让社会中的他人能将自己的劳动产品作为社会的共同物品来使用,而不是不诚实地囤积超出自己使用的东西。这当然会导致在这样的贸易社会中,由于人劳动能力的差别,"不同的勤劳倾向于给予人们不同数量的财产",这也当然会导致勤劳的人去开垦和圈占更多土地,但是,既然劳动是财产的正当基础,社会的使用是人创造更多财产的正当目的,借助货币和贸易,"权利和便利走到了一起",那么一个诚实劳动、向社会提供有用产品、靠自己的才智和双手勤劳致富的人有什么错呢?他是赚到了更多的钱,但人们并没有因为他的富裕而受损,反而因他的勤劳而受益。所以,"对于财产的资格并无争

---

① 洛克:《人类理解论》,第4卷第12章第12段。
② John Locke, *Political Essays*, Mark Goldie (ed.), New York: Cambridge University Press, 1997, p.261.
③ 洛克:《政府二论》,第46段。

执的理由,对于来自它的占有的大小也不会有任何疑问"①。贸易带来的普遍个人劳动和劳动产品丰富,使得那些能够向社会提供更多自己产品的人,必将获得更多的财产,这正是他辛勤劳动、积极从事贸易的自然后果。

那么,这与洛克所说的平等的自然权利的观点是否矛盾呢? 平等是洛克自然权利论证中的一个重要环节,正是基于所有人自我保存权利的平等的自然正当性,洛克才能批判认为个人拥有支配他人的绝对权力的观点。但需要注意的是,洛克所说的所有人的自然平等指的是所有"共享同样的本性、同样的诸般能力和力的人,在本性上的平等"②。这种"本性上的平等",指的是所有人都具有同样的自我保存的欲望以及保存自己的诸般基本能力,是人性的基本形式的平等。洛克当然十分清楚,人天然地有着能力强弱的差别,形式平等不意味着实质平等,质的无差别不意味着量的无差别。一方面,某些人可以凭借"自然天赋之力",无须多少外力相助而成就伟业,并且就理智水平而言,"某些人之间的差距,甚至比人与兽之间的差距还大"③。不同的人,其内在的力的基本形式虽然相同,但它们在现实中的发挥,具体实现出来的财产的量,却有着巨大的差别。从相对贫穷而平等的状态向土地和财富占有不平等的状态转变,其根源正在于某些人更强的致富欲和勤劳节俭的品质,使他们能够通过劳动获得更多财产。现实的财产不平等正起源于人性的形式平等。一方面,"同种和同等的造物毫无差别地生来就享有自然的一切同样的有利条件,能够运用相同的身心能力";另一方面,"不同程度的勤劳会给人们以不同数量的财产,货币这一发明,给了他们继续积累和扩大他们财产的机会",而"金银的价值大部分取决于劳动的尺度",因此,现实中财产的不平等也就顺

---

① 洛克:《政府二论》,第 48、51 段。
② 洛克:《政府一论》,第 67 段。英文版参见 John Locke, "The First Treatise of Government", in *Two Treatises of Government*, Peter Laslett (ed.), Beijing: China University of Political Science and Law Press, 2003;中文版参见洛克:《政府论》上篇,瞿菊农、叶启芳译,商务印书馆 1982 年版。
③ 洛克:《教育漫话》,第 1 节;洛克:《人类理解论》,第 4 卷第 20 章第 5 段。

理成章了。① 初始自然状态的平等条件,给了所有人运用劳动获得财产的机会,财产的不平等反映的乃是个人勤劳程度的差别,人通过劳动获得财产的自然权利的形式平等并没有受到伤害。② 在《论降低利息和提高货币价值的后果》(Some Consideration of the Consequences of the Lowering of Interest and Raising the Value of Money)中,洛克举过一个农场主的例子。他每年卖出1000镑自己农场的产品,买回900镑需要的物品,攒下100镑货币,十年攒下1000镑。如果他更为勤俭持家,每年只买500镑的东西,攒下500镑,十年就可以攒5000镑。相反,农场主的败家儿子,每年买回1100镑的消费品,从而不断"耗费他父亲积蓄的金钱",最后落到破产的境地。③ 洛克从道德上充分肯定了这个农场主的做法,批判了躺在父亲创造的财富上,懒惰虚荣、只知享乐的儿子,正是要说明,勤俭致富是德,懒惰奢侈是恶,基于这样的原因而产生的贫富差距同样是正当的。

我们现在很难认可这一点,是因为这违背了我们惯常的偏见。有钱人不都是些虚伪、狡猾、贪婪的人吗? 不都是些为富不仁且善于欺压和剥夺别人的人吗? 但这种偏见正是韦伯(Max Weber)早已指出过的,身处后马克思时代的人们,并不容易分清具有伦理风格的真正的资本主义精神和贪得无厌、狡诈投机。当我们读到一个有钱人写下"拥巨富之人,应承担的职责有:树立谦虚俭朴的生活典范,不炫富,不奢华,满足家人合理的生活需求。之后,视剩余财富为社会公益基金,视自己为基金受托人,而非所有者;恪尽职守,兢兢业业,让每一笔钱都能最大限度、最持久地服务社会"④这样的话的时候,我们总觉得这是虚伪的大话,而不会相信它是

---

① 洛克:《政府二论》,第4、48、50段。
② 像美国这样受洛克思想影响深远的国家,一方面高度支持遗产税,鄙视那些依靠父母财产生活的人,一方面肯定社会的贫富差别,推崇白手起家而致富的人;在社会政策方面强调要尽量创造平等的发展机会,正体现了这种形式平等与实质平等相结合的观点。
③ John Locke, *Locke on Money*, Vol.1, Patrick Hyde Kelly (ed.), Oxford: Clarendon Press, 1991, pp.230-231;中文版参见洛克:《论降低利息和提高货币价值的后果》,徐式谷译,商务印书馆1962年版。
④ 安德鲁·卡耐基:《财富的福音》,李旭大译,中国言实出版社2005年版,第205页。

真诚的想法。当我们看到有钱人主张向自己征税或愿意捐出自己的全部财产用于公益的时候,我们无法理解或认为这是沽名钓誉。当然,伟大思想家的批判、历史条件的变化和我们身边的现实处境,或许会支持富人未必都勤劳和诚实的看法。但这不意味着事实必然如此。勤劳致富,洛克想要说明的只是这样一个极为单纯的道理。

麦克弗森认为洛克的私有财产观是为"占有性个人主义"做辩护,但洛克在《教育漫话》中早已清清楚楚地指出,对他人的支配和物的占有,"这两种脾性,几乎是扰乱人类生活的一切不义和争斗的根源",而"贪婪,即想要在我们需要的东西之外由自己占有和支配更多东西的欲望,是一切邪恶的根源"。① 在洛克看来,跨越贪婪和支配深渊的桥梁架设在劳动的两岸。一边是勤劳作为个人的道德和治理,一边是个体劳动产品对社会具有的意义。克服占有和支配欲恶性膨胀的关键,就在于通过劳动使人脱离纯粹的主观抽象性,将自己内在的力运用在自然赐予的材料上,在具体的劳动实践过程中使身心安定下来,通过自己的劳动产品和培养起的品质来获得自己的规定性。这是前文已经讨论过的通过劳动获得属于自己的财产所包含的自我治理的意涵。人通过劳动制造产品,延缓了欲望的满足和意志的膨胀,将人的注意力集中于生产活动,使人摆脱了抽象的主观想象。在不断劳动的过程中,心智的禀性也得到了相应塑造。另一方面,借助贸易的体系,勤劳之人向社会提供了产品,也得到了社会的回报。贸易社会中的劳动者,应当认识到自身与社会的统一,懂得自己只是分工社会中的一分子,辛勤工作是履行为人之道,自己的财富既是自己创造的,也同样来自社会。有着这样认识的人,会将通过贸易得到的财富,再次投入到社会中去,使其成为所有人可用的公共物品,而不是让它们在自己的手中无用地囤积起来。② 正是在这种意义上,富人才是社会财

---

① 洛克:《教育漫话》,第105、110节。
② 无论是个人基于节制的投资,还是国家经济政策的引导,其根本目的都在于让剩余的财富重新进入社会之中,推动劳动和贸易的增长,而不是只满足个人的欲望,这是洛克经济学说的核心,下面我们将很快讨论到这个问题。

富的管理者,个人致富与社会的共同福利才能走到一起,个人的自我治理和普遍的社会幸福才能统一于劳动的自然权利的概念。

二、雇佣劳动、地租和利息

虽然基于劳动的财富增长和土地圈占是正当的,但洛克也清楚地看到,随着贸易的发展,劳动和产品受致富欲引导不断增长,劳动者必然会圈占更多的土地来开垦和耕种,以求满足生产和贸易的需要,最终必然导致所有土地圈占完毕。洛克用缺乏货币的海岛和无法从事商业的美洲中部作为反例,正是要说明这一点:"只要一个人在他邻人中间发现可以具有货币和用处及价值的某种东西,你将看到这同一个人立即开始扩大他的占有。"①货币和贸易的出现,使人能够占有大片土地。在洛克看来,除非进一步干预个人对财产的支配权,否则无法避免土地大量圈占的后果。但这种干预是非法的,因为自然法认可土地的开垦和圈占,只要这个人充分利用了圈占的土地,将产出的劳动产品交换了出去,"没有东西在他手里一无用处地毁坏掉,他不曾糟蹋共同的库存(common stock)",所以"他并不侵犯他人的权利"。② 如果想要进一步干预,限制圈占或强行规定让渡,反而会侵害人的自然权利,导致劳动成果无法保障,人与人之间相互争夺。所以洛克认为,土地圈占完毕是劳动财产权和贸易发展的必然结果。"既然金银与衣食车马相比,对于人类生活的用处不大,其价值只是从人们的同意而来,而且大部分还取决于劳动的尺度,这就很明显,人们已经同意对于土地可以有不平均和不相等的占有。"③

在土地圈占完毕之后,新出生的人类就不再能够从自然中通过劳动的归私来占有土地,这会不会导致无法获得财产和自我保存的后果呢?

---

① 洛克:《政府二论》,第49段。
② 洛克:《政府二论》,第46段。
③ 洛克:《政府二论》,第50段。

自然状态与政治社会　　43

在这里我们仍然要注意社会在意见法层面发挥作用的意义。当人无法面对自然来直接占有土地的时候,可以通过社会的贸易方式,让渡一部分自己的劳动成果,以之交换土地的使用权,或者从主仆关系的角度来说,将自己的劳务作为商品来让渡,以求获得工资作为回报。总之,通过社会的人为契约的方式来间接实现自然的自我保存和通过劳动获得财产的目的,这就是地租的起源。造成这种现象的原因,是变化了的社会条件对自然的限制,使自然法必须结合意见法,以迂回的方式来实现。用洛克的话说,这是"事情的必然(necessity of affairs)和人类社会的体制(constitution of human society)"[1]。

在这里必须注意,无论地租还是雇佣劳动,都不是奴役关系,而是合乎自然法的契约关系。佃户只是用自己的一部分劳动产品换取耕种土地的权利,主仆关系也只是"一个自由人向另一人出卖在一定时期内提供他的劳役以换取工资",主人只拥有按契约规定的"暂时支配他的权力"[2]。租种地主的土地并不一定等于遭受地主剥削,就像租房做买卖的人不等于遭受了房东的剥削一样。同理,工人为我搬家,保姆替我照顾孩子,并不等于就受到了我的剥削,他们只是让渡劳务以交换报酬,是与我平等的人而不是我的奴隶。事情的关键在于,契约关系是否从根本上违反了自然法,社会习俗是否压倒和违背了自然。

从洛克自己学说的角度来看,马克思对资本主义雇佣关系的批判,可以说正在于指出这种雇佣关系已经迈过了合法的界限,从根本上违反而不是实现了自然法。工人沦为了奴隶,将不可让渡的自由加以出卖,将自己的皮交给资本家来鞣。[3] 麦克弗森认为,洛克的主仆关系本质上正是资本主义的雇佣劳动关系。[4] 塔利(James Tully)正是从历史的角度出发而

---

[1] John Locke, *Locke on Money*, Vol.1, Patrick Hyde Kelly (ed.), Oxford: Clarendon Press, 1991, p.251.
[2] 洛克:《政府二论》,第85段。
[3] 卡尔·马克思:《马克思恩格斯全集》第44卷,人民出版社2001年版,第205页。
[4] C. B. Macpherson, *The Political Theory of Possessive Individualism: Hobbes to Locke*, Oxford: Oxford University Press, 1962, pp.215-216.

反对麦克弗森的观点。他指出,按照这种方式去理解洛克的主仆关系是犯了时代错置的错误。在洛克的时代,仆人并不是单纯出卖自己的劳动力的人。马克思的剥削概念意味着纯粹的劳动力本身成为商品,劳动者异化成为整个生产过程的一个零件或环节,它只是主人意志实现的工具而完全缺乏独立自主性。但是,17世纪的仆人更接近传统的工匠而不是后产业革命时代工厂中的工人。前者出卖的是完全的服务或工作,他拥有一种整体活动的自主性,用自己的知识和技能指导自己完成这些工作,让渡的是技能和手艺而不是纯粹的劳动力,所以在契约关系中交易的其实是自己劳动的产品。真正的劳动力彻底商品化的剥削关系是更晚时代发生的事情。所以,从洛克的眼光来看,雇佣劳动和地租,其本质并不是资本主义剥削关系,而是一种相对平等与合乎自然法的契约关系。[①] 当然,这并不意味着身处19世纪后产业革命时期的马克思的批判没有正当性。当雇佣劳动和地租意味着工人的异化,在生产过程中成为受完全支配的奴隶的时候,契约关系就是损害自然权利而非实现自然权利。

与地租相似的情况是借钱收取利息。在洛克看来,缺乏货币进行贸易的人向拥有剩余资金的人借钱进行生产,向后者支付利息作为"租用"货币的报酬,这同样不违反自然法:

> 很明显,善于交易但是没有足够的金钱来施展所长的人,不但有理由借钱来进行贸易以谋生活,而且有理由为使用这笔钱支付利息;这和那些善于务农但是没有土地可以施展技术的人不但有理由租地,而且有理由为了使用土地而付出租金,是一样的。因此,由于事情的必然和人类社会的体制,不但用利息借钱对某些人是不可避免

---

① James Tully, *A Discourse on Property*: *John Locke and His Adversaries*, New York: Cambridge University Press, 1983, pp.135-143;詹姆斯·塔利:《语境中的洛克》,梅雪芹等译,华东师范大学出版社2005年版,第110—112页。

的,而且从贷款上收取利润,也和从土地上收取地租同样是公正而合法的。①

但是,即使雇佣劳动、地租和利息并不违反自然法,它们同样会带来严重的后果。实际上,随劳动和贸易而来的整个社会的财富积累,恰恰对道德本身构成了严重的威胁。在前面已经讨论过,洛克认为,虽然美洲印第安人的生活贫乏,但他们却拥有天真和诚实,有着比文明时代的人们更好的道德,堪称"黄金时代"。但文明时代的社会,却可能"虚荣的野心、恶劣的占有欲和歪风邪念腐蚀了人心,曲解了权力和荣誉的真正意义"②。虽然正是勤劳理性的德性带来了财富,促进了社会整体物质生活水平的提高,但同样,财富也可能败坏道德,使人性中贪婪和好支配的恶占据上风。正如上一部分中说过的农场主败家儿子那样的纨绔子弟,坐拥祖辈传下的土地或财富,雇佣仆人伺候自己,靠地租和利息生活,整日游手好闲而不从事劳动,反而丧失了德性。父祖的勤劳反而滋生了后代的懒惰,积累的财富变成了败德的祸根。这里的困境,正如韦伯在《新教伦理与资本主义精神》中所引用的卫斯理的话,勤劳和节俭产生财富,但后者又催生了骄傲和激情。③ 与之相对应的是,面对社会财富的增长,基于父权或选任而拥有权威的治理者,也不再是公道仁慈的父亲或能征善战的将领,他们开始渴求更大的权力,觊觎民众的财产:"在野心和奢侈的恣愿下,想要保持和扩大权力,不去做人们当初授权给他时要他办的事情。"为了满足自己膨胀的支配欲,君主想尽各种办法主张绝对权力的正当性,让臣民对他保持完全的服从,任由他支配自己的人身和财产,这导致了社会陷入君主和臣民之间的战争状态。洛克撰写《政府论两篇》,反

---

① John Locke, *Locke on Money*, Vol.1, Patrick Hyde Kelly (ed.), Oxford: Clarendon Press, 1991, p.251.
② 洛克:《政府二论》,第 111 段。
③ 马克斯·韦伯:《新教伦理与资本主义精神》,康乐、简惠美译,广西师范大学出版社 2007 年版,第 179 页。

对费尔默的观点,正是想要"更加审慎地考察政府的起源和权利,并找出一些办法来限制专横,防止滥用权力"①。

在《政府二论》第1—7章的叙述中,包含了从父权发展到家庭和部落式的小型政治社会和随劳动和财产发展而形成贸易社会这两条线索。在第8章中,这两条线索走到了一起,最终导致了"治理者在野心和奢侈的怂恿下,想要保持和扩大权力",民众则受到"特权的侵占或绝对权力的骚扰",政府不再保护臣民的自然权利且试图侵犯它,社会重新回到无政府状态,且这种无政府的状态不再是自然状态而是战争状态。从根本上说,人类社会所面临的这种困境,其基础正是内在于人性的人的形式与其自身本性不能直接统一的矛盾状态。这一矛盾状态,会随着社会处境的发展变化,不断地展开着加剧与克服的永恒的双向运动。

洛克思想的真正张力正在于他认为,人之本性为善却尚未实现,实现这种善所依凭的自由之力却可为善亦可为恶,可发现光明亦可陷入黑暗。身处17世纪、经历英国的革命和复辟的洛克,清楚地知道现代人的心智已开,他们在想象、思维、激情和意志等诸多方面高度抽象的特征已成定局,并且可能在占有和支配欲、渴求政治和精神权利等诸多方面恶性膨胀开来。他所身处的时代,是一个远离自然状态之初始和平的时代。在他看来,要克服这样的困境,正如他在《教育漫话》的开头有关水流的比喻清楚表达的那样,既不能只靠堵防,也不能放任自流,或是像霍布斯想要做的那样,在洪流之外围起绝对权力的高墙,任其于墙内恣意而行。关键在于筑堤开道,疏导归流,为自由之流找到真正可靠的基础,令其在确定的河道内稳定地流动。这就是自然权利作为道德、经济和政治基础的关键。实际上,洛克的所有著作都旨在达到这样的目标,想要引导他所身处的社会,在社会各个领域克服主观抽象之恶,实现有道德的自由。

---

① 洛克:《政府二论》,第111段。

第四部分　公民社会的实现

在一般的思想史中,洛克通常被当成哲学家或政治理论家来对待,但社会的概念在洛克的思想中实际具有极为重要的地位。在前面的分析中我们已经看到,自然状态与社会,实际上是表达人类作为集体性的存在的本质与形式的核心概念。在《政府二论》中,洛克从社会最基本模式的角度,通过对家庭、贸易社会和政治共同体的分析来阐述社会是什么、它与自然状态的关系以及不同社会模式之间的关系。在明确自然法、自然状态和社会的基础上,建立以执行自然法、保护社会成员的自然权利为职责的公民政府(civil government)。由立法机关制定实定的民法,将自然法实定化,以之作为"为共同的同意接受和承认为是非的标准,和裁判他们之间一切纠纷的共同尺度";设立"依照既定的法律来裁判一切争执的知名和公正的裁判者",将权力集中于他手中,让他来执行自然法,维持公民社会(civil society)的秩序。① 但由于在《政府二论》中,洛克将大量篇幅放在讨论政治权力的范围、政府的权力结构以及革命问题上面,对构成政治基础的更具体的社会状态阐述得并不很充分,这使得研究者往往以为,洛克眼中的公民社会是由高度抽象的原子式个体组成的,除了以自利为目的的经济活动外没有什么事情要做。实际上,这种观点是大错特错的。人并不是生来即拥有理性自由,而是需要经过后天的家庭教育才能成为合格的公民,纳坦·塔科夫(Nathan Tarcov)看到了这一点。他在《为了自由:洛克的教育思想》(*Locke's Education for Liberty*)中指出,虽然从表面上看,《政府论两篇》似乎与其教育著作缺乏联系,但洛克想要培养的具有德

---

① 洛克:《政府二论》,第 124—126 段。

性和智慧的绅士,正是政治社会的公民和国家的领导阶层。① 要理解洛克眼中的公民社会,必须将他在《政府二论》中阐述的社会模式具体化,与具体的风俗和时代相结合,才能避免流于抽象的危险。这就要求我们超出《政府二论》,结合洛克的其他著作来考察这个问题。

实际上,洛克对自己身处时代的社会最具体的分析,是在《论降低利息和提高货币价值的后果》这篇往往被人忽视的文章中展开的。在其中,洛克从贸易的角度论述了自己身处的英国社会,讨论了有关社会阶层分化、贸易社会道德风尚以及国家与贸易社会关系等问题。只有将这篇文章和《政府二论》参照阅读,我们理解洛克的公民社会,才能既不失于抽象,也不失于具体,懂得公民的自然权利、自然状态的和平与秩序一面,是在什么样的社会中得到实现和保障的。洛克在这篇文章中指出,从分工的角度来看,社会主要由地主(landholder)、劳动者(labourer)和经纪人(broker)三个阶层共同构成。地主是基本农业生产资料的拥有者,他们将土地出租给佃户和农场工人来耕作,并从中收取地租,国家税收的主要部分也要由他们来承担。② 劳动者包括在土地上进行劳动的佃户,以及从事手工业和制造业的各类工匠。他们作为物质产品的生产者,生产出各种生活便利品,满足全社会人们的需要。经纪人则在商品和货币的流通环节中发挥作用,是生产者和消费者之间的桥梁。他们主要是商人(merchant)和店主(shopkeeper),从生产者那里购买产品,再在市场上将

---

① 纳坦·塔科夫:《为了自由:洛克的教育思想》,邓文正译,生活·读书·新知三联书店2001年版,第2—28页。
② "不论捐税是如何安排的,也不论它是直接从什么人的手里拿出来的,在一个以土地为主要资产的国家内,它的大部分终于会落在土地上面。"参见 John Locke, *Locke on Money*, Vol.1, Patrick Hyde Kelly (ed.), Oxford: Clarendon Press, 1991, p.272. 按照洛克的经济分析,由于税收的本质是社会整体的剩余财富,所以,即使是对商品而不是对土地征税,税负最终仍然要落在地主头上。因为劳动者的收入仅足以维持日常生活,而商人和店主能够通过调整价格来转嫁税负,作为税收来源的剩余量只能来自地主的土地收入。因此从根本上说,地主要将来自地租的剩余用于国家整体的需要,而不是自己个人来占有,这也是履行他作为国家政治领导阶级、财富占有阶层和公民的义务。参见 John Locke, *Locke on Money*, Vol.1, Patrick Hyde Kelly (ed.), Oxford: Clarendon Press, 1991, pp.273 – 275。

其卖给需要商品的人。高利贷者也可以算是从事"货币贸易"的经纪人。在洛克看来,地主和劳动者是这个社会中最重要的人,"这些人的利益是首先需要照顾的,这是这个国家中固定不移的重要的事情"[1]。他之所以这样认为,是因为这两个阶层在社会分工中发挥最重要的作用。而商人、店主和放贷人作为经纪人,本质上是经济性的,他们的活动范围主要在流通领域,起到沟通贸易、实现商品价值的作用。要了解洛克式公民社会的真正面貌,正应当以这篇文章提供的社会分析框架为基础。

一、绅士的天职

要理解洛克赋予地主阶级的重要性,明白他为什么要举农场主作为勤俭致富的典型代表,我们一方面要参考《政府二论》中"论财产"一章的论述,另一方面要回到洛克所处的历史当中。洛克身处的 17 世纪,正是英国历史上拥有小块土地的自耕农和自由持有农最为兴旺、在农村中占据优势的时期。[2] 17 世纪上半期英国革命的爆发,加剧了自亨利八世宗教改革以来英国土地分散和流动化的趋势。在内战中遭遇失败的保王党贵族,被迫出让名下的大量土地;传统封建制的瓦解,也释放出了大量公地和敞田。通过务农和贸易积攒起财富的自耕农、自由持有农和工匠,有机会购得了土地而成为士绅(gentry)。洛克自己的父母正出身于织布商和制革匠的家庭,祖辈购买的土地使洛克有资格称自己为绅士(gentleman)。[3] 所以,洛克时代的地主阶层绝不是工业革命之后发展起来的大地主,其中许许多多人,都是胼手胝足、靠辛勤劳动攒下的财富而

---

[1] John Locke, *Locke on Money*, Vol.1, Patrick Hyde Kelly (ed.), Oxford: Clarendon Press, 1991, p.241.

[2] 卡尔·马克思:《马克思恩格斯全集》第 44 卷,人民出版社 2001 年版,第 830 页;大卫·奥格:《大不列颠作为世界强国出现》,载 J. S. 布朗伯利编:《新编剑桥世界近代史》第 6 卷,中国社会科学院世界历史研究所组译,中国社会科学出版社 2008 年版,第 349—350 页。

[3] 约翰·邓恩:《洛克》,李连江译,联经出版事业公司 1990 年版,第 2—3 页。

购得土地成为地主的。"人们由于勤劳而发财致富,都愿意给儿女留下地产,因为土地是最可靠和最有持久性的生活来源,不像金钱那样在不从事贸易或不能干的人们手中容易受到损失。"①

在洛克的时代,勤劳经营土地具有重要的道德意义。正如基思·特赖布(Keith Tribe)所指出,在17世纪英国讨论农业的论文中,务农(husbandry)一词表示的是上帝赋予人来利用资源、维持自身的活动。农人通过农业活动而获得的利润和收益,可用资源的增加,都可以被视为上帝对其个人勤勉的回报。农业劳动在当时的论文中具有道德的意涵,被视为一种有德性的行为。有效率地耕种土地是一种道德义务,具有神圣的性质。② 这样的观点支持着这个时代耕种荒地、改良土地的潮流,使得原本生产上低效率的敞田和公地变为私有的良田。尼尔·伍德(Neal Wood)也正确地看到,洛克在"论财产"中的论述所体现的观点,清晰地反映了那个时代对土地农业的看法。对那些无人耕种的荒地加以勤劳与合理的利用,这样的圈占无可非议,因为土地的真正价值在于通过劳动使之生产出更多更好的产品,满足人维持生活的需要。③ 用洛克的话来说,上帝既然将土地交给勤劳而有理性的人们来使用,这些人通过土地而发财致富就是很自然的事情,因为"一个人基于他的劳动把土地划归私用,并不减少而是增加了人类的共同库存"④。洛克称赞的地主是勤劳节俭的农场主,而不是饱食终日、无所用心的大地主。在那个时代,自耕农和自由持有农凭借自己的勤劳和节俭,逐渐成为富裕的农场主,甚至是拥有更多土地和雇工的地主,让自己上升到社会的上层,在地方上担任治安法官的职务,成为地方的治理者和下院的议员,让子孙后代得到更好的教育,

---

① John Locke, *Locke on Money*, Vol.1, Patrick Hyde Kelly (ed.), Oxford: Clarendon Press, 1991, pp.253-254.
② Keith Tribe, *Land, Labour and Economic Discourse*, London: Routledge & Kegan Paul, 1978, pp.56-59.
③ Neal Wood, *John Locke and Agrarian Capitalism*, Berkeley & L.A.: University of California Press, 1984, pp.49-71.
④ 洛克:《政府二论》,第37段。

跻身律师和教士之列,这是极为正当的事情。他们取得的财富和地位,是自己辛勤劳动、节俭持家的回报。既然"金银的价值大部分取决于劳动的尺度,这就很明显,人们已经同意对于土地可以有不平均和不相等的占有"①。

但是,积累起来的财富和土地又拿来做什么呢?难道洛克是鼓励人去做抱着金银不放的守财奴或是饱食终日、无所用心的地主少爷吗?绝非如此。洛克清楚地知道德性与财富之间的辩证关系。实际上,绅士阶层在脱离体力劳动之后,一方面要向社会贡献他的才智,成为道德的典范,发挥治理地方和国家的职能;另一方面要将他拥有的土地和财富重新投入社会,推动整个社会劳动和贸易的发展,这些正是绅士应当履行的天职(calling)。

"年轻人早早地就腐化了,近来成了一句常见的怨言。"②洛克敏锐地看到,在传统经院教育和人文主义教育崩溃之后,绅士阶级的孩子极易陷入贪婪、骄傲、懒惰和虚荣等等恶中。他的《教育漫话》《人类理解论》《漫谈绅士的阅读和学习》以及《论指导理解力》,都是旨在指导绅士阶层如何在家庭中对孩子进行教育,培养公民社会中拥有理性自由的公民,这才是父权的意义,也是家庭社会要履行的义务。洛克式教育的内容正是要严格防范人们陷入主观抽象性之恶,避免让孩子变成不劳而获的人。拥有土地和财富的绅士阶层的后代绝不是不劳动,而是要从事不同于体力劳动的其他方面的劳动,在物质财产之外,通过劳动和实践获得真正足以承担社会领导阶层的品质。

在洛克的思想中,脑力劳动占有特别重要的位置。生来即是"白板"的人,只有运用理解力来寻求知识和真理,才能了解上帝的意志和自己的义务。因此,社会中必须有人来承担脑力劳动。但是,人在此世所处的环境和自身的脆弱性决定,他必须首先设法满足身体方面的基本需要。"我

---

① 洛克:《政府二论》,第50段。
② 洛克:《教育漫话》,献词。

们在现世这种不完善的状态中,为千万种需要和欲望所侵袭","那些日常的必然,使人生的大部分都充满了饥渴热冷的不安、劳动的疲惫和替换它们的瞌睡"。① 人必须捕猎和牧养动物,采摘果实,耕种土地,制作衣服,建造房屋,解决衣食住行等日常需要。但这些体力劳动和手艺会消耗人的大部分精力和时间。因此,在生产力不发达的社会中:

> 人类的大部分都交给了劳动,受恶劣处境必然性的奴役,不得不消耗其生涯,求得衣食借以糊口……他们的全部时间和辛苦既然都消耗了去,以求平息枵腹的空鸣、饥儿的哭泣,那么他们的理解不免难受教导……正如一匹驮货的马日日被人赶赴市上,一来一往,只经过狭窄的巷子和污秽的路途,不能明白那个地方的地理似的……大部分人类既都要竭力谋生,因此,他们再无暇晷,在学问方面做那些繁重的研究。②

显然,只有脱离了体力劳动的烦扰,衣食无忧之人才能够进行这方面的劳动。在洛克的时代,只有绅士阶层才拥有从事脑力劳动的安逸和闲暇。他们依靠祖先留下的丰厚遗产,免于饥寒的痛苦和谋求温饱的烦恼,有空闲的时间和精力来从事脑力劳动,运用理解力生产知识和真理。此外,物质方面的独立也是思想独立的必要前提。如果基本生活必需品受制于人,很难不对某一党派或宗派的意见表示被迫顺从。既然"心智的劳动是治学",那么对于那些"祖先留下了丰裕的财富,从而免除了某种为在此世维生而需要承担特定天职"的绅士来说,"以治学为自己合宜的天职和事业,是其职责和义务所在"。③ 所以,绅士应当遵循有关脑力劳动的

---

① 洛克:《人类理解论》,第 2 卷第 21 章第 45—46 段。
② 洛克:《人类理解论》,第 4 卷第 20 章第 2 段。
③ John Locke, "Study", in Peter King (ed.), *The life of John Locke: With Extracts Form His Correspondence, Journals, and Common-Place Books*, London: Routledge / Thoemmes Press, 1997, pp.181, 185.

方法,学习"那些关于德与恶、公民社会以及治理术方面的内容,以及法律和历史"。通过学习和研究而达到了对自然法和人事的把握的绅士,可以运用这些道德和治理方面的知识来治理国家,从事政治活动,制定和执行法律,因为"绅士的正当天职是为国家服务"[1]。在洛克看来,绅士在国家中的地位有如理性在心智中的地位,发挥着引导和指挥的作用,所以,"这一等级的人一旦经由教育上了正轨,他们将会很快带领其他人走上正轨"[2]。由此我们看到,洛克肯定地主阶层的地位,不是要让他们做寄生虫,而是要让他们在社会中履行自己的公民义务,与劳动者形成纵向分工的社会。

在洛克看来,绅士一方面要通过教育摆脱贪婪任性、游手好闲的毛病,培养起良好的品质和理性,具有真正的道德和政治知识,做国家的领导者;另一方面,绅士也应当走出自己的乡间豪宅,离开那些只知饮酒作乐的同伴,广泛游历,与各色人等相接触,理性、开放地交流,这样才能扩展自己的心智,具备真正的政治头脑,在社会中传播理性,维持正义,促进社会的秩序和繁荣。[3] 没有人拥有绝对全面的理性,也没有人能够保证自己的思考不犯错误。对于"只和一种人交往,只阅读一种书籍,只听从一种概念"的人,"错误和真理在他们的心智之中不确定地混合在一起;他们的决定不宜实行,颇具缺陷;他们的判断常常失误"。[4] 在洛克看来,这样的人就像生活在丛林或旷野中的土人一样。因此,理性自由之人的相互交流,有助于使人开阔自己的眼界,认识自己领域的局限性,避免狭隘自负,改正错误。有助于每个人确立起"博大、健全和周延的感觉",扩大知识领域,促进社会整体理性程度的提高。所以,受过良好教育的绅士应当

---

[1] John Locke, *Political Essays*, Mark Goldie (ed.), New York: Cambridge University Press, 1997, p.350.
[2] 洛克:《教育漫话》,献词。
[3] 洛克,《论指导理解力》,第 3 节;英文版参见 John Locke, *Some Thoughts Concerning Education and Of the Conduct of the Understanding*, Ruth W. Grant, Nathan Tarcov (eds.), Cambridge: Hackett Publishing Company, 1996;中文版参见洛克:《理解能力指导散论》,吴棠译,人民教育出版社 2005 年版。
[4] 洛克,《论指导理解力》,第 3 节。

善于交流,表达自己的思想,理解他人的想法,"他们要做的事情与口舌笔墨有关",所以应当"说话得体正确",从而"有助于让自己的思想更容易地进入别人的心智里,给对方留下更深的印象"。① 绅士应当在社会上广泛活动,和各个阶层、各类人士交往,了解社会的风气,成为社会舆论和民情的领导者。洛克在《教育漫话》中将名誉、教养(breeding)和文明(civility)列为绅士必须培养的德性,正是基于对他们在社会上应当发挥作用的考虑。

虽然人生于社会中,但由于其高度的主观抽象性、趋乐避苦的行动倾向,他的行动取向总是易于为了自己的快乐和痛苦。从小在家庭中受过良好教育的人,没有陷入骄傲和自爱,也会懂得财产的意义,不去侵犯他人的权利,但对基本道德准则之外的好和坏的规定性,只是基于个人的狭隘经验。一旦他走上社会,就会发现人与人之间的偏好、习惯有极大差异,如果在交往过程中,人们过于坚持自己偏好的优先性,很容易发生摩擦。是一人独处还是身处社会之中,两者有着极大的差异。"人在社会中所处的状态,与单独一人时相比大为不同,在两种情况下,德与恶的范例和尺度极为不同。"② 孤单一人时可以做的事,在社会中可能就不该做。荒野中的人可以大声呼喊,但在电影院里大声呼喊就不合适。所以在对自然法具有理性的认识之外,个人还需要懂得,不能只从自己的角度出发来考虑问题和行动,要体会社会中其他人的感受,避免彼此之间的冲突,促进相互间的交流与合作,增进情感的交流与和谐。在理性方面也是如此,理性的有限、意见的影响和考虑问题角度的不同,使不同的人往往各持己见。③ 假如各方不能心平气和、耐心倾听、相互理解,而是各自顽固坚持自己的观点,则论坛与战场无异,交流的各方不仅毫无收获,还可能彼

---

① 洛克:《教育漫话》,第168节。
② John Locke, *Political Essays*, Mark Goldie (ed.), New York: Cambridge University Press, 1997, p.287.
③ 洛克:《论指导理解力》,第3节。

自然状态与政治社会　55

此之间横生龃龉。① 所以,良好的教养和真正的文明,使人与人之间能够既真诚又顺畅地交往。对社会意见法的尊重,对一般准则和风俗的遵守,使人在社会中能为他人所接受,并获得正当的名誉。这样的人,才能成为社会的意见领袖。

对洛克来说,如果名誉只是社会的一般意见,那么显然尊敬和耻辱还是高度抽象和不确定的,受时尚和意见支配,但洛克所强调的应当重视的名誉,是"其他人的理性的证言和赞许,经一致同意而给予有德和良好的行动",也就是洛克在《人类理解论》中所说的意见法或名誉法(law of opinion or reputation)。② 意见和名誉法的正当性,其基础仍然在于自然法,来自普遍理性的一致同意,是社会形成的稳定的正当规则,不是随随便便的意见和时尚。所以洛克说人应当珍惜的名誉,指的是与神法相符合的道德声名。人对自我的评判,很大程度上是通过他拥有的名誉而实现的。repute 一词的拉丁词源 reputare 所具有的考虑和反思的含义,正说明了这一点。一个人的名誉往往是他人格的规定。所以,一个人对自己感到羞耻或认为自己有信誉,正是对自己人格的认识。真正的绅士,重视自己的名誉并产生相应的荣誉感和羞耻感。这种对名誉的爱,不是出于对荣誉的饥渴而汲汲于他人的赞许,而是"真正的羞耻心(shame)和担心自己令人不快的畏惧心"③。洛克眼中理性自由的绅士,是能够在社会正当的意见法的基础上建立自己良好名誉的人。

洛克的礼貌教育旨在约束人的自爱,使人心中生出对他人的友好感情,并对他人持有真诚的态度,学会"由各个国家的时尚和风俗所决定的"那些外在的行为规范,拥有真正的良好教养和文明的品质。在洛克看来,名誉的建立,正是基于内在的情感和德性、外在的教养和文明得到社会意见法的承认。洛克的自由社会,并不是只肯定个人的自由,忽略社会的规

---

① 洛克:《教育漫话》,第189节;洛克:《人类理解论》,第4卷第17章第19—22段。
② 洛克:《教育漫话》,第61节;洛克:《人类理解论》,第2卷第28章第11段。
③ 洛克:《教育漫话》,第60节。

范和约束。绅士恰恰要在社会中,通过相互交往和讨论以及对大众的宣讲,使理性和道德在社会中广为传播。他们作为这个社会的治理者,如同理性为欲望和意志规定方向一样,也要凭借自身的品质和声誉,引导社会的意见法和公共评价,为整个社会规定方向。不过,这并不意味着与绅士不同的手艺人和劳动者只是服从于前者,没有与其自身相应的道德品质。在洛克看来,他们既通过自己的劳动和创造,为社会提供了更多更好的生活便利品,促进了所有人物质生活水平的提高,也在这个过程中建立起了自己的德性。

二、劳动的道德

  道德是一般人类合宜的科学和事业(因为他们很关心且适合于去寻求他们的至善),至于各种工艺,则既关涉于自然的各个部分,因此分派给具有某种私人天赋的特定的人们,既是为人生公共的利用,也是为他们自己在此世维生。①

  洛克在这段话中充分表达了他对地主和劳动者关系的理解。虽然运用理性寻求道德知识是所有人的正当事业,但在现实中,有条件脱离体力劳动的地主阶层更多应承担这方面的义务。② 作为工匠和雇佣工人的劳动者,主要从事各种产品的制造,满足社会的普遍需要。这绝不意味着洛克小看了这些人,在他看来,劳动者将自己的能力用在工艺方面,将自己劳动的产品提供给社会,能够使人类整体的处境得到改善:

---

① 洛克:《人类理解论》,第4卷第12章第11段。
② 当然这不意味着社会中的其他阶层就应当放弃自己的理解,听凭地主阶层来教化。劳动者和社会其他阶层的道德自主性问题,我们马上就会讨论到。

自然状态与政治社会 57

> 对于适合此世之人使用、有好处的知识,这里有着广阔的领域,比如说找寻新的发明来分派任务以缩短或减少劳动,或将几个主动和被动的部件机敏地组合在一起,以求获得新的有益产品,由此,我们财富的库存(也就是有助于我们生活便利的那些东西)会进一步增加或保存得更好。①

> 首先发明印刷术、发现罗盘、发现金鸡纳霜的功用的人们,比设立学院、工场和医院的人们,还更能促进人的知识,还更能供给人以有用的物品,还救了更多数人的性命。②

随着社会交往的扩展、发明的推广、分工的增进,生活便利品和知识的库存都随之增长。他们的劳动,极大有助于满足上帝对人"生养众多,布满大地"的要求。所以,工匠和雇佣劳动者从事体力劳动,进行贸易活动,同样是履行自己的天职。

在17—18世纪,英文的"贸易"(trade)一词包含着"手艺"和"交易"的双重含义,不是指单纯的商业活动。换句话说,所谓贸易的自由,是指人能够自由地从事某种工作,通过劳动而生产出产品,并与他人进行交易。在相当多的行业尚处于手工业阶段的17世纪,tradesman更多指手艺人而非商人,生产力水平更多停留在手工业作坊的阶段,尚未达到工场手工业阶段,更不用说大规模制造业分工了。马克思所说的资本主义生产方式在这一时期尚未产生。③ 手工业雇主和雇佣工人之间的关系,很大程度上还停留在中世纪行会的模式,个别雇主根本不可能雇佣大量工人。农业的生产力水平和土地分配情况也决定了小农场主、租佃农场主和农

---

① John Locke, *Political Essays*, Mark Goldie (ed.), New York: Cambridge University Press, 1997, p.261.
② 洛克:《人类理解论》,第4卷第12章第12段。
③ 我们往往将"资本主义"和"资本主义生产方式"混为一谈,实际上,马克思对资本主义生产方式的阐述清楚地表明,在18世纪之前存在的"资本"是高利贷资本和商业资本,而不是产业资本和资本主义生产方式。参见卡尔·马克思:《马克思恩格斯全集》第44卷,人民出版社2001年版,第374、357—358、859—860页。

业工人之间的差别并不大。所以,贸易的兴盛更多意味着农业和手工业的兴盛、社会交往的发展、生活便利品的增加和人口的增长、整个社会的勤劳程度和物质福利水平的双重提高。洛克肯定的贸易和分工社会是人人丰衣足食的小康社会,并不是"发烧过度"的商业社会。在1674年的一篇名为《贸易》的手稿中,洛克写道:

> 贸易的主要目标是财富与权力,二者相生相促。财富在于动产的丰富,从它产生出外国人需要支付的价格,并且不会在国内被消耗掉,当金银丰足时尤其如此。而权力在于人口和维持他们的能力。贸易通过增加你的财货和人民而有助于两者,并使之相互促进。①

在前面我们分析过,洛克认为产品的价值几乎完全由劳动创造,劳动者将自己的产品作为商品,通过贸易换成货币,再用货币购买商品来满足自己的需要。贸易的过程以商品和货币为中介,带动了劳动和使用。在劳动、商品和使用之间存在着正向关系。一方面,更多的劳动生产出更多商品,更多的商品又可以满足更多的使用;另一方面,更多的人口需要更多的商品来维持,所以又需要更多的劳动来生产商品,而更多的人口又能够提供更多劳动。因此,如果要同时促进劳动、使用和人口的增长,贸易是最好的手段。既然上帝的意志是要让人通过劳动来保存自己,获得此世的幸福,并要人类繁衍众多,那么显然贸易有助于实现这一目标。贸易的发展,必将带动普遍劳动,克服懒惰,促进勤劳,有助于每个人通过自己的努力获得财产;也必将导致生活便利品和人口的增长,增进人在此世的福利,有助于人类的繁衍。洛克认为英国的一个日工也比美洲印第安部落的酋长生活更为舒适,表达了他对现代社会民众物质生活水平提高、实现普遍勤劳的充分肯定。

---

① John Locke, *Political Essays*, Mark Goldie (ed.), New York: Cambridge University Press, 1997, pp.221-222.

在贸易的过程中,货币发挥着重要的作用。在洛克看来,贸易的运动就像是血液循环过程,身体的各部分通过血液循环得到养料,社会成员的劳动和福利也通过贸易的过程得到了增长。因此,货币就像是带着养料的血液:

> 贸易之所以需要一定比例的货币,是因为货币在其流通过程中推动着许多贸易的齿轮,当它用于这一方面时(我之所以这样说,是因为必然会有一些货币处于不流通的状态),它是由提供原料的土地的所有者、对原料进行加工的劳动者、把物资分配给那些需要物质的人的经纪人(也就是商人和店主)和那些消费物资的消费者所共有的。所有这些人都需要货币;它既能做筹码又能做保证物,也就是说它具有计算和保证的作用,所以那些得到它的人随时可以用它换取同等价值的他们需要的其他东西。①

货币本质上是推动贸易的工具,在贸易的过程中,劳动者、地主、商人和消费者,手头都必须掌握一定的货币。如果货币匮乏,会影响商品合理价格的实现和债权的偿付,使各方都必须存放大量货币,从而降低流通的速度,最终影响贸易的增长,因此,一个国家必须保有充足数量的金银,以满足国内贸易的需要。② 对一个国家来说,对外贸易的目标,除了满足本国居民一定的消费需要,更重要的是获得金银以促进国内贸易,所以洛克强调:

> 从外国取得货币乃是有关国家财富唯一重要的事情,所以我们局外人总认为这是议会唯一应该关心的事情。要知道只要钱在我们

---

① John Locke, *Locke on Money*, Vol.1, Patrick Hyde Kelly (ed.), Oxford: Clarendon Press, 1991, p.233.
② John Locke, *Locke on Money*, Vol.1, Patrick Hyde Kelly (ed.), Oxford: Clarendon Press, 1991, pp.235-242.

国内,无论是在张三手里或是在李四手里是无关紧要的,要紧的是要使无论谁有这笔钱,都能够受到鼓励把钱拿出来投入贸易流通之中来增加国家的一般资本和财富。①

所以国家应当像那个农场主一样,鼓励对外贸易,力求通过"清明、节俭和勤劳,让财富与日俱增"②。洛克式的重商主义的本质并不是要让政府聚敛财富,而是要为国内的市场提供更多货币,以促进贸易的发展。

所以,地主手中剩余的货币不应当贮藏起来,而是要重新回到经济领域中去发挥作用,这是洛克写作和发表《论降低利息和提高货币价值的后果》一文的根本关注点。他之所以反对人为规定和限制利率,主张让"利息提高到和货币的真正和自然的价值相等",正是因为人为限制利率只能妨碍剩余货币回到贸易中发挥作用。它减少了通过借贷进入贸易领域的货币量,并使货币在银行家、高利贷者等经纪人(broker)那里积累。因为后者可以按照合理的利率付给利息,而不懂得经营,只会按照法律利率收取利息的"无知和懒惰的人",更倾向于将钱交给经纪人,使后者掌握大量货币。③

对洛克来说,店主、银行家和高利贷者这样的经纪人,本质上不属于体力劳动和脑力劳动者,他们只是劳动和使用的中介环节,起到促进商品流通、沟通贸易的作用。如果货币在他们手中积累过多、停留时间过长,就无法起到应有的推动贸易的作用。洛克所说的店主,其实就是商业资本时代的包买商,他们从地主手中购买原料提供给工匠,再从工匠手中购买商品将其卖给消费者。洛克指出,在这个过程中,他们可以通过占有货

---

① John Locke, *Locke on Money*, Vol.1, Patrick Hyde Kelly (ed.), Oxford: Clarendon Press, 1991, p.280.
② John Locke, *Locke on Money*, Vol.1, Patrick Hyde Kelly (ed.), Oxford: Clarendon Press, 1991, p.270.
③ John Locke, *Locke on Money*, Vol.1, Patrick Hyde Kelly (ed.), Oxford: Clarendon Press, 1991, p.212.

币和囤积货物,为农产品定价,压低工匠的工资。① 所以"懒惰和不工作的店主们比赌徒更坏,因为他们不但把国内很多的货币都保存在自己的手中,而且还因为保存它们而让公众付给他们费用"②。

银行家和高利贷者的作用类似店主,他们将货币作为商品提供给需要的人。但这些人获得利润,主要是通过囤积货币来减少市场上流通的货币量,从而人为抬高利率。因此,货币会在他们那里停留过多过久而损害贸易的正常运作。洛克在这里批判的店主和高利贷者,代表的正是马克思后来所说的,在资本主义生产方式兴起之前就被当作资本的商业资本和高利贷资本。③ 从根本上讲,店主和高利贷者正是洛克所担心的贪婪和支配欲的代表,在社会经济领域中,他们并不直接从事劳动,而是依靠手中货币滚雪球式的增殖运动,满足自己抽象的占有欲。他们与地主、手艺人和雇佣劳动者的差别正在于,不是基于自己的劳动来培养起道德品质、获得生活必需品,而是想要借助贸易的流通过程,通过囤积货币和商品、增长流通周期等方式,谋求不劳而获的利润,最大限度地占有抽象的货币。他们才是洛克时代的"资本家""占有性个人主义"的真正代表,洛克的经济政策正是要抑制这些人在贸易体系中的作用。

在货币和劳动之外,贸易的另一基本要素是土地。在农业和手工业占主导地位的时代,土地产出的初级产品是维持人口和手工业的基本要素。因此私有的土地应当得到积极的利用。自耕农和农场主应当亲自劳动和雇佣工人进行生产,那些因遗产而拥有大片土地的地主,也应当将土地租给善于经营的农场主来经营农业生产。

洛克在《后果》一文中主张地租和利息的正当性,并不是鼓励地主阶层不劳而获,而是要让他们在从事脑力劳动和政治活动的同时,将自己的

---

① John Locke, *Locke on Money*, Vol.1, Patrick Hyde Kelly (ed.), Oxford: Clarendon Press, 1991, p.237.
② John Locke, *Locke on Money*, Vol.1, Patrick Hyde Kelly (ed.), Oxford: Clarendon Press, 1991, p.241.
③ 卡尔·马克思:《马克思恩格斯全集》第44卷,第860页。

土地和剩余财富以出租的形式充分利用起来,为贸易领域提供生产资料和流通媒介,从而促进整个贸易体系的循环和运转,推动更多的劳动、产品和使用。对洛克来说,积累起来的财富,无论是购买地产、出租土地还是放贷,本质上都是使生产资料和贸易媒介重新进入贸易和生产领域发挥作用。对洛克来说,累积不用的货币虽然不会腐败,但同样没有发挥应该发挥的作用,只有当它们重新回到贸易和生产领域中,才能够起到带动劳动、商品和使用的作用:

> 我的货币在贸易中由于借款人的勤劳,可以为他生产出6%以上的收益,正像你的土地由于租地人的劳动可以生产出大于他所付地租的成果一样。①

在社会中,地主和贷款者提供生产资料和贸易媒介,从而促进劳动和贸易的顺利进行,因此,赚来的钱既不应当全部用来购买消费品和奢侈品,也不应当贮藏起来,这两种做法都不能起到促进贸易、推动劳动的作用。货币应当通过购置土地和给人贷款的方式,重新投入生产和贸易之中。当社会的贸易领域中有充足的生产资料和流通媒介时,工匠和雇佣劳动者进行劳动生产和获得生活消费品的过程就能够实现。

从社会作为贸易体系的整体视野出发,我们才能够理解,为什么洛克既承认金银由人的妄想和意见赋予了虚妄的价值,又承认由此而来的土地占有的不平等,还会依然肯定这些现象的合理性。因为一方面,"金银的价值大部分取决于劳动的尺度","将绝大部分的价值加在土地上的是劳动,(土地)没有劳动就几乎分文不值";另一方面"一个人基于他的劳动把土地划归私用,并不减少而是增加了人类的共同物品",美洲的"一个

---

① John Locke, *Locke on Money*, Vol.1, Patrick Hyde Kelly (ed.), Oxford: Clarendon Press, 1991, p.250.

自然状态与政治社会　63

拥有广大肥沃土地的酋长,在衣食住方面还不如英国的一个粗工"。[1] 换句话说,如果货币和土地虚妄的抽象占有通过贸易领域,转化为实实在在的劳动和生活便利品的使用,如果抽象价值只是实现具体的劳动和使用的中介,主观抽象性趋于任意和无限膨胀的危险就被消除了。一个踏实工作、诚实经营,用工资和赚到的钱改善自己和家人生活条件的人,或者靠父祖、亲人的遗产生活,但并不游手好闲、奢侈放纵,而是认认真真做自己应当做和喜欢做的事情,将自己的力量和财富用在对社会有好处的地方的人,都是现代分工社会的有德之人。在这个过程中,他们必然会由于自己的勤劳,让自己获得真正的财产。人参与贸易和分工社会中的过程,也是主观抽象性受到约束、落到现实对象上的过程。洛克最深刻也最不为人所理解的教诲是:要克服主观抽象的占有欲,不能直接否定占有环节本身,而是要明确占有这种形式的本质乃是始于劳动,终于使用。由此,在现实的实践活动中,在具体的劳动和使用中,培养起与财产权真正相应的德性,化解个体心理上抽象的占有欲。洛克清楚地知道,现代自由的危机,在于欲望和意志本身不受约束、缺乏实质的无限扩张。主观抽象性并不可怕,每个人的"想要"也应当得到尊重和认可,关键在于要避免它的恶性膨胀。因此,通过劳动和实践来引导它进入经验的世界,落到实处,以现实行动为中介,自由才能真正拥有正当的形式,受理性的约束而变得合乎情理,发挥积极的作用。

在《教育漫话》中洛克指出,一定要让孩子学会记账。[2] 强调这一点正是因为他看到,即使是收钱和花钱这种最不费力气的行为,了解自己财产状况这种看似最日常的事情,也应当有与之相应的劳动的辛苦相伴相随,才能使无形的自由成为有形的品质。洛克教育的根本,不是用规定来取消自由,而是将孩子的自由引向正确的方向,使之具有稳定和正当的形式。在社会的层面,正如 interest 一词的双重含义所表达的,引导人去合

---

[1] 洛克:《政府二论》,第 37、41、43、48、50 段。
[2] 洛克:《教育漫话》,第 210—211 节。

理地追求利益,也像引导孩子的兴趣一样,要将其导向有助于个人勤劳和社会福利的正确方向。孩子早早应当学会记账,不是要让孩子唯利是图,而是要培养有财产的人应有的品质。有财产的人对待自己财产的态度,应当像《后果》中那个勤俭持家的农场主一样,参与到贸易之中,但并不将得来的钱全部花掉,因为奢侈和享乐只会损害勤劳、放纵欲望的膨胀。积攒财富要通过积极劳动与理性经营,财产的增加乃是某种自然而然的事情,劳动和经营农场是人应当从事的事业,人不能为了钱就不择手段。洛克本人也同样身体力行,将自己闲置不用的财产投资于殖民地公司和制造业。他终身节俭,这样做并不是为了满足自己的贪欲。

因此,如何通过政策安排,"建立自由的法律来保护和鼓励人类诚实的勤劳",正是"贤明如神"的君主和政治家应当关心的头等大事。治理术的目的,在于让人口通过正确地使用土地来劳动而得到增加。① 在这一点上,无论是孩子的导师,还是国家的治理者,根本都是一样的。正是出于这样的考虑,洛克才在《论〈济贫法〉》一文中建议,有必要以明确的条文规定有劳动能力的贫民和乞丐不得接受教区的救济,对于不愿劳动者,应当强制其进行劳动和工作,以纠正游手好闲、不务正业的毛病。贫民的增长必定另有原因,那只能是由于纪律松弛和礼仪败坏。德性和勤劳始终相伴相随,正如邪恶和游惰相伴相随一样。② 所以,对于诚实劳动的"工匠必须极力鼓励,并将情况尽量安排成使制造者也能售卖自己的商品"③。政府有义务消除游惰和懒散,促进道德风尚的改善。对于将货币和纯粹占有当作生活目的,不想劳动,不顾他人和社会的公益,只想让手中的金钱越变越多的贪婪的高利贷者和二道贩子,政府应当谨慎考察贸易的规律,制定遏制这种人的经济政策,从对外贸易中获得充足的金银,

---

① 洛克:《政府二论》,第42段。
② John Locke, *Political Essays*, Mark Goldie (ed.), New York: Cambridge University Press, 1997, p.184.
③ John Locke, *Political Essays*, Mark Goldie (ed.), New York: Cambridge University Press, 1997, p.241.

增加社会中可用的货币量,减少流通的中间环节,以促进诚实劳动者正当地获得财产和社会整体福利的增长。"国家的情况和一个家庭一样,用钱少于我们自己商品的收入,乃是国家致富的唯一可靠法门。"[1]国家应当像勤俭持家的农场主一样,"清明、节俭和勤劳,让财富与日俱增",在国内努力促进"祖先的勤劳和朴素的美德,以及节俭的生活方式(安于享用我们自产的生活享用品,而不去追求那些奢侈浪费的外国货),并使人们尊重这种风气"。[2] 洛克眼中理想的公民社会,虽然贸易昌盛,商业繁荣,但人民仍然拥有朴实的德性。

三、宗教与宽容

这里仍然有一个问题要解决。洛克始终强调,只有个人独立运用理解力去认识真理,才是达到上帝和拯救之路,别人拥有的真理,只是"他们的占有物,不属于我,也不能转达给我,除非使我同样地知道;它是不能出借或转让的财宝"[3]。那么,绅士若承担了为社会提供知识和真理的角色,社会中的其他阶层"全部时间和辛苦既然都消耗了去,以求平息枵腹的空鸣、饥儿的哭泣,那么他们的理解不免难受教导"[4],这是否意味着,广大的体力劳动者,除了具有上面所说的与劳动和贸易相关的德性,就应当满足于无知无识或受意见和风俗左右?

首先,洛克并不否认劳动者所处的困境。他在一篇未发表的手稿《劳动》中指出,在理想的社会中,每个人都能同时从事脑力劳动和体力劳动,

---

[1] John Locke, *Political Essays*, Mark Goldie (ed.), New York: Cambridge University Press, 1997, p.292.
[2] John Locke, *Political Essays*, Mark Goldie (ed.), New York: Cambridge University Press, 1997, pp.270, 292.
[3] John Locke, "Study", in *Political Essays*, Mark Goldie (ed.), New York: Cambridge University Press, 1997, pp.196-197.
[4] 洛克:《人类理解论》,第4卷第20章第2段。

在身体和心智两个层面,都能运用充分的自由来生产物质和精神产品。①在他看来,社会中的每个人同时从事两种劳动并不是什么不合理的事情,相反,"由此,一切人类可以由此获得的生活所需的真正必需品和便利品,应当会比现在拥有的多得多,并且能够摆脱可怕的无知和野蛮,在许多人身上,那种情况当前仍然随处可见"。体力劳动和脑力劳动没有等级贵贱之分。劳动是上帝对人的要求,与懒惰闲散和无益的娱乐相比,"从事有用工艺的诚实劳动"更加光荣。而大众也应当"在自己的义务方面得到良好的教导,摆脱无知造成的对他人的盲目信从"②。基于普遍的人性结构,基于对理性自由的肯定,洛克眼中的理想的人,必定是既能通过体力劳动来满足身体方面的需要,也能够运用理智来认识真理,生产知识。"如果此世的劳动能够得到正当的指导和分配,那么知识、和平、健康和物产,必然会比现在更多。人类也将比现在更为幸福。"③显然,这里的劳动既包括体力劳动也包括脑力劳动。从《劳动》这篇手稿中可以看出,在洛克看来,完整的人应当同时从事这两种劳动,让身心都得到运用和充实。理想的社会应当由这样的人来组成。

不过,洛克的这种理想,即使在广大民众都已接受教育的今天也未能实现。他本人十分清楚,在他身处的17世纪,大多数体力劳动者根本没有机会去运用理性获取知识,更何况他所理解的伦理学带有数学和推理的性质。"人类的大多数人既没有闲暇也没有才能去进行论证,更无法胜任一长串的证明,所以,他们必须始终依靠信念(conviction),不能要求他们只有看到论证之后才同意。如果他们遇到困难,那教师们就不得不给出证明,从第一原理出发,通过前后连贯的演绎来消除他们的疑惑,无论演绎多么漫长和复杂。你接下来恐怕就要希望所有的劳工、小贩、纺织工

---

① John Locke, *Political Essays*, Mark Goldie (ed.), New York: Cambridge University Press, 1997, pp.326-328.
② John Locke, *Political Essays*, Mark Goldie (ed.), New York: Cambridge University Press, 1997, p.328.
③ John Locke, *Political Essays*, Mark Goldie (ed.), New York: Cambridge University Press, 1997, p.328.

和挤牛奶女工都是出色的数学家了。"所以,对广大民众的道德教育,主要不是诉诸理性,而应当诉诸宗教信仰:"正因为绝大多数人无法理解,所以他们必须相信。"[1]普通人更应当借助宗教和启示而不是通过理性的伦理学来认识道德准则和自己的义务。对他们来说,宗教教育比理性教育更为重要。明智的洛克清楚地知道,很多时候,普通民众需要的并不是学术知识或道德推理,而是应当对某种合理信仰的接受。

但是,英国内战和革命造成的社会混乱,恰恰在很大程度上因宗教而起,洛克自己也将宗教狂热视为最危险的激情,这是他强调理性作用的关键。洛克所肯定的信仰,并不是狂热或迷信,而是经历过理性的考察和审核,有着合理性基础的宗教。洛克认为传统深厚的基督教,在合乎理性的基础上,完全能够发挥教育民众、促进道德的作用。大多数劳动民众还有时间去阅读《圣经》和倾听讲道,思考自己的义务和天职,信仰基督教是他们通达真理和拯救的主要道路。[2]《基督教的合理性》一书正是要澄清,在何种程度上,基督教能够发挥合理信仰的作用来教育大众。

对洛克来说,信仰的核心在于承认某种不同于理性的启示,将其作为真理来接受。这种启示真理无论在其内涵还是外延方面,都要受到理性的严格限制。如果将洛克自己的神圣世界观与他提出的三条启示真理的标准相结合,我们就能发现,洛克认为启示真理应当既在某些方面传达给人那些"不是我们的自然能力所能发现出的,而且是超乎理性的"事情,又与"自然的理性和观念所能发现出的那些真理"相吻合。[3] 从而在前一个方面弥补理性的局限,在后一个方面又能支持理性的正当。这就是所谓的超乎理性且合乎理性但不反乎理性。合理的宗教信仰,乃是借助某种看似有悖理性的讲法,实现支持合理道德的目的。需要某种玄妙的信仰

---

[1] John Locke, *Writings on Religion*, Victor Nuovo (ed.), Oxford: Clarendon Press, 2002, p.140;中文版参见洛克:《基督教的合理性》,王爱菊译,武汉大学出版社2006年版。
[2] 洛克:《人类理解论》,第4卷第20章第3段;John Locke, *Writings on Religion*, Victor Nuovo (ed.), Oxford: Clarendon Press, 2002, pp.200-201。
[3] 洛克:《人类理解论》,第4卷第18章第4—5、7段。

来支持现实的道德,正是人本性的需要。洛克相信,基督教正是这样的带有启示真理的真正的宗教。

洛克认为,基督教使人相信存在一个万能的造物主上帝,并不是借助理性的学说,而是基于一些外在的标志,这就是超自然的奇迹。在一份题为《论奇迹》(A Discourse of Miracles)的手稿中,洛克写道:"我所说的奇迹是指一种能感觉到的运作(sensible operation),它超出了旁观者的理解范围,在后者看来,它有悖于业已确立的自然的路径(course of nature),他将其视为神圣。"①洛克认为,奇迹是来自上帝的、对启示真实性的外在证明,理性通过辨认奇迹来确认启示。他指出,摩西确认上帝赋予自己特殊的使命并不是只凭内心的冲动,而是还看到了着火却不坏的灌木、变成蛇的杖等等外在的奇迹。② 正是这些有悖于一般自然路径的现象向人指出了真正的启示。

但是在现实中,被人视为超乎自然的奇事甚多,并且有许多人都以此来证明自己是神的使者,那又何以分辨哪些为真、哪些为假呢? 洛克认为,由于上帝是唯一的真神,拥有至高无上的力,因此,他的奇迹所显露的力,也必然大于其他任何奇事所显示的力。摩西能在与埃及巫师的斗法中取胜,表明了他是上帝的真正使者。而耶稣能令死人复活,治愈病患,并且他自己也复活,这些都是"超凡神力(divine power)的有力标记"③。在洛克看来,基督教正是凭借这些奇迹,传达给人那些自然能力发现不了的"超乎理性的"事情,从而确立了自己真正启示宗教的地位。缺乏理解力的大众要相信上帝的万能,耶稣是弥赛亚(Messiah),正需要借助这些奇迹:"单凭一句话就让病人痊愈,让瞎子重见光明,让死人复活,他自己也从死里复活,这些都是他们无需费力便能构想的事实;而且他们还懂得

---

① John Locke, *Writings on Religion*, Victor Nuovo (ed.), Oxford: Clarendon Press, 2002, p.44.
② 洛克:《人类理解论》,第4卷第19章第15段。
③ John Locke, *Writings on Religion*, Victor Nuovo (ed.), Oxford: Clarendon Press, 2002, pp.46-47.

那成就这一切的人,必然是凭着神圣之力才能做成。这些事情最普通的人也能够把握,但凡他能区分生病和痊愈、瘸腿和健全、死人和活人,他都能够理解这个学说。"①基督教易于辨认的奇迹和情节明确的故事,足以引导人们去相信创造、天使和弥赛亚这样不能单凭理性来获得的概念。

但是,当奇迹发挥了引人相信万能的造物主上帝和耶稣是弥赛亚的作用后,它就应当退居幕后,让耶稣和《圣经》的道德教诲来发挥作用。"一旦人们相信耶稣基督是受上帝派遣来做君王的,是那些信他的人的救世主,他的所有命令就都变成了原则……只要去读那些圣书,就可以受到教训。所有的道德义务都记在书里,清楚明白,而且容易理解。"②信仰上帝万能和耶稣是弥赛亚的基督教,真正的价值不在于这些观念本身,而只在于让人相信人应当遵守的道德真理。这是洛克坦率提出和回答"要一个救主有什么用,我们通过耶稣基督会得到什么益处"这一问题的关键。在洛克看来:

> 我们的救主和他的使徒,通过他们所行的神迹,已经让人们在内心大为折服,获得了信任和权威,但是这并没有导致他们像其他哲学流派和宗教一样,在他们的道德教义中夹杂着虚妄的见解、荒谬的法则、自我或一党的私利。这里面根本没有偏执和狂想的气息,没有骄傲与虚荣的足迹,也没有炫耀和野心的成分。它是完全纯洁、完全真诚的,既不过亦非不足,就是这么一个完全的人生准则。它纯粹以裨益人类为目的,连世界上最为明哲的人都不得不承认这一点。假如人人都实践这准则,那么人人都必将得到幸福。③

---

① John Locke, *Writings on Religion*, Victor Nuovo (ed.), Oxford: Clarendon Press, 2002, p.201.
② John Locke, *Writings on Religion*, Victor Nuovo (ed.), Oxford: Clarendon Press, 2002, p.201.
③ John Locke, *Writings on Religion*, Victor Nuovo (ed.), Oxford: Clarendon Press, 2002, p.201.

洛克力图将基督教从神学教义、形而上学论辩这样的"虚妄见解"和"荒谬法则"中挽救出来,还原为一种裨益人生道德的信仰,这正是《基督教的合理性》想要达到的真正目的。洛克指出,上帝为人安排的律法,耶稣所教诲的道德准则,正是符合自然理性的道德,"理性的法则或自然法"①。基督教"作为更加可靠、简捷的途径",有助于"使那些凡俗的大众能够觉悟",去遵守那些道德法则。②

不过,在这里有必要再次强调,宗教并不只是教导大众遵从道德的工具。虽然洛克认为作为自然之光的理性是人达到真理的基本的手段,但他并不认为单凭理性就能够知晓和解释一切,而是需要用信仰来补充,在《基督教的合理性》中,洛克对于合理信仰的重要意义表达得非常清楚明白:

> 从自然理性迄今完成的一点点工作来看,单凭理性自身,它实在难以担当起让道德全面地、真正地建立在其真正基础之上并放出清楚明白、令人信服的光明的重任……经验证明,如果只是依靠自然之光去理解道德,那么无论这光明是如何符合理性,也只能在世上取得缓慢的进展,或者几乎是停步不前……事实上很显然,人类单凭理性绝对不可能完成伟大而合宜的道德的事业。③

即便是哲学家,也没有谁单凭理性推演出完善的道德准则,"智者的言论或哲学家的名言",甚至是"充满不确定性的荒野森林和无穷无尽的迷宫"。④ 所以,信仰对于人的道德来说,无论是学者还是民众,都是极其

---

① John Locke, *Writings on Religion*, Victor Nuovo (ed.), Oxford: Clarendon Press, 2002, pp.96, 190, 195 – 199.
② John Locke, *Writings on Religion*, Victor Nuovo (ed.), Oxford: Clarendon Press, 2002, p.195.
③ John Locke, *Writings on Religion*, Victor Nuovo (ed.), Oxford: Clarendon Press, 2002, pp.195 – 196.
④ John Locke, *Writings on Religion*, Victor Nuovo (ed.), Oxford: Clarendon Press, 2002, p.198.

自然状态与政治社会

重要的。

不过,信仰作为主观性的东西,同样要避免走向极端。狂热的宗派分子和盲从的民众都是道德和秩序的威胁。洛克时代的混乱,正源于基督教林立的宗派彼此之间纷争不休。狂热之人也大都自居为基督教的正统,攻击持不同意见者为异端。为了弥合真诚信仰和攻击异端之间的这种张力,洛克认为,现代社会中必须保证信仰自由和宗教宽容。在洛克看来,信仰类似于理性,都只能由个人运用自身的理解而达到确定性:

> 谁都不能使自己的信仰屈从于他人的指令,即便他想这样做也罢。真宗教的全部生命和力,只在于心智内在和完全的确信(persuasion),没有这种确信,信仰就不成其为信仰……真正的拯救宗教存在于心智的内在确信之中,舍此没有任何别的东西能够为上帝所接受。而理解的本性就在于,它不可能因外力的原因而被迫去相信任何东西。[1]

因此,外在的强力不能使人获得真正的信仰,行政长官不能运用强力来迫使民众信仰某种宗教,这既是对政府权力的滥用,也违背了道德的本性。[2] 任何人都只能运用劝说和辩论的方式,去说服他人相信某种宗教学说。洛克撰写《基督教的合理性》,同样是以论证和劝说的方式,寻求其他基督徒的赞同,而非诉诸强力和权威。

另一方面,宗教宽容除了认可每个人在自己内心确立合理信仰,还包含着有关外在崇拜仪式的内容。在洛克看来,人除了在内心里达到某种确定的信仰,并遵守这信仰的要求来安排自己的行动,还渴望借助外在的

---

[1] John Locke, *A Letter Concerning Toleration*, John Horton, Susan Mendus (eds.), London: Routledge, 1991, p.18;中文版参见洛克:《论宗教宽容》,吴云贵译,商务印书馆1982年版。
[2] John Locke, *A Letter Concerning Toleration*, John Horton, Susan Mendus (eds.), London: Routledge, 1991, pp.18 – 19.

行为和崇拜仪式来表达自己对所信仰神的崇敬之情。在不违反基本自然法和理性的前提下,这种宗教崇拜的自由也应当得到允许。所以,应当允许"人们自愿结成、自主参与到一起的社会(society),按照他们所判断的上帝愿意接受的方式,公开地礼拜上帝,以求有助于自己灵魂的拯救",这样的"自由和自愿的社会"就是教会(church)。① 自愿加入同一教会的人,基于对信仰持有的相同看法而结合在一起,借助共同的崇拜仪式来获得内心的满足,洛克认为,只要教会不违反自然法,损害其他公民的自然权利,行政官长就无权干涉它们。② 基于合理基础的对内在教义和外在崇拜的宗教宽容,使人能够通过思考和行动获得信仰的确定性,补充理性的不足。人们自愿结成的教会,如果谨守理性的限度,更能有利于社会的道德。

或许还有人会说,洛克对宗教宽容的讨论,主要限于基督教的范围,那么那些基督徒之外的异教徒的信仰问题又如何解决呢?在《论宽容书》(A Letter Concerning Toleration)中,他不也明确表示过,行政官长不应宽容天主教徒和无神论者吗?这是否意味着信仰自由和宗教宽容最终仍然只不过是针对某些信仰和宗教的自由和宽容呢?

这个问题的答案,在《基督教的合理性》中其实已经给出了线索。洛克假设有人反驳自己,主张耶稣和基督教信仰不过是"历史性的",对这种人,洛克的答复是:"如果他们愿意把我们的救主及他的使徒所宣讲并提出为唯一的信仰称作是历史性的信仰,那是他们的自由。但他们必须小心自己是如何否定它是一种称义或救赎的信仰。"③人有不信仰基督教的自由,但不能否定基督教是一种信仰的权利。洛克的信仰自由和宗教宽容,实际上并不仅限于基督教。洛克十分清楚,基督教只是信仰的一种,

---

① John Locke, *A Letter Concerning Toleration*, John Horton, Susan Mendus (eds.), London: Routledge, 1991, p.20.
② John Locke, *A Letter Concerning Toleration*, John Horton, Susan Mendus (eds.), London: Routledge, 1991, pp.33－34.
③ John Locke, *Writings on Religion*, Victor Nuovo (ed.), Oxford: Clarendon Press, 2002, p.166.

自然状态与政治社会　73

世界上有许多人并不知道基督教。但这不意味着这些人就没有道德和信仰。对于世界上那些不知道基督教,所以无法信仰它所揭示的真理的人来说,只要运用自己的理性之光,认识到了造物主和他为人所颁布的法律,并真诚地加以守持,那么就能够获得拯救:

> 人内在的使其成其为人的这种神圣的本性和知识的火花,一方面向他表明了他作为人应当遵守的律法,另一方面还让他知道,在他违背该律法时,他应该如何请求他那慈悲、仁爱和同情的作者,他和他的存在的父,去宽恕他。人若善用主的烛光,去寻求发现他的义务,那么在他未能尽到义务之时,也就不可能找不到通往和解和宽恕的道路。①

洛克在这里其实已经为更大范围的宗教宽容奠定了基础。以理性和自然法为核心的对造物主的任何崇拜方式和信仰,其实都是应当得到宽容的,信仰自由和宗教宽容的本质,是认可个人自己获得的合乎理性的信仰确定性,以及由这样的个人结成的自由教会。

在这里要再次强调,洛克所主张的信仰自由不得逾越理性和自然法的界限。因此,行政官长不能宽容践踏公民权利的教会和个人,无论后者打着什么样的信仰的旗号。在洛克看来,天主教和无神论者不应当得到宽容,不是因为他们不信仰基督新教,而是因为他们的信仰中有某些东西,有悖于公民社会中的公民所应当履行的义务。天主教徒服从于教皇,承认教皇有权废黜本国的行政官长,无神论者否定上帝和造物主的存在,也就等于否定了自然法和道德义务的存在。② 这种公然排斥理性准则、反对正当政府权威的信仰,是不应当得到宽容的。洛克之所以反对宽容这

---

① John Locke, *Writings on Religion*, Victor Nuovo (ed.), Oxford: Clarendon Press, 2002, p.190.
② John Locke, *A Letter Concerning Toleration*, John Horton, Susan Mendus (eds.), London: Routledge, 1991, pp.45 – 47.

两种人,不在于教义的差别,而是因为洛克在《论宽容书》中将这两种信仰界定为有悖于基本道德和公民义务。在《人类理解论》和《基督教的合理性》中,洛克完全承认现实中的无神论者也可能很有道德,提出过有价值的道德准则。在他看来,这些不相信上帝存在的人,只是不知道道德的真正基础为何而已,并不是没有道德。① 他的真正看法其实是,只要有着合理道德基础的信仰,就应当得到宽容,因为寻求合理信仰的"良知自由是每个人的自然权利"②。合乎道德的真诚信仰,是公民社会中的理性自由人应有的道德品质。

---

① 洛克:《人类理解论》,第 1 卷第 4 章第 8 段;John Locke, *Writings on Religion*, Victor Nuovo (ed.), Oxford: Clarendon Press, 2002, pp.196 – 197。
② John Locke, *A Letter Concerning Toleration*, John Horton, Susan Mendus (eds.), London: Routledge, 1991, p.47.

第五部分　政治共同体与公民政府

　　理解了洛克对公民社会的真正看法,再来讨论公民政府的建立和作用问题才是合适的。因为易于将洛克的公民社会抽象化的我们,往往会认为,洛克的公民社会是由一群以自我利益为中心的资产阶级构成的,这些原子化的自爱个体,打着财产权和民主的名号,以法律为手段,力图保障自己的贪婪。当他们对自己政府不满的时候,还常常喜欢以人民自居,拿起革命的武器,推翻现有的政府,使社会摇摆于无政府和专制之间。人们想要社会,构成社会,似乎只是为了使它解体。但是,正如本文前面的分析所指出,洛克眼中的公民社会,并不是主观抽象权利的原子自由运动的场所,而是包含了家庭教育和家政治理、贸易和交往、有合理性基础的宗教信仰与结社等一系列的社会实践。公民社会使人能够在家庭、社团和市场等各级团体中,将自己的自然权利落到实处,将抽象的自然法转化为具体的意见法和风俗,培养起理性自由之道德和民风。只有在这样的社会中培养起来的人,才是真正的现代公民。

　　到了这一步,公民政府的必要性也就不言而喻了。虽然人的自然权利是在社会中实现的,但如果社会始终保持自然状态,每个人都有自然法的执行权,只能依靠自己去判断和惩罚违反自然法的人,这样的社会必然是极不稳定的。自然法未经明文规定而落实,缺乏强大的力量来执行,违法者就可能得不到惩罚,个人执行者也可能因激情或偏见而惩罚不当。[①]更何况当人们不得不拿起绝对的自卫权来对抗侵犯者的时候,自然状态就滑入了战争状态:"因为没有实定法和可以向其诉请的具有权威的裁判

---

① 洛克:《政府二论》,第 123—124 段。

者的救济,在自然状态中,战争状态一经开始便持续下去。"①所以,"公民政府是对自然状态的种种不便的适当的补救"②,它的存在正是为了弥补自然状态的上述不便。因此,"为谋彼此间的舒适、安全和和平的生活,安稳地享受他们的财产,并且有更大的保障来防止共同体以外任何人的侵犯",人们就有必要"协议联合组成一个共同体(community)",建立起政府来保障自己的自然权利。③

但是,建立政府为什么要首先组成一个共同体?这个共同体具有什么样的意义?对洛克来说,政治社会的根本目的是要消除自然状态中违反自然法和执行自然法的人带来的不稳定性,这就需要两个条件。一方面,必须存在一个高于所有人的单一权威,由它来运用权力约束所有人。这样才能既有力量制裁任何以强力违反自然法的人,也避免每个人运用自己的力、按照自己的判断来执行自然法,解决由两者带来的连绵不断的战争状态。另一方面,这个权威拥有的至高权力,必须有着自然法作为其道德前提。他必须严格按照自然法来行使权力,如果这最高权力是任意的,那他就是对其他人施加不当的绝对权力,而不是自然法的执行者,却与他人处于战争状态了。因此,他的权力必须受自然法和理性的约束。当人们有了掌握至高权力的理性的裁判者来执行自然法、维护和平和秩序,社会就摆脱了战争状态。同时,在有外敌侵犯社会的时候,这个最高权力的拥有者能够承担运用权力来抵御外敌、保护社会的职责。

那么,这样的最高权力属于谁呢?洛克认为,既然自然法的执行权属于所有人,而最高权力的本质是属于所有人的执行权集合在一起,那么,这一权力的载体自然也就是由所有人组成的共同集体,人们在其中"合众为一",形成一个单一的共同体,达到理性和力的统一,从而克服自然状态和战争状态各自为政的局面。因此,"真正的和唯一的政治社会是,其中

---

① 洛克:《政府二论》,第20段。
② 洛克:《政府二论》,第13段。
③ 洛克:《政府二论》,第95段。

的每一成员都放弃了自然力并将其交给共同体,由后者来处理允许他向共同体建立的法律请求保护的所有事。于是每一个别成员的一切私人判决都被排除,共同体成了仲裁人,用明确不变的规则来公正地和同等地对待一切当事人,通过那些由共同体来授权执行这些规则的人,来判断该社会成员之间可能发生的有关任何权利问题的一切争执,并以法律规定的刑罚来处罚任何成员对社会的犯罪"①。形成共同体的条件是,一个社会中的所有人达成一致同意(common consent),放弃自己执行自然法的自然力,将它交给这个共同体。由此,"当一定数量的人基于每个个体的同意,组成一个共同体时,他们就因此使这个共同体成为一体(one body),具有作为一体而行动的力"②。这个共同体,也就是洛克所说的国家(commonwealth),这样的成员全体,也就是人民(people)。③

在这里我们看到,这个共同体之所以能够是一体,是因为它是所有具有相同性质的个体的集合,其中每一个体,都是自然法之下的拥有自然权利的相同的人,也正是由于这种在质的方面的无差别的普遍性,共同体才能"合众为一",集所有的人为一体。因为它只是每人拥有的力在量上的扩大,其本身的性质,与单一个体没有差别,仍然只是自然法的执行权。所以,对于其任何一个成员来说,它同样也是"我",因为它拥有"我"在自然法执行权方面的人格,是所有与"我"相同的"我"组成的一个大"我"。正是这个所有成员统一于共同体的过程,将自然法的执行权力汇聚合一,消解了自然状态的不便。

在这里我们看到与前面讨论劳动价值时相似的情况。洛克对个体的肯定远不像许多研究者所理解的那样肤浅。和私有财产经由贸易而成为社会财富一样,自然法的私人执行权这样一种"奇怪的学说",同样有从个体重新统一为整体的过程。洛克的高明之处,正是看到如果没有向个体

---

① 洛克:《政府二论》,第87段。
② 洛克:《政府二论》,第96段。
③ 洛克:《政府二论》,第131、133段。

"下降"的这一过程,去肯定每一个体通过劳动和实践来实现的固有正当性和由此培养起的德性,直接向整体的回归和统一是不可能和极端危险的。因为社会在最现实意义上的基本单位——个人,其起点已然是高度的主观抽象性。现代人不像传统社会中的大多数人那样,从生到死都活在既有的规定性中,直接服从于固定的风俗和传统,而是具有极强的自我意识、思维能力和主动性。莎士比亚在《哈姆雷特》中写下的掘墓人发出的感慨,正是对迈入现代社会之人的写照:"我这三年来注意到了,时代越变越精明,庄稼汉的脚趾头已经挨近了朝廷贵人的脚后跟,擦得破那上面的冻疮了。"①所以,如果不能培养起个体的德性,在此基础上来重建社会的风俗和民德,直接诉诸全体和意识形态,只能造就狂热、虚伪的乌合之众和拥有无限权力的利维坦。在洛克这里作为政治基础的人民共同体,其基础正是在前述公民社会的教育和实践中成长起来的个体,这样的理性自由、朴实真诚的人,才是足以构成真正统一共同体的公民,才是真正构成国家的人民。拥有如此品质之人的一致同意,才能确保政治共同体的道德实质。

但我们要注意,不仅仅组成政治共同体的公民不是抽象的,政治共同体本身也不是直接临在的,或者说,它是政治社会的实体性基础,它要通过各种具体的形式,借助风俗、制度和法律来实现。首先,加入这个共同体或国家的自愿行为,在大多数情况下并不是直接的承诺,而是建立在自己拥有某一国家领土范围内的财产特别是土地的基础上的默认。② 其次,政治共同体的统一意志具体化的基本方式,是在各种表达共同体意志和决定的场合,遵循少数服从多数的原则。"当每个人同意和其他人建立一个在一个政府之下的政治体的时候,他自己就对这个社会的每个人负有服从大多数的决定和取决于大多数的义务。"③为了确保共同体行动方向

---

① 威廉·莎士比亚:《莎士比亚悲剧四种》,卞之琳译,人民文学出版社1988年版,第161页。
② 洛克:《政府二论》,第119—120段。
③ 洛克:《政府二论》,第97段。

的统一,"就有必要使整体的行动以较大的力量的意向为转移,这个较大的力量就是大多数人的同意"①。共同体的各种具体决定和行动,都要按照少数服从多数的原则来形成单一的意见。最后,为了实现共同体完全以维护其成员的自然权利为目的的行动,有必要将自然法实定化为有明确条文的实定法,以此作为裁判的准绳,这就是民法。同时,还应当建立起法律的执行机关,对违反法律的行为加以惩罚并要求赔偿。当共同体面对自身之外的其他人类个人或群体时,也需要行使成员赋予的权力来保护自身。因此,共同体需要建立一个包括立法机关和执行机关的公民政府。立法机关掌握共同体赋予的立法权(legislative power),即"指导如何运用国家的力量以保障这个社会及其成员的权力",通过将自然法实定化为民法,保护共同体所有成员即人民(people)的自然权利;而执行机关掌握共同体赋予的执行权(executive power)和对外权(federative power),负责执行"被制定的和继续有效的法律"和"战争与和平、联合与联盟以及同国外的一切人士和社会进行一切事务的权力"。②

这样,共同体就通过基于自己授权而掌握权力的公民政府而得到了实现。公民政府是共同体的代理人,负责"用明确不变的法规来公正和同等地对待一切当事人;通过那些由共同体授权来执行这些法规的人来判断该社会成员之间可能发生的关于任何权利问题的一切争执,并以法律规定的刑罚来处罚任何成员对社会的犯罪",而"彼此处于公民社会中的人们","拥有共同制定的法律,以及可以向其申诉的、有权判决他们之间的纠纷和处罚罪犯的司法机关"。③ 这个政府的目的是保护受它治理的公民社会,使每一公民的自然权利能够在公民社会中得到确定实现和保护。

洛克的公民政府,作为共同体的代理人,通过具体的政治制度安排而

---

① 洛克:《政府二论》,第96段。
② 洛克:《政府二论》,第143—146段。
③ 洛克:《政府二论》,第87段。

受制于共同体的理性意志,建立法律并依法行使共同体赋予的至高的权力。由于立法机关"由公众选举和委派",制定法律得到了"社会的同意",因此可以认为,立法机关所制定的法律是共同体理性意志的表达。①由此,个体的理性意志通过体现共同体理性意志的政治制度而具体化为现实的法律及其执行,因此个体服从于法律和政府,也等于是服从自己。由此,以自然法的自我执行转化为以政治为中介的委托执行的形式,个体间接实现了自我治理,确保了自己在公民社会中的财产权的维护。

---

① 洛克:《政府二论》,第134段。

第六部分　革命与社会

洛克整个政治构架成立的关键,一方面在于作为政治基础的政治共同体的成员品质,另一方面在于建立政府及政府运作的制度安排。前者是确保共同体道德正当性的基础,后者是共同体根本目的的实现方式。洛克在《政府二论》的后半部分中,对后者有非常详细的讨论,限于篇幅和主题,在这里就不细加阐述了。需要指出的是,在政府的制度安排中,洛克时刻关心的问题是,既然政府受到共同体的委托,掌握整体的自然法的执行权,那么最大的威胁是政府篡夺这一巨大的权力,改变它的性质,将其从有规定的维护自然权利和公民社会的正当道德力变成任意的、危害人民权利和社会秩序的无限权力。在洛克看来,基于人性中固有的主观抽象性,这一危险始终存在。所以,当政府在法律和执行两方面不再履行共同体的委托,没有按照既定的法律和制度安排来实现后者的目的,其违背共同体委托的任意性达到一定程度,共同体就可以撤回自己的授权,建立新的政府。这就是洛克所说的与社会解体不同的政府解体和人民拥有的革命权利。① 在洛克看来:

> 人们参加社会的理由在于保护他们的财产;他们选择一个立法机关并授以权力的目的,是希望由此可以制定法律,树立规则,以保卫社会一切成员的财产,限制社会各部分和各成员的权力并调节他们之间的支配关系……所以,立法机关一旦僭越了社会的这个基本规则,并因野心、恐惧、愚蠢或腐败,力图使自己掌握或给予任何其他

---

① 洛克:《政府二论》,第212—222段。

人以一种绝对权力,来支配人民的生命、自由和产业时,他们就由于这种背弃信托的行为而丧失了人民为了极为不同的目的曾给予他们的权力。这一权力便归属人民,人民享有恢复他们原来自由的权利,并通过建立(他们认为合适的)新的立法机关来谋求他们的安全和保障,而这些正是他们所以加入社会的目的。①

在这里必须指出,洛克对社会解体和政府解体的区分充分表明,他所说的人民不是乌合之众,而是真正的公民共同体。革命的前提并不只是政府的篡夺权力,也需要公民共同体仍然存在,有其自身统一性的社会仍然存在。换句话说,如果人民不再是人民,革命就只能是暴动和混乱。正如詹姆斯·威尔逊(James Wilson)所说:"对于政府的每一次动荡,如果人民还算称职,就有方可解;如果人民已不再堪称为人民,那将无药可医。"②在洛克看来,革命成立的真正前提恰恰不是坏的政府,而是好的社会和人民:

> 在加入的时候,每个人交给社会的权力,只要社会继续存在,就绝不能重归个人,而是将始终留在共同体中,因为如果不是这样,就不会有共同体,不会有国家(commonwealth)……在统治者丧失权力或规定的期限业已届满的时候,这种权力就重归于社会,人民就有权作为至高者来行事。③

虽然洛克在理论中保留了人民进行革命的权利,但研究者极容易产生误解,认为洛克无条件地肯定现实中任何民众反抗政府的行为,人民极易发动革命。但这种观点是完全错误的。首先,洛克反复强调,人民绝不

---

① 洛克:《政府二论》,第 222 段。
② 转引自乔治·阿纳斯塔普罗:《美国 1787 年〈宪法〉讲疏》,赵雪纲译,华夏出版社 2012 年版,扉页。
③ 洛克:《政府二论》,第 243 段。

是对政府一有不满就想要推翻政府。保守消极,不到万不得已绝不反抗,即使革命也仍然保留原有政体和制度的大量传统和风俗,这恰恰是人民的特点。① 其次,洛克式政制中有大量保护性的制度和法律措施,避免针对君主和最高长官的直接抗命。换言之,相对完善的政治制度,能够化解人民与政府之间发生的种种误会或后者一时的政策失当,不致发生革命的结果。② 最后,洛克式政制保留了君主和最高长官的特权(prerogative)。在为保护社会不得不采取措施的紧急状态下,如果缺乏条件来按照既定法律和制度程序办事,拥有执行权的君主和最高长官,有权基于自然法来自由裁量,自主甚至违反既定法律地行动。③ 显然,如果人民对政府心怀疑惧,时刻严防死守,认为任何情况下政府都只能基于法律行事,绝不能有任何逾越,没有任何自主行动的空间,洛克认为就没有必要保留君主的特权了。所以,在健康的社会中,人民和政府之间绝不是高度紧张、彼此互不信任的状态。这样的社会,当然并不容易爆发革命。

这里有人可能会问,既然洛克认为人民并不容易掀起革命,人民和政府之间有着制度性的保护层,且人民和政府之间能够相互信任,社会和政治如此健康,那他为什么又要反复强调人民的革命权利呢?

答案其实很简单。因为人民的革命权利其实就是人在自然状态下,为保护自身自然权利的自然法的执行权。政府违背公民共同体的委托、非法侵害公民的财产权和盗贼偷马没有什么区别,人民与这样的政府彼此处于战争状态。④ 所以,如果自然状态下自然法的执行权必然存在,当然公民共同体的革命权也就不可剥夺。在这一点上,洛克的理论是一以贯之的。

不过在这个问题上,我们还有必要更深入地思考。还有人可能会坚持认为,即使有上面我们讨论过的那些理论补充和缓冲措施,但如果将革

---

① 洛克:《政府二论》,第 223 段。
② 洛克:《政府二论》,第 204—208 段。
③ 洛克:《政府二论》,第 159—166 段。
④ 洛克:《政府二论》,第 222、235、239 段。

命的权利交给人民,最终仍然可能导致暴乱四起、政府解体继之以社会解体的战争状态。洛克会如何答复这种质疑呢?

在本质上,那种观点正是霍布斯的立场:"任何政府形式可能对全体人民普遍发生的最大不利跟伴随内战而来的惨状和可怕的灾难相比起来,或者跟那种无人统治、没有服从法律与强制力量以约束其人民的掠夺与复仇之手的紊乱状态比起来,简直就是小巫见大巫了。"① 正是霍布斯对自然状态的不同想象,他认为人性根本不足以仅靠自身形成有秩序社会生活的观点,决定了他必然不相信社会变更政府的可能。瘸子要换一个助行器也不可能,因为在摘下助行器的那一刻他就会摔倒在地。而洛克式自然状态中包含的理性与道德的和平状态,决定了政府解体时社会有可能不解体。他们对于人性本质的不同观点以及社会能否依靠自身不断接近或回到健康的自然状态,决定了他们在这个问题上立场的差别。

但如果有人追问到底:洛克式的自然状态和公民共同体如果这样好,那还要政府做什么?有人民和社会不就足够了吗?洛克还有什么必要写《政府论》呢?我们当然可以援引洛克所言的自然状态的"不便",说明它在现实层面上的不足。但这还不够。要从根本上回答这个问题,需要超越表面的理论观点分歧,触及洛克与霍布斯思想的核心差异。②

不够仔细的霍布斯读者可能会认为,在利维坦之下生活的民众没有任何自由可言,必须无条件接受主权者的一切行为,完全是被动的臣民甚至处于奴隶状态。这当然是错的。霍布斯的利维坦恰恰要通过遏制人无限的自由来保护人在社会中的合理自由,法律沉默之处即为自由。③ 即使撇开这一点不谈,霍布斯其实也保留了人的某种保存自身的绝对"权利"。主权者如果要求某人伤害自己或承认罪行的命令,那么他有不服从的自

---

① Thomas Hobbes, *Leviathan*, Beijing: China University of Political Science and Law Press, 2003, p.128.
② 对这个问题的回答包含两个方面,我们先从自然法执行权的角度来解释,后面再从公民社会的角度来解释。
③ Thomas Hobbes, *Leviathan*, Beijing: China University of Political Science and Law Press, 2003, pp.147-148.

由。民众可以拒服兵役甚至临阵脱逃,罪犯当然可以在警察逮捕自己时反抗,甚至叛国者以保命为目的而联合起来对抗政府也是正当的。因为"臣民对主权权力的同意,包含在这样的言语中:'我授权于对他的一切行为或对之负责。'这里根本不包含对自己原有的自然自由的任何限制"①。换言之,虽然面对利维坦的民众,没有联合起来反抗政府的革命"权利",但他并没有丧失保存自己生命的自然自由。他不能否认主权者的权威,也应当服从法律,但他在生命受威胁的紧急状态下,仍然有自我保存的绝对权利。

所以,在霍布斯那里,并不是没有类似洛克式自然法执行权的对应物,那就是保存生命的绝对自然权利,是第一自然法的规定:"在不能得到和平时,他就可以寻求并利用战争的一切有利条件和助力。"②霍布斯只是没有将其引申为人民的革命权利,在他的学说中当然没有什么公民共同体和人民。利维坦一旦解体,社会立即回到战争状态。所以人为自我保存而拥有的权利,绝不能动摇利维坦的根基,因为后者的权威提供的实现社会和平的条件,是保存自我的首要条件。只有依靠这权威也无法保存自己时,人才能够诉诸这项绝对权利。

或许有人会问,假如霍布斯并不否认,存在某种即使政府也无权剥夺的人的基本权利,那他为什么要曲折迂回地表达,而不像洛克一样直截了当地说明呢?原因很简单:因为霍布斯根本不相信人有实践正义、执行自然法的能力。③ 他只是承认,人有在极端状态下不择手段来自我保存的权利。如果没有某种外在的强力权威来遏制人的激情,这种权利也无法实现其目的。即使有人懂得自然法,这种理性也只有少数人拥有,与多数人的激情相比也是虚弱的。即使人能够遵守诺言,行动合乎正义,这种高贵

---

① Thomas Hobbes, *Leviathan*, Beijing: China University of Political Science and Law Press, 2003, p.151;着重号为笔者所加。
② Thomas Hobbes, *Leviathan*, Beijing: China University of Political Science and Law Press, 2003, p.92.
③ Thomas Hobbes, *Leviathan*, Beijing: China University of Political Science and Law Press, 2003, pp.223 – 224.

和勇气世所罕见,依靠它们不足以达成和平。① 对那种德性的坚持,反而可能动摇服从的权威,威胁社会的稳定。所以,人可以为了保命去反抗政府,但不能为了守持正义去反抗政府。

洛克的立场恰恰相反。他相信,先于某种外在权威的强力和教导,人性中就有着崇德向善的倾向,想要寻求和守持正义。真正维持社会秩序的力量,不是来自政府威慑性的巨大权力,而是来自每个人自己在现实中坚持道德、捍卫正义的勇气,这就是自然法执行权的根本正当性。政府的权力之所以是正义的,也只是因为它来自每个人都会守持的正义,而不是因为它能够用绝对权威震慑所有人。在本质性的层面上,人民和政府应当就何者为根本正当达成一致,而不是将决定权完全交给政府。人能够认识道德和法律并自主地坚持,却仍然只能听命于政府的权威,不能在任何情况下表示异议,这完全是自相矛盾的。洛克抛弃了天赋观念论却没有抛弃自然法,其成立的根本条件,并不在于某种特定的基督教信仰,而在于他相信,人有着认识道德法则并自主坚持的自然能力。只有依靠这个最重要的人性条件,人才可能得到此世的幸福、来世的永生。② 如果把它交给了绝对权威,那才是彻底否定了人在自己心中认识自然法的可能,才是承认了霍布斯的观点:大多数人只能依赖恐惧来服从法律和道德,只有少数人心里承认正义,但除非有政府的强力来保护,人们无法也不敢真正去践行道德。允许人自主坚持道德只能造成混乱,民众只要服从法律就够了,私下爱干什么就干什么吧。

霍布斯其实对真实的人性洞若观火。他早就看到,在现实中,少数人才能达到真正的道德和理性,才有真正的高贵的荣誉感。大多数人只是追随社会经验来谋求自己的利益,而自视甚高的骄傲之人,或野心勃勃地

---

① Thomas Hobbes, *Leviathan*, Beijing: China University of Political Science and Law Press, 2003, pp.96, 99, 104, 110.
② 这就是为什么他会在讨论基督教的著作中,专门来讨论那些从来不知道基督教的人的得救问题,并且肯定中国士大夫虽然毫无上帝观念,但同样极有道德。参见洛克:《人类理解论》,第1卷第4章第8段;洛克:《基督教的合理性》,王爱菊译,武汉大学出版社2006年版,第14章。

欲凌驾于他人之上,或在头脑中暗自幻想自己勇武豪侠。但实际上这些构成利维坦的微末之人都胆小怕死,慑服于死亡的恐惧而寻求自保。

不过,洛克并不是没有看到这些,他早期对霍布斯式立场的推崇已经表明了这一点。但他后期思想的根本转向说明,他认识到,如果不相信人人都有可能达到真正的道德和理性并努力坚持之,并给予每个人追求道德和幸福的正当自由权利,社会也永远不会超越霍布斯的战争状态。洛克思想的真正核心在于他相信,即使人可能犯错,可能有自爱的激情,甚至可能因为坚持信念而造成社会的争执和冲突,也需要保留人在社会和自己的生活中,守持和践行自己认定的道德和正义的自由空间。在缺乏既定权威、民众得到普遍启蒙的大众社会,如果否定这种真诚的自由,完全将其交给某个外在的权威,社会或许可能表面上更和平,但在服从与秩序的表象下面,涌动着更危险的自爱暗流。头脑已经打开的现代人,如果不能真诚地坚持自己认为对的事情,讲真话,表露真情,服从于合理的权威,由此保持某种朴实纯真,而是托庇于某个真理和道德的代理人,他们就可能学会在其保护和权威之下寻求自己的私利,用表面的服从和奉迎来掩饰内心的轻蔑或憎恨。在洛克看来,要保持真正的道德,遏制无限的自由和利益寻求,必得保留人坚守道德和正义的自由,允许人真诚地面对自己和他人,无所畏惧地践行之。这种西方现代社会语境下的人勇于践行道德的品质,不禁令人想起我们先贤所肯定的君子之大勇:"自反而不缩,虽褐宽博,吾不惴焉;自反而缩,虽千万人,吾往矣。"①

不过,这里我们仍然要避免产生某种误解。

或许有人会问,如果保留了人坚持自己认定的真理和道德的空间,难道不是同样会导致社会的混乱和无秩序吗?霍布斯就是这么看的。在他看来,如果没有某个所有人认可的仲裁或法官作为决断的权威,人与人之

---

① 《孟子·公孙丑上》。

间的争论最终必然导致拳脚相加。① 真正的科学,只有得到权威的认可和大家的服从才能为真。洛克当然并不支持思想上的利维坦,但要说那种一己认定即为绝对是非的道德观,没有比他更严厉的批评者。洛克要坚决取消天赋观念论,恰恰是因为狂热的清教徒利用了这一点来为只有自己才知道的所谓良知辩护,不惜否弃一切传统和风俗,掀起革命,扰乱社会秩序。② 同样面对这一局面的霍布斯,也正是因此缘故,不惜求助于恐惧的激情,也要用利维坦彻底克服这一乱局。洛克同样清楚,如果每个人都坚持自己的良知,最后良知只能变成人人"对于自己行为的道德正直或堕落的意见或判断",因为"如果说良知就能证明是内在本原,那么相反的主张也可说是内在本原",人人都声称自己拥有良知,看法和实践却是相互冲突的:"某些具有相同良知倾向的人所做的事情正是别人要避免做的事情。"③在这里我们看到,天赋良知和绝对权威、革命与利维坦,恰恰极易携手并进。这种两难局面,正是现代社会这个返乡的尤利西斯不得不通过的墨西拿海峡。和史诗中一样,单纯选择一方绝不意味着安全。洛克一面反对天赋观念论,一面抨击政府的绝对权威,正是要同时避免这两个极端。所以,要能够真正抛弃利维坦,恰恰不是通过天天闹革命,跟政府打仗,而是要通过教育和社会生活使人成为真正的公民,让人明确自己的正当限度何在,将自己的真诚的道德,落在日常生活的实处。这样的人,绝不是狂信者或自大狂。连自己都不能约束的人,怎么能去约束政府呢?

正是为了约束和限制人,洛克才设定了不同于霍布斯式自然权利的绝对不能逾越的底线。洛克肯定自然权利论,绝不是主张人们应当肆意行使自然法的执行权,彼此以权利之名砍来砍去,而是要为社会打开道德的空间,铺下和平的地基。"既然所有人都是平等而独立的,任何人就不

---

① Thomas Hobbes, *Leviathan*, Beijing: China University of Political Science and Law Press, 2003, pp.22 - 23.
② 王楠:《劳动与财产:约翰·洛克思想研究》,上海人民出版社2014年版,第2章。
③ 洛克:《人类理解论》,第1卷第3章第8段。

得侵害他人的生命、健康、自由或占有。"①任何人要坚持自己的真理和道德，都不能以损害他人为代价。试想，如果一群人自称人民，却仅仅因为某个人或机构不听从他们的命令和指挥，不加入或支持他们的行动，就对他施以暴力，侵害他们的人身和财产，那这群人到底算人民还是野兽，他们是在执行自然法还是破坏自然法呢？够格执行自然法的人民并不是一群无理性的暴民："如果人民具有理性动物的感觉，能就他们所见所感的事情进行思考。"②另一方面，拥有革命权的人民，恰恰不是主动的而是消极的，不是进攻性的而是防御性的："除非是祸害已带有普遍性，统治者的恶意已昭然若揭，或他们的企图已为大多数人民所发觉，宁愿忍受而不愿用反抗来为自己求公道的人民是不大会慨然奋起的。"③

  对洛克来说，有权起来革命的人民，恰恰得先是合格的公民。他先得知晓如何践行自己的自然权利，才能真正维护自己和他人的自然权利。前面我们说过，真正的难题在于，如果政府解体不意味着社会解体，人民能够革命，又为什么要在革命之后建立新的政府。前面我们从自然法的执行权角度回答了这个问题，现在我们转到另一方面。洛克十分清楚，社会不可能单靠自身而存在。"社会要保存自己，只有依靠一个确定的立法机关，并公平无私地执行它所制定的法律，才能做到。"④如果没有政府的权威，法律得不到执行，"当这完全停止的时候，政府也显然搁浅了，人民就变成了没有秩序或联系的杂乱群众"⑤。但是，政府要维护社会的秩序，绝不是用绝对权力来压制绝对自由，以强力做基础令社会具有秩序，这是洛克的政府模式不同于霍布斯的利维坦的关键。政府仅仅是补充性的，去帮助社会实现它本来具有却无法仅靠自身完全实现的道德秩序。但是，当政府能够有效发挥作用的时候，社会最接近自然状态的和平，最

---

① 洛克：《政府二论》，第6段。
② 洛克：《政府二论》，第230段。
③ 洛克：《政府二论》，第230段。
④ 洛克：《政府二论》，第220段。
⑤ 洛克：《政府二论》，第219段。

远离自然状态的战争,自然权利也得到了最好的维护和实现。

所以,合格的公民并不是在革命斗争中培养出来的,也不是在真正无政府的自然状态中培养出来的,而是在政府之下的政治社会中培养出来的。洛克十分清楚,自然状态的本质性意涵必须保留,必须作为社会的基准点,但这绝不意味着现实应当直接返回没有政府的自然状态。真正懂得行使和保护自然权利的理性自由人,恰恰要在有政府的政治社会的公民生活中养成。人的自由,只有在社会现实的教育、劳动和交往中得到培养和实现,才是真正的自然正当。这正是我们在前面的讨论中强调,洛克的思想并不是一种高度抽象的学说,他也并不支持抽象自由和激进革命的真正原因。本文的目的也正是要表明,洛克眼中的理性自由人,到底生活在一个什么时代、一种什么样的具体社会生活之中,拥有什么样的具体品质。践行道德、守持正义的品质,绝不是靠喊口号或天天搞革命运动能培养出来的。有通过劳动和教育培养起来的理性自由品质、真正拥有财产的人,才有资格判断和议论政府的是非,也才有革命的权利。也只有这种人组成的共同体,在革命之后能够建立稳固的政府,并回归有秩序的日常生活。洛克笔下的人民,正如李猛先生所描绘的那样:"革命的最终目的一定是'光复'已有的生活秩序,而不是指向无休止的革命。而人民之所以本性保守,是因为财产才是人民这一社会性共同体的生活方式,他们起身革命,动用暴力,就是为了恢复和平享用财产的生活方式。人民只是在自然法统治的自然状态与政府统治的政治社会之间的缝隙中偶现峥嵘的社会性共同体,它的统一性稍纵即逝,而它真正生活的世界并不在它展现最大力量、发挥最大作用的革命时刻。"[1]当自然状态与政治社会融合为一而不是发生断裂的时候,人民也就不需要露面了。

但是,现代社会的悲剧在于,往往在人民最不具备革命资格,最缺乏日常和平秩序的社会,反而最容易爆发革命。这样的社会,又最容易陷入

---

[1] 李猛:《自然社会:自然法与现代道德世界的形成》,生活·读书·新知三联书店2015年版,第484页。

利维坦和革命政治循环出现的怪圈。人们乞灵于利维坦来克服社会无秩序的混乱，又诉诸革命来推翻利维坦的压迫。社会缺乏秩序时嫌政府管得太少，政府都管了又觉得管得太多。在以暴力对抗暴力的不断延续的战争中，丧失了一切能够落实自然权利的正当习俗和传统，利维坦成了专制暴君，人民也只能是暴民。霍布斯之所以选择利维坦，并不是因为他觉得后者有多好，而是因为他看到生出革命和内战的英国社会有多糟。霍布斯为之操心的不是真正有道德的人，而是表面豪勇仗义，内里虚荣自负，鲁莽地追求名誉和权力，却不能忍受居于人下的骄傲之人。① 这些人也易于接受宗教和学说的煽动，癫狂大怒，掀起暴乱。②

现实中受革命热病困扰的社会，恰恰接近霍布斯而非洛克的观点。最不懂得正当运用权利，却只知高喊权利空名的社会，最容易陷入一切人反对一切人或民众反对政府的战争状态。在这样的社会里，"人民"一词或是激起人抽象的革命热情，或是让人联想起狂乱的暴民。但这都不是洛克所肯定的人民。组成人民的应当是理性自由的公民，是能够正当运用自己权利的人。这样的公民要在好的政治社会中得到培养，而能培育出好公民，且政府不需要变身为利维坦的社会，其实并不容易爆发革命。所以悖谬的是，最有资格革命的人民和社会，反而最不容易爆发革命，也最不需要革命。如果政治社会建设得好，革命政治和利维坦反倒都不会出现。

但是，如果不考虑社会现实的条件和情况而邯郸学步，只会导致悲剧。试想在一个接近霍布斯自然状态的社会中宣扬革命学说会有怎样的后果吧。霍布斯的教诲是，如果社会接近普遍战争的自然状态，人们普遍骄傲虚荣而缺乏真正的公民，这样的社会就绝不能革命。洛克的教诲是，如果要能有成功的革命，建立起不依赖政府绝对权威的社会，就必须得有

---

① Thomas Hobbes, *Leviathan*, Beijing: China University of Political Science and Law Press, 2003, chap.11.
② Thomas Hobbes, *Leviathan*, Beijing: China University of Political Science and Law Press, 2003, pp.54-55, 150.

在社会中经过教育和实践培养的合格公民。这样的社会当然不能处于霍布斯式的自然状态，而是得更接近洛克的自然状态。这两人的教诲实际上是一致的。

因此，我们能从洛克的革命学说中学到的东西恰恰不是闹革命。正如前面的讨论所揭示的，人能在政治社会中守持自然状态的道德，才是最要紧的。或许对于我们这些普通人来说，从自己的日常生活做起，去实实在在地在社会中坚持道德，尊重他人和自己的自由，即使身处战争状态的社会，也不随波逐流，不轻言斗争和对抗，而是守住做人的底线，力求实现和平。如果有人说这要求还是太高，毕竟霍布斯也认为，在战争状态下人坚持道德就是不懂自我保存的傻瓜。[1] 那他至少应当接受霍布斯的教诲，如果人性和社会的状态太糟糕，就更不能随便闹革命。在日常生活中不懂得如何践行道德，不去守持正义，反而在革命的极端状态下能明察秋毫，不逾越正当的界限，天下还有比这更荒唐的事情吗？

---

[1] Thomas Hobbes, *Leviathan*, Beijing: China University of Political Science and Law Press, 2003, p.110.

结语　现代社会的自然自由

伟大的思想家早已离开了我们,但他们的思想却仍然和我们在一起,构成着我们生活的重要部分。这并不是说我们必须将他们的思想当成教条来严格遵守,也不是说他们的思想就解决了我们生活中遇到的一切问题或困难,更不是说他们的思想就完美无缺。而是说,他们所理解的人的处境和生存状态,对人类困境与出路的思考,有着恒久不变的价值。我们始终能通过回到他们的思想,去理解自己的生身处境。这一点对于洛克尤为真实,因为他的某些思想,在现代社会的实践中更有着具体的体现。所以,深入理解洛克,即使对于批判他或现代社会也是重要的。如果片面地曲解他的观点,或一味贬低他的重要性,这只能使我们看不到现代社会的真正价值,也无法发现其真正的困难。按照洛克自己的讲法,重要之处在于,我们能否将其作为劳动的材料、蕴含着宝藏的矿脉,用思维去开凿和冶炼,创造出属于我们的财富。

从前面的讨论我们可以看到,洛克眼中的人类的历史,并不是一道平缓安定的水流,而是随着不断的奔流和汇聚,变得越来越汹涌澎湃的江河。社会内在的矛盾和张力逐渐展开,日益加剧。劳动和贸易的逐渐发展,必将使人脱离自然状态原初的天真,而进入更不安定、充满激情和斗争的社会。所以,要让人重新回到服从自然法的轨道上来,必须使人成为懂得运用理性和自由的成人。这并不意味着人要抛弃劳动和贸易,重返"贫穷而有德的黄金时代",因为那时的人类,知识和生活便利品、物质和精神的财富都相当匮乏。人应当摆脱这种贫困的状态,在富裕的时代仍然能坚持个人的德性,维护社会的正当秩序,真正实现人类此世的幸福。

洛克的理想,不仅是要让"英国的日工"在衣食住行方面胜过"印第安人的酋长",也是要让人在信仰和理性的层面上超越原始状态的人,让政治社会也成为文明社会。

要实现这样的目标,使人成为理性的自由人,使社会成为富足的文明社会,需要满足以下几项条件:一是必须明确人的自然权利,让尽量多的社会成员认识到自然法,使它成为社会中的普遍理性。二是要建立以执行自然法、保护社会成员的自然权利为职责的公民政府(civil government)。由立法机关制定实定的民法,将自然法实定化,以之作为"为共同的同意接受和承认为是非的标准,和裁判他们之间一切纠纷的共同尺度";设立"依照既定的法律来裁判一切争执的知名和公正的裁判者",并将权力集中于他手中,让他来行使自然法的执行权。① 此外,还负担着对外的职责,在必要的时候要动员社会、指挥军队来抵御外敌。三是要在现实中让人通过劳动获得财产,实现自己的自然权利。借助劳动和生产的过程,使人克服自己主观抽象性的扩张,培养起良好的品质,获得物质和精神财产,满足自己和社会的需要。

对洛克来说,第二项条件的满足要以第一、三项条件为基础。要建立起良好的公民政府,除了需要建立和维持政府的专门知识,最根本的两项条件是:公民要尽可能具有理性,社会要能够为政府提供执行自然法、保护社会所需要的人力和物力,因此它根本依赖于第一、三项条件的实现。而第一、三项条件又相互联系、互为条件并互相促进。对于初始状态为"白板"的人来说,知识同样是运用自己的理解力进行劳动而造出的产品,理性和自由都是借助劳动和教育而培养起来的品质。因此,只有让绅士得到良好的教育,使之承担起通过脑力劳动生产道德知识的天职,才能使自然权利成为社会的普遍理性。所以,必须教导绅士进行脑力劳动,让他们去生产精神产品。但另一方面,要使人通过劳动获得财产的过程符合自然法的要求,成为社会的普遍实践,必须明确私有财产的自然正当性,

---

① 洛克:《政府二论》,第124—126段。

使实践在理性的规定下进行。所以归根结底,促进符合自然权利基础的实践活动,让每个人都通过体力和脑力劳动去获得属于自己的财产,是治理贪婪和懒惰的主观抽象性的手段,是克服战争状态、建立有秩序的政治社会的条件,也是公民政府力求实现的目标。

洛克一生的事业正是促成这两项条件的实现。他一方面通过《人类理解论》和教育著作,教导人如何通过脑力劳动去获取知识和真理,达到理性自由的境地;一方面通过《政府论两篇》,将自然法与人类社会的历史结合起来,说明人的自然权利,明确公民政府的目标。两方面相结合,焦点正落在通过劳动获得财产的正当性上面。在洛克看来,明确这一逻辑并加以实践,才是使社会摆脱战争状态、实现秩序和繁荣的根本出路。正如有研究者所指出的那样,洛克所肯定的这种有助于实现各层次自由的政治社会,不是一种以经济活动为核心的高度商业化社会或存在高度阶级分化和压迫的资本主义社会,而是某种"启蒙的社会"。这种社会在肯定所有人的自由和权利的基础上,基于个人自身的勤劳和理性来确立社会秩序和阶层分化,力求实现物质的繁荣和理性的昌明。①

最后让我们回到洛克的自由主题上来。

1693年1月,在一封写给莫利纽克斯(Molyneux)的信中,洛克明确表示了自己在自由问题上遭遇到了巨大的困难。他坦然承认:

> 虽然,毫无疑问,我们的造主上帝是全能全知的,但是,对于我是自由的(I am free)这件事情,没有什么知觉比它更清楚了。然而,我不能使人的自由(freedom)与上帝的全能全知协调一致,虽然我完全确信这两者,将它们当成我最坚决同意的真理。②

---

① E. J. Hundert, "Market Society and Meaning in Locke's Political Philosophy", in R. Ashcraft (ed.), *John Locke: Critical Assessments*, Vol.3, London: Routledge, 1991, p.467.
② John Locke, "Letter to Molyneux. Oates, Jan. 20, 1692-1693", in *The Works of John Locke*, Vol.8, London: Greenwood, 1985, p.305.

要理解洛克这句话的含义,我们必须明白,洛克这里所说的 freedom,并不是他一般用 liberty 来指代的那种搁置欲望和服从理性的自由,而是他在《人类理解论》中,从"人必受上帝的刑罚"推出的那个"可以违反神法的"自由,那个"自我规定"(self-determination)的自由。① 继承了笛卡尔(Rene Descartes)的"我思"的洛克,深刻地意识到这样的自由,认为"没有什么知觉比它更清楚了"。对人来说,对这样的一个"自由的我"的实存(existence)的把握,甚至先于认识上帝的实存。上帝的实存,也要从这样的一个自我推演出来,他的属性不过是自我属性的无限化。② 在洛克看来,这样的"自由的我",乃是人的一切思考和行动的根本出发点。洛克之所以说,在人的自由与上帝的全知全能之间存在着难以协调一致的困难,正是因为他看到,这个出发点与作为一切基础的创造世界、为人立法的上帝之间,存在着根本的矛盾。这个纯粹主观抽象的自我,从一开始,就从上帝创造的世界中脱离了出去,好像是一个旁观者,甚至比旁观者更糟:内在蕴含的巨大的力,会使他很容易变成一个以空虚的自我为中心、吞噬和毁灭一切的黑洞。洛克一生的努力,就是要引导这样的人回到世界之中。

面对在基督教传统的万能上帝观和此世之人的自由之间的极大张力,洛克的选择是,抛弃两者的绝对抽象性,借助一个存在着稳定自然法则的世界,来为人类的自由限定轨道。虽然洛克并不否认上帝的全知与万能,但在他看来,真实上帝概念的核心是:"他是一切事物的创造者和制作者,从他那里,我们获得了一切的好东西,他爱我们,并给了我们一切。"③试图彻底把握人的理智无法包容的上帝本性,其实是没有意义的。重要的是知道我们在此世应当如何生活,找到"舒适生活的必需品和进德修业的门径"④。继承了清教的传统,洛克认为此世中的人要通过行动来履行对造物主的义务,而履行义务与追求幸福相统一,因为此世和来世的幸福是造物主对人履行义务的奖励,道德的准则就是"人类行动方面能招

---

① 洛克:《人类理解论》,第 4 卷第 17 章第 4 段。
② 洛克:《人类理解论》,第 2 卷第 23 章第 34 段、第 4 卷第 9—10 章。
③ 洛克:《教育漫话》,第 136 节。
④ 洛克:《人类理解论》,第 1 卷第 1 章第 5 段。

自然状态与政治社会　97

致幸福的规则和尺度",而"全能的上帝亦是处于幸福的必然性之下"。①寻求幸福不等于忘失义务,而是因为幸福之道向人指出了人的义务。幸福之道也绝不是任由个人选择和喜好的"人心的口味",不是因为人的无知和近视而仓促选择的"错误和虚假的"善恶标准。② 因为人只有通过研究自然和人性,才能找到真正的幸福之道。

在洛克这里,上帝的无限意志通过此世的自然和人性而转变为人能够把握的自然法:"他基于无限和永恒的智慧,已经将人造成这样,他们的义务必定源于自己的那种本性,他一定不愿改变已经造成的东西,创造出一种服从其他法律和道德规则的新的人类,因为自然法与人如当下所是的本性共存亡。"③最基本的自然法,当然就是洛克从此世的自然和人性状态中推演出的有关自然权利的规定。人在此世正当的生活方式,是正当运用自身的能力去进行劳动,满足自己的物质和精神需要,彼此守望相助,相互保护,平等友爱,真诚相待。洛克并不认为自然法-自然权利是全部的道德规则,而是视其为最基本的道德准则。人当然有权利和自由去思考,揭示新的道德观念并将其向他人传播,但不能有悖于这最基本的道德准则。

正是因为洛克用此世的自然与人性和人追求幸福的倾向重新规定了万能上帝的意志和人的义务,他才能够在相当大的程度上摆脱基督教自然法传统对上帝的依赖和受到的限制。所以,不能一味借用基督教自然法的标准来衡量洛克的自然法学说,后者有其自洽的逻辑。④ 有关上帝存

---

① 洛克:《人类理解论》,第 2 卷第 21 章第 50 段、第 4 卷第 21 章第 3 段。
② 洛克:《人类理解论》,第 2 卷第 21 章第 55—56 段。
③ John Locke, *Essays on the Law of Nature*, W. von Leyden (ed.), Oxford: Clarendon Press, 2002, p.201.
④ 这正是许多研究者难以理解洛克自然法学说,认为洛克的自然法学说根本失败的关键。参见 Leo Strauss, "Critical Note: Locke's Doctrine of Natural Law", *The American Political Science Review*, Vol.52, No.2 (1958); John Dunn, *The Political Thought of John Locke*, New York: Cambridge University Press, 1969. 迈克尔·扎科特借助他对自然权利的更深入理解,多少摆脱了这一困难。但由于他仍然过于纠结于自然法和基督教传统,花费了太多不必要的力气去证明洛克即使没有充分的自然法学说也仍然能够确立自然权利。参见迈克尔·扎科特:《自然权利与新共和主义》,王萦兴译,吉林出版集团有限责任公司 2008 年版,第 336—383 页;迈克尔·扎科特:《洛克政治哲学研究》,石碧球等译,人民出版社 2013 年版,第 202—213 页。

在的理性论证薄弱又如何？不能充分理解创造的概念又如何？不能洞见天国和来世又如何？只要此世的自然和人性是稳定的，追求幸福是人性不变的倾向，即使上帝已经隐遁，人们还是能够发现此世中人类共同生活的幸福之道，人们也应当运用自身的能力去探索外部世界，不断寻求这幸福之道，这就是造物主立下的自然之法。还是熟读洛克的本杰明·富兰克林（Benjamin Franklin）道出了这种理解的关键："虽然某种行动不是因为启示禁止它所以是坏的，或因为启示要求它所以是好的，但某些行动遭到禁止，或许是因为它们就其自身本性而言对我们是坏的，某些行动被要求，是因为它们就其本性而言对我们有好处。"①宗教是不能彻底建基于理性的自然道德的补充，而非自然道德本身完全依赖于严密无遗的基督教神学论证。洛克本人对基督教的合理性的揭示，对《圣经》的诠释，都是以这样一种道德观和自然观为基础的。这种神圣自然和人性观，神学色彩极为稀薄，此世性却极为浓厚，相对降低神的地位却抬高了人的地位。

正是凭借这种与自然权利相关的自然观，洛克才能控制住在当时英国泛滥的清教良知自由论，将人的力导入到一个有序的轨道中来。从表面上看，洛克对天赋观念的取消，认为初始状态的人有如一块"白板"，似乎使人的力和自由更加缺乏限制和规定，离造物主和人应当履行的道德义务更远。但洛克的高明之处就在于他看出，天赋观念和良知的高度内在和抽象性，实际上已经使其沦为个体张扬自身意见和狂热的幌子，取消天赋观念和良知论，是要拔除人主观自我肯定的空洞正当性。但人的内在性和真正的良知自由，其实并没有因此取消。因为历经自身文明传统长期教化的现代人，他的情感、思维、欲望和意志的大门已经打开，他渴望运用自身中无尽的能力来追求属于自己的幸福。需要给他真正的良知留出空间，自由的激流只能疏导而不能堵塞。所以，只有经历了有关自由的教育的人，才能拥有真正的良知。洛克的劳动-财产命题，正是要为人的主观抽象性加上某种形式性约束，使人既能够运用自己内在的力而达到

---

① 本杰明·富兰克林：《富兰克林自传》，姚善友译，北京出版社2004年版，第75—76页。

自然状态与政治社会　99

确定性，满足自身，又不逾越理性的界限。而只有由这样的理性自由人组成的社会，基于彼此之间的理性交流和讨论，才有可能发现普遍的真理。洛克心目中的现代社会，是人人都拥有并且能够善用自由来寻求幸福和真理的社会。每个人只要相信，存在着某种神圣的真理和道德，只要能够善用自己的力，就一定能够找到它。而好的社会，就是其中的每个人能够像珍惜自己的自由一样珍惜他人的自由，在坚持自己的同时，还能以理性和开放的态度彼此互利、相互交流的社会。人在运用自身自由追求幸福的同时，也促进社会的普遍道德与繁荣，这就是洛克在新的自然和人性观的基础上所奠基的现代社会的理想。

我们不得不面对的现代社会，并不是从安乐祥和中诞生，而是起于种种困境与矛盾。不过，或许伟大的思想和社会从来都是这样来的。对洛克而言，需要在人的自由与恒久的道德法则之间、自然状态的和平与战争之间、自然状态与政治社会之间、人民主权与政治权威之间、传统与革新之间，维持微妙的平衡。这两者只要过于偏向一边，就会导致巨大的危险。所以，他最终选择了蕴含着自由与神意的自然来化解这种紧张。这正如他眼中动态的自然状态，包含着善与恶两个方面，不断产生矛盾一样。人只能在更高的层面上运用理性和自由去克服矛盾，重新恢复对自然正当的坚持。正是这种不断与人性堕落趋势相对抗的过程，彰显了生命的力量。无论社会如何发展和前进，取得了多么大的物质繁荣，人性的这种自然的本质都不会改变。洛克的尝试，正是要将现代性之动与自然之静结合在一起，使生命之动合于自然之律。人应当走的自然的正途，就在于运用自己的自由去践行道德之善，在一切时代和地方，去寻求属于人自己的真正的幸福。

作者单位：中国政法大学社会学院

鲁滨逊的出走、改造与重返

/ 杨璐

卢梭(Jean-Jacques Rousseau)在论自然教育时,将《鲁滨逊·克鲁索》(*Robinson Crusoe*)定为爱弥儿人生的第一本书,认为它提供了对自然教育最完整的论述,是人实现一种理性状态必不可少的向导。[1] 亚当·斯密(Adam Smith)在《国富论》中也多处提及鲁滨逊,将之视为"经济人"的代表。而后经由马克思(Karl Marx)的《资本论》,"鲁滨逊·克鲁索"成为现代个体主义的寓言,广为人知。可见,早期思想家洞察到了鲁滨逊所承载的现代性问题。不过,仅仅从这些18、19世纪的思想家的理论立场出发,鲁滨逊背后的实质问题仍然显得有些晦暗不明。关于这一点,一些批评家已有了共识。例如麦斯米兰·诺瓦克(Maximillian E. Novak)在《鲁滨逊的原罪》(*Robinson Crusoe's Original Sin*)一文中指出:"在过去的40年里,对笛福(Daniel Defoe)的虚构文学的批评性诠释变得越来越卷入经济学理论之中了。批评家如古斯塔夫·胡贝纳(Gustav Hübener)、布莱恩·菲茨杰拉德(Brian Fitzgerald)和因瓦特(Ian Watt)频繁地使用马克思、马克斯·韦伯(Max Weber)和托尼(R. H. Tawney)的原理来分析鲁滨逊的小岛,以至于理解笛福的关键成了理解资本主义和经济个体主义。"[2]同时,"自卢梭在《爱弥儿》里对鲁滨逊的颂扬,许多批评家将小岛视为自己动手干活的乌托邦……笛福的主人公并非一位天生的隐居者。

---

[1] Jean-Jacques Rousseau, *Emile*: *Or on Education*, New York: Basic Books, 1979, pp.186 - 189.
[2] Maximillian E. Novak, "Robinson Crusoe's Original Sin", *Studies in English Literature, 1500 - 1900*, Vol.1 (1961), p.19.

他在孤独中艰难存活,但并不享受它"①。那么,笛福为什么塑造鲁滨逊这样的主人公形象?

事实上,当我们认真整理笛福的文本,就会发现,笛福的"鲁滨逊"其实有三部曲。第一部是《鲁滨逊·克鲁索》(1719年4月25日出版),讲述鲁滨逊如何逃离家乡,航海奔波,不幸遇难,只身流落孤岛28年,最后得救而重返社会的经历。该书出版后立即风靡,使笛福在四个月后立即付印了《鲁滨逊进一步的历险记》(The Farther Adventures of Robinson Crusoe,1719年8月20日出版),讲述商人鲁滨逊游历非洲、印度、中国、西伯利亚,经由沙俄,再返回英格兰的历险经历。一年后,笛福又出了第三部,取名《宗教沉思录》(Serious Reflections during the Life and Surprising Adventures of Robinson Crusoe,1720年8月26日出版),以老年鲁滨逊沉思的方式陈述前半生经历的道德意味。对于这三部曲的关系,笛福指出前两部是果,第三部是因。他坦陈:"寓言故事总是为了道德服务,而非道德为了寓言故事服务……这个故事,既是寓言的,也是历史的。它是对空前的不幸和罕见的大起大落的人生的很好呈现,最初的设计就是为了人类普遍的良善,为了人们可以以最严肃的方式使用它。因此,寓言或寓言性历史唯一的适宜目的就在于帮助道德和宗教的改进。"②换言之,《鲁滨逊·克鲁索》的主题是严肃的。在某种意义上,它是道德和宗教世界对人类"空前的不幸"及人生"罕见的大起大落"的回应,是旨在通过人们的日常应用(application)促进普遍的良善。但这种"空前的不幸"和"罕见的大起大落"又是什么呢?

---

① Maximillian E. Novak, "Robinson Crusoe's Original Sin", Studies in English Literature, 1500-1900, Vol.1 (1961), pp.26-27.
② Daniel Defoe, Serious Reflection during the Life and Surprising Adventures of Robinson Crusoe, London: Pickering & Chatto, 2008, p.51. 可是,恰恰在笛福时代,人们更喜欢充满冒险情节的前两部,对充满理论论述的第三部不感兴趣,因此盗版商们将第三部删除,只留下前两部进行出售。对此,笛福非常愤怒地指出,删了第三部,前两部将无法给读者带来应有的好处,作者的意思会被完全弄错,事实会被不恰当地呈现,道德反思会被错误应用,这是倒果为因。

第一部分　鲁滨逊的出走

小说的第一部分描述了鲁滨逊反复从社会"出走"的场景。鲁滨逊出身于"平民阶层的上层",这是外在人生动荡最小、内在身心最幸福的阶层。鲁滨逊只要在父亲的引荐下,本分地从事一门职业,经过长期的努力,就能积累财富,过上一种有道德的生活。但他却抛弃了一整套传统的生活样式,选择了一条与美德和安宁相去甚远的无常之路。根据当时的社会意见,出海的选择显然是乖戾的。然而鲁滨逊自白道:"倾向(inclination)使我强烈地抵制父亲的意志和命令,以及母亲和其他朋友的央求和规劝……我始终顽固地对所有要我安顿下来学做生意(settling to business)的建议充耳不闻,并且持续性地反抗我父母,说他们如此积极决心反对明知是我的倾向推动我去做的事情。"①这种强烈倾向让他在一个偶然的时机(occasion)抛弃了父母,连一个口信都没带给他们,也没祈求上帝和父亲的祝福。虽然他认为"在天性的倾向(propension of nature)中似乎有某种致命的东西"②,但鲁滨逊的"出走"已不纯然是人的原罪的隐喻。在《家庭指导手册》(The Family Instructer)中,笛福明确写到,人在初始状态,心智宛若一块柔软之蜡,准备被塑成任何形状,接受父母认为适于他的任何印象(impression)。然而,随着成长,人心之柔软条件会逐渐消失,任何教导或劝说都犹如锻铁般火花四溅,难以给它留下痕迹。③ 人

---

① Daniel Defoe, *Robinson Crusoe: An Authoritative Text Backgrounds and Sources Criticism*, New York: Norton & Company, inc., 1988, pp.7 - 8.
② Daniel Defoe, *Robinson Crusoe: An Authoritative Text Backgrounds and Sources Criticism*, New York: Norton & Company, inc., 1988, p.7.
③ Daniel Defoe, *The Family Instructer*, London: Pickering & Chatto, 2006, pp.91 - 92.

心初始的无规定性蕴含着人性万千的可能性。问题的关键不在于人的自然倾向(natural propensity)的向恶性,而在于父母是否在人心柔软的条件下为孩子提供了正确的宗教和道德的世界的印象。人的刚愎自用、听任激情,不是人性的原罪,而是早年家庭教育的松弛。如果早年宗教道德实践流于风尚,缺乏严肃的思考和真诚的忏悔,个体长大后,会获得比来自自然倾向更大的自由(liberty),"摒弃父母对他们所使用的方法,甚至摒弃父母自身"①。

笛福对鲁滨逊的刻画已经透露出他对现代人性的洞察。鲁滨逊没有接受过任何谋生职业(trade)的训练,脑袋很早就开始充满漫想(rambling thoughts),只想看世界(see the world),任何事都无足够的决心干到底。②这是基督教体系逐渐瓦解的时代人所显露的全新的面貌。由于传统教育无法提供令人信服的人为规定性,非劳动阶层又缺乏谋生职业的自然规定性,人的空洞的头脑中势必易于充斥着幻想。"漫想"一词准确地表现了鲁滨逊的存在状态。这是一种既无目的又无定向的想象状态,他不是不愿安顿(settle)在陆地上,而是无法安顿在日常生活之中。任何日常事务都无法令他心安,想象则为他勾勒了一个广袤无垠的未知世界。只有这个彼岸世界才能让他内心安定。鲁滨逊急不可耐地想要出走,想要离开自己的初始位置,看看这个不可知的海上世界。

然而,鲁滨逊从社会的"出走"不是一次性的,而是反复了四次,每一次都体现了不同力量的复杂交织,呈现了他从任性无礼的孩子、混迹于水手之中的士绅少年、野心勃勃的几内亚商人,到贪婪贩奴的种植园主的堕落过程。与之相伴随的是他愈发膨胀的快速崛起的欲望,以及愈加严厉的神意的警告。

第一次,他偶然去了赫尔城,一个同伴正要乘他父亲的船去伦敦,在

---

① Daniel Defoe, *The Family Instructer*, London: Pickering & Chatto, 2006, pp.91-92.
② Daniel Defoe, *Robinson Crusoe: An Authoritative Text Backgrounds and Sources Criticism*, New York: Norton & Company, inc., p.7.

同伴的怂恿下,鲁滨逊不再征询父母的意见,也没有祈求上帝或父亲的祝福,便登上了开往伦敦的船。船刚驶出亨伯湾口就碰上大风和惊涛骇浪,鲁滨逊内心极为恐惧,开始严肃反省自己的行为,立下了许多誓言和决心。然而,随着天气转晴,加之同伴的陪伴和潘趣酒的麻痹,鲁滨逊的决心很快烟消云散。"他们采用了所有海员的那个老办法,把潘趣酒调制好以后,我就被灌得酩酊大醉。那一夜……先前的忏悔(repentance)、对过往行为的反省(reflections),以及对自身未来的决心(resolutions)全都一扫而光了……先前的欲望(desire)重来。"① 当船再次遭遇风暴而覆灭,得救后的鲁滨逊却因害怕被邻里嘲笑而抵触回家,加之先前惊吓困苦的滋味逐渐被淡忘,他又一心寻找出海的机会。第二次出走源于他在伦敦结识了一位船长,这位船长在几内亚做生意很成功,当听见鲁滨逊想去看看外面的世界,便答应顺道带他一起,并慷慨地建议,如果鲁滨逊有钱置办货物,他可以免费提供一切方便。在船长的建议下,鲁滨逊第一次做起了生意,并"由于我的船长朋友的正直(integrity)和诚实(honesty)",他不仅掌握了必备的航海知识、数学知识、航海守则,学会了写航海日志和进行观测,还赚了许多钱。"这次航行使我既成为一名水手,也成为一个商人","是我唯一一次颇有收获的冒险历程"。② 然而,好运并没有维持太久,"倒霉的是(misfortune)我那朋友回国不久便去世了"。可鲁滨逊却由于上次的成功而野心勃勃,陷入妄图快速增加自己财富的杂乱而狂热的念头中,导致了他的第三次出走。鲁滨逊称之为"同样的(恶的)影响力"使他登上了驶往非洲的船,"用我们水手通俗的说法,就是去几内亚跑一趟"。③ 然而,"这次航行是有史以来最不幸的航行",鲁滨逊的船遭遇了土耳其海盗的劫掠,而他则由商人瞬间沦为悲惨的奴隶。"我回想到父亲

---

① Daniel Defoe, *Robinson Crusoe: An Authoritative Text Backgrounds and Sources Criticism*, New York: Norton & Company, inc., 1988, p.10.
② Daniel Defoe, *Robinson Crusoe: An Authoritative Text Backgrounds and Sources Criticism*, New York: Norton & Company, inc., 1988, p.19.
③ Daniel Defoe, *Robinson Crusoe: An Authoritative Text Backgrounds and Sources Criticism*, New York: Norton & Company, inc., 1988, pp.15 – 16.

的预言,说我会很悲惨,没有人会救我,觉得他的话果然应验,现在我的处境实在再糟糕也没有了,上天的手(the hand of heaven)已将我抓住,我已毁灭而无法挽回了。"①在漫长等待与准备中,鲁滨逊终于逃出萨里,在海上被一位仁慈的葡萄牙船长救起后,来到了巴西这座"孤岛"(desolate island),面对着只有陌生人和生番的世界,开始了种植园生活。在葡萄牙船长的帮助下,他弄到之前寄存在英国孀妇那的一笔款项,买下了大片生荒地,通过四年的勤劳努力,他的种植园开始呈现一派繁荣气象,他也不仅学会当地语言,还结交了一帮种植园主和商人朋友。然而,这条"自然和神意向我清楚昭示并使之成为我的职责"的生活之路并未使他安顿下来,随着业务日多,财富日增,他的头脑开始充满超过其能力所及范围的计划(projects)和大事业(undertakings)。他又一次抛下所有,为了私运黑奴而出走,最终致使他流落孤岛。鲁滨逊悔叹:"假使我继续待在我所处的位置(station)中,我本可获得无穷的幸福,我的父亲为此曾那么诚挚地劝我过一种安闲遁世的生活(a quiet retired life),并把中等阶层的好处入情入理地告诉我。"②

鲁滨逊的堕落史揭示了他的两大困难。首先,鲁滨逊无法成为自己的主人(master)。从孩子、士绅少年、几内亚商人到种植园主,表面上他的世界版图在不断扩大,他越来越有经验,成为"增加我的机运"(raising my fortune)的老手,但是,他在每个阶段都是不自主的,而且这种不自主的状态随着他力量(power)的增加反而愈加暴露出来。笛福用土耳其海盗的劫掠、巴西"孤岛",以及真正处在文明之外的蛮荒之岛来呈现他的这种内在的奴隶状态。鲁滨逊也在《宗教沉思录》中回忆:"当时有一种轻率欠考虑的性情(inconsiderate temper)支配了我们的心智,匆匆载着我们顺着我们的奔腾的激情之流而下,通过一种不自愿的代理(involuntary

---

① Daniel Defoe, *Robinson Crusoe*: *An Authoritative Text Backgrounds and Sources Criticism*, New York: Norton & Company, inc., 1988, p.17.
② Daniel Defoe, *Robinson Crusoe*: *An Authoritative Text Backgrounds and Sources Criticism*, New York: Norton & Company, inc., 1988, p.132.

agency),让我们做了一千件事情,在做这些事情的过程中,我们没有给自己任何计划方案,只是一种对我们的意志(will)的直接屈从,也就是我们的激情(passions),我们的理解力并未同生(the concurrence of our understandings)。"①这里,笛福勾勒出了某种新的人性结构。他认为,意志就是一种激情,或者说,激情就是任意的。没有理解力的同时发生,人就会为激情所裹挟,丧失自主性。人之所以可以自愿行动,是因为理解力和意志力的代理(agency),它们是灵魂之力量的两位代理人(two deputies of the soul's power)。人的理解力发生作用,身体才能成为灵魂的奴仆,搅动、指挥、支配身体的激情才能为灵魂所统治。② 反之,如果人缺乏对事理的理解,灵魂将无法成为身体有效的主人,一旦时机(occasion)产生,人会受意志的倾向(propension of will)的作用,自然地趋向于恶。笛福的讲法既不同于传统经院哲学,又不同于霍布斯(Thomas Hobbes)。③ 他看到了激情作为生命本原的主动性,以及由此而来的人的巨大力量,他也看到人受千百种激情的麻痹,对事物失去了基本判断,丧失了自由的可能,而思(thinking),亦即反省(reflection),才是人从原罪的状态变为忏悔的状态的关键。④ 鲁滨逊的反复出走,正是他不愿运用理性,认识蕴含于事理之中的更高的法则的结果。少年时期的他不愿过多考虑,既不顾及他人感

---

① Daniel Defoe, *Robinson Crusoe*: *An Authoritative Text Backgrounds and Sources Criticism*, New York: Norton & Company, inc., 2008, p.129.
② Daniel Defoe, *Robinson Crusoe*: *An Authoritative Text Backgrounds and Sources Criticism*, New York: Norton & Company, inc., 2008, p.61.
③ 在传统经院哲学中,上帝赐予人自由意志。人的理智给出建议,意志进行善恶选择。在那里,激情是被动的,意志的自由使人得以超拔出激情,朝向至善的上帝。可是,在霍布斯的现代人性论中,激情反而成为人生命存在的本原,意志只不过是人斟酌(deliberation)中最后一个欲望,其本质也是激情。理智丧失了其原有地位,无力使人趋向普遍的善。笛福认识到早期现代人性结构的变化及其蕴含的危机,但并未因此而彻底毁弃基督教神学的整体结构。
④ 笛福的"思"绝非理智主义者的"思"(cogitatio),而是奥古斯丁式的"忏悔",是人在心智黑暗的内室里,以整个灵魂真诚地看着上帝,反省自己过往的罪,借着更高的真理之光来重新理解自我的历史,并回到谦卑的单纯状态。而奥古斯丁的"思"的最根本的含义正是如此。它不同于柏拉图的对不朽灵魂的照看,而是人面向上帝,将散乱的自我碎片重新收集,面对自己的"自然"与上帝"告白"。有关奥古斯丁的"思"的内容,参见李猛:《指向事情本身的教育:奥古斯丁的〈论教师〉》,载《思想与社会》编委会编:《教育与现代社会》,上海三联书店 2009 年版,第 20—33 页。

受,也不听从他人劝告,任性而刚愎。每逢反省和严肃的思考进入头脑,他都将之视为情绪低落而竭力挣脱,像当时任何一位不想为良心所累的年轻人一样。成为几内亚商人后,他更是充满野心勃勃的想法(aspiring thoughts)。① 即便经过神意的反复警示,他在巴西上了稳定的生活,但他又很快开始追逐轻率过度的欲望,即要以情理之外的特快速度显身扬名。② 可见,人很难通过单纯经验的积累而突破自我的原初结构。虽然"野心勃勃的想法"比"漫游的想法"似乎更有明确的目标,虽然掌握了经营门道而发迹的种植园主比"散漫而无目的的年轻人"更显老到,但原初"使我逃离父亲的家宅的恶的影响力"仍然萦绕着鲁滨逊,催促他从既定的生活地位中出走,屈服于漫游世界的倾向。"我匆匆而下,盲目地屈从于幻想而非理性的指示……正是八年前的这天,我离开了赫尔城。"③然而,当人失去了认识更高法则的意愿,他在社会世界里的游荡也仅仅使他从原初的自负和虚荣堕落成野心和贪婪,反而使之积重难返。

鲁滨逊的第二个困难正在于此。与笛福小说的其他主人公一样,鲁滨逊注定是一个"孤儿"。"父亲的家宅"已无法令他内心安定,然而,社会也无法直接提供给他安乐的家园。鲁滨逊出走的直接动因是他的伙伴怂恿他出海,他在道德上进一步堕落也是因为那伙伴生怕他继续保持正确的决心,用水手的惯用手法麻痹他的良心,使之停止思考。在这种环境中,"虽然我的理性和较为镇定的判断几次唤我回家,但我无力去做……我马上会想到我会怎样遭到邻里们取笑,不仅耻于见到父母,甚至也耻于见到任何其他人……在理性应该指导的时候,人们对理性的态度,尤其是年轻人对理性的态度,是多么不合理和非理性啊。他们不以罪恶(sin)为耻,反以忏悔(repent)为耻,不以自己的愚蠢行径为耻,反以纠正自己为

---

① Daniel Defoe, *Robinson Crusoe: An Authoritative Text Backgrounds and Sources Criticism*, New York: Norton & Company, inc., 1988, pp.15-16.
② Daniel Defoe, *Robinson Crusoe: An Authoritative Text Backgrounds and Sources Criticism*, New York: Norton & Company, inc., 1988, p.32.
③ Daniel Defoe, *Robinson Crusoe: An Authoritative Text Backgrounds and Sources Criticism*, New York: Norton & Company, inc., 1988, p.30.

耻,但其实纠正自己才会使别人把他们看作明智的人"①。羞耻心本是一种自觉的罪感(a consciousness of guilt),它源于原罪,因而能使人意识到自己的罪,反倒有助于维护风俗和体面。但当时的英国社会,羞耻心不但无助于维持民德,反而使人不敢直视自己的罪,更别提真诚的忏悔了。笛福写道:"有些人告诉我们,他们认为他们无需公开承认自己的愚蠢,要求他们这样做太残忍了。他们宁愿死也不愿服从。他们的气概不适合做这类事。让他们这样公开忏悔和承认,比让他们遭遇一颗炮弹还要让他们畏惧。"②这种自我膨胀的虚荣正是当时人内心空虚的写照。

根据时间线索,鲁滨逊是成长于英国内乱中的孩子。他7岁时,清教徒砍了国王的头,信仰的冲突、政统的变更,乃至家庭的道德秩序都发生巨变。每个人似乎一下子赢得了无限的自由,可以自由地思考上帝的存在,也可以自由地反叛旧的秩序。③ 鲁滨逊抛弃父亲和上帝的恶的时间,也是《航海条例》颁布的同一年。海洋成了新的世界,多少士绅少年反抗父亲的管教,不顺从上帝的照看,匆匆涌入这个新世界,与来自各地的陌生人打交道。笛福看到,当人被抛出传统的结构之外,丧失了对更高法则的理解,他很难在社会之中明事理,通人情。单纯的社会状态不仅使他难以认识到人之为人的更高道理,反而使他易于受他人影响而拒绝忏悔,最终丧失了对善恶起码的感觉,沦为"仅仅受自然本原支配的野兽"。"在那段时间里,我既没有一丝向上仰望上帝的念头,也没有一点向内反省自己的想法。我的灵魂被弄得是非颠倒,没有对善的欲求(desire of good),也没有对恶的良知(conscience of evil),麻木不仁。我成了最铁石心肠

---

① Daniel Defoe, *Robinson Crusoe*: *An Authoritative Text Backgrounds and Sources Criticism*, New York: Norton & Company, inc., 1988, pp.13 – 15.
② Daniel Defoe, *Serious Reflection during the Life and Surprising Adventures of Robinson Crusoe*, London: Pickering & Chatto, 2008, p.73.
③ 对于无限自由的恶果,笛福在《宗教沉思录》中有详细的论述,参见 Daniel Defoe, *Serious Reflection during the Life and Surprising Adventures of Robinson Crusoe*, London: Pickering & Chatto, 2008, pp.102 – 127。

(hardened)、无所思索(unthinking)、罪恶的造物。"①

鲁滨逊的困难不是他个人的困境,而是现代人在自我与社会、自然与上帝、理性与启示之间游移不定、彷徨无依、焦灼不安的困境。当家庭和社会皆无法直接给人以真理,人如何还能真诚地对待自我、他人、此世的生活,以及上帝?在这样一个怀疑主义甚嚣尘上的时代,人如何还能获得内心的安定,在商业社会中,过一种自然正当的生活?

---

① Daniel Defoe, *Robinson Crusoe: An Authoritative Text Backgrounds and Sources Criticism*, New York: Norton & Company, inc., 1988, pp.70-71.

第二部分　鲁滨逊的改造

改造是理解《鲁滨逊·克鲁索》这部现代寓言的核心。它清晰地呈现了在基督教传统无法安顿人心的时代，人如何在自然的世界中重新找到上帝，建立新的世界图景。鲁滨逊的改造虽然没有班扬（John Bunyan）的《天路历程》那样阴郁与悲伤，却同样是一条充满复杂张力的个体的成长之路。只不过，天国的影像慢慢淡去，人如何在理性与启示之间探寻一条自我治理的良知之路，这是更为困难的历程。要理解这一切，首先必须从笛福为鲁滨逊设计的"孤岛"谈起。

一、孤岛意象

小说的第二部分描述了鲁滨逊在孤岛"改造"的场景。孤岛"四面环海，极目望去，不见大片的陆地，只有远处的几处礁石和两个更小的岛屿"[1]。孤岛，是笛福为现代人吟诵的独白，是他对现代人性的深度观照。

首先，孤岛映照出了现代人的内在紧张。鲁滨逊一上岛便不断地进行着各种努力（endeavour）。他努力把自己安顿好，努力搬运船货，努力驯化小野鸽……这种努力本身就是现代人存在的本体状态。正如霍布斯所言："欲望终止的人，和感觉与映像停顿的人同样无法生活下去。"[2]这尤为体现在鲁滨逊搬运船货的事上。他像上了发条的机器，即便运回的物

---

[1] Daniel Defoe, *Robinson Crusoe: An Authoritative Text Backgrounds and Sources Criticism*, New York: Norton & Company, inc., 1988, p.43.
[2] Hobbes, *Leviathan*, Cambridge: Cambridge University Press, 2003, p.70.

资足够用,但他丝毫不愿停歇。食物、工具、武器、衣服,甚至笨重的铅板,被他一次次费力地运回。环顾船上能搬的东西都已搬走,他又开始弄锚链和其他铁制品,直至船沉没。"我上岸已有13天,去船上也11次多。这段时间,凡是我认为凭我一双手能弄上岸的东西,我都弄来了……我没有糟蹋一点时间,也没有偷懒。"①笛福暗示,现代人的内在紧张来自他们对前景的远虑。鲁滨逊在暗淡的前景中搬运船货,搬完后还奔回住所,生怕他的粮食被不速之客吞食,却只看见一只泰然自若的(composed)野猫。"它不慌不忙地蹲坐下来,泰然自若地盯着我,仿佛要同我结交似的。我把枪口对准它,它却不知这是什么玩意,根本不把它当回事,毫无离开的意思。"②自然造物本身的泰然自若与文明人的疑惧(apprehension)形成鲜明反差,暴露了现代人的内在紧张的主观性。虽然后来鲁滨逊确立信仰,愈发镇定自若,但"脚印"的出现使之又陷入万分的疑惧,匆忙"撤回城堡",打算"先发制人",并每天上山"眺望敌情"。笛福看到,这是现代人的癔症③,但他认为,人无法根本消除恐惧,因为"所有的勇气都是恐惧"④。

---

① Daniel Defoe, *Robinson Crusoe: An Authoritative Text Backgrounds and Sources Criticism*, New York: Norton & Company, inc., 1988, pp.45-47.
② Daniel Defoe, *Robinson Crusoe: An Authoritative Text Backgrounds and Sources Criticism*, New York: Norton & Company, inc., 1988, p.45.
③ 笛福写道:"我头脑中有这种幻觉(fancy),深受癔病(vapours)折磨,自然拥有每个忧郁的脑袋都会容纳的这种癔病般的幻想(hypochondriack fancies)。" vapours 源于拉丁文 vaporem,基本含义是"温暖的呼气""蒸汽""热"。17世纪60年代,古法语词 vapor 开始用来表达"一阵一阵的昏厥(fainting)、癔病(hysteria)",这源于中世纪 exhalations(从胃或其他器官蒸发出来的气体影响了大脑)。在笛福看来,恐惧产生忧郁,影响大脑,产生幻觉。Daniel Defoe, *A Vision of the Angelick World*, London: Pickering & Chatto, 2008, p.227. 当鲁滨逊发现自己的脚比脚印小很多时,说道:"这些事给我的头脑中注入新的想象,让我再次产生幻象(vapours)至前所未有的高度。"参见 Daniel Defoe, *Robinson Crusoe: An Authoritative Text Backgrounds and Sources Criticism*, New York: Norton & Company, inc., 1988, p.125。
④ 这是他对罗切特伯爵约翰·威尔莫特(John Wilmot)的诗句的引用。Daniel Defoe, *Serious Reflection during the Life and Surprising Adventures of Robinson Crusoe*, London: Pickering & Chatto, 2008, p.73. 笛福反复引用威尔莫特的这首"理性和人类的讽刺诗"(a satyr against reason and mankind),并称他为"杰出的诗人",认为他的诗很好地表达了自己的意思,揭露了文明人隐藏在理性面具下的恐惧、猜忌、仇恨、背叛与冷酷。他在《宗教沉思录》中对此诗的二次引用,参见 Daniel Defoe, *Serious Reflection during the Life and Surprising Adventures of Robinson Crusoe*, London: Pickering & Chatto, 2008, p.131。

笛福做出了霍布斯式的人性描写,但他的意图不是表达人只能通过利维坦过上一种不好不坏的生活,而是表达人只有直面人性的现实性,才能寻求超越。"没有什么美德不是存在于某种相反的恶的边缘。都说事物有两种解释,两副面孔。因此,当我们反省的时候,我们必须把好的和坏的放在一起考虑。我们必须考虑美德在哪里终止,邪恶在哪里开始。只有用适度混合明暗来描绘,我们才能形成人性最清晰的图像。"[1]卢梭让爱弥儿阅读《鲁滨逊·克鲁索》,是要爱弥儿学会关于物的自然技艺的同时,不伴有常识教给他的恐惧。但事实上,笛福为现实的人性留存了更多的位置。[2] 虽然他也认为,恐惧让人难以拥有心灵的安宁,人对事物的目力和知识(sight and knowledge of things)的有限性反而使人因预见不到事情的后果(event of things)而更易获得幸福,但他决不相信消极教育(negative education)可以消除主观恐惧的基础,相反,他强调,恐惧是人无法逃避的自然,也是人最好的激情的根源,蔑视恐惧的人反而铁石心肠,冷酷无情,处在最糟糕的道德状态。[3]

　　其次,孤岛的第二层意象是无尽的孤独。孤独是神意对鲁滨逊出走"社会"的惩罚。"天罚的沉寂生活"让他不得不停下工作,万念俱灰,如孩子一般哭泣,或因无人倾诉而更加愁闷。正因这种沉寂,他捉了一只鹦

---

[1] Daniel Defoe, *Commentator*, London: Pickering & Chatto, 2007, p.61.
[2] 笛福对拉罗什福科(Rochefoucauld)的评论鲜明地表露了他对人性的态度。拉罗什福科将人生的一切行动归为自负和利益两种本性,即自爱。笛福不同意拉罗什福科的观点,认为这种讲法是对人的虚弱性(fragilities)的过度提纯,是在诋毁人性,而非修正(correct)人性,是在论证一个人努力隐瞒世人的性情的痛处,虽然这件事情应该是真的。参见 Daniel Defoe, *Commentator*, London: Pickering & Chatto, 2007, p.61。
[3] 在卢梭那里,让-雅克延爱爱弥尔的教育进程,就是为了让他获得自然的基础,不堕入任意的想象和无限的恐惧的深渊。在卢梭看来,对死亡和危险的预见(foresight)是文明人恐惧的源头,也使他们越来越远离幸福。笛福也承认"对危险的恐惧比显现在眼前的危险本身令人恐惧万倍……对不幸的焦虑比不幸本身带来更大的重负",因此,"对危险无知,跟没有被危险包围一样幸福……是神意的良善让人对事物的目力和知识(sight and knowledge of things)有限。尽管他在千万危险中过活,但看不见事情的后果(event of things),不知四周的危险,反而安宁平和地过下去。假使他有了这目力,势必心智混乱,精神消沉"。但他认为,这种主观恐惧是现代人性的现实,人只能通过理性和信仰来超越之。Daniel Defoe, *Robinson Crusoe: An Authoritative Text Backgrounds and Sources Criticism*, New York: Norton & Company, inc., 1988, pp.32, 153.

鹉,把大部分时间花在给"他"做笼子上,称之为"重要的事务"。尤其当他听见海上传来遇险的鸣炮,虽然他在孤岛上已生活了23年,但却仍冒着生命危险出海搭救。鲁滨逊渴望同伴(companion),更根本地说,是渴求同类(fellow-creature)。即便他心甘情愿将自身交付给神意并成了孤岛之王,但仍无法消除他的社会不足感,这种不足感每逢合适的时机,便以非理性的形式爆发出来。然而,另一方面,孤独却也是现代人的存在状态。《宗教沉思录》首章即"论孤独",其意自明:表面上这种强加的强烈孤独是人性所不熟悉的,但就人在此世演绎的人生阶段的全景而言,它大抵是一幕孤独。笛福更直白地表明,这种普遍的孤独是因为,我们判断幸福、成功与痛苦、欢乐与悲伤、贫穷与富有,以及人生的其他各式场景,都自然而然是根据事物是否合乎我们自己的倾向(inclinations),也就是说,我们只能靠我们自己来做判断。"这是它们的归宿(home),如同只有肉触了味觉(palate),我们才能品尝它。世界欢乐的部分或沉重的部分,其实都是一个,人们只是根据它是否合乎自己的口味(taste)而称它为令人愉快或不愉快。"①

笛福的笔调与洛克(John Locke)出奇的一致。在《人类理解论》中,洛克用近乎相同的语言写道:"心智有不同的嗜好(relish),人有不同的味觉(palate)……令人愉快的口味不在于事物本身,而在于是否合乎这样那样特殊的味觉,那可有着千差万别。"②他们都看到,在高度分化的主观心智结构中,物体本身"是什么"越来越不为人们所关心,人们考虑的是物体对于"我"而言意味着什么。"我"的存在成为世界存在的"阿基米德支点",而我的存在的支点又在于我有感觉,这是笛卡尔(Rene Descartes)为现代人揭示的他们的主体心灵世界。世界不再通过"可感形式"为人所知,人也不仅仅对可感对象进行"复制"。广延世界的可疑性,恰恰在于物

---

① Daniel Defoe, *Serious Reflection during the Life and Surprising Adventures of Robinson Crusoe*, London: Pickering & Chatto, 2008, p.57.
② John Locke, *An Essay Concerning Understanding*, Oxford: Clarendon, 2011, pp.269 – 270.

体的属性带了主观性,或者借霍布斯的概念,人能感觉到的"实在"皆为显像(apparence),我们一步也超越不出自我之外。所以,笛福写道:"这个世界与我们无关,除了当它或多或少触动我们的嗜好之时。"① 自然世界有其真正的属性,但当且仅当它与我的嗜好发生关联,它才对我而言有意义。否则,它仅仅存在在那里,但与我无关。不仅仅是感觉,人所进行的一切内省也都是以自我为旨归,"我们亲爱的自我(dear-self),在某个方面,成了活着的目的(end of living)"②。笛福看到,正是这种每个人特殊的主观感受,使人与人之间的同一变得何其困难。他不断提醒读者,鲁滨逊渴求的不是现实世界中的人,而是一个"灵魂",一个能与之对话、交流的"同伴",更确切地说,是一个"同类"。③ 这是一种由想象构造出来的抽象的同类造物的交往(the society of my fellow-creatures)。④ 每每具体的人出现,他是多么疑惧,"光是想到可能会见到一个人,就会不寒而栗"⑤。

当人发育出了高度个体化的自我,自己和他人之间便有了无法逾越的鸿沟。哪怕是最亲密的亲人和朋友,也无法完全体察自我内心深处的情感潜流。即便借助同情的能力(the power of sympathy)和一种隐秘的感情的逆转(a secret turn of affections),他人也终究是体外之己,无法充分地

---

① Daniel Defoe, *Serious Reflection during the Life and Surprising Adventures of Robinson Crusoe*, London: Pickering & Chatto, 2008, p.58.
② Daniel Defoe, *Serious Reflection during the Life and Surprising Adventures of Robinson Crusoe*, London: Pickering & Chatto, 2008, p.58.
③ 所以,鲁滨逊说:"哪怕只有一个灵魂从这条船得救,逃到我这,我也有一个同伴、一个同类和我说话、和我交流了。在我孤独人生的所有时间里,我从未如此强烈渴望与我的同类造物交往……假使有一个基督教同伴(fellow-Christians)和我交谈,对我而言将是莫大的安慰。"参见 Daniel Defoe, *Robinson Crusoe: An Authoritative Text Backgrounds and Sources Criticism*, New York: Norton & Company, inc., 1988, pp.146-147。"基督教同伴"其实是现代人的精神结构中与自己同一的另一个"我",这才是"同类",才有灵魂,才不会使自我感到孤独。
④ 所以鲁滨逊说"这是我热切愿望及头脑中形成的强烈观念的效果",而且指出,"在人的感情(affections)中有一些潜流,当这种潜流受某种眼前目标的吸引,或者,尽管这目标并不在眼前,但通过想象的力量(the power of imagination),呈现在头脑中(mind),以至于强烈的情感裹挟着灵魂奔向那个目标,因为没有这个目标就难以维持"。Daniel Defoe, *Robinson Crusoe: An Authoritative Text Backgrounds and Sources Criticism*, New York: Norton & Company, inc., 1988, p.174.
⑤ Daniel Defoe, *Robinson Crusoe: An Authoritative Text Backgrounds and Sources Criticism*, New York: Norton & Company, inc., 1988, p.123.

体会自我的苦乐。同样,我们之所以与他人交流,也仅仅是为了在他人的帮助下追求自我的欲望。所以,笛福感慨:"可以合宜地说,人是独自存在于人事的涌流和匆忙之中的:他所进行的全部内省都是针对他自己,所有的愉快,他自己体会,所有厌烦和痛苦,他自己品尝……我们的沉思完全是孤独的;我们的激情都是在隐秘中涌动;我们的爱、恨、渴望和享受,全都处于私密和孤独之中……目的在我这里(end is at home)。享受和沉思,皆为孤独和退隐。为了我们自己,我们享受快乐,也为了我们自己,我们承受痛苦。"①

当人形成幽闭而隐秘的主观自我,紧张与孤独必然成为这个时代的人的命运。但笛福认为,恰恰是这种人格的发育过程,也才为商业社会的形成提供了可能。因此,问题不在于消灭人的自我意识,而在于如何使之发育完全,形成真正的现代人格。

二、孤岛改造

无法在外在世界中安顿自我的鲁滨逊被神意抛至孤岛。笛福认为,这样一种高度主观的实存状态是不适宜于直接进入社会的。鲁滨逊头脑中已生出了自由的想法,他必然会走出传统的家庭-上帝的秩序,重新通过自己寻求他自己的位置(station)。然而,当人尚未成为自己审慎的主人,理解力尚未能引导激情,进入这个现实的世界,不仅不能通过社会教

---

① 笛福在《评论家》第12期发表了《仁慈在我这里》(Charity Begins at Home)。在那里,他表达了对自爱更为复杂的看法。他讲述了一个旧友去世的故事,故事中每个人,无论孩子、姐姐,还是仆人、妻子,他们的头脑中考虑的每件事都围绕"我"来转动,都根据自我的原则(the principle of self)行动。首先是旧友的孩子哭着说:"我可怜的爸爸去世了,我该怎么办?"然后是旧友的姐姐、仆人,最后是旧友的妻子。而且一个月后,这位妻子在一个年轻人那里得到了很好的慰藉。笛福承认"自爱成为我们所做的所有事情的根基,正如自我保存是第一自然律",但他认为,旧友的孩子、姐姐、妻子和仆人仍然可以是良善的人。"仁慈在我这里"的拉丁文为 Proximus sum Egomet mihi,即"我离我自己最近",这是现代人的处境。但笛福强调,现代人可以做到,我在服务我的邻居、祖国的同时,服务我自己。参见 Daniel Defoe, *Commentator*, London: Pickering & Chatto, 2007, pp.59, 61; Daniel Defoe, *Jure Divino: A Satyr in Twelve Books*, London: Pickering & Chatto, 2008, p.152。

育促进自我的成长,反而会让自己的人生完全受偶然性支配。鲁滨逊的前半生大起大落,也在于他没有确立规定自我的法则。当他遇到正直、诚实的英国船长,他便颇有收获;当他遇到轻率、冒进的商人和种植园主,他便干起了非法勾当。然而,社会既非圣人云集之地,也非撒旦统治之城。每个人都自然地是软弱的,没有绝对的善人或恶人。那么,在这样一个由各种各样等级、身份的人构成的社会世界,除非灵魂成为身体的主人,否则一切都不安全。① 所以,鲁滨逊一直反省,他原来受厄运(evil fate)的摆布,凭偶然(chance)或运气(luck)过活,很大程度上是因为他没有确立起自我的道德法则。在笛福看来,外物不具有道德属性,它只是存在于那里,无善无恶,当人欲(lust)有了善恶,它才被人与善恶关联起来。因此,如果灵魂成为身体有效的主人,"没有必要去蛮荒之地与野兽为伍,也没有必要去山顶的隐修室或海上的孤岛……还需要什么撤离(retreat)"②。

不过,鲁滨逊正是一个刚发育出现代自我的主观结构,但尚未获得现代人的本质内核的孩子。因此,他必须在家庭和社会之间寻找一个中间地带,长成一个成熟的现代人。这个中间地带,就是自然。

"自然"作为英国文学中挥之不去的意象,是早期现代人格的实质构成。当上帝隐退,鲁滨逊需要在更大的世界中通过反省重新寻求确定性的法则。这个过程与笛卡尔通过"思"(cogito)所进行的探寻真理的过程在本质上没有差别,只不过二人所走的路向完全不同。③

那么,鲁滨逊如何在自然世界中找到更高的法则?

---

① Daniel Defoe, *Serious Reflection during the Life and Surprising Adventures of Robinson Crusoe*, London: Pickering & Chatto, 2008, pp.60-61.
② Daniel Defoe, *Serious Reflection during the Life and Surprising Adventures of Robinson Crusoe*, London: Pickering & Chatto, 2008, pp.60-61. 他指出,灵魂是第一动因,所有善恶运动都在于灵魂,外物只是第二动因。先有人的欲,再有魔鬼的引诱。恶的倾向哪怕远离外物,仍然是一种恶的倾向。参见 Daniel Defoe, *A Vision of the Angelick World*, London: Pickering & Chatto, 2008, p.228; Daniel Defoe, *Serious Reflection during the Life and Surprising Adventures of Robinson Crusoe*, London: Pickering & Chatto, 2008, p.62。
③ 笛卡尔的"世界"是现代个体的主观世界。他在自己主观的世界中,通过思和上帝,找到确定的法则。但笛福的"世界"是神意引导下的自然世界。他在外在自然的世界中,通过劳动和反省,找到更高的法则。

(一)理性的簿记,生活的秩序

上岸存活的鲁滨逊虽然一开始异常激动,举目望天,感谢上帝,但当他看到自身的处境时,庆幸之感很快消失,不但不为自己的脱险而感谢上帝,反而为自己的落难而呼天抢地。他总是想自己缺少的,不想自己得到的,一味沉浸于外在环境给他带来的最直接的苦乐感觉,从不思考为什么他会来这里,为什么上帝会让他来这里,也不考虑较之他人,他现在的处境是好是坏。悲观失望的情绪让他的自然难以承受,为了让理智控制沮丧,他借助外在于自己的复式记账表。

复式记账法的特点是"借方=贷方",即任何一笔经济业务必须同时记录在借贷两方,最终记入借方的金额须等于记入贷方的金额。相比流水账,复式记账法的好处是让每笔业务能在债权和债务两个方向上呈现,有助于事物按其自然运动的方式显现。鲁滨逊从不会思前想后,遇事也多情绪化,很少用理解力来判断。幸与不幸的双向记录可以迫使他超越单纯的苦乐感觉,看到坏事中还有好事、坏事中还有更坏的情况,从而逐渐学会自然的辩证法,更加不偏不倚地看待问题。不过,鲁滨逊的记账方向与"宗教记账簿"①正好相反,他将不幸记在借方(debtor),将幸记在贷方(creditor)。可见,他努力从高于直接苦乐感觉的角度看问题,但仍然是以自我为中心,看不到比自我保存更高的目的。虽然上帝在他的记账表中若隐若现,但对鲁滨逊而言,他只是一个抽象的上帝,或更确切地说,一个习俗性的空洞观念。除了习惯性地想起他,鲁滨逊对他没有任何感情。

通过理性的簿记,鲁滨逊不再眼望大海,而是放下这遥遥无期的希望,致力于改善生活的条件,使自己过得舒适。他发现"理性是数学的根本源头,应该用理性观察和检验每件事物。只要对事物做出最理性的判

---

① 对于有宗教观念的人,人永远对上帝负债,上帝永远是债权人,因此人做了善事,甚至损己之事,应记在贷方,做了恶事,甚至利己之事,应记在借方。可见,鲁滨逊尚未意识到自己与上帝的关系,无论死里逃生,还是船漂岸边,他都归于侥幸(luck)或偶然(chance),看不到账簿中幸与不幸的背后是上帝。这种账簿既不同于"宗教记账簿",也不同于富兰克林的美德表格,这只是在用外在的方式帮助他摆脱内心的混乱,或者说,还不足以使他认识到上帝。

断,任何人迟早都可能熟练掌握各种技艺"。他开始放心将洞穴挖大,制作桌椅、书架,让"每件东西各有各的位置",恢复周围事物的秩序。然后,他开始记日记。

日记对于鲁滨逊的意义首先在于它实现了时间与生活事件的联结。通过日记,鲁滨逊可以前后对比这段时间做了什么,还有哪些需要做。这种计划性不仅使他省下更多时间促进生活的便利,还帮助他将日常行动理性化。人的生活世界中,不仅每件物品应有一定的空间位置,每件事务也应有一定的时间位置,这是人的实存的时空秩序,在此基础之上,人才能进行内省化的自我治理,而后者恰恰是日记对于人另一个更为根本的意义。在时间-事件之上的反思使鲁滨逊发现事件的同时发生(concurrence of event)。他被萨里的战船俘虏为奴的那天,恰巧是他从父亲和亲友中逃出,到赫尔去航海的那天。而他从萨里逃走的那天,又与他从雅茅斯的沉船上逃生的那天同月同日。更奇妙的是,他诞生的日期和他26年后被风浪打上孤岛,奇迹般生还的日期是同一天,或从另一个角度,他无法无天的生活和他孤身只影的生活开始于同一天。

笛福在偶因的意义上使用 concurrence 一词①,表达的恰恰是偶然原因背后的必然关联。鲁滨逊"偶然地(casually)去了赫尔城,当时没有任何出逃意向(purpose)",在那里,他偶然地碰到一个同伴正要乘他父亲的船出海去伦敦,"他怂恿我和他们一起,用的是招徕水手的常见诱惑,也就是免费搭乘"。同样,鲁滨逊准备再去几内亚做生意时,"倒霉的是(misfortune)我那朋友回国不久便去世了","我在这次航行中接连大倒其霉(misfortunes)",最终沦为海盗的家奴。fortune 的拉丁文形式 fortuna 本身就是"偶然"(chance)、"命运"(fate)、"运气"(luck),法文 fortune 则表示"偶然作为人类事务中的力

---

① 在亚里斯多德那里,κατὰ συμβεβηκός(偶因)被威廉·查尔顿(William Charlton)译为 by virtue of concurrence,συμβαίνειν(偶然出现)被译为 concur。亚里斯多德将偶然(chance)作为原因,仅仅是为了解释根据自然、选择之外的因果问题。他指出,偶然的命意就是凡附丽于某些事物,可以确定判明为附丽,但其所以为之附丽者既非必需,亦非恒常。"既非必需,亦非恒常"是他对"偶然"的"剩余性"的界定。

(force)"。上述每个结果都不是出于鲁滨逊的自主选择,而是迫于外在原因。然而,笛福不认为事物的同时发生仅仅是偶因发挥作用的方式。① 他指出,与事物同时发生的是一束照亮它们原因(causes)的光,"这是神意的事件(events of providence),有一只至高的手在引导它们"②。

拉丁文 eventus 由 ex(意思为"先于、在……之前")和 venire(意思为"出来")构成,本就是"发生"(occurrence)、"偶然"(accident)、"机运"(fortune)、"命运"(fate)、"运气"(luck)、"流出"(issue)之意。在笛福这里,concurrence of event 表达的是神意的流溢,或按他本人的讲法,是神圣的流溢(divine emanation)。③ 自鲁滨逊动笔写日记的那一刻起,他逐渐认识现实世界的因果关联,并从中发现奇特的日期。当人将各种事情放在合理化的时空秩序之后,他亟待形成更加整全的解释系统来理解自己及自己与世界的关系。但现代人的困难也恰恰在于,他无法单纯借助理性为自己找寻一个合理化的信仰基础,将自己安放在一个高于自我的更大的整体结构之中。鲁滨逊的改造进入自然因果律的阶段,但他仍然无法认识幸与不幸背后的上帝,也无法理解一连串事件背后更高的目的。在笛福看来,某种程度的自然启示是必要的。

---

① 按亚里斯多德的观点,对于有选择能力的人而言,结果可以出于选择,却没有这样产生,而是由一个外在原因产生,那么,它就是运气的结果。例如,有人被风暴迷途或为海盗劫持而驶入爱琴海,这非由预定的航行就是一个偶然,因为它不是出于主人的意志而是由于别的缘由来到这个他不想来的地方,风暴是他来到此地的原因。在古典时代,事物的同时发生仅仅是偶因发挥作用的方式,而偶因也仅仅是自然目的论解释体系的剩余范畴。但在笛福的时代,上帝成为包络了至善的第一因(the first cause)。参见亚里斯多德:《形而上学》,吴寿彭译,商务印书馆1995年版,第116—117页。
② Daniel Defoe, *A Vision of the Angelick World*, London: Pickering & Chatto, 2008, p.188.
③ Daniel Defoe, *A Vision of the Angelick World*, London: Pickering & Chatto, 2008, p.187.如何识别神意的暗示一直是笛福强调的问题。他既尽量避免这种方式过于迷信,也强调人们不能完全忽视。其中一种方式就是通过事件的循环关联(concurrence of event),即不同年份的事件发生的月份和日期是否相同,前后比较发现神意的暗示。因为在笛福看来,上天赞同或谴责人的行动的许多倾向是可以被观察得知的。上帝处理人的事务的规则是可把握的,即因果链,把原因绑在一起,比较前面发生的事情与现在的事情,就能很容易地知道神意之手对我们的行事方式(measures)持何种态度,这与正统预定论非常不同。Daniel Defoe, *A Vision of the Angelick World*, London: Pickering & Chatto, 2008, p.299; Daniel Defoe, *Serious Reflection during the Life and Surprising Adventures of Robinson Crusoe*, London: Pickering & Chatto, 2008, p.185.

(二) 自然的奇迹,上帝的回归

从最初自己在海浪的助力下安全上岛,到在被夜潮冲到近岸的船上获取必需品,鲁滨逊虽倍感幸运,却从未思考幸运背后的原因。直至有一天,他发现地上长出几茎绿苗,而后竟结出十来个穗子。"我无法表达我在这个场合下思想的惊奇和困惑,在此之前,我的行动根本不以宗教为根据,事实上,我脑子里可说是毫无宗教观念,对于我所遭遇的事,我也只觉得完全出于偶然(chance),要不就像我们平时说的那样,轻轻巧巧地归为天意,至于神意在这些事情上的目的,他在对此世事务的治理中的命令,我向来不去追问。但在一个我知道不适于生长五谷的气候中居然长出麦子,尤其不知道它是怎么在那里长出来的,我不由得大吃一惊,开始认为上帝创造神迹,不凭播种,就叫地上长出庄稼,纯粹是为了让我在这荒凉可怜的地方得以生存。这使我心里颇为感动,不由得落下眼泪。我开始为自己祝福,这样的自然的奇迹(prodigy of nature)会因我而发生。"

笛福用 prodigy of nature 而非 miracle 来表述"奇迹"的意思,已显露出他在启示宗教和自然宗教之间寻找信仰基础的努力。prodigy 的拉丁文形式为 prodigium,由 pro(先于,在……之前)和 igium(说)构成,意思是"先知的迹象"(prophetic sign)、"征兆"(omen)、"警告"(portent)。自从上帝隐退在自然的背后,他就不再借助超自然的方式与人沟通。大自然,虽依旧短暂而有朽,但作为神圣流溢的迹象,替代了教会,成为人与上帝之间的中介。在笛福看来,自然层面的因果法则不容否定,真正的启示非但不能有悖于事物的自然进程,反而需要在自然因果法则的基础之上发挥作用。幽灵、异象、临在、声音是旧约时代无形的灵与有形的属灵的人的交流方式,对于这个时代,它们已让位给《圣经》与自然。①

---

① 笛福指出,上帝直接来自天堂的声音已经转化为福音书中的声音和上帝的自然作品中的声音,而后者包括他已经完成的作品,如造物,也包括他的治理与神意的作品,如地震、暴风雨、雷电。自然既包括外在自然,也包括人的内在自然。笛福指出,注意(notices)、预兆(omens)、梦(dreams)、声音(voices)、迹象(hints)、预感(forebodings)、冲动(impulses)、忧惧(apprehensions)、不自主的悲哀(involuntary sadness)等人内在自然的变化,也是灵的世界和此世的属灵的人之间交流的方式。Daniel Defoe, *A Vision of the Angelick World*, London: Pickering & Chatto, 2008, p.229.

笛福很清楚,传统的启示不适于现代主观个体,它们不仅容易导致现世生活的迷信,还容易促发人癔症般的幻想,导致人神经错乱。"所以,为了人们的福祉(felicity),即使天堂光辉的天使,也极少被允许,至少近来不准以他们从前光辉的形式,甚至不准以任何形式,通过任何声音来显现。"①故而他指出,所谓通过神迹(miracles)获得食物的传说皆为"荒谬的天主教徒的诡秘怪谈",往往削弱人的自主性,使人消极怠惰地依赖上天的恩典。②

大麦长出不是超自然的神迹。如果不是鲁滨逊自己努力从船上拿走谷袋在内的必需品,如果不是他在干活时为分放火药而抖空谷袋,他不可能获得大麦。正因鲁滨逊在自由的范围内,最大限度地运用自己的力量,他才没有走向毁灭。然而,从另一个角度看,人的自由意志也并不能决定大麦长出这个结果。如果船上的耗子吃光了谷粒,即便鲁滨逊抖动袋子,也不会有大麦长出。抑或,即便袋子里有谷粒,如果它没有恰巧落在岩石下,而是落在烈日暴晒的空地上,那么,也不可能有大麦的生长。可见,虽然拿走谷袋与长出大麦之间有着明显的必然性(necessity),但其中每一环节都具有无尽的偶然性,任何条件(circumstance)的变化都可能导致完全不同的结果。换言之,自然因果链之间的偶然性,背后恰恰是上帝的神意。"神意指引事物的发生(issues)和结果(events),控制原因,在此世形成条件间的关联(the connection of circumstances)"③,于是,事情按自然的方式发生,却能带来奇迹的效果。④

然而,理性揭示了自然世界中事物之间的因果关联,人也再难回到原初从神迹中感受神圣恩典的单纯状态。鲁滨逊很快发现大麦生长的现实

---

① Daniel Defoe, *A Vision of the Angelick World*, London: Pickering & Chatto, 2008, p.246.
② Daniel Defoe, *Serious Reflection during the Life and Surprising Adventures of Robinson Crusoe*, London: Pickering & Chatto, 2008, p.64.
③ circumstance 的词根是 circumstantia,意思是"围绕和伴随一个事件(event)的条件(conditions)"。也就是说,神意通过搭建一个个直接的条件关联,形成一条按自然因果必然性发生的链条来产生"奇迹"(prodigy)。
④ 有关神意与自由意志的关系,参见杨璐:《笛福与乱世中的个体》,《上海书评》2019 年 4 月 25 日。

因果链,这使他的惊讶之感大为减少,对上帝的感激之情也逐渐淡去。地震的可怕性在于它的不可测性(inscrutables of nature),使人的理性无从论证,直指自然背后神秘的无形力量。但鲁滨逊也多是对自然力量本身的恐惧,而非对更高力量的感知。所以,即便人处在一个个自然奇迹中,只要他没有经过严肃的思考,认识自己和上帝的关系,他也很难从现世的繁荣和苦难中领会上帝的教导。"思(think)是从地狱迈向天堂的真正的一步。灵魂的恶魔般的、铁石心肠的状态和倾向……全都只因为失去思考(a deprivation of thought)。恢复了思考能力(power of thinking)的人才算是恢复了他自己。"①在笛福看来,严肃的思考必须从心发出,超越唯我,才能在更大的结构中建立自我与世界的关系。与自然中的鲁滨逊对应的是社会中的摩尔·弗兰德斯(Moll Flanders)。面对死刑,她无数次悲伤地忏悔,但这种忏悔并没有使她满意和安宁,因为她并非为自己过去的罪恶,为得罪了上帝和邻人而悲伤,而是为自己会受死而悲伤。笛福强调,出于自爱的忏悔不是真诚的反省。摩尔的一个转折在于她知道了丈夫的伏罪,"这件出乎意料的事比我所遇到的任何事都更深刻地触动我的思想,使我感到更强烈的反省(reflections)。我整天整夜为他痛心……和他的情况相比,我自己的情况就没有什么值得痛苦的了,我为他而谴责自己……我起初对过去那可怕的生活的反省又重新回到心上……总之,我完全变了,变成了另一个人"。笛福指出,这种反省性的官能(reflecting faculty)是人的良心,它是每个人心中的衡平大法官。在良心的法庭(court of conscience)上,审判的对象不只是他人,更是自己,"因为,对他人的案子,许多原因尚不清楚,有时自己也会怀疑自己审判的公正性,但对自己的案子,原因十分明了,良心无法不公正地裁定诉因"②。良心对自己的功过十分了然,即便人用纵欲的方式抵制良心,一旦意志的控制力减

---

① Daniel Defoe, *The Fortunes and Misfortunes of the Famous Moll Flanders*, London: Pickering & Chatto, 2009, pp.229–230.
② Daniel Defoe, *Serious Reflection during the Life and Surprising Adventures of Robinson Crusoe*, London: Pickering & Chatto, 2008, pp.68, 130.

弱,"黑暗的反省"(dark reflections)又会不自觉地袭来,历数过往的错,确证自我的罪,让人不得安宁。因此,良心是人超越自爱的"思"的起点,是来自灵魂深处的声音。只有人心活了,情感的闸门开了,人才能"用整个灵魂丝毫不假地(unfeignedly)看着上帝",而这是忏悔的第一要义。

当一个时代的人无法通过传统教育获得生活的确定性,光凭自爱和理性形成的审慎或启示,都不足以使他在现世的洪流中安身立命时,他必须通过奥古斯丁式的忏悔,回到某种单纯状态,认识自我和上帝的关系,以及更大的公正道理。

鲁滨逊像个重新诞生的孩子,用新的眼光审视这个世界,发出了一连串存在意义上的问题:"这片土地和汪洋是什么,它们来自哪里?我是什么,包括其他一切生物……当然,我们都是由某个神秘的力量创造出来……他又是谁?"[1]在自然的世界里,人借助内在的自然之光,可以从自然造物推出上帝的存在及其与自然造物的关系。然而,当人继续论证自身的处境与上帝的关系时,很容易发出神义论式的质询(enquiry):"为何上帝要对我这样?我干过什么坏事,被这样对待?"只有良心才能使人再次从怀疑走向确定。[2] 不过,笛福又指出,单纯自然的概念(notions of nature)足以引导理性的造物认识上帝的存在,以及应归于他的崇拜,但要认识耶稣基督,认识他曾替人们赎罪,必须要有神启(divine revelation)。[3]

《圣经》对于鲁滨逊的意义在于使他从忏悔走向信(faith)。在笛福的时代,人们并不缺乏对义务的了解,而是缺乏对义务的实践;并不缺乏教

---

[1] Daniel Defoe, *Robinson Crusoe: An Authoritative Text Backgrounds and Sources Criticism*, New York: Norton & Company, inc., 1988, pp.173 - 174.
[2] 正如鲁滨逊刚一冒出问题,良心马上斥责这个质询,以一种更大的质询来回应:"为何你在很久以前没有丢了生命?为何你没在大雅茅斯海岸外淹死?为何在遭到萨里海盗船的攻击时,你没有被打死?为何没有在非洲海岸被野兽吃掉?你的同船人都在这里丢了生命,为何你偏偏没有淹死?难道你还要问:你干过什么坏事吗?" Daniel Defoe, *Robinson Crusoe: An Authoritative Text Backgrounds and Sources Criticism*, New York: Norton & Company, inc., 1988, pp.73 - 72.
[3] 笛福不同意当时一些自然神论者认为的,这种理性和自然之光能教会人应对上帝致以哪种崇拜,他指出,人类理解力没有达至如此完美的地步,人只能靠福音启示才知道上帝对哪种崇拜方式最满意。

育,而是缺乏对他们所学的东西的顺从。"我们到了这样一个时代,人们能坦率地承认一件事是他们的义务,但也敢同时疏于它的实践;人们能找出无数的诡计、推诿、权谋,使得那种疏忽对他们而言轻而易举,对他人而言也情有可原。"①换言之,这个时代,信仰沦为空洞的教义和声称的原则,人的内心缺乏根本的宗教情感,宗教离它原初的宗旨越来越远。② 笛福认为,忏悔的根本在于人要用心(heart joins)、动情(move your affections),同时,不能只看到《圣经》中令人悲观阴郁的文字,要将《圣经》的不同部分进行比较,看到给人慰藉、希望的内容,否则会因"被误解了的《圣经》的权威"而对于自己的状态充满不确定感。③ 只有确立信,人才能拥有支撑自己忏悔的希望,才能在日常事务中拥有足够的勇气和平和。

鲁滨逊随手翻开《圣经》,首先映入眼帘的是:"要在患难之日求告我,我必搭救你。你也要荣耀我。"(《圣经·诗篇》第50章第15节)最初,这些语句并未打动他的心,仅仅给他留了些许印象(impression),但恰恰是这些印象,在他身体痊愈之时,使他突然意识到搭救的另一层含义,内心大为震动,真诚地感谢上帝。从此,他每天阅读《圣经》,"没过多久,我觉得我的心灵深受感动,为自己以往无法无天的生活大受震撼。梦中的景象又历历在目……我真诚地祈求上帝,请他让我悔改……居然当天读《圣经》时,就读到这样一句话:他被高举为君王和救主,给人以悔改之心和赦罪之恩。我把《圣经》一放,不仅双手举向天,整个心也奉献给上天,欣喜若狂地高叫……这是我有生以来第一次祷告。因为这次祷告时,

---

① Daniel Defoe, *The Family Instructer*, London: Pickering & Chatto, 2006, p.45.
② 一方面,人们陷入细枝末节的教义纷争,这些纷争不仅无助于人的救赎,还引起世界的相当混乱;另一方面,人们又完全淡漠日常的宗教实践,只会对上帝摘帽称谢,却把义务当作虚饰。然而,人的忏悔要真正进行下去,人要真正获得支撑信仰的根基,他就必须在彻底自我否定的基础上进一步感受到上帝的同在,感受到上帝对自己的关爱,只有这样,人的心才能充满希望,笛福谓之"谦卑的信心"(humble confidence)。在《家庭指导手册》中,笛福描述了一位店主,同时也是一位市政官,他和其他人一样,每日忙于自己的生意(business),仅仅在周日侍奉上帝,从不严肃思考宗教问题,而他的孩子仅仅表面地送进学校,表面地学习一些知识,他们的老师也表面地给他们一些回答,而他的仆人和雇工更是品行不检点。Daniel Defoe, *The Family Instructer*, London: Pickering & Chatto, 2006, p.162.
③ Daniel Defoe, *The Family Instructer*, London: Pickering & Chatto, 2006, pp.188-192, 198.

我既意识到自己的情况,而且凭着《圣经》中上帝说的话,我也真正怀着希望,因为这种希望正是《圣经》所给予的……我已希望上帝能听到我的祷告了"。他发现,过去的生活显得可憎又可怕,世上的欢欣同悲哀也全然不一样,"灵魂的得救比肉体的得救幸运得多"[①]。经书上的文字越来越能通过人的生活体验打动人心,也越来越能让人超拔出自爱,甚至社会的一般意见,从更高的善好来看此世的苦乐,这时,人生的一切东西会开始显出和以前不同的样子。这是笛福认为《圣经》对于人的信仰必要的地方。更重要的是,通过《圣经》的阅读,上帝越来越从抽象的造物主变成具体的"与我同在",回归到"我"的世界里。人通过实践《圣经》记载的仪式,也越来越回归单纯的信仰状态,将灵魂托付给神意的安排,内心体认到确定性。

(三)劳动的创造,价值的重塑

然而,上帝的归位并不意味着人只需每日念经祷告,便可直接得到生活的必需和便利。相反,人还需在自然的世界中,通过劳动,接受自然的教育,获得生活的合理性法则。鲁滨逊确立了信仰后,对自然有了新的认识。他不再像原来那样,看到的自然只是树林、山丘、荒原,带给他的感觉只有万念俱灰,更谈不上范围更大的发现、利用与顺应。那时他只在住所周围活动,对自然的利用也仅限于打山羊和飞禽,主要依靠的还是大船带来的社会必需品,而且悲苦情绪时常爆发,让他无法继续劳动。然而,上帝回归后,鲁滨逊看到的自然完全发生改变:

> 在这小溪的边上,我看到一片片的草地,它们开阔而平坦,令人见了心旷神怡……它们也许各有用处……葡萄藤攀满树木,一串串葡萄刚好成熟……我发现了对它们的一种很好的使用(use),即把它们放在阳光下晒干,做成葡萄干后收藏起来……这地方看上去……

[①] Daniel Defoe, *Robinson Crusoe: An Authoritative Text Backgrounds and Sources Criticism*, New York: Norton & Company, inc., 1988, p.77.

简直像人工种植的大花园(a planted garden)……我是这岛国的不能废除的(indefeasibly)领主(king and lord),对这拥有占有权;如果我有后代,我可以毫无疑问地把这占有权传下去,就像任何一个英国的领主(lord of a manor)把他的采邑原封不动传下去一样。这一片都是野生的……①

鲁滨逊的眼前不再是荒芜的世界,而是"人工种植的大花园"(a planted garden),其创造者是上帝。上帝将它的占有权交给人类,为的是人类需要的满足和感官的愉悦。自然不再是单纯的自然,而是上帝的作品。鲁滨逊开始观察自然,利用自然满足自己的需要。他大摘水果,大打野味,让食物丰富起来。与此同时,他开始守安息日,并将自己登岛日作为忏悔的斋戒日,匍匐在地,满怀虔诚和崇敬,向上帝忏悔罪孽,12个小时不吃不喝。

不过,自然远非安宁纯真的伊甸园,人必须付出创造力(invention)和劳动,才能享受造物主赐予的物的效用。鲁滨逊摘了大堆葡萄,但在实际搬运过程中发现,带回家的葡萄因摩擦被挤烂,堆在那的葡萄又被野兽糟蹋,于是他开动脑筋,把采好的葡萄都挂在树枝上,让阳光把它们晒干,这样既利于搬运,也防止野兽吞吃,又能使他在冬季享受造物主赋予的葡萄的效用。可见,劳动的过程既为人保留了发挥创造力的空间,也迫使人学会服从自然因果律,而后者尤其体现在农业劳动上。

农业是与自然联系最紧密的劳动。最初,由于没按节令安排农事,鲁滨逊大量宝贵的种子都枯死地里。这一次的教训让鲁滨逊越来越实现自己与自然的贴合,不凭冲动和欲望行事。他学会观察自然,根据植物自身的性质,物尽其用,也学会划分节令,安排全年的劳动和作息,未雨绸缪。他积累了丰富的自然经验,体会自然本身的合理性,自主地运用理性进行

---

① Daniel Defoe, *Robinson Crusoe: An Authoritative Text Backgrounds and Sources Criticism*, New York: Norton & Company, inc., 1988, pp.79 – 80.

判断。与此同时,他获得的财产越来越多,活动的范围也越来越大。他不再依赖大船的制造品,而开始靠自己的双手,不断完善自己的自然世界。越是在自然中感受到神意,他越是怀着单纯的情感阅读《圣经》,内心也越是获得安定和希望,反过来,在劳动中也越是能感到自己内在的能力,也越是能体会上帝奇迹般的恩惠(many wonderful mercies)。他改变了对幸与不幸的看法,愈加以一种彼世的目光去重新确定此世的价值。他说道:"社会在我心目中的位置,也许同我们去世后对它的看法相似,也就是说,把它看作一个我一度居住过的地方,而现在我已离开了它;我也满可以像希伯来人的始祖亚伯拉罕对财主那样,说一句'你我之间,有一条鸿沟'。"①

在笛福看来,在这种忏悔之后的人对价值的重新厘定对于人过上一种知足而有度的中道生活产生重要作用。摩尔·弗兰德斯第一次忏悔后,笛福也用过同样的语言写道:"我开始厌恶我过去的生涯,因为我既瞧到一点身后的光景,人生的一切开始显出和以前很不相同的样子……世上的幸福,欢欣同悲伤在我眼里全都不一样了……永生(eternity)这个字带着它一切神秘的意义出现在了我的面前……我们从前所认为快乐的事情现在看来是多么荒谬!尤其当我想起就是这些龌龊无聊的小事,使我们失去了永久的幸福。"②只不过,与摩尔经由真正的牧师引领不同,鲁滨逊是通过自然劳动,体会到"世上所有的好东西只在它们对于我们有用,除此之外,它们对我们而言没有更进一步的好,而且,无论我们的好东西堆起来有多么高以至于要给予他人,我们能享用的也仅仅是我们最多能消受(use)的那点儿,别无其他"③。这是自然和事物的经验教导给他的正确反省。在劳动中,他认识到,物对人的有用性是指对人感觉和官能的

---

① Daniel Defoe, *Robinson Crusoe: An Authoritative Text Backgrounds and Sources Criticism*, New York: Norton & Company, inc., 1988, p.101.
② Daniel Defoe, *The Fortunes and Misfortunes of the Famous Moll Flanders*, London: Pickering & Chatto, 2009, p.234.
③ Daniel Defoe, *Robinson Crusoe: An Authoritative Text Backgrounds and Sources Criticism*, New York: Norton & Company, inc., 1988, p.102.

有用性,自然已为它们设定了天然的界限,超过这个界限,人不但不会获得更多的快乐(pleasure),反而会有损身体和精神的健康。[1] 人应该知足,而非贪婪,这是自然的要求,"美德是它自己的奖赏"。正是在对物的原初价值的认识之上,他重新理解了幸与不幸,真诚地将自己交托给上帝的意愿,接受目前对他的安排,获得内心的安宁(composure)。在这种安宁状态中,他的力量越来越强,实现对孤岛统治的同时,也成了自己的主人。

然而,笛福并不认为这是完全的幸福,也不认为这是自然正当的生活。他看到在缺乏社会的状态中,人的灵魂不断受到激情异常的搅扰。他也看到离群索居破坏了基督教义务,使人不仅远离集体礼拜和公共集会[2],也远离良善教友的陪伴。他指出,在孤独中沉思是充满危险的,因为人不能确定自己是否在与魔鬼交谈,同时,单凭心智性情(temper of the mind)和良心来自我引导很容易出错。人需要好的社会交往,在具有确定性的道德环境中,自然而然地培养起自身的道德情感。

三、人的出现

在一轮一轮不断推进的孤岛改造中,鲁滨逊形成了自我、上帝、自然的整体的世界观,内心获得了确定性,成为独立自主的人。在此基础上,

---

[1] Daniel Defoe, *Serious Reflection during the Life and Surprising Adventures of Robinson Crusoe*, London: Pickering & Chatto, 2008, p.114.
[2] 笛福曾讽刺不服从国教者为保留公职而提出用小规模私人聚会的方式来规避1711年《间或服从法案》(*The Occasional Conformity Act*)。他援引《圣经·希伯来书》保罗的话"你们不能停止聚会,好像那些停止惯了的人,倒要彼此劝勉",认为,公共集会是《圣经》的要求,是上帝的律令,有上帝灵的存在,会众能与圣灵神交,会众之间能相互勉励,这不是一个牧师聚集九个家庭能实现的,长此以往,为了世俗的声誉、利润、信托和暂时的好处而将礼拜规模继续修改下去,"从九个家庭,缩到五个,或只有他们自己的家庭",他们将完全退缩到自己成为自己的牧师和会众的状况,陷入寂静主义。笛福是反寂静主义的,他认为那是一种假装的节制,没有礼拜的沉思、实践的教义、改造的反思、知识的狂热,将宗教完全简化为一种私人事务,这种缺乏礼拜实践的宗教不是真正的宗教。

他人才适宜于进入"我"的世界,人与人之间才可以形成具有确定性的自然关系。人的出现的第一要义在于,"同类"是人的自然的一部分,鲁滨逊只有从单纯的自然世界迈进现实的社会世界,对同类的抽象感觉才能转化为具体的社会情感。其第二要义在于,鲁滨逊在自然状态形成的观念性的大厦,只有经受现实的他人的检验,才能成为他的现实的构成。

然而,第一阶段出场的"人"不是鲁滨逊日思夜想的灵魂之友,而是文明之外的野蛮人。然而,恰恰是这些茹毛饮血的野蛮人,或许构成了他原初结构的内在紧张,但在事实上推动了他进一步迈向真理。

(一)食人生番的出现

脚印的出现让现实的鬼影又一次闯入信仰支撑起的世界。鲁滨逊陷入无尽的恐慌,信仰的顶石摇摇欲坠。他痛责自己过于满足,没有为保存做更多努力,也怀疑上帝的公正全能,无法保住赐予他的财富。然而,瞬间的脆弱并不意味着他的世界的倾覆。一阵阵惊恐过去,他开始思考,这种生活处境是上帝的照看决定的,他既然无法预知神意的目的,也不该质疑这无上的主权。"因为是他创造了我,光凭这一点,他就对我拥有不容置疑的权利,可以按照他认为合适的方式,对我进行处置或治理……因为我对他犯了罪……我也有责任对他抱有希望。"[1]鲁滨逊从自我与上帝的关系,重新确立了更高的法则,来解释这种现实的危机,并在此基础上,采用人类审慎所能提供的一切措施,为自我保存而努力。经过现实的观察,他发现这件事并非那么离奇,和之前的偶然事件一样,具有自然发生意义上的合理性,但又体现神意。

然而,脚印仅仅激起鲁滨逊的癔症怪想,让鲁滨逊陷入信仰和现实的紧张之中,并未触及更深的善恶问题。食人宴使鲁滨逊面临更加困难的精神危机:如何对待这种现实世界中人性的堕落。"现在我日思夜想的不是别的事情,而是要袭击那种惨无人道的血腥宴会,消灭几个吃人的怪

---

[1] Daniel Defoe, *Robinson Crusoe*: *An Authoritative Text Backgrounds and Sources Criticism*, New York: Norton & Company, inc., 1988, p.123.

物,要是有可能,最好还救出被他们带来并准备杀害的受难者。"①食人宴这种现实世界的极恶,撕扯着鲁滨逊的世界图景,使他陷入报复的激情之中。倘若鲁滨逊因此实施了裁决,他的世界也便终结,因为不同的文明形态在他的世界图景中没有位置,他"看看外面的世界"也仅仅是"看看自己的世界"。然而,鲁滨逊发现,第一,就实定法的逻辑而言,犯罪是对社会一般准则的破坏,但生番没有食人是罪的概念,将之作为习俗来履行,因此他们不是故意谋杀(wilful murder),食人没有违背他们的良心。第二,就自然法的自我保存逻辑而言,虽然这种同类相食惨无人道,但它同鲁滨逊毫无关系,除非他们企图伤害他,或他觉得有必要先发制人,否则他对他们发动袭击就是不义之举。第三,就神法的逻辑而言,生番之间彼此犯下的罪是民族性的(national),应该留给上帝的正义,他才是各民族的治理者(governor),知道怎样通过民族性的惩罚对整个民族的冒犯进行一个公正的报复(vengeance)。经过一层一层不断追寻判断的可靠基础,鲁滨逊放弃了直接性的善恶审判,反而实现了对善恶公道的更高的认识。

　　脚印和食人宴促使鲁滨逊借助上帝发展他的理解系统,而星期五则使他真正迈入与他人的具体的道德交往。鲁滨逊与星期五的关系历来受到研究者的重视。星期五既非鲁滨逊绝对支配下丧失任何自然权利的奴隶,也非现代社会基于契约雇佣的劳动力。②鲁滨逊救了他的命,他们在自然法意义上存在隶属关系。他们的交往更多在家庭而非社会的意义上展开。在《家庭指导手册》中,笛福花了整整一卷的篇幅论述主仆关系。他指出,进入家庭的仆人就变成家庭的孩子,主人有义务对他们进行灵魂的照管(the charge of the souls)。他们要像教育自己孩子一样,在宗教方

---

① Daniel Defoe, *Robinson Crusoe: An Authoritative Text Backgrounds and Sources Criticism*, New York: Norton & Company, inc., 1988, p.132.
② 一方面,星期五保留了自我保存的权利,如果鲁滨逊要杀他,他肯定奋起反抗,故鲁滨逊对待他绝非摩尔人对待鲁滨逊那样残暴;但另一方面,星期五又是终身仆人,他的自由权利是属于鲁滨逊的,除非鲁滨逊将他转让或出卖,否则,他不能背弃自己的主人。正如除非葡萄牙船长立文书,主动承诺如果苏里改宗,十年后便给他自由,否则苏里永远都是葡萄牙船长的人。

面教导并引导他们的仆人。因为,虽然他们只是自己的孩子的父亲,但却是整个房子(whole house)的家长,是整个房子的引导者(guide)和治理者(governor)。父亲和家长的区别只是在于,前者是自然(nature)通过情感(affection)联系的,后者是自然上帝(god of nature)通过义务联系的。① 鲁滨逊不是星期五自然意义上的父亲,但从他称他为"我的人星期五"(my man Friday)起,他们便形成了家庭中的主仆关系。② 鲁滨逊教他说话,给他喝羊奶,吃加盐的熟肉,为他缝制短衫,操办裤帽,从行为举止(manners)上指导他怎么做"人",而"他对我的情感(very affections were ty'd to me)如同一个孩子对待父亲,我敢说,不管在什么场合下,他都会献出他的命来救我的命"③。

不过,这种家庭形式已不同于他出走的家户(household),他们的主仆关系也不是传统的主属关系(lordship)。鲁滨逊像个师傅(master)一样,给自己的任务(business)是教会星期五每件适于使他成为他的得力帮手(useful, handy and helpful)的事。④ 而星期五这个什么也不懂的学徒却"是一个非常好的学生(scholar),而且学起来总是高高兴兴,认认真真"⑤,"没多久,就能给我干所有的活(work),而且干得和我一样好"⑥。

---

① Daniel Defoe, *The Family Instructor*, London: Pickering & Chatto, 2006, pp.213-214.
② 鲁滨逊对这个生番的称谓的变化,也可以看到后者如何进入家庭。最早,鲁滨逊称之为"另一个受害者"(the other victim)、"可怜的不幸的人"(the poor wretch)、"那个野人"(the savage)、"被追者"(the pursued),这种称呼是情境性的,鲁滨逊作为超然于食人宴的文明的旁观者,对野蛮世界中的一个对象发出了带有可怜口吻的称呼。当这个生番跪倒在地,誓愿为鲁滨逊的终身奴隶时,鲁滨逊称之为"我的野人"(my savage),这种带有很强所有权味道的称呼,确立了鲁滨逊与这个生番之间的自然法隶属关系,直至鲁滨逊给他取了名字,鲁滨逊与星期五才真正构成主仆关系,迈进家庭。
③ Daniel Defoe, *Robinson Crusoe: An Authoritative Text Backgrounds and Sources Criticism*, New York: Norton & Company, inc., 1988, p.163.
④ Daniel Defoe, *Robinson Crusoe: An Authoritative Text Backgrounds and Sources Criticism*, New York: Norton & Company, inc., 1988, p.164.
⑤ Daniel Defoe, *Robinson Crusoe: An Authoritative Text Backgrounds and Sources Criticism*, New York: Norton & Company, inc., 1988, p.164.
⑥ Daniel Defoe, *Robinson Crusoe: An Authoritative Text Backgrounds and Sources Criticism*, New York: Norton & Company, inc., 1988, p.166. 正如笛福记述的大多是进入呢绒商家庭而改过自新的学徒和雇工,这类主仆关系构成了早期商业社会中家庭教育的重要内容。中间治理阶层将脱离家庭的学徒和雇工纳入自己的家庭中进行治理。这种主仆关系不同于工人和工厂主的关系。在笛福看来,这是商业社会关系中很重要的构成。

这便是商业社会中的新兴的主仆关系。笛福在《家庭指导手册》中记述了进入呢绒商家庭而改过自新(reformed)的学徒和雇工(journey-men)。不过,星期五与他们的不同在于,他来自生番民族,是鲁滨逊见到的更大的自然世界的一部分。鲁滨逊需要以一种更符合自然和人性的方式引导他形成上帝观念,廓清救赎之路。这个过程本身,也是他敞开自身文明的图景,包纳更大自然世界的其他民族同为上帝造物的过程。① 星期五让鲁滨逊感受到人原初自然的单纯与真诚(unfeigned),意识到被文明人磨蚀掉的自然情感对人而言的根本性。他们"对善意和恩惠有同样的感情(sentiments of kindness and obligation),对凌辱和残害有同样的激愤(passions and resentments of wrongs),同样懂得知恩图报、真诚忠心(swense of gratitude, sincerity, fidelity),同样具有做出善举、接受善意的能力(capacities of doing good, and receiving good)"②。这是道德确定性的基础,"如果上帝赐予生番(救赎的)知识,他们肯定比文明人更虔诚,更有道德"③。不过,笛福看到,当人没有确立更高的法则,很容易受到外部习俗的支配,反而丧失了自然的美好。他在《婚姻之恶》中记述了土耳其丈夫兽奸受孕妻子的行为(practice),这种行为受土耳其习俗的支持。他指出,这种"习俗是自然的侵犯者、理性王冠的篡夺者"④。在他看来,习俗只不过是古老的惯例(usage),是对法律不足的填补,人们不能根据它构建是非判断的标准,正如不能根据它来判断真理和信仰。虽然在许多事情上,习俗被认作法律,但"它是僭主(tyrant),是无政府的混乱。自然才是有规可循的君主制,是完善的政制"⑤。他强调,在自然法显白之处,即便习俗声称有绝对支配权统治自然,它也没有正当性,人的理性应该廓清

---

① 在鲁滨逊与星期五的宗教对话录中,星期五严肃地质询与提问,鲁滨逊满怀情感地钻研与回答,这与《家庭指导手册》所描述的表面化的教师与学术的问答形成对照。
② Daniel Defoe, *Robinson Crusoe: An Authoritative Text Backgrounds and Sources Criticism*, New York: Norton & Company, inc., 1988, p.163.
③ Daniel Defoe, *Robinson Crusoe: An Authoritative Text Backgrounds and Sources Criticism*, New York: Norton & Company, inc., 1988, p.163.
④ Daniel Defoe, *Conjugal Lewdness*, London: Pickering & Chatto, 2008, p.202.
⑤ Daniel Defoe, *Conjugal Lewdness*, London: Pickering & Chatto, 2008, pp.201-203.

习俗的影响。① 笛福进一步声明:"自然法受理性支持,或者说,理性受自然支持。理性告诉人们,在自然起指导的地方,在无正当理由反对它的命令的地方,人们应遵从自然,因为自然无疑是她自己的基本法(constitutions)的法官,最了解自己所起的作用(actings)。它通过隐秘的途径施加它的影响,没有什么力量应该对之妨碍,只要这些影响没超出界限,就不应被抑制和终止。"② 正如笛福所言,"习俗是自然的妨碍(cloggs)"③,星期五不是卢梭式的自然人,脱离了文明的自然的另一面向是习俗性的残忍。鲁滨逊对他进行宗教指导的意义恰恰在于,引领他认识到更高的真理和信仰,使他超拔出习俗对自然的偏离,在保存自然的单纯性的基础上,培养更柔软的德性。④

鲁滨逊逃离了原初社会的父亲之屋(father's house),却与星期五组成了漫游世界的主仆之家。他背离了日渐失根的道德哲学,选择了违背常规的人生道路,却在更大的自然世界中,寻回了道德体系的确定根基。星期五促使他追问什么是信仰,进而在自己的世界之内给异族以较合理的位置,提升自己对自然诸般万象的理解。更重要的是,星期五促使他在日趋成熟的世界观下,形成现实的家庭伦理关系,培养人神情感之外的人人

---

① Daniel Defoe, *Jure Divino: A Satyr in Twelve Books*, London: Pickering & Chatto, 2008, p.147.
② Daniel Defoe, *Conjugal Lewdness*, London: Pickering & Chatto. 2008, p.201.
③ Daniel Defoe, *Serious Reflection during the Life and Surprising Adventures of Robinson Crusoe*, London: Pickering & Chatto, 2008, p.122.
④ 这才是笛福所谓"文明化"和"基督教精神"的含义。鲁滨逊对星期五进行教化,其背后的道理是笛福对习俗、自然、公道的理解。一方面,笛福不是习俗主义者,他相信人性的普遍性,以及蕴藏在一般秩序之中本质性的至善;但另一方面,他又并非简单使用强势文明对异族进行精神改造,而是给予自然世界存在的各个部分以一个比较合理的位置。尤其在第二部著作中,鲁滨逊与星期五游历世界,是更大的世界卷轴的展开。在《宗教沉思录》中,笛福写道:"基督教(Christianity)对于世人不只是救赎的影响力(saving influence),更是教化的影响力(civilizing influence)。它迫使他们(各民族)进入德性的实践和正确的生活方式之中,磨掉习以为常的野蛮风俗,在本性中注入某种人道和秉性的柔软,敦化风俗,教他们爱上有规律的生活,对待彼此宽厚仁慈(generous kindness and benecence),总之,教他们像一样生活,在仁慈(clemency)、人道、爱和友邻的基础上行动,让他们的生活适于上帝的形象的本性和庄严,适于正义和衡平的准则。" Daniel Defoe, *Serious Reflection during the Life and Surprising Adventures of Robinson Crusoe*, London: Pickering & Chatto, 2008, p.135.

情感,而这是原初的他最为缺乏的。① 换言之,鲁滨逊从孤儿状态迈入家庭,在自然的主仆关系中孕育道德人格,为他迈入自然社会奠定基础。

(二) 文明同类的出现

第二阶段出场的"人"才是鲁滨逊真正意义上的平等的同类,是服从共同的上帝的基督徒同伴。鲁滨逊救了西班牙人,进而又救了英国船长,并给予哗变参与者不同程度的惩罚。虽然他声称,他颇像个岛国的君主,是绝对的主宰,他的臣民会听命于他,他的意志就是法律,但事实上,他并没有任意妄为的权力,他们也并没有政府和法律,他们只是形成了某种程度的自然社会。②

鲁滨逊与西班牙人的关系根本不同于鲁滨逊与星期五的关系。鲁滨逊救起他的第一句话是问他是什么人(what he was),而他的回答是"基督

---

① 出走前的鲁滨逊富有激情,但缺乏情感(sentiments)。他不顾及父母感受,听不进亲友的劝告,很难同情他人的情感。
② 对于自然社会,洛克有了较丰富的论述,虽然他使用的概念是"自然的共同体"(community of nature)和"自然状态"。他指出,自然社会并非形式上的平等关系,而是存在治理性的统治(dominion)。但这种治理权力不同于政治权力,它是暂时性的看护(care),虽然伴有命令和惩罚权(power of commanding and chastising),但没有任意处置被治者的生命或财产的权威。他指出:"最初的社会在男女之间,这是家长和孩子之间社会的开端,嗣后又加上了主仆之间的社会。虽然所有这些关系可以而且通常汇合在一起而构成家庭,其主人或主妇具有适合于家庭的某种统治,但这些社会,不论个别地或联合在一起,都不够形成政治社会。"John Locke, *Two Treatises of Government*, Peter Laslett (ed.), Beijing: China University of Political Science and Law Press, 2003, p.319. 换言之,洛克不认为这些从属关系必定联合为家庭,他承认它们个别地存在的可能。尤其结合他对自然状态的论述,这种叠加的自然社会的意象与笛福这里呈现的无本质差异。他们依靠自然法提供相互交往的可信基础,但尚未形成政治社会或文明社会(civil society)。这也是为什么他处在这种社会中,还致力于重返"文明社会",因为后者是有法律和政府的社会,这是不同于这种自然社会的地方,也是笛福用 civil society 想要传递的信息。笛福看到人在本性上无法离开文明社会,法律和政府为人们实现更好的生活提供着便利,这是自然社会所无法比拟的。因此,笛福指出,鲁滨逊之所以可以顺利收回财产,也在于王家土地税务官和修道院司库对鲁滨逊合伙人的密切监督,要求他把每年的收益如实上报,以便他们依法提取原属于鲁滨逊的份额。同时,鲁滨逊的姓名在国家档案中登记在册,如没有他确切的死亡报告,葡萄牙船长也无法运用代理权接管种植园。正因为在文明社会,鲁滨逊得到了三本账,每本账都有严格的记录,叠加起来的时间正好是鲁滨逊不在社会的这 28 年。这种严格的程序保证了整个财产回收过程的有条不紊,也对当事人的行为起着规定作用。只不过,笛福认为,商业社会的根基在于自然社会的教化,它使人与人之间可以凝聚在一起,否则,即便存在法律和政府,原子化的个体也无法真正形成好的商业社会。人与人的交往不可能全然依靠法律和政府。这种自发形成的各种经济伦理团体才是人与人之间真正形成社会的自然中介和见证。

徒"。然后鲁滨逊给了他酒和面包,待他吃好后,才问他是哪国人(what countryman he was),他回答说"西班牙人"。这简洁的对话立刻勾勒出他们之间的关系。规定"我是谁"的第一自然不是哪国人,而是上帝的选民,这是他与鲁滨逊关系的性质。虽然鲁滨逊救了他的命,但并不使他隶属于他。因为作为同胞造物(fellow-creature),他们都是这位陶工手中的黏土①,谁都可能因某种原因而处于这样那样的不堪之遇中,易地而处,也希望得到同胞造物的搭救,而且也相信,同胞造物会像自己做的那样对待自己。正如葡萄牙船长海上搭救鲁滨逊时所说:"我之所以救你的命,是因为有朝一日,我的命运也可能同你一样,处于相同的状况,我希望也能够得到别人的搭救。"这种平等同类之间的情感以及彼此负担的自然义务,是鲁滨逊与生番之间没有的。在此基础上才能理解他们因恩情而形成的自然关系。这种恩情关系是自由人以理性和良心为中保的负债关系,而非私人性的扈从关系(clientage)。因为,本质上这是人对上帝的负债,偿还并非只面向恩主,而是面向所有处于危难中的陌生人。在这种自然关系中,鲁滨逊迈向与陌生人的联合。

鲁滨逊提出搭救其余西班牙人、合力造船、重返社会的建议。然而,这意味着鲁滨逊需要给他们提供武器,也即意味着自己将性命交托在陌生人手里。因而,他最怕西班牙人会恩将仇报,反倒武力劫持他到他们的宗教裁判所,"因为知恩图报并不是人性中固有的美德,而且人们的行为不总是同他们受到的恩惠相一致,在较多的情况下,倒是同他们指望得到的利益相一致"②。单纯的自利是陌生人之间联合的最大困难。那么,这

---

① Daniel Defoe, *Robinson Crusoe: An Authoritative Text Backgrounds and Sources Criticism*, New York: Norton & Company, inc., 1988, p.164.
② Daniel Defoe, *Robinson Crusoe: An Authoritative Text Backgrounds and Sources Criticism*, New York: Norton & Company, inc., 1988, p.190. 这段话呈现出了霍布斯式的自然状态图景。每个人都根据自己的判断和理性做有利于保存自身的事,知恩图报等自然法对他们的行动基本没有约束力。

种叠加了经济目的的自然交往,其确定性何在?①

笛福不认为个体之间可以诉诸自然法直接形成纽带关系,在他看来,现实的团体的形成是需要不断借助中介进行规定的。在鲁滨逊迈向陌生人的过程中,忠诚的西班牙人起着自然中介的作用。他提供了其他西班牙人的真实境况,指出在这种境况下,不可能对任何帮助者恩将仇报。这是对现实人性的自然推论,具有某种必然性,因而成为团结的根据。② 更重要的是,西班牙人自愿重返生番之岛,同其他人讲好条件(conditions),要他们庄严起誓(oath),保证绝对服从鲁滨逊的领导,把他当作他们的长官(commander)或船长(captain),并写好契约(contract)。他担保(assurance)他们是文明的诚实人(civil honest men)。正如洛克所言:"诚实和守信是属于作为人而不是作为社会成员的人们的品质。"③起誓,尤其对着福音书起誓,对于诚实人,具有某种自然法意义上的约束力。西班牙人成为缔约的中间人,借助誓约,促进某种团体秩序的形成。④

最先出场的生番和文明的诚实人奠定了鲁滨逊日后交往的基础。不过,当敌人只是同质性的无知生番,搭救的对象恰恰是文明的诚实人时,

---

① "自利是占优势的纽带,尤其在理性同时起作用的时候,它从未失败使人们睁开眼看自己的利益,当他们置身于不堪之境。" Daniel Defoe, *Jure Divino: A Satyr in Twelve Books*, London: Pickering & Chatto, 2008, p.152.

② 人性既非纯粹的恶,也非纯粹的善。在不同处境下,人性的状态是不一样的。这才是现实的人性。只有理解了这个道理,才能每事称情而论,称情而施,对人情世态洞若观火。在第二部中,鲁滨逊救了遇难船员后,人们最初并没有产生感激之情,这时,鲁滨逊自述:"我不能错怪他们,再过一阵,也许有很多人会产生感激之情的;但一开始,他们感情上受到的震动过于强烈,他们无法控制这种感情,一下子就到了惊喜若狂的地步;只有极少数的几个人在惊喜中保持镇静,显得庄重从容。" Daniel Defoe, *Serious Reflection during the Life and Surprising Adventures of Robinson Crusoe*, London: Pickering & Chatto, 2008, p.17. 他日后的审时度势、因势利导、奖惩有度,都与他对不同境遇之人的深度理解有关。

③ John Locke, *Two Treatises of Government*, Peter Laslett (ed.), Beijing: China University of Political Science and Law Press, 2003, p.277.

④ Daniel Defoe, *Robinson Crusoe: An Authoritative Text Backgrounds and Sources Criticism*, New York: Norton & Company, inc., 1988, pp.190-191. 西班牙人起誓说:"他一辈子不离开我,除非我给了他命令;万一他的同胞有什么背信弃义的事,他愿为我流尽最后一滴血。"这句话一定要放在语境之中,才不会将之与星期五匍匐在地,表明已誓为鲁滨逊的终生仆人的唯命是从的态度相混淆。西班牙人的忠诚(fidelity)与星期五对鲁滨逊"一个孩子对待父亲"的情感是不一样的。这个决定过程也是自然团体的形成过程。

这些自然性的条件使鲁滨逊比较容易与他人在自然契约上形成某种纽带或团体。但现实世界并非如此简单。而后出场的"人"不再是诚实人和生番的简单组合,而是处在更为复杂的混乱状态——哗变——中的各色人物:宽厚的船长、忠诚的大副、无辜的乘客、三个受胁迫的老实水手、霸道的水手长及在其统领下的恶棍。正是在与这些人物的打交道过程中,鲁滨逊的道德人格得到发展。

"哗变"是霍布斯战争状态的隐喻。原初的自然秩序完全覆灭,只剩下散落的私人个体(private individual),或者说,乌合之众(a multitude of men)。在起点只有仆人的条件下,人何以能不断扭结新的社会力量,不断扩大社会团体,成功夺回哗变船只的统治权,恢复团体的秩序,进而合力重返文明社会?

鲁滨逊与以船长为首的三位受害者的联合是自然性的。鲁滨逊提出两个条件:其一,"你们同我一起待在这岛上时,不能觊觎我的权威(authority);要是我把枪交到你们手里,在任何情况下,你们应随时准备归还给我,而且不能损害(prejudice)我和我的一切,同时,受我的命令引导(governed by my orders)";其二,"如果那大船夺回来,得免费把我和我的人带回英国"。① 鲁滨逊的"条件"并不旨在建立某种政治的共同体,而仅仅在确保救人之后自然交往的确定性。② 之前,初与陌生人打交道的鲁滨逊,固然主动提出联合的建议,但只止步于对背信弃义的担忧的纷乱中。是西班牙人对实际情况条分缕析,为他找寻中介性的条件来提供现实化的基础。而今,鲁滨逊已能主动找到关键的现实条件作为联结可以依赖

---

① Daniel Defoe, *Robinson Crusoe: An Authoritative Text Backgrounds and Sources Criticism*, New York: Norton & Company, inc., 1988, p.199.
② 因此,鲁滨逊的"条件"并不能表明他和鲁滨逊的政治关系。船长未等鲁滨逊把条件说出来,就激动地表达任凭鲁滨逊指挥。这种一股脑的许诺是受他渴望得救的情绪使然,因而是不审慎的。当鲁滨逊拒绝并坚定提出两个合情合理的条件时,他表示:"这点条件是再合情合理不过了,他非但完全同意,而且认为我是他的救命恩人,只要他在世一天,无论在什么情况下,这个恩德是永志不忘的(acknowledge)。" Daniel Defoe, *Robinson Crusoe: An Authoritative Text Backgrounds and Sources Criticism*, New York: Norton & Company, inc., 1988, p.199. 换言之,正如上文所述,对自由人的搭救并不带来从属关系,而仅仅是一种人格平等之上的对恩德的确认。

的基础。

在初级联合的基础上,英国船长构成进一步联合的中介环节。他帮助鲁滨逊辨别哗变群体的内部关系,根据人格和性格有区别地对待投降者。他不愿将哗变参与者全都杀掉,也没有利用强力强迫所有人形成更大的权能,而是不断将悔过者纳入原初的正当秩序中,后者经过他的保举和自身的立誓而成为团体成员。在英国船长的道德人格的影响下,鲁滨逊对于以阿特金斯为首的英国恶棍采取谈判(parley)的态度。但困难恰恰在于,人如何能放下武器,将自由交托给他人?笛福称鲁滨逊为governor,其中之意即使之作为超越双方的仲裁者而存在。不过,governor更本质的意思是自然社会的治理者,其所具有的权威更多是道德教化意义上的。正如洛克所言,人的自由和依照他自己的意志来行动的自由,是以他具有理性为基础的。理性能教导他了解他用以支配自己行动的法律,并使他指导他对自己的自由意志听从到什么程度。当人未达到认识并遵守法律的理性程度时,他就绝不能成为一个自由人,也绝不能让他依照自己的意志行事。这时候,治理者的理性将成为他的理性,为他谋求他的福利,避免他沦为野兽状态。这些英国恶棍目光短浅,完全受任意的激情支配,不具有指导自身的理解力,因而远远低于人所处的状态。鲁滨逊没有诉诸严格的法律处置他们,而是给他们活路,根据他们各自的罪的情况,为他们指明不同的救赎道路。因为他感受到人性本身的软弱性,以及自然中更高的仁慈与公道。这些人如同当初的自己,在神意的安排下抛置孤岛,需要在自然中经历复杂的个体道德成长。在这个治理的过程中,鲁滨逊成为神意的工具,也获得了其道德人格的确定性。

可见,无论是一个家,还是一艘船,都包含某种治理性的道德关系。恰恰是这些新兴的经济性或社会性的团体,构成了自然社会的中介,将私人个体联结在一起。笛福并不认为,孤独的主观个体可以通过法权而直接构成社会。他指出,法律条文往往毁掉交往双方的诚实。社会的实质不在于"字面的法律"(literal law),而在于人与人之间通过自然中介而形成的真正的纽带。这是社会之所以可能的原因,也正是这种自然社会,为鲁滨逊奠定了现代人格的基础。

第三部分　鲁滨逊的重返

历经 28 年的漫游,鲁滨逊终于迷途知返。社会既是他的起始点,又是他的目的地。不过,鲁滨逊出走前,社会尚且保留着某种松动的传统结构。人降生的位置(station)仍具有绝对的规定性,个人应坚守上天安排的位置及职业(calling),将营求限制在既定的生活地位上。[1] 故家宅和乡土是中间阶层的根,仰仗亲友的引荐,凭借自己的勤勉,挣一份家财,过上安适而快乐的日子,才是其自然正当的生活。不过,尚未成熟的"现代人"跳出了原初的位置,在尚未有规定性的"商业社会"谋求营生,必然带来投机、犯罪,以及相互怂恿而来的诱惑与堕落。然而,鲁滨逊重返后,社会褪去了原初传统的色彩,蜕变成完全的商业社会。[2]

这个新世界的逻辑不同于自然世界。钱(money),即波考克(J. Pocock)所言的动产(movable property),成为道德生活围绕而展开的核心

---

[1] 这种带有很强传统色彩的神学道德学说不仅体现在鲁滨逊父亲对他的规劝中,也体现在船长对他的忠告里。在船遭遇风暴而失事后,船长对鲁滨逊说:"年轻人……你不应该再出海了。这是个显明可见的征兆(token),即你不将成为海员。"鲁滨逊反问:"难道你也就此不出海了?"船长回答:"我的情况和你不同……这是我的神召(calling),因而是我的义务(duty)。"Daniel Defoe, *Robinson Crusoe: An Authoritative Text Backgrounds and Sources Criticism*, New York: Norton & Company, inc., 1988, p.14. 这不禁让人联想到韦伯在《新教伦理与资本主义精神》中的表述,参见马克斯·韦伯:《新教伦理与资本主义精神》,康乐、简惠美译,广西师范大学出版社 2007 年版,第 61 页。
[2] 黄梅指出,鲁滨逊回到的世界可以看作鲁滨逊在岛上修得的内心乌托邦的外化。往昔私运黑奴的违法之徒而后变成守法的商人,在土地税务官和修道院司库的密切监督下,将每年种植园的收益如实上报。鲁滨逊曾经无力看护的种植园,而今不断增值,并在各方诚实的账簿上,得以顺利收回。参见黄梅:《推敲自我:小说在 18 世纪的英国》,生活·读书·新知三联书店 2003 年版,第 61 页。可见,这是笛福构造的理想类型,但这个理想类型也显露着商业社会的内在张力。

命题。① 鲁滨逊曾为迅速敛财而背弃自然纽带,去无根的海上世界闯荡。"钱"对他而言,是可改变的机运(fortune),是超乎寻常的计划(projects)和作为(undertakings)。为此他在自然世界中对钱的想象性质彻底反省,称之为"作为一个其生命(life)不值得被拯救的怪物(creature)"②。然而,回到现实的人为世界,流动的钱财却成为人与人之间不可逃脱的关联。人如何在这个充斥着金钱和交易的社会里过自然正当的生活?

由于恢复了理性造物的同情式的柔软(sympathetick tenderness),鲁滨逊处理与钱有关的事务,看见的不再是幻象虚影,而是人间情态。他找到他的钱款托管人,"但她非常不幸,已第二次守了寡,日子过得相当凄凉。至于我在她那儿的钱,我叫她宽心,并保证我绝不会让她为难。相反,为了报答她当初对我的关怀和忠诚,我根据我那点小小资财,给了她一点接济,但由于当时我的能力有限,对她的接济也就实在微不足道。但我向她保证,她以前对我的好处,我是永志不忘的"。

将时间拉回第三次出走前的鲁滨逊。他刚在英国船长的指导下,初步习得了海外贸易的技能。但在他的恩人去世后,他没有半点审慎来考虑自己的利益,又盲目服从自己的幻想,匆匆登上前往几内亚的船。临行之前,他将剩余的钱款放在已故船长的妻子处寄存,自然也没有订立任何信托契约。不过,当鲁滨逊落难巴西,境况大不如前的英国孀妇非但没因中间人缺乏正规文书而拒付款项,反而足额给予后,买厚礼感谢葡萄牙船长。更具实质意义的是,这位"忠实的管理人(steward)和导师(instructor)"在鲁滨逊的船货里放了三本《圣经》,构成其日后关键的转折。

这位孀妇对鲁滨逊切身利益的关心超乎法律的要求。她偿付信托债

---

① 显然,波考克的问题在这里清楚呈现。财产已主要不再是通过世袭继承而来的不动产,而是发生在陌生人之间的货币和汇票。即便是鲁滨逊通过劳动创造的种植园,对于鲁滨逊的意义也不在于土地,而在于可以变现的金钱。最终,他也将它卖掉换成钱而再次漫游世界。
② Daniel Defoe, *Robinson Crusoe: An Authoritative Text Backgrounds and Sources Criticism*, New York: Norton & Company, inc., 1988, p.47.

务后,不买厚礼或不放《圣经》,按明文法律的规定无任何过错。然而,她并不止步于表面的道德,而处处发乎自己的良心行事。可是,恰恰是这位诚实的女人,在商业社会中却生活浮沉不定。

为了在这个世界里安顿下来,鲁滨逊决定前往里斯本,打听他在巴西的种植园的情况。在那里,他找到了曾经在海上搭救过他的葡萄牙船长。与英国遗孀不同,葡萄牙船长施恩于鲁滨逊时与他素不相识。他不仅拒绝任何形式的海上合法权益,还变相为鲁滨逊提供立足巴西的资财,帮助他从英国孀妇那里取回款项,替他置办种植园营生的工具。"这位船长简直成了我的好管家(steward),他甚至拿出那位遗孀送他的五镑钱,替我弄来一个为我干六年活的白奴,然而,却不肯要我的酬谢。"① 倘若葡萄牙船长无视鲁滨逊的求救,或救人后接受应属于他的海上权益,他没有违反任何明文法律。但是,笛福指出,恰恰葡萄牙船长慷慨无私的行为,体现了他高贵诚实的品行。葡萄牙船长是典型的现代诚实人,他抓住神意提供的机会向陌生人尽己所能地行善,不只拘泥于法律,而履行了更高的义务。然而,他如今竟也因海船失事而近乎破产,还动用了种植园的收益,成为法律上的不诚实的人。②

有研究者指出,鲁滨逊重返的世界是他在岛上修得的内心乌托邦的外化。但细看会发现,这个所谓的乌托邦实质上存在着某种内在紧张。典型的现代诚实人如今皆处于人生的绝境,濒临恶的深渊。英国孀妇已第二次守寡,日子过得相当凄凉;葡萄牙船长也因海船失事近乎破产,甚至还动用了鲁滨逊种植园的收益,成为法律上的不诚实的人。人物人生的剧烈起落是商业社会道德紧张的投射,那么,超越这种紧张的规范基础

---

① Daniel Defoe, *Robinson Crusoe: An Authoritative Text Backgrounds and Sources Criticism*, New York: Norton & Company, inc., 1988, p.31.
② 诚实不只是指对他人的每一笔债务和信托公正无误地偿付,更是确认自身为全人类的债务人,意识到有如此多的善事需要为人类做,无论是灵魂上还是肉体上,所以一旦神意将一个机会放于他手中,为了偿付这个债务,他会尽全力做出所有他能做出的善意和仁慈的行为。

恰恰不是严格公正的普通法,而是依托于内在良知的衡平法。①

在《宗教沉思录》中,笛福对普通法与衡平法的区别做了系统说明。他指出,普通法的本原是公正(justice),而衡平法的本原是衡平(equity)。前者是字面的法律(literal law),后者是良心的法律。源于前者的诚实仅仅是低劣的诚实,源于后者的诚实才是慷慨的诚实。笛福所说的"诚实"绝非一般德性,而是他为现代德性构造的理想类型。② 换言之,诚实包含着所有可能的现代德性,是现代道德人格的最高呈现:

> 严格的公正(exact justice)是对我们所有同类造物的债务(debt)。荣耀的、慷慨的公正(honourable and generous justice)源于那条黄金法则,即"己所不欲,勿施于人"。将所有这一切放在一起,便构成了诚实。荣耀(honour)其实仅仅是对它的更高的称谓,它们是一个东西……诚实拥有如此之性质,以至于成为一切可能的美德的名称。诚实人是此世可获得的最好的头衔。没有它,其他一切头衔都沦为虚空和荒谬。有了它,没有什么头衔会是不体面的。它是大

---

① 普通法或判例法,其原则认定,在不同的场景(occasions)中,相似的事实(facts)得到不同的对待是不公平的,所以审判要遵循先例,如果当前案例实在不同于先例,法官可运用权威和义务创造先例,而这新的先例则成为约束后来决定的判例。早在1474年爱德华四世时期,由于普通法的严苛与拘泥形式,英国建立独立的衡平法院,在普通法无法顾及现实特殊性的问题上使用衡平法。
② 衡平(equity)概念被伯尔曼(Harold J. Berman)追溯到亚里斯多德的《伦理学》,指出亚里斯多德认为,当一个高度概括的规则在应用到一个其字面含义包含但实际并未包含的特别案件中,这个规则会造成不正义,而衡平就用来修正这种规则的缺陷。亚里斯多德的衡平概念得到经院哲学法学家的继承和充实,成为保护贫穷和无助者、超越会在特别案件中导致难以执行的某些特定的法律条文。梅兰登(Melanchthon)继而沿袭这种衡平概念,指出统治者有必要剪裁自然法的概括性原则,以适合于具体的事实情节。如果一个普遍正义的法律在一个具体的案件中造成不正义,衡平而善意地适用那条法律是法官的义务,以消除不正义。德国早期衡平概念的重要推动者欧登道普(Oldendorp)指出:"衡平就是良知的法律,是自然(即神恩赐)之法,是人体内的法律。它不是人之意志的产物,或世俗理性那种依赖于人之意志的理性。衡平或自然法是由神根植在每个人的良知中,体现为'使我们从恶中区分出善,从不正义中区分出正义,并做出判断'的能力。"参见哈罗德·J. 伯尔曼:《法律与革命》第2卷,袁瑜琤、苗文龙等译,法律出版社2012年版;Aristotle, *Aristotle's Nicomachean Ethics*, Chicago: The University of Chicago Press, 2011, p.112.

写的人品。当私人性的品质和成就由时间侵蚀得千疮百孔,它能让人知道一个人的品性。没有它,人既不是基督徒也不是绅士。①

笛福在基督教教义的基本结构里进行着革命。他托"诚实"的概念而阐发了他的一整套道德学说。在他看来,未来社会的道德基石是落在"诚实"之上。这个"诚实"已非传统的基督教的德性②,而被注入了商业社会兴起过程中的新义理。首先,诚实作为商业社会经济伦理的核心,是对他人的每一笔债务和信托公正无误的偿付。这是一种"严格的公正",是"诚实的普通法"(common law of honesty)。其次,诚实作为人在此世生活中最高的德性,其根本的含义是确认自己为全人类的债务人,意识到有诸多善务需为人类尽,无论是灵魂上还是身体上,一旦神意将机会放于自己手中,人需尽全力偿付债务,做出所有他能做到的善意和仁慈的行为。故在笛福这里,"己所不欲,勿施于人"绝不是霍布斯般的"相濡以沫,不如相忘于江湖"。他对这条黄金法则的引用,与他援引耶稣的话"无论何事,你们愿意人怎样待你们,你们也要怎样待人",所要表达的是同样的意思,即"这是两种诚实中更具本质性的,是行为的检验(test),是法律静默时人们依靠的大法条"③。如前所

---

① Daniel Defoe, *Serious Reflection during the Life and Surprising Adventures of Robinson Crusoe*, London: Pickering & Chatto, 2008, pp.74 – 75.

② 虽然正统基督教教义也强调,人要形成人格,必须有完全的"诚实"与"正直"的德性,因为只有它们才能够使个人达到和那至聪至圣的上帝合而为一的地步。但是,与之关联的实践伦理是,"基督要人们轻视物质享受,轻视银钱","人们的基本任务不过是活一天算一天,信赖着他们在天的父去替他们'为明天忧虑'"。因为,在正统基督教教会看来,财富可能危及灵魂的健全。参见特勒尔奇:《基督教社会思想史》第2部第23卷,戴盛虞等译,基督教文艺出版社1991年版,第18—21页。

③ Daniel Defoe, *Serious Reflection during the Life and Surprising Adventures of Robinson Crusoe*, London: Pickering & Chatto, 2008, p.77. 对这一法条的最好例证性诠释是葡萄牙船长在海上搭救陌生人时所说的话:"我之所以救你的命,是因为有朝一日,我的命运也可能同你一样,处于相同的状况,我希望也能够得到别人的搭救。"Daniel Defoe, *Serious Reflection during the Life and Surprising Adventures of Robinson Crusoe*, London: Pickering & Chatto, 2008, p.28. 同样,鲁滨逊也搭救过法国商船的陌生人,并拒绝了他们的物质感激:"我们确实是把他们救出了危难,但我们有义务这样做,因为我们大家都是同胞造物(fellow-creature);反过来说,如果我们处于类似的或任何其他的不堪之遇(extremity),我们也会希望人家来救我们的;我们相信,如果我们同他们易地而处,他们也会像我们所做的一样对待我们的。"参见 Daniel Defoe, *The Farther Adventures of Robinson Crusoe*, London: Pickering & Chatto, 2007, pp.19 – 20。

述,这是人与人之间的同类情感以及彼此承担的自然义务,远远超出了自我保存的目的,指向的是"荣耀的、慷慨的公正"。所谓"荣耀",即荣耀上帝,这是诚实作为现代道德的本质。因为,"富人是造物主的自由持有农(free-holders),他们免费地享受造物主给予他们占有的产业,获得地租、利润和报酬,但他们要支付自由保有土地的地租给家庭中的幼子、穷人;或者如果你愿意,你可以这样称呼,上帝的公簿持有农(God's copyholders)必须给采邑领主支付免役税,而采邑领主将会把它分配给其余人使用。人要通过为别人尽职分(all good offices)以及友善、仁慈、慷慨的行动来不断清偿这笔债务。如果他不支付这笔地租,就同他不支付他的其他正当债务一样,他是一个不诚实的人"①。笛福用他的时代的术语改造了原初的道德学说,为"诚实"注入了整体的世界图景。honesty 的词根 honestatem 本义是"从他人那里收到的荣耀(honour)"。在英语里,这个词原初更多与荣耀而非诚实有关。②之所以是荣耀,是因为当人变成上帝的工具,将他的恩典落实在他的众多造物的身上,人便因此增加了上帝的荣耀。正因如此,当鲁滨逊在海上救助了一艘法国商船,船上一位年轻教士充满感情地向他道谢时,鲁滨逊对他说:"这事算不了什么,一切有理性和人性的人都会这样去做,而且我们同他一样有理由感谢上帝,因为正是上帝对我们的巨大恩典,才选择了我们作为工具,把他的仁慈落实在他众多的子民的身上。"③所以,为同胞造物尽善务不只是清偿债务,还是确认(acknowledge)自己作为有罪的造物与创造自己的造物主之间的关系,是抓住上帝赐予的时机和能力来对他的荣耀。而且,这也是上帝赠给人的礼物和恩惠,让他在众多有罪造物中脱颖而出,获得行善的时机与能力来

---

① Daniel Defoe, *Serious Reflection during the Life and Surprising Adventures of Robinson Crusoe*, London: Pickering & Chatto, 2008, pp.68-69.
② http://www.etymonline.com/index.php?allowed_in_frame=0&search=honesty&searchmode=none. 笛福指出,"荣耀"实际上就是"诚实"的一个高级词,它们是一个东西,"诚实即荣耀,荣耀即诚实"。Daniel Defoe, *A Review of the Affairs of France*, Vol.1, Par.2, London: Pickering & Chatto, 2003, p.566.
③ Daniel Defoe, *The Farther Adventures of Robinson Crusoe*, London: Pickering & Chatto, 2007, p.18.

确认他的义务。这是上帝与他同在的迹象,这即是荣耀。① 因此,笛福写道:"这不仅是来自天堂的礼物(gift),即我们被放置在行善的条件(condition)里,而且还是来自天堂的礼物和恩惠(favour),因为我们有机会行我们有条件行的那个善。我们应该接受这个机会,把它作为来自上天的特别的礼物而加以感谢,我的意思是,为我们拥有行善的时机及能力而感谢上帝。"②

可见,"诚实"绝非消极的德性,而是高贵的品性,"只要它在地上出现,人类便仿佛恢复了自然最初的正直(the first rectitude of nature)和上帝的形象(image)"③。笛福将"诚实"的概念提升到极致,把它比作伊甸园中的人的自然。因此是人在此世中所能超越自身而复归的至善境界。那是怎样一种人性状态? 笛福写道:"真正诚实的诚实……是完全单纯、直白、真实而真诚的。"④

一切突然变得异常清晰。诚实根本不是什么私人性的品质或成就,而恰恰是人通过忏悔所要恢复到的单纯性状态,这才是上帝按照他的像创造的初人的人性。所谓 debt 也绝不能被简单理解为"债务""借款",它的本质是"义务""恩情"和"罪"。这是奥古斯丁式忏悔的外延。有罪的造物抓住上帝的机会而向同胞造物尽义务,他从根本上是在确认自己的罪与上帝的恩情。他所能拥有的也只是谦卑的信心。

所以,笛福写到,上帝面前人人都是不诚实的,但这不意味着上帝面前没有诚实的人。如若这样,每个人都不敢再迈出房门半步,社会也无从可能。人是可以从"原罪"的不诚实转变成"称义"的诚实,而这个转变的

---

① 正如彼得所言,耶稣周游四方行善事,是因为神与他同在。参见"Acts" 10:22, in Holy Bible, Peabody: Hendrickson Publishers Marketing, LLC., 2011, p.654;中文版参见《圣经·使徒行传》第10章第22节。
② Daniel Defoe, Serious Reflection during the Life and Surprising Adventures of Robinson Crusoe, London: Pickering & Chatto, 2008, p.70.
③ Daniel Defoe, Serious Reflection during the Life and Surprising Adventures of Robinson Crusoe, London: Pickering & Chatto, 2008, p.75.
④ Daniel Defoe, Serious Reflection during the Life and Surprising Adventures of Robinson Crusoe, London: Pickering & Chatto, 2008, p.75.

核心在于祈祷成义(pray is justice),即只要人敢于承认自己的错,真诚忏悔,他在末日审判时就会变成诚实的人。① 相反,若人因自身的诚实而谴责他人的不诚实,他的境况则岌岌可危,因为,虽然在他的眼中,他人并不诚实,但他人借助忏悔,在上帝的眼中可能比他还诚实,而他自己却因为骄傲,将自身的诚实变得如此苍白无力。因为,骄傲会破坏人的真诚的单纯性,而这才是虔诚的(religious)、社交的(sociable)生活的真实根基。

在此基础上,我们才可以理解普通法和衡平法的实质区别。普通法有着严格的形式主义的特点,尤其在它保证与经济活动相关的契约方面,它的严苛和对形式的拘泥使之无法顾及现实的特殊性,而"法最严格执行的地方有时却是导致最大错误的地方"。比如,英国普通法用流放或死刑来惩罚为生活所迫的小偷,却允许"故意破产"(willful bankrupt),让不诚实的商人将人们的资产席卷一空。又如债务人因无力偿还债务而被投入监狱,招致毁灭。"法律从严不会造成任何好处,而用比较宽厚的方法却能得到双倍的利益……尽管法律本身是公正的,而它的公正程度却必取决于它是不是合乎时宜和适应于它所防范的邪恶的环境和时间。"②笛福认为这些法律不仅背离了自然法,也背离了神法。

与卢梭一样,笛福对文明社会的法律的疑虑,根本上是对文明人交往心态和方式的忧虑,是对人在此过程中对自身人性的遮蔽和扭曲的忧虑。如果人是根据普通法的逻辑与他人交往,凡事追求严苛的公正,那么,他会对他的同类造物相当残忍,而这种残忍是扭曲人性的。因为上帝在他的理性造物中安放了同情式的柔软,这才是基本的人性。如果一个人用普通法把穷人逼入死亡的绝境,不仅违反了人的自然情感,也违反了人的理性。而所谓普通法,其运用必须含有人性的基本同情(compassion)和宽容(mercy)。笛福在《英国生意人全书》第 2 卷中举了一个经常通过诉讼

---

① Daniel Defoe, *Serious Reflection during the Life and Surprising Adventures of Robinson Crusoe*, London: Pickering & Chatto, 2008, p.73.
② 丹尼尔·笛福:《笛福文选》,徐式谷译,商务印书馆 1984 年版,第 144 页。

把穷人逼入绝境来获得蝇头小利的商人的例子。他认为,这种人往往活得最累,因为他总是对全人类感到不安,不断地在支付律师费,不仅是普通法的诉讼费,还有衡平法的被告费。因为,虽然按照普通法,他总是原告,但他的债务人总可以通过衡平法庭提起救济,控告他将他们逼入绝境,因而他在衡平法中总是惨败。而且,笛福指出,即便他的行为得到法律的辩护,他也只是使自己的行为符合字面的法律,却违背了诚实的精神,因为他的行为里含有残忍的成分,残忍绝不是诚实。

换言之,在笛福看来,所谓严格按普通法来办事,其实是人为自己的贪婪、狭隘和吝啬找的借口,是一种极度自爱的体现。他们严格按法律分毫不差地偿付他人应得的钱款,也宣告了他们放弃了为他人尽更高义务的有利条件和机会。然而,更为糟糕的是,人性还可能会继续这样败坏下去,直至严格的公正沦为形式的公正,法也成了绝对不公正的法。在《宗教沉思录》中,鲁滨逊刻意援引了债务人如何反过来借助普通法欺诈债权人的例子。"一个人为一笔债务而给出一张债券,抗辩说他只对法律要求他做的事负责,也就是,他会为诉讼案件抗辩,毫不退让直至穷途末路,最后躲起来,以便审判或执行到不了他头上。他可以保护他的资产和他自身免于判决的执行,这样就可以丝毫不清偿债务。然而,从法律的角度来看,他还是个诚实人。这部分合法的字面诚实(legal literal honesty)只能由另一部分来支撑,即残忍的部分。因为就公共正义(common justice)的意义而言,这样一个人实际上是个无赖。"[1]老年的鲁滨逊清楚地看到严格诉诸普通法处理信托和债务问题有败坏人的道德的危险。不仅仅是债权人,债务人也会打着法律的旗号谋求自身的私利。这是没有公共正义的虚假社会。人和人之间只能借助表面的法律来维系日渐空洞的交往。而且,这种表面的法律也日渐加重人与人之间的猜忌与隔膜。笛福指出,一个人如果是基于另一个人的一般信用或诺言将自己的钱物信托给他,

---

[1] Daniel Defoe, *Serious Reflection during the Life and Surprising Adventures of Robinson Crusoe*, London: Pickering & Chatto, 2008, p.77.

那么,当他到那个人那里取回他的钱物时,依靠的是对方的能力和诚实,整个信托过程没有任何书面契约,只有诚实和对诚实的信任。然而,如果这个人停止了对另一个人的诚实的信任而向他索要票据,开始用法律来保证他财产的安全,虽然最终他得到了一张票据,凭着这张票据他也能借助法律迫使那个人清偿钱物,不管他是否有能力,然而,在这个信托过程中,这个人再也不是与另一个人的诚实打交道,整个过程再也不与诚实发生关联。反过来,对于受托人,他也可以借助同样的法律申请救济(relief),合法地规避委托人的催债。于是,法律条文就这样毁掉了债权债务双方的诚实,虽然双方都拥有法律来证明自己行为的正当性。这便是社会的"异化"。从自然社会走过来的鲁滨逊很清楚,人与人之间社会关系的实质绝非法律上的两方关系。过分依赖于法律的纽带,人们反而无法建立真正的社会,因为人们绝大部分的交往发生于法律的空白地带。严格按法律的逻辑运转的商业社会在道德生活上会面临诸多困难。这也是人性的危机投射到商业社会里的显现。笛福刻画了商业社会中的各类骗子(sharper)、投机者(projector),以及精明之徒(hard-head),指出,生意人应该是个明智的人(a man of good sense),一个有理解力和判断力的人(a man of understanding and judgement),能在这布满了险滩、暗礁的汹涌的贸易海洋里保存自己。同时,他不会不断用法律诉讼扰乱自身,与同行生意人发生激烈争吵并将之送上法庭,也不会把每位无法偿付债务的人逼入绝境,当他们无力满足自己时便将之撕成碎片。他知道金钱的价值,不会把它抛入对小事的法律诉讼里。他对遭受不幸的人心怀仁慈的关切(charitable concern),"他以良好的举止对待富人,以良好的语言对待穷人……他说的话神圣得同契约一样……他从不压榨穷人,而高兴乐意地付给他们工钱,愿意让这些穷人以他为生"[①]。

因此,笛福塑造的现代道德个体恰恰是要超越商业社会中的严格正

[①] Daniel Defoe, *The Complete English Tradesman*, Vol.2, London: Pickering & Chatto, 2006, pp.34, 99–107, 136–137.

义。他提出衡平法,将之作为较之普通法的社会的更高准则。早在1474年爱德华四世时期,英国就建立了独立的衡平法院,在普通法无法处理的特殊案件中使用衡平法。笛福这里的"衡平"不是现实化的法律形态,而是奠定在自然基础之上的更高的公道,与根本性的自然社会保持着内在的关联,是文明社会的真正意义上的"自然法",也是"神法"的临在。他写道:"诚实就是衡平,每个人都是他自己的衡平大法官。如果他能咨询他内心的这个原则,将会发现理性是个公正的辩护者,为他的邻居辩护,正如为他自己一样。"[1]在笛福看来,这才是"己所不欲,勿施于人"的含义。"衡平的大法官"是人的良心,人只有在良心的衡平的基础上,才能更加公道地运用理性,与自我拉开距离,在自我与他人之间保持相等的距离,像爱自己一样爱他人。也只有当人诉诸良心的衡平,在这个确定性之上,普通法才可以有效地成为更高目的的工具。"诚实是一般心智的正直(general probity of mind),是一种在所有情况下对所有人公正地(justly)、荣耀地(honourably)行动的习性(aptitude),无论这种情况是宗教性的还是世俗性的,无论面对的人是地位高的还是地位低的,无论是有能力这样做还是没有能力这样做,以及在这个意义上事情的任何方面。"[2]

因此,虽然鲁滨逊需要金钱在这个世界立足,但他知晓昔日恩人的境况后,非但没有苛责其立即还款,反而感动于他们一如既往的品行,将之作为其诚实的见证(testimony)。"贫困(necessity)使诚实人变成无赖。"拥有理性和信仰的人,也无法承受绝境的力量(power of extremity)。反过来,倘若人有承受贫困之恶的能力,他则非人而是神。然而,笛福塑造的现代人绝非希腊史诗世界中的英雄,而是早期现代社会中现实化的人。自我保存对他们而言是第一自然法,这是上帝为人设定的无法超越的边

---

[1] Daniel Defoe, *Serious Reflection during the Life and Surprising Adventures of Robinson Crusoe*, London: Pickering & Chatto, 2008, p.79.
[2] Daniel Defoe, *Serious Reflection during the Life and Surprising Adventures of Robinson Crusoe*, London: Pickering & Chatto, 2008, p.74.

界,即便心智能力在它面前也显得苍白无力。① 不过,也正因这种无法超越的人性界限,人才获得足够的理由来宽恕他人和自我忏悔。笛福指出,人性是相似的,既可能趋向恶,也可能趋向善,"上帝面前,每个人都是不诚实的人",所以没有人能确定自己毋宁死也不吃朋友寄存的食物。他援引《圣经》"贼因饥饿充饥,人不藐视他",指出,《圣经》的意思并非说偷盗的罪性降低,而是说"饥饿"超越了人的承受范围,虽然根据普通法,贼理应接受审判和惩罚,但根据自然法,人们对他的评价应比法律对事实的审判更宽大。"贫困的绝境(extremes of necessity)使人理解困境中的诚实人,邪恶事情本身的性质也因此而变得可以宽恕。"人的诚实的确定性的根据,不是偶然的孤立行为,而是人心的倾向(inclination of heart)和一般的习惯(general bent of practice)。如果一个人的行为的一般趋势和习惯是诚实的,那么,即便人生的偶然性使之在道德上浮沉,他都会非常耻于自身的软弱,一旦诱惑结束,他会恢复到原初的诚实。即便他人不指责他,他也会自我谴责,成为一个真正的忏悔者。既然每个人都是凡俗的软弱之人,人如何可以通过收集他人在偶然性中犯下的错来对之一般品行加以评判?"欲求诚实即诚实。因为他既然欲求,就会努力(endeavour)借助所有可能的手段,在每件事情上诚实地行动。"②

英国孀妇和葡萄牙船长在人生的绝境中动用了鲁滨逊的钱款,但他们既没有隐瞒自己的错误,也没有假借忏悔而赖账。③ 如若鲁滨逊对他们提起诉讼,将他们抛入监狱,如同他当初弃绝父母一样,这才将是个表面

---

① 在该第一义务前面,心智能力也显得苍白无力。但也恰恰是这种无法超越,才为现代人为自我的忏悔和他人的宽恕保留了位置。笛福指出,上帝面前,每个人都是有罪的(sinful),贫困使最高的犯罪(crime)合法(lawful)。Daniel Defoe, *Serious Reflection during the Life and Surprising Adventures of Robinson Crusoe*, London: Pickering & Chatto, 2008, p.81.
② Daniel Defoe, *The Complete English Tradesman*, Vol.2, London: Pickering & Chatto, 2006, p.29.
③ 正如后来英国孀妇继续为鲁滨逊的人生出了很多好建议,葡萄牙船长也慷慨地帮助鲁滨逊想办法收回种植园产业。

繁荣却实际悲惨的世界。① 既然人生罕见的大起大落是这个时代无法避免的不幸,那么,现代个体更需要在自然的基础之上弥补这种不幸。鲁滨逊经过了自然的改造,对世态人情有了更为敦厚的把握。他凭着良心行动,反而也使自身成为神意的因果链条中的工具。因为"慷慨的人在谋慷慨的事,慷慨的事也使慷慨的人永存"②,诚实的英国孀妇和葡萄牙船长没有被人生的偶然性所毁灭,而得到了神意的奖赏,正如鲁滨逊出走时无力看护自己的财产,在其于孤岛接受改造的同时他的财产却得到了社会很好的看护。笛福认为,这才是现代社会的运转逻辑,是超越商业社会内在道德紧张的理路。

---

① 但当老船长要拿出旧钱袋里的 160 个莫艾多暂先还账,并开出出卖股权的字据作为其余欠款的担保时,鲁滨逊的反应是:"他自己处境不佳,却仍然诚实、仁慈……我无法遏制住泪水……我收了 100 个莫艾多,同时向他要了笔和墨水,写了一张收据给他;我把余下的那些金币退还给他,对他说道,如果我获得种植园的占有权,我会把其余的钱也退给他……对于那张出让他在他儿子船上的那部分投资的字据,我是无论如何不肯收下的;如果我需要这笔钱,老船长的诚实足以保证他会把钱给我;如果今后我不需要这笔钱……我不会要他一个铜子。" Daniel Defoe, *Robinson Crusoe: An Authoritative Text Backgrounds and Sources Criticism*, New York: Norton & Company, inc., 1988, p.219. 一些研究者将鲁滨逊收了船长的钱视作其实用性的表征,但这种举动恰恰包含了笛福对"钱"相当复杂的认识。
② 此句是笛福援引《圣经·以赛亚书》第 32 章第 8 节,参见 Daniel Defoe, *Serious Reflection during the Life and Surprising Adventures of Robinson Crusoe*, London: Pickering & Chatto, 2008, p.74。

第四部分　鲁滨逊：新中间阶层的伦理人格

　　过去的鲁滨逊因无法安顿在日常生活之中而走向大海,如今的鲁滨逊寻回自然的确定性而重返中间阶层的生活。不论在鲁滨逊三部曲里,抑或在《英国生意人全书》里,笛福对"中间阶层"(the middle station)都进行了丰富的诠释。鲁滨逊的父亲曾以其人生经验指出,中间状态(the middle state)是世上最好的状态,最能给人带来幸福。它既不像手艺人阶层(mechanick part of mankind)为贫穷、艰难、劳累及苦楚所困,也不像上层人物(the upper part of mankind)为骄傲、奢侈、野心及妒忌所恼。由于它处于伟大和卑贱之间,不会像上层社会或下层社会那样在生活中忽起忽落、变化无常(vicissitudes),而后者在生活中往往是多灾多难的(the calamities of life)：

> 中间等级既不会像阔人那样,由于过着骄奢淫逸、挥金如土的生活而弄得身心交瘁,也不会像那些穷人一样,由于过着终日劳苦、少吃少穿的生活而搞得憔悴不堪。只有中间阶层才有福气享受一切美德和安乐,安定和富裕可以说是中产之家(a middle fortune)的随身侍女。遇事不过分(temperation),中庸克己(moderation),宁静健康(quietness and health),愉快的交游(society),各种令人欢喜的消遣(diversions),各种称心如意的乐趣(pleasures),所有这些幸福都属于中等地位的人。在这样的环境里,人们可以悠然自适地过一辈子,既用不着劳心劳力,为每日的面包去努力生活,困难不堪,弄得身心没有片刻的安宁(the life of slavery);也用不着为对伟大事物的妒忌之情或隐秘燃烧的野心之欲所苦,心劳日拙(the soul of peace, and the body of rest);只不过在这种简单的环境(easy circumstances)中舒舒服服地过

日子,品尝着生活的甜美滋味,而且越来越能体会到自己的幸福。[1]

鲁滨逊父亲的这番警世良言实则是传统中间阶层有关幸福的伦理学。阶层(station)是人在此世中所处的最根本的条件,每个人都被上帝安放在特定的阶层,接受该阶层的生活样式和职业。中间阶层之所以是世界上最好的阶层,在于它拥有最有助于孕育伦理人格的"中间状态"的条件。由于它处于两极之间,既不会受到上层人物的骄傲、奢侈、野心和妒忌的扰动,也不会受到下层人物贫穷、艰难、劳累和苦楚的折磨,而这些都是此世生活中最易使人堕落的恶欲。也因为这些恶欲,伟大的人生和卑贱的人生往往多灾多难,忽起忽落。相反,中间阶层提供了人性所需的"简单的环境",更适宜使人孕育出"遇事不过分,中庸克己,宁静健康"的品质,使人获得适度的交游、适度的消遣、适度的乐趣,这些皆为中间阶层伦理人格的构成,也是上帝赐予此世之人的"幸福",即身心的安宁。

鲁滨逊的家庭不是本地人。他的父亲来自德国北部的工商业城市不来梅。他先是在赫尔城安顿下来,通过商业(merchandise)积累了颇丰的资产(estates),便离开了他的职业(trade)[2],移居到约克城,娶了当地大户的女儿,跻身平民阶层的上层。这是英国16世纪晚期后发生的社会结构

---

[1] Daniel Defoe, *Robinson Crusoe: An Authoritative Text Backgrounds and Sources Criticism*, New York: Norton & Company, inc., 1988, pp.6 – 7.
[2] 17世纪时,英国只有两种人享有"社会"地位,即乡绅和贵族。其他所有人只根据他们所起的社会经济作用来决定他们的经济上的地位,如庄稼人、鞋匠、商人、事务所律师。然而,贵族、绅士与乡绅仍然是有区别的,贵族和绅士是高贵的,乡绅是粗俗的。贵族、绅士从国王那里接受土地,作为交换,他们曾经要履行军功义务。虽然而今封建义务消失,但土地仍然作为他们独立和荣耀的象征。因此,绅士是不受统治的人,是独立的、悠闲的、不劳而获的。他们的土地收入能使他们不受别人的控制或依赖他人,这样他们就有足够的闲暇去研究治理的艺术。虽然富裕的商人或手艺人的收入比很多绅士都高,但他们必须工作。绅士们的年轻儿子如果要去学习法律或进入商界成为学徒,就不能再保持他们的绅士地位。参见肯尼斯·摩根主编:《牛津英国通史》,王觉非等译,商务印书馆1993年版,第317—318页。因此,笛福描写的是个不完全的家庭。鲁滨逊的大哥一意孤行建立军功,结果在敦刻尔克附近阵亡。他的二哥早年离家闯荡,家人不知道他的下落。鲁滨逊作为家中的幼子,虽然父亲让他接受了家庭教育和一般的学校教育,但并没有按某种职业对他进行培养。他没有去商号当学徒,也没有给律师当办事员。他父亲本来是打算让他学法律的,可是,18岁的他已经头脑充满幻想,一心只想出海。这个社会变迁的时代,也正是商业社会发展的时代。笛福讽刺英国传统的绅士和地主,过着毫无收益的寄生虫的生活。

的重要变化。托尼(R. H. Tawney)指出,从都铎王朝后期开始,英国社会阶层的流动性加剧,一些中下层平民通过积极经营与大户联姻,在财力和影响力上迅速崛起,形成一批新兴的中间群体(intermediate groups)。这些群体包括中等土地所有人、农场承租人、律师、神职人员、医生,以及富有的商人。"这就是平民阶层的上层(upper layer of commoners),异质却又紧密。"[1]托尼认为,沃尔特·罗利爵士(Sir W. Raleigh)一语道破:"对于这些群体,最重要的是……他们既不处于最低的低地……也不处于最高的高山……而是处于两者之间的山谷。"[2]正是这种性质,使他们既拥有地方性和大众性的纽带,这为下议院代表所必需,又拥有贵族式的风格,成为新贵族的典范。与这批中间阶层的兴起相对应的是,不少显赫的贵族家族却由于个人的奢侈和政治的无能而惨遭毁灭。[3]

然而,这个持续了近一个世纪的社会变迁,本身就是现代早期英国商业社会的形成历程。在《论一般贸易》中,笛福详细阐发了这个过程所引发的整个民情意义上的变革,以及以乡绅和绅士为代表的传统生活样式的衰败。[4]"看看士绅(gentry)的土地,进而看看他们的产业。制造业的郡适合于业务(business),未利用的郡适合于享乐(pleasure)。前一个郡尽是村庄和大市镇,后一个郡尽是猎园和大森林。前面有的是大量的人口,后面有的是大量的娱乐。前面的土地肥沃多产,后面的土地荒芜贫瘠。勤劳的人们逃往前面的郡,游惰的人们留在后面的郡。总而言之,前面的郡住的是富有而繁荣的商人,后面的郡住的是衰败而虚耗的士绅。"[5]笛福看到,最初崛起的中间阶层仍然保留了较为传统的乡绅式的

---

[1] R. H. Tawney, "The Rise of the Gentry, 1558-1640", *The Economic History Review*, Vol.11, No.1 (1941), p.3.
[2] 沃尔特·罗利爵士是个著名的英国旅行家,也是崛起的乡绅的代表者。他生活在16世纪伊丽莎白女王时代,曾几次从英国航海去美国。R. H. Tawney, "The Rise of the Gentry, 1558-1640", *The Economic History Review*, Vol.11, No.1 (1941), p.2.
[3] R. H. Tawney, "The Rise of the Gentry, 1558-1640", *The Economic History Review*, Vol.11, No.1 (1941), p.4.
[4] Daniel Defoe, *A Plan of the English Commerce*, London: Pickering & Chatto, 2000, p.171.
[5] Daniel Defoe, *A Plan of the English Commerce*, London: Pickering & Chatto, 2000, p.172.

生活样式和道德观念。他们有着地方性的特征,乡土气息很重,对子女的教育也较为传统。然而,他同时看到,整个民族的精神气质由贸易的兴起而奠定,个人与家庭的繁荣以及公共的善的促进都依赖于商业的发展,整个世界卷轴围绕商业的动力引擎而展开。这个商业社会初步形成和不断扩大的历史远远没有完结,越来越多的新兴商人走出原初的阶层,在新的海上贸易世界中寻找自己的位置。他们才是新中间阶层的主导性群体。正因这批充满进取精神的海外冒险家,英国海外扩张、商业和制造业才有了不竭动力。然而,笛福深知,这些在贸易的海洋的大风大浪中拼搏的商人时常在道德的边缘徘徊,逐利的自然倾向(propensity)和贸易世界本身的陷阱使之很难既保存自己的财产又保存自己的品格。同时,这个时代剧烈的社会结构变迁又增加着各个阶层的幻想,不少人认为自然打算给他安放在比他现在要高的位置上,父亲让自己去学一门手艺时是对自己做出了错误的判断。"当他被送去当学徒时,他本应该被送去上大学;当他被叫去做店务时,他本应该开一家公司。这样,他在这个世界上才像自己,才适合于成为绅士的同伴。或者,他本应该被送去读法律,成为一位律师。"[1]

不仅如此,伴随着基督教体系的衰落,商业社会弥漫着大量的无神论、自然神论、怀疑论等"自由思想"。"自由思考者"(free thinkers)不仅否定《圣经》中的神迹,也质疑上帝存在的合理性。基督教的道德原理,再难激发民众真诚的奉行。酗酒、卖淫、诅咒、说谎、辱骂、诽谤等从法庭扩

---

[1] Daniel Defoe, *The Complete English Tradesman*, Vol.2, London: Pickering & Chatto, 2006, p.37. 在《英国生意人全书》第 2 卷中,笛福还刻画了一个扫烟囱的人。他抱怨自己的父亲没有起码的理解力,不知道应该根据孩子的天赋和倾向来给他选择适当的职业。他认为,扫烟囱的应该是他的兄长而不是他,他懂得怎样推荐自己,因而应该被培养成一名海员,或者被送去参军。"我到这时应该已经当上指挥官了,或者是高级官员。我应该已经让世人知道我的血管里流的是高贵的血液,我的祖先,虽然由于时间的侵蚀而逐渐被遗忘,但肯定是位显著的人物。"但结果,"这个膨胀的人把他的黑衣服和短棍搁在了一旁,参了军,却手上中了一枪而残废了。下次我得知他的新消息时,我正看见他在乞讨"。Daniel Defoe, *The Complete English Tradesman*, Vol.2, London: Pickering & Chatto, 2006, pp.37-38.

散到乡下,"整个民族在原理和实践上堕落"①。笛福在《家庭指导手册》的导言中写道:"我们生活的这个时代,并不缺乏对义务的了解,而是缺乏对义务的实践;并不缺乏教育,而是缺乏顺从我们所学的东西……我们到了这样一个时代,人们能坦率地承认一件事是他们的义务,但也敢同时疏于它的实践;人们能找出无数的诡计、推诿、权谋,使得那种疏忽对他们而言轻而易举,对他人而言也情有可原。"②

换言之,笛福目睹这个世俗化过程中的诸多矛盾与困难。他追问的是,当基督教传统的教育已然腐朽,家庭也无法承担适当的教育职责之时③,脱胎于传统阶层的现代个体如何在变革的社会风俗中把握到确定性的真理,培育自身的秉性和品质?他认为,在民情的意义上,承载着时代精神的中间阶层需要奠定新的伦理人格。鲁滨逊从传统乡绅的生活轨迹中跳出,从事海上贸易这个充满道德危险的行当,但通过一系列的自然改造,重新获得了人生的确定性,继续扬帆起航而不再对道德世界具有破坏性。笛福之所以塑造了鲁滨逊这样的主人公形象,正是要探索无数的鲁滨逊构成的新兴中间阶层,他们的现代人格的含义及其引领的社会风气。在笛福看来,这批中间阶层虽然拥有着"罕见的大起大落的人生",但却应该是处于中间状态的人。他们既不同于手艺人的沉闷和呆笨,也不同于贵族的散漫和怠惰。他无需广博的知识,过多的知识反而易使之不受约束而野心勃勃,但他必须拥有超出当前适用范围的知识(immediate use for),这样能使之形成对世界的一般理解。他是个明智的人(a man of sense),拥有沉静的头脑(a staid head),这是他的品格的基本要素,但同时,他也需要适度的想象力,也即才智(wit),因为单薄的头脑(thin-headed)躁动不安,充满幻想,但蠢笨的头脑(thick-headed)也只适于做个

---

① Daniel Defoe, *Serious Reflection during the Life and Surprising Adventures of Robinson Crusoe*, London: Pickering & Chatto, 2008, p.111.
② Daniel Defoe, *The Family Instructer*, London: Pickering & Chatto, 2006, p.45.
③ 笛福在《家庭指导手册》中细致刻画了他所身处的时代里,家庭管教的松弛,以及父母自身对义务的消极实践的不良示范。

手艺人,身上不带一丝生气,活像个织工手中的摆梭。但笛福强调,最根本的是,他们必须懂得知足(when he is well),知足于他的境况(go on where he is),用镇定(phlegm)来平衡逐利的自然倾向,才不至于在未知的歧路中迷失方向。身处17世纪的变局之中,英国内乱的战火方才熄灭,斯图亚特王朝的复辟又引发安立甘宗的正式分裂,多个教派产生。信仰的冲突、教义的纷争,伴随政治上的争斗与分裂,使民众的思想再度陷入混乱状态。笛福却写道:"没有什么人生状态,我的意思是,我们所称的中间阶层(the middle station),在明智的人群中,比蒸蒸日上的生意人的中间阶层的生活更适于让人们自己活得全然舒坦和自在了。"[1]

可见,笛福并没有塑造一个个完全毁弃传统的"新人",而是要在传统的架构中寻找某种商业社会的道德基础。鲁滨逊没有背离他父辈的核心伦理,他恰恰将中间阶层关于幸福的朴素哲学在商业社会中进行更大的运用。他的出走体现了现代早期个体在所面临的人性危机中寻找一条出路,他的改造意味着现代早期个体试图在理性与启示之间找回自我治理的方式,而他的重返意味着现代个体虽处于人事的喧嚣涌动与拥挤匆忙之中,仍能实现灵魂的隐遁和安宁,这样的生活是既合于世俗社会(sociable),又合于宗教虔诚(religious)的好的生活。这才是现代人的精神气质和伦理人格,也才是现代人在面临重重危机时的救赎之路。

作者单位:中国政法大学社会学院

---

[1] Daniel Defoe, *The Complete English Tradesman*, Vol.2, London: Pickering & Chatto, 2006, p.59.

英国商业规划*
——前言及首章　/丹尼尔·笛福

* 本文译者杨璐,校对王楠。

第一部分 译者导言

丹尼尔·笛福(Daniel Defoe,1660—1731年)生于斯图亚特王朝复辟前后的伦敦圣吉尔斯教区(St. Giles Cripplegate)。他的祖上是起源于北安普敦郡(Northamptonshire)的自耕农,其父詹姆士·福(James Foe)早年从艾顿(Etton)移民到伦敦,做起了生意,并在几年间,将生意扩大到海上,成为伦敦商界突出的人物。笛福幼年就住在圣斯蒂芬(St. Stephen)教区的天鹅巷(Swan Alley),靠近旧式圣保罗大教堂和伦敦交易所(the Royal Exchange),那是伦敦城的中心。由于生在不服从国教者的家庭,他无缘牛津或剑桥大学,而进入查尔斯·莫顿(Charles Morton)的不服从国教者学院,为牧师职业做准备。然而笛福最终还是没有选择成为一名牧师,而是投身到生意的海洋,成为一名商人。他做过袜商、酒及烟草的进口商,以及船舶保险人,同时,他环游英格兰和欧陆,发表政论文和宗教小册子。

此时的英国正崛起为世界商业大国。复辟时期,《航海条例》得到了重新的制定,使英国在海外贸易、商船运输和殖民地拓展上成为世界主导力量。1660年,英国商船的运输能力是162 000吨,到1702年,吨位变为原先的近两倍。1663—1701年间,从伦敦出口的英国呢绒增加了三分之一,从原初总价值1 512 000英镑上涨到2 013 000英镑。此外,印度纺织品、烟草以及糖的进口也两三倍地增长。笛福毕生关注英国贸易问题,而这尤其体现在他在十年间(1704—1713年)所刊发的《评论》(Review)。正如威廉·佩恩(William Payne)为笛福的《评论》做的索引所示,"贸易",或者与"贸易"有关的"商业""制造业""金钱""信用"的词条数量超过了"战争""和平""联合""政府"的数量,成为《评论》最重要的主题。①

1713年,随着托利党的失势,笛福不得不停止《评论》,但他并没有就此搁笔,而是恰恰借此摆脱了因受雇于托利党而带来的写作压力。1719—1720年间,他创办期刊《制造者》(The Manufacturer: Or the British Trade Truly Stated)。1727年,他出版《英国生意人全书》(The Complete English Tradesman)。1728年,也即笛福离世的两年前,他出版了《英国商业规划》。

《英国商业规划》是笛福生前出版的有关英国商业的最后几部著作之一,涵盖了他毕生对于贸易及其在英格兰的中心位置所持有的全部看法。在笛福撰写《英国商业规划》之前,英国商业出现了某些复杂的变化。首先,作为英国财富基础的呢绒出口在整个贸易中地位似乎在下降。1640年呢绒出口占总出口的80%—90%,1700年,虽然出口的呢绒价值超过3 000 000英镑,但还没占到整个出口贸易的一半。这是因为再出口贸易正在蓬勃发展,成为取代呢绒出口的主要贸易类型。而这背后是英国强大的海军力量的保证。英国的海军力量在17世纪下半叶得到了极大发展,使之可以阻止生产国与消费国的直接的贸易往来,使它们不得不通过英格兰进行贸易。与此同时,殖民地在美洲的扩张使英国拥有更加坚实的三角贸易的基础。再者,这段时期国内贸易不断增长,这除了由于《航海条例》的影响,还由于国内土地开垦和农业技术的改进,其结果是土壤的肥沃与更大的谷物供应。中间阶层因收入的上涨而得以购置更多的时尚服饰与家具。劳动力的稀缺也使劳动人口待遇提高,使得他们衣食无

---

① 1704年2月19日,笛福创办了他的期刊《法国事务每周评论》(A Weekly Review of the Affairs of France),每周一期。这是一份支持托利党大臣罗伯特·哈里(Robert Harley)的非常有影响力的杂志。笛福声称他意在唤醒英国人意识到路易十四的威胁,后者在笛福看来拥有18世纪欧洲最强大的力量。随着而后笛福将注意力更多转向了国内争论,《法国事务每周评论》易名为《英国民族国家评论》(A Review of the State of the British Nation),每周三期。《评论报》基本由笛福所写,是英国政府促成1707年英格兰和苏格兰《联合法》(The Treaty of Union)的喉舌,发刊时间一直持续到1713年6月11日,几乎横跨整个安妮女王统治时期。本文脚注分为"中译者注"和"英文编者注",仅在每条脚注结束标注"英文编者注",凡未标注的,皆为"中译者注"。

忧。到 18 世纪中叶,英格兰拥有世界上最广阔的商业和最庞大的商船队。这一切使笛福在《英国商业规划》的首段写道:"我们这个因贸易而兴的民族,开展着世上最广泛的商业,以此闻名于世,无论国内改进还是海外冒险,这些最大的事业都尤为繁荣。"

然而,在笛福看来,英国的一般民众却并不关心商业问题,大多生意人也仅仅知道他们自己的一亩三分地,对超出这个范围的事情几乎一无所知。而笛福希望实现的,正是通过提供一份英国商业规划,打开国人的视野,使他们认识到"英国商业是如何的伟大,如何达到现在的规模,如何维持它最大的范围,如何还能得到改善和扩展"。

《英国商业规划》的完整标题为《英国商业规划:这个民族的国内贸易和国外贸易的完全的景象》(*A Plan of the English Commerce: Being a Compleat Prospect of the Trade of this Nation, as well the Home Trade as the Foreign*)。它恰恰表达了笛福努力从历史和现实的各个方面对英国内外贸易进行广泛而翔实论述的愿望。全书分为三个部分:第一部分为关于英国贸易当前规模的看法,其中涉及三个方面的内容,即 1. 出口和制造业增长;2. 商货的国外进口;3. 庞大的国内消费。第二个部分为关于英国贸易,尤其制造业是否处于衰退境况的回答。第三个部分为关于在迄今英国未与之通商的地区扩大和改善贸易,促进英国制造品消费的几项全新建议,其中涉及与非洲北部、西北部和西海岸地区,从尼日利亚到贝宁湾的几内亚海岸,以及与东方诸国、挪威、瑞典、英国殖民地的贸易。在这几个部分,前言和第一章"贸易通论"最应引起我们的重视,因为笛福不仅交代了他写作的主要目的,而且论述了关于贸易的一般原理,而后者是我们理解笛福关于商业社会思想的敲门砖。

在"贸易通论"中,笛福严谨地解释了有关贸易的各种重要概念及其各个层次的用法,通过贵族与商人在《圣经》中的内在关联以及贵族衰败与商人兴起的历史过程,论证商人在社会中的正当地位,以及阐述从都铎时期以来贸易革命的动力学原理。然而,更为重要的是,在笛福看来,贸

英国商业规划 167

易具有神意。这是他在基督教传统体系内对世界和上帝的重新理解。他指出:"贸易的第一本原(the first principles of trade),即陆地和海洋的出产,或地上和海中的动物。简单来说,就是无感觉和有感觉生物(vegetative and sensitive life)的普通出产。无感觉生物(vegetation)的直接出产包括金属、矿物和植物①;或者是伴随动物长出或产生的有感觉生物(sensitive life)的效果,如肉、皮、发、毛、丝等。"如果熟悉他不到两年前出版的《贸易通史》(A General History of Trade),同样的话语也曾说过:"商业的第一本原(first principles of commerce)是作为卵,或生命之种,由自然分散在世界各处。"

在笛福看来,贸易透露出上帝创世的目的。他创造广阔无垠的海洋,不为人知的海湾,以及几乎不可逾越的水湖,就是想让人们扬帆起航。他创造分散的有用的造物,就是想让人类通过劳动、勤劳和往来,使它们重新连在一起,为人类所共有。在同一本书里,笛福写道:"贸易,像血管里的血液一般,在人类兄弟团体和社会的整个身体(the whole body of fraternities and societies of mankind)里循环流淌,并可说,创造了一种从来没有过的财富。因为贸易的利润是一种财富的增加,种类却不增加,这种加给人们的财富是创造中所未曾见过的。"换言之,商业本身即上帝将世界造成如此的目的。这种贸易的完全的景象,绝非金钱与强力的完全景象,其背后是现代早期英国人对世界和上帝的新的理解。笛福笔下的广博商人(an universal merchant),绝非一个个贪婪狂热之徒,他们游历世

---

① vegetation 的拉丁词源 vegetare 为生长(grow)之意。文艺复兴时期,博物学家认为石头和金属是从地球中生长出来的,以此解释这些"赋有形状的石头"的起源。格斯纳 1565 年出版了《论各种化石类的东西:宝石、石头、金属以及诸如此类的东西》(De omni rerum fossilium genere, gemmis, lapidibus, metallis, et huiusmodi)。当时"化石"并非指有机物的遗骸,而就是指"从地里挖出来的东西"。17 世纪上半叶,有关从地里挖出来的事物的争论十分激烈。耶稣会自然哲学家阿塔那修斯·基歇尔(Athanasius Kircher, 1602—1680 年)声称,遍布整个宇宙的"石化属性"(lapidifying virtue)产生了与生物形状类似的"石化物体"的石性。一种"塑造性的精气"(plastic spirit)为这些物体赋予了特定形状。17 世纪博物学的背后是上帝创世论,博物学家通过研究自然界来认识上帝。详见玛格丽特·J. 奥斯勒:《重构世界:从中世纪到近代早期欧洲的自然、上帝和人类认识》,张卜天译,人民出版社 2000 年版,第 101—102 页;湖南科学技术出版社 2012 年版,第 150—166 页。

界,拥有事物的一般知识,形成了对世界的一般理解,明智而沉稳,这是他们在贸易和宗教中培养起来的内在品格。对于那个时代的危机,笛福在该书中看似语焉不详,但他在《贸易通论》的第一句话,却耐人寻味:

> 贸易,如同宗教,每个人都谈论,但少有人理解。这个术语的意义模糊,在它的通常的用法中,没有得到充分的解释。

第二部分　前言

　　我们这个因贸易而兴的民族,开展着世上最广泛的商业,以此闻名于世,无论国内改进还是海外冒险,这些最大的事业都尤为繁荣。但是,不可思议的是我们的一般国民对这些如此无知,谈起此事极为不通,公布于众的知识又是那样少,以至于大家不甚了解。

　　每个人都通晓自己的事务,奔波于自己的圈子,致力于自己专门业务的运作,但对他不在行之事的道理或目的,他一无所知。呢绒商①拣选羊毛,混染各种颜色。在他的指令下,梳子、刷子、纺轮、织机全部开始运转。他被称为自己工艺的行家,也确实如此。但当问及呢绒在哪出售,谁来购买,被运往世界的哪个地方,谁是最终的消费者,他对这些事情就不知道了。呢绒商将呢绒发往伦敦由代理商②出售,无论是在布莱克威尔大厅(Blackwell-Hall)③

---

① 毛纺工业是英国最重要的旧式工业,呢绒商处于毛纺织工业中的核心,他既是师傅,又是雇主,不仅要提供资本,购置原材料,雇佣技工,还要监督每个工序,负责销售。当他只雇了家里人和一两个外人时,他还需从事纺、织等具体呢绒生产过程。在笛福看来,呢绒商对于英国早期商业社会的道德治理至关重要。参见保尔·芒图:《十八世纪产业革命:英国近代大工业初期的概况》,杨人楩等译,商务印书馆1983年版,第29—52页。芒图在书中引用了笛福在《大不列颠各地漫游记》(*A Tour thro' the Whole Island of Great Britain*)中的记录。有关呢绒商家庭的学徒、日工、技工情况,参见 H. Heaton, *The Yorkshire Woollen and Worsted Industries: From the Earliest Times up to the Industrial Revolution*, Oxford: Clarendon Press, 1920, pp.91 – 123。

② 中间商的一种,兴起于17世纪,从乡村呢绒商手中购进呢绒,负责包装、贮藏,再出售给出口商或面向国内市场的纺织品商。中间商兴起的原因,参见 G. D. Ramsay, *The English Woollen Industry, 1500 – 1750*, London: Macmillan Publishers Ltd., 1982, pp.42 – 44。

③ 布莱克威尔大厅是英国最重要的全国性呢绒市场,建于1397年,位于伦敦佩星和尔街(Basinghall street)市政厅附近。据拉姆塞(G. D. Ramsay)记载,布莱克威尔大厅的呢绒市场运行了四个多世纪,在最繁忙的日子里,成为全世界主要的商品市场,成交量可能仅次于安特卫普的老交易所。1588年,整个市场改建为一个巨大的货栈(storehouse),内部有许多专门的拍卖大厅,如西班牙厅、伍斯特厅、罗切斯特和萨福克厅。18世纪中期,布莱克威尔大厅的使用开始严重减少,最终于19世纪初关闭。参见 G. D. Ramsay, *The English Woollen Industry, 1500 – 1750*, London: Macmillan Publishers Ltd., 1982, pp.39 – 41。

还是在私人货栈，一旦出售，便使用汇票收取货款，至此完成一个循环。他用这笔货款购买更多羊毛，继续拣毛、梳毛、纺纱等等。他正是结束于开始之处，又恰好开始于结束之处。同他谈论贸易，谈论船舶、出口、海外市场，以及在钱币或商货上的收益，就如同和运输者的驮马谈论赛马和围场一样，超出了他的理解范围。

另一方面，商人在另一领域奔波。他作为通商之人，除了自己的冒险生意，还接受国外委托，购买这样那样的货物，并通过汇票接收汇款，偿付货物，再按要求装船发货，邮寄发货清单和提货单，至此他的循环就完成了。但对于羊毛这个呢绒制造之本，经过多少双手，因之受雇的家庭数有几千几万，穷人如何靠此维生，获得供给，地租如何因而上涨，使贵族和乡绅的财富增加，整个民族如何因他所购买的这类货物而获给养，商人毫不知情，也并不关心。

船长、船主、船东和领航员在另一轨道上运动，但仍处于同一业务圈中。船舶要造得适于出航。数千手艺人和工匠靠着船长或其他指挥航行的人的琐碎需求维持生计。原木、厚板、铁件、桅杆和索具、柏油和麻绳、亚麻布和润滑油，全都经过无数双不同的手，直至集中于建造场地。在那里，船的骨架正在建造。接着，又要有多少双手来创造那漂亮实用的船的形式！又要有多少工艺来完善并使之下水！

木匠、捻缝工、制桅工、细木工、雕刻工、油漆工、铁匠等完成船体。各色手艺人则受雇来装备此船，为出航做准备：修帆工、缆索工、锚铁匠、墩木工、铸炮工、箍桶匠（诸如此类微不足道却绝对必需之事，不胜枚举），以及船具商，最后是酿酒师、屠夫、面包师等为船储备食物的人，所有人在航行中都有作用。

所有这些人都是由商业的光荣首领——商人支持的。他们在航行开始时受雇，但对如何在大洋里驾船，如何在狂暴无路的海面找到方向一无所知。他们装备好船，便将一切交付给指挥官等人。至于航行的事情则属于另一群人：水手和领航员。手艺人将船交到他们手上，工作便算完成,直至船舶返航,他们重新开始一切。循环继续,永远如此。

领航员或指挥官再次将船投入交易,驶向里斯本、加的斯、汉堡或里窝那。他将商货装船,安全运抵港口,再在那儿重新装货,将船货带回。他只知道这些。甚至他的提货单都需在他声明不知情的条件下签字,即列出他所接收的船货的量(多少豪格海大桶①,多少巴特桶②,多少捆),但附上"内容不明",等等。他驾船驶回,报关卸货,然后得到运费,给手下工钱,驶船入坞,至此完成一个循环。他的行动范围,无论多么重要,都不会更广了。至于贸易或商业,无论就一般还是特殊而论,他知道的都只是摆在他面前的东西。

我扼要论述了几乎所有行业的分支及各类从业者,并举出类似的例子,这就够了,结论很简单:世上的确非常缺乏一个一般或普遍的商业规划。

当我们谈及某些最熟悉生意世界的人,说他们有一般的知识,这种人就是广博的商人(an universal merchant)。我的确听到过从事贸易的那部分人这么说,但我不能说曾见过这种人。

世上的商业,特别是像今日这样的,是无边际的生意的海洋,前路未知,就像行驶在大海上一样。商人在冒险事业中没有谁可以追随,正如在迷宫中探寻却没有线索。

本书的作者没有这么自大,在这样抱怨之后,还告诉您会呈上一份关于世上全部贸易的普遍规划。如果他能提供一份自己国家的贸易规划,就已经够了。千真万确的是,对于那些理解一般商业的人,会有许多地方谈到它。

即使在这份关于我们商业的规划里,他也不针对与我们并行的一般的欧洲贸易,而是针对我们特殊的商业,它是如何的伟大,如何达到现在的规模,如何维持它最大的范围,(所有此种努力的真正目的是,或应该

---

① 容量为63—140加仑的桶。
② 容量为500升的大桶。

是)它如何还能得到改善和扩展。

我们中间有人大声抱怨贸易的衰败,我们的制造业①,尤其是毛纺织业的下滑。我认为,相反的情况在这本小册子里得到了清楚的证明,而且给出的理由也不会被轻易驳倒。就制造品在日耳曼小小的省或邦国或其他地方的消费而论,没有任何可以否定我们的制造业。我们的制造品,犹如流动的潮水,若在一处被堵,同时就会通过其他渠道流向世界各地,每天都能发现许多新的出口,不会令人感到阻塞。就像临海的土地一样,失之东隅,收之桑榆。

很简单,如果羊毛都被用尽,货物都得到了消费,制造业就不可能下滑;另一方面,很明显,我们的制造品在国外和国内的消费都有极大地增加,前者体现在我们通商的增加上,后者则体现在国民的增加上。增加的程度远远压倒一切所谓的德国的禁令②,或法国的仿制品,那些东西对我们的伤害,远不及我们冷漠的抱怨者的含沙射影。

但是,对于一切他们能说出的已遭受的损失,一切他们能暗示的今后可能遭受的损失,或许可以给出一个全面的答复。这本著作的目的,就在于说明,我们如何彻底反驳那种讲法,那就是,在那些禁令和仿制品力所不及的地方,改进或增加我们的贸易。如果半个欧洲放弃了我们的制造品,虽然很明显这不会发生,我们也能为自己的货物找到同样的出口,创造我们自己的市场。这样,全世界都无法排挤掉我们,除非他们能将我们征服。

这就是这本小册子的主旨,是产生整本著作的原初想法。即使我们的贸易遭世人妒忌,他们密谋打断和破坏,或先发制人,或封锁堵截,都只能让我们更加致力于寻找贸易的支柱,我们有足够的空间:世界是广阔

---

① 1725年出口创最高纪录,随之而来的是因歉收和与西班牙交战带来的三年衰退。——英文编者注
② 虽然18世纪早期的德国与其他西欧国家相比是一个经济上落后的国家,但普鲁士的腓特烈一世(1657—1713年)积极创造新产业,发展现存产业,尤其是亚麻和纺织产业。他使用保护性关税来达到这一目的,这一做法为他的孙子腓特烈大帝(1712—1786年)沿用到该世纪晚期。——英文编者注

的,存在新的国家,新的民族,或许得到了很好的垦殖和改进,人民得到好的管理,从而创造出新的商业。数百万人需要我们的制造品,虽然过去他们没有要求。

对我而言,没什么比这点更清楚:让我们和其他欧洲人已定居之处的民族文明化。给赤身裸体的野人带来衣服,教导野蛮的民族如何生活,这已经产生了明显效果,本文有所涉及。那些民族每年向我们要求的货物都比前一年多,无论是毛纺织品还是别的。葡萄牙在巴西和非洲东海岸的殖民地①,是这一点无可反驳的证明。现在运往这些殖民地的欧洲制造品,是三四十年前运往相同地方的五倍多,在这些殖民地的欧洲居民人口却并未增加。在海外的其他地方,我们也能举出不少类似的例子。

因此,垦殖新的殖民地,以及进一步改进已定居的殖民地,将有效地促进这方面的增长,因为相似的原因会产生相似的结果。给新民族穿上衣服,不可能不增加对货物的需求,因为它增加了消费,而增加的需求是我们的贸易繁荣之所在。

这是一个向我们敞开而又尚未开发的商业海洋。这里有许多实例,如果带着权威、力量和公共活力进入这些地方,我们就能开辟新的贸易渠道,我们的制造品就很难在市场上积压,而且没有什么欧洲的小小禁令能阻断这条贸易之流。

像我们这样如此鼓励垦殖与改进的民族,人们定居殖民地,种植园大获成功,真的可以说,世界上到处都是我们的占有不断扩大的奇迹,我们不仅将省也将王国纳入了大不列颠的统治,更向着商业的海洋扬帆起航。但令人吃惊的是,我们现在好像是给所有伟大的设计画上了句号,遏制了想要不断增长的情绪,从一种神秘不可解的迟钝又突然转向了怠惰。并不是我们好像找不到更多空间去扬帆远航,情况显然相反,我们好像已经

---

① 到17世纪末,葡萄牙除了在澳门、果阿、帝汶和印度部分地区的前哨,加上在莫桑比克的几个据点外,其在远东的势力已消失殆尽。然而,葡萄牙人的确坚守住了巴西,在那里,他们成功地击退了欧洲竞争对手的殖民努力。——英文编者注

有了足够的空间,在贸易方面不再寻找更多的地方去征服。

在所有其他的民族那里,一切的例子都表明,成功鼓励着人们继续前进。增长,人们努力促进增长,对金钱的爱愈发强烈①,等等——因此在贸易方面,种植园边界的不断扩张,商业的繁荣壮大,以及商人和种植园主在所有那些事情上的好处,必定会促进垦殖的欲望,扩大商业的规模,点燃商人扩展冒险(adventures)②的欲望,寻找新的殖民地,经历新的冒险,并努力在新的发现中增加贸易的好处。

在其他民族那里是如此,不可思议的是,在我们这儿却不是这样。西班牙人虽然是个怠惰的民族,他们的殖民地却真的非常富裕、庞大,面积辽阔,甚至足以满足他们最强烈的贪婪,但他们并没有停止,直到他们能够安然闲坐,因为找不到更多的地方,或者至少没有更多的金银矿藏要去发现。

葡萄牙人,虽然是个矫揉、傲慢的民族,并且好像在贸易方面衰败了,但他们是怎样每天都增加在巴西和非洲东西海岸的殖民地的?通过使马林迪③、桑给巴尔、刚果、安哥拉、巴西南北部及其他各地的众多民族加入基督教经济(Christian economy)④,服从于商业的治理(government of commerce),他们又是怎样增加了自己在所有这些国家的商业的?由此,他们使整个野人民族服从于有规则的生活,凭借这些手段,使他们服从贸易和治理。

---

① 原文为"crescit amor nummi",源自拉丁谚语"crescit amor nummi, quantum ipsa pecunia crevit",意为"钱越多,越贪钱"。原文中,该谚语为正体,其他部分为斜体,译文将该谚语加上着重号。
② 在西方的语境里,adventure 并非简单的历险,其根本意义是人在即将来临的未知遭遇中认识自我和上帝。adventure 表面乃"偶然""机运""运气"使然,实际上它的背后是上帝的神意。鲁滨逊的一生正是由各种冒险(adventures)构成,正是这些新的经历,让他寻找到自己人生的罗盘。同样,商人去世界各地经商也非单纯的冒险,他考察各地风土人情,认识上帝所创造的这个世界,以及世界背后的目的。
③ 位于非洲东岸肯尼亚加拉纳河河口,濒临印度洋,1499 年,葡萄牙人正式在此建立商站,成为欧洲至印度航线的中途站。
④ "基督教经济"是 17—18 世纪新教有关经济的一种神学思想,即认为贸易与上帝恩赐有关,因而具有神圣目的。有关贸易中的神意,参见 Daniel Defoe, *Review*, Vol.9, London: Pickering & Chatto, 2011, pp.211–218。

但我们在这方面又做了多少？我们在所有美洲殖民地的土著身上获得的多么少！他们中有多少人与我们一起生活，又有多少人臣服于我们？在那方面有多少进步可供我们自夸？我们所有的殖民地似乎都只靠我们自己人的力量在经营。我们也不能说，在我们所有的殖民地中，有哪个够分量的民族对我们完全顺从，并生活在文明治理(civil government)的规则和指导之下，只有新英格兰的少数(极少数)地区除外。

至于新的殖民地和征服，虽然场景广阔，变化繁多，好处无数，我们怎么似乎已完全放弃，甚至连想也不想？恰恰相反，我们好像忘记了前辈取得过的光荣的改进，忘记了德雷克、卡文迪什、史密斯、格林菲尔德、萨默斯，以及在他们之上的那位更伟大的沃尔特·雷利爵士。① 几乎英国所有的发现，所有的殖民地和种植园，现在形成的所谓的美洲的英帝国，都是跟随着这些天才的脚步而取得和建立的。那些似乎与我们同坐桌边的人，完全满足于已经拥有的，好像我们已尽了最大努力，那种进取的天赋已经和过去的发现一同被埋葬掉了，世上已然没有了空间，我们的人民也不再倾向于看得更远。

然而相反，世界给我们呈现出广阔的贸易场景以及全新的商业平台，这些足以激发我们的野心，甚至喂饱我们的贪婪，然而我们却好似没了冒险的心。

我们并不缺少人民，相反，这里有数以千计的家庭需要活计，需要雇用，需要鼓励。许多人身上也不乏资本，他们准备好去国外，是复活的冒险精神。还有些人对这项事业满怀热忱，有足够的力量开启新的篇章。

正是通过这种方式，新的商业世界得以建立，贸易资金得以扩充，船

---

① 都是英国16世纪的探险家。弗朗西斯·德雷克(1540？—1596年)于1577—1580年完成环球航行，并于1588年打败西班牙无敌舰队。托马斯·卡文迪什(1560—1592年)于1586—1588年完成环球航行。约翰·史密斯(1580—1631年)建立弗吉尼亚殖民地。理查德·格林菲尔德或格兰威尔爵士(1542—1591年)，是雷利之下的一名海军军官。乔治·萨默斯爵士(1554—1610年)于1610年发现了百慕大。沃尔特·雷利爵士(1552—1618年)，宠臣和探险家，于1595年去寻找埃尔多拉多，他建议在圭亚那建立英国殖民地，给笛福留下了深刻的印象。——英文编者注

运业和制造业得以增长。能供我们进行此种尝试的地方颇多,尝试的好处也颇大。故我说,在这类事情上最不可思议的就是,虽然我们拥有如此有利而不可替代的方式,能使英国的海外领地在规模上、数量上、收益上五倍于老英格兰,但我们在增进自己的好处时,在世上最宜人的气候中进行垦殖时,却多么迟缓。

这些地方多么适于垦殖,多么适合商业,足以使大不列颠民族富强起来,但要对这些地方进行描述,不仅对于这本小册子而言过于浩大,而且似乎也与我们当前的任务不合。它的出现,只能等到在我们这里,贸易的天赋复活,冒险的性情恢复:到那时,我们不再缺乏对这项事业的鼓励,也不再缺乏从事这项事业的人来接受提供的鼓励。

由于这些事情对于我们的一般贸易,尤其对于国王陛下全部领地的繁荣而言至关重要,作者谨希望这本小册子不会被视为自负之作,正如我们在标题中所言,它们被谦恭地提交给国王和议会考虑,是值得一位国王和一个强有力的立法机关思考的事,除了国王和上下议院,没有人有权力能让这些改进之轮如常运转。因此,怀着无以言表的满足之情,我以下面的话来做结:如我们所知,国王陛下心念他所有王国的繁荣,一向愿意听取为此合理可行的建议,议会也总是愿意赞同这种正当的努力,而且,在这里提出的以及未来的建议,显然是合理可行的;毋庸置疑,总有一天,而且这一天近在眼前,大不列颠的商业改进不会再只是规划和理论,而是呈现于日常的进步中,直至它完成整个民族的荣耀与繁荣。

第三部分　贸易通论

贸易,如同宗教,每个人都谈论,但少有人理解。这个术语的意义模糊,在它的通常的用法中,没有得到充分的解释。

在一个地方而言,是贸易(trade);从广为流通的角度说,是商业(commerce)。① 如果我们把它当作自然的效果来说,它是出产(product)或产物(produce);它作为劳动的效果,是制造品(manufacture)。在经营上同样如此。当我们在总额上谈到它,它是批发(wholesale);在细目上谈到它,它是零售(retail)。当我们论及各国的时候,我们称它为通商(corresponding);当我们仅仅论及国外进口的时候,我们称它为行商(merchandizing)。在方式上亦是如此。当我们交换货物时,我们称之为物物交换(barter);当我们交换铸币时,我们称之为银行业务(banking)、中介贸易(negoce)和恰兑(negotiating)。因此,我们的铸币匠人从前被叫作银行家(banker),而我们伟大的商业国库至今仍被称为银行(bank)。

劳动(labouring)和交易(dealing)这两个简单平常的术语极好地概括了国内贸易的一般要点。1. 劳动的部分,包括工艺(arts)、手艺

---

① 在17—18世纪,英文的"贸易"(trade)一词包含着"手艺"和"交易"的双重含义,而不是单纯的商业活动。在笛福看来,trade 与 commerce 没有根本区别,但相较前者,commerce 更指涉一般性贸易,以及更大范围的国与国之间、人与人之间的交往。笛福写道:"智慧的造物主,从他制造地球所采取的措施,从他安排海洋,根据各地气候、土壤及位置的差异而改变产物,已经明显展示给我们看,他预定将世界用于商业(commerce)……这位智慧的安排通过广阔无垠的海洋,不为人知的海湾,以及几乎不可逾越的水湖,将所有那些有价值的事物隔开了,以便靠着人类的勤劳,将它们再次连在一起,使它们为彼此共有,借以发展航运、殖民、通信、商业,增进世界各部分的普遍利益。"Daniel Defoe, *A General History of Trade*, pp.10, 25 – 26, 转引自 J. McVeagh, "Introduction", in *Political And Economic Writings of Daniel Defoe*, Vol.7: *Trade*, London: Pickering & Chatto, 2000, pp.24 – 25。

(handicrafts),以及各种各样的制造业。那些被雇佣来干这些活的人被恰当地称为技师(mechanicks)。一般说来,他们加工的是贸易的第一本原(the first principles of trade),即陆地和海洋的出产,或地上和海中的动物。① 简单来说,就是无感觉和有感觉生物(vegetative and sensitive life)的普通出产。无感觉生物(vegetation)的直接出产包括金属、矿物和植物;或者是伴随动物长出或产生的有感觉生物(sensitive life)的效果,如肉、皮、发、毛、丝等。

2. 交易的部分,指的是交付各类工艺和劳动的产品给人们。当它们在勤劳的技工手里完成,变得对人类有用,就从一个地方运到另一个地方,从一个国家运到另一个国家,以满足人们的必需和便利。如果交付的条款和条件,能够像在人们之间最好地那样达成,这就是贸易,无论它是通过铸币这种所有交易的一般媒介进行的,还是通过某种充当铸币的替代物进行的,后者我们称之为货币(money)。

注意:任何由一国权威建立起来的交换媒介都是国家货币,尽管人们仍然称金、银或其他金属为铸币。

所以,交易和制造包含了贸易的全部内容,即处于完全自然与原初状态的贸易。一切后来教给我们用来表达贸易各部分的术语分类和区别,仅仅是由习俗引入,随时间推移和工艺人通用而合法化的现代名词,是根据偶然因素和多样的所需技术的产品而区分的事物。

所以,货物(goods)一词是个一般性的术语,包含了各个种类的产品,无论是制造品,还是自然出产,是世上最大的交易商能想得到的买卖。时至今日,用贸易的语言去表达是一件平常的事情,例如,在零售行业,我们说,这样一家小商店供应着五花八门的货物;在批发行业,这样一位交易

---

① 笛福在《贸易通史》中曾写道:"商业的第一本原(first principles of commerce)是作为卵,或生命之种,由自然分散在世界各处。"他认为,正是贸易,使这种神意的分散的创造之福聚拢了起来,结果每个需要的事物都出现在了每个需要它的地方。这里,笛福将贸易的第一本原归为陆地和海洋的出产,或地上和海中的动物,也正是此意。在笛福看来,创造之际上帝之所以将有用之造物分散,正是在于他想让人们扬帆起航,为各自好处而找到有用之物,在这个过程中又增进邻人的生活的改善。

英国商业规划 179

商把他的货仓堆满了货物;在家务管理中,房子里的全部家具被称作货物或家用物资(household-goods);在行商中,这样一艘船满载着大包的货物的东印度的船,除开大宗货物(他们对胡椒、硝石、红壤①、茶,以及诸如此类东西的称呼),据说剩下的装料由布匹物资(piece goods)②构成。

由于贸易中的术语多种多样,与贸易有关的人员也有着不同的头衔,通常以不同的称呼而为人所知。

那些承担较卑微的初级活计的人们,通称为工人,或劳动者、劳动贫民,比如纯粹的农夫、矿工、挖掘工、渔夫,简言之,各种自然的或工艺的生产中的苦力和劳动者。比他们稍好一点的,是那些虽然可能和他们一样辛劳,但却在自己的劳动中加入了某种工艺,需要特殊的教导才知道如何完成自己工作的人。这些人被称作工人或手艺人。

这些人之上,是在这些工作或活计中充当指导者或师傅的人,他们被称作工艺家(artists)、技师(mechanicks)或工匠(craftsmen)。概括地说,一切尽在技师这个词中:呢绒商、织工等,或做五金器具,加工黄铜、铁、钢、铜等的手艺人。

比技工更高的,是只管买和卖的交易商,包括前面所说的批发和零售。这些人是代理商、小贩和商人。

所有这些人员名称都汇入"贸易人"(trading men)这个一般性的名称之下,成为时下涉及世界贸易的主要类别或职业。

如此这般彻底地说明了上述这几种区别,以及从事贸易之人各自的名称,我们在接下来的行文中将不再解释这些术语,或者说,当我们谈到商业的各种分支而恰当地使用特殊的区分或工艺术语时,不再劳烦读者跑来询问我们这些是什么意思。

随着论述的继续,我们也要将某种流言蜚语清理出去,而这是另一个困难。这个流言蜚语关系到归于贸易或宣称代表着贸易的尊严、古远和

---

① 用于标记绵羊的红赭石,也是一种铁色的热带黏土。——英文编者注
② 特定长度的纺织品。——英文编者注

其他荣誉。关于这一点，我们遇到了世上极为软弱无力的争论。这个问题我认为适合在这里谈，至少我有责任在这儿说清楚。这样一来，我将不再会在我们讨论的其余部分让它烦扰到您，虽然这个时代的无端指责可能不断驱使我回到这个题目。

骄傲(pride)，连同极端的无知，常常以古远为名，在有关优先权(precedence)的问题上竭力反对和平的贸易世界。它们想将这个世界仅仅划分为两个部分：士绅(gentry)和平民(commonalty)。在士绅之中，它们又区分了贵族(nobility)、绅士的古老家世、(所谓的)男爵(barons)①以及那些从前被称为男爵的人。它们也勉为其难地承认了有学问的人和有武装的人，也就是军人和神职人员，以及所有凭借着纹章，声称自己家族自古从未掺杂过平民血统的绅士。

这类门第的套话，只不过在反对世上从事贸易的那部分人。它们不仅剥夺了那些人的全部尊严，也剥夺了他们的地位，将他们混同在"技师"这个一般性的，毋宁说普通的名称之下，尽管世事变迁，他们中的一些人现在或很多世代以前，通过旁支成了士绅的真正成员，甚至有时是通过主支进入了这个国家最高贵、最古老的家族。

注意：这里我主要谈的是我们自己的国家。这种谬误特别为英格兰所信奉，而在其他地方无迹可寻。

首先，就古远而论，即便在这一点上，我也认为生意人(tradesmen)和贵族不应该有血统贵贱之分。因为根据其保留的长子继承权，最高贵的亚当族裔正是技师。诚实的犹八(Jubal)和土八(Tubal)是世上乐器制工和修补匠的始祖，前者创制了乐器，包括各种弦乐器，后者是第一个金属器件的制造者，用英语讲，就是一个修补匠，绝无更好的名称。注意，很久之后，(很多代以后)，这些技师的儿孙都成了国王和君主、公爵和领主。

---

① baron 一词在盎格鲁-撒克逊时代已存在，大致为"自由者"或"国王的臣仆"之意。到12世纪初，国王的大部分高级世俗贵族都被封为男爵。由于在世俗贵族中占很高比例，因此"男爵"长期作为贵族的集合名词使用。参见阎照祥：《英国贵族史》，人民出版社2000年版，第101—102页。在笛福这里，男爵也代指大多数世俗贵族。

英国商业规划　　181

在人类迁移到地上之后,在有任何贵族或技师的区别之前,大家似乎一直都是劳动者,比如,在他们建造被称为巴别塔的那座惊人工程的时候。诚然,石匠和他们的兄弟泥水匠,由于是那里的建筑师傅,处于那个时代士绅的最上层。

随着人口的增长,诺亚的孙子西顿(Sidon)①,建造了一座城市。它至今仍然矗立在同一个地方,保留着原来的名字。

航海从这时开始了。诺亚是第一位造船工,或者根据我们的记载,是第一位船木工(一位真正的技师),他的后裔在这个地方造了最初的舟,随后又造了最初的海船。在自然、理性和必需的引领下,他们乘着船,在海岸上与邻国进行贸易。在航海技术的初期,他们在舟里一起划桨(因为最初没有帆),向北从一个地方到另一个地方,经过亚历山大湾,现在的斯堪达隆(Scandaroon)②,并进而一直到达了西里西亚海岸,在那里建了他施(Tarshish),世上最早的巨型船坞(grant arsenal),也就是造船的地方。从此,大船在很多世代都被称作他施的船,在其他任何地方都没有建造。

他们也曾向南行驶,划到约帕(Joppa),现在的雅法(Jaffa)③,从那里再驶向达米埃塔(Damiata)④和埃及,他们的曾祖父卡姆(Cham)在那里统治了全非洲很多个世代。参见沃尔特·雷利爵士(Sir Walter Rawleigh)的《世界史》。⑤

人口这样地增长,财富也由于贸易而增加,规模超出了一城的范围或一港的商业。人们通过殖民的方式,四处迁徙,最初定居在提尔(Tyre)⑥,亦是一个航运和行商的便利之地。

在这里,他们的规模再次扩大,堪称商业的奇迹(prodigy of business)。

---

① 西顿(Sidon)是诺亚的孙子迦南(Canaan)所生的长子,笛福这里出了错。
② 斯堪达隆(Scandaroon),伊斯肯德伦(İskenderun)的旧称,土耳其南部海港,位于地中海沿岸。
③ 雅法(Jaffa)是以色列的古老港口城市,位于以色列中部,靠近贯通南北的沿海大道(Via Maris),旧称为约帕。
④ 达米埃塔(Damiata)是埃及的港口城市,位于地中海与尼罗河的交汇处。
⑤ 雷利被关押在伦敦塔期间写成,1614年出版。——英文编者注
⑥ 提尔是古代腓尼基国的海港,现为黎巴嫩西南部的港口城市蒂尔。——英文编者注

我完全有理由相信,它的位置世上永远无人可及,除了今日开展了庞大贸易的英格兰。

我在这里是想超越无端的指责,向您证明,古人并不认为做生意人有辱身份。先知以西结(Ezekiel)说,智者是你的掌舵人,商人是你的君主,或如一些人的读法,你的君主是商人,因为它被清楚地写在另一个地方,即,《圣经·以西结书》第27章第21节:"基达的君主做你的商人。"①

以上足以证明贸易和航海的古远。至于从事贸易的家族的古远,我用一位晚近出身寒微的诗人马修·普赖尔的话来证明,他是一个智者:

恺撒或拿骚,亦不贵于吾。②

那么,为什么在世界的财富都被认为是来源于贸易的时候,我们还要将商业贬低为一种工具,将贸易世界看得卑贱?正如《圣经》在同一章第33节说到推罗(Tyre)一样:你以许多商货,使地上的君王丰富。

但说说我们自己吧。我们是一个富裕、人口众多和强大的民族,就所有的那些方面而言,我们在某种程度上胜过世上的其他民族。我们不正是以此自夸吗?很明显,这一切皆源于贸易。我们的商人是君主,比一些主权君主更伟大、富有和强大。总之,就像说到推罗那样,我们已经用我们的商货使地上的君王丰富,也就是用我们的贸易。

是否有用性能对品格(character)有所增益?无论对人还是物,毫无疑问,它的确如此。在您能提出的所有争论中,生意人都处于领先地位。没有一个世上已知的民族,不是尝到了甜头,将自己的繁荣归功于商业带

---

① 参见《圣经·以西结书》第27章第8节:"西顿和亚发的居民作你荡桨的。推罗啊,你中间的智者作掌舵的。"同章第21节:"亚拉伯人和基达的一切首领都作你的客商,用羊羔、公绵羊、公山羊与你交易。"
② 笛福错误地引用了马修·普赖尔1725年为自己即席创作的墓志铭:"传令官,政治家,请允许我这么说,/这儿躺着马修·普赖尔的尸骨,/亚当夏娃之子,/波旁或纳塞,亦不贵于吾?"——英文编者注。英文编者援引的写作时间有误,应为1702年。——中译者注

来的有用的改善。即使自负的士绅,把贸易贬低成通行的工具,不也到处要依赖贸易来满足最必需的供应？即使他们不全都是卖家,至少他们也全都不得不是买家。这样一来,他们自己也是一种生意人,至少他们要承认商业的有用性,因为没有商业,他们就无法舒适地生活。

不仅如此,在大不列颠的许多地方,他们的的确确就是生意人,既是买家,也是卖家。例如,在地主有义务接受实物地租的地区,如同神职人员接受什一税一样,这时候,他们就成了(简单地说)一般生意人。他们将自己的大麦卖给麦芽酒制造商,将自己的小麦卖给磨坊主和面包师,将自己的燕麦卖给谷物商人,将自己的绵羊和小公牛在小型的集市上卖给屠宰商,或在大型的市集上卖给放牧人。他们也是剪羊毛的人,将自己的羊毛卖给分拣羊毛的人或呢绒商。此外,如果他们杀了一头小公牛、牛犊或羊来供家人使用,也会盯着前来买原皮的皮革商(felmonger)和制革师。如果他们要出售原木,就不得不转向技师,将树皮卖给制革师,将木料卖给造船工和木匠,将砍下的树枝和捆扎的柴卖给面包师和烧砖匠。

总之,有用的贸易支撑着绅士。没有这些技师,他无法处置他的地产(estate)的产物,也无法收取自己土地的地租。而且这不只是处置,而是他的必需,我们看见他会为自己屈尊去买和卖,像个纯粹的技师一样与人交易。

但这还不是全部。假使他们能再凑近点瞧瞧,将看到自己并不仅仅由于实践而降格为生意人,甚至他们的财富(fortunes),不,他们的血液,也与他们口中所称的那些技师结合在了一起。他们境况的要求,常常迫使这些贵族阶层的最上层适应这些结合,然后,同样的境况迫使他们睁开双眼,看到过去那样固守的区分是多么荒谬。

对他们的理解力的最大羞辱就是,那些人用和他们一样的方式来区分自己。他们肯定目睹了每日的繁荣使得他们口中所称的那些技师的地位上升,使他们进入军队,进入士绅等级(rank of the gentry)。相反,财富衰减使地位最高的家族沦为与技师同等之人。

兴起的生意人涌进士绅阶层,而衰落的士绅陷入贸易。商人或从事更卑微职业的人,靠着诚实的勤劳与节俭,以及对生意长期不懈的努力而发迹,变得极其富有。他将自己的女儿嫁给了头等的绅士,也许还是有爵位的贵族。他把大部分地产留给他的继承人,进入贵族之列。这样与古老的血脉相结合,下个世代还有谁会对他的血统有任何顾忌?从已故的乔赛亚·柴尔德爵士①和他的直接继承人(一位爱尔兰贵族)那里,我们不是才目睹了两个爵位通过女方那边传下去吗?这方面还有许多类似的例子。

另一方面,衰落的士绅,在他们缺乏财富之时,往往把他们的儿子推向贸易,凭借他们的勤奋,常常能再度恢复自己家族的财富。这样,绅士通过变成生意人,使生意人又成了绅士。我也能举这种情况的实例,但由于时间太靠近,不便指名。

学会这样贬低贸易人民的人,想必不是对俗世全然无知,便是完全无法对这些事情有公正的印象。他们必定忘记了士绅常常甘愿通过他们所谓的城市财富(city fortunes)来供养家庭,以及因这个缘故,有用的贸易在世上一直以来是怎样的,且至今依然如此。其他借着阶层之分自称为绅士的人,因其道德丑闻而变得配不上最卑微的市民,假使他端庄又有德性的话。

但还是就更适合我谈论主题的一般情况来接着说吧。贸易是全世界的普遍财富储备。非洲和巴西的黄金,墨西哥和秘鲁的白银,如果没有贸易,还在几内亚和墨西哥的矿山与河沙中未被开采。如果不是人们的勤勉发现了它们,不是航运帮助人们发现了它们,不是贸易将它们散布到全世界,戈尔康达(Golconda)与婆罗洲(Borneo)的钻石,时至今日仍在泥土中闪烁,未经打磨。

---

① 乔赛亚·柴尔德(1630—1699年)曾晋升为老东印度公司的董事。他的"直接继承人"是理查德·柴尔德——他和第三任妻子爱玛(弗朗西斯·威洛比的孀妇)的长子。他被封为多尼戈尔郡的新镇男爵和凯里郡的卡斯尔梅恩子爵,随后(1731年)又被封为卡斯尔梅恩的提尔尼伯爵。——英文编者注

除非有神迹来供给,甚至所罗门(Solomon)也缺乏过装点圣殿的黄金;假使他没有转向商业冒险家,派出他的船队从东印度群岛也就是从苏门答腊岛的亚齐(Achin)①取来黄金,后者被认为是俄斐(Ophir)②,他的代理人在那里弄到了黄金。

土耳其人仇视贸易,阻碍勤劳与改进。显然,他们是在减少世界的人口,而非改良和开垦世界。看看他们的处境吧。悲惨的贫穷!困窘的贫穷!他们游惰(idle)、懒散(indolent)、食不果腹,而他们的政府却拥有一些财富,因为它们是僭政,在广阔的统治区域内,随心所欲地从穷人那里拿走他们想要的东西。所以,即使从一个地方只拿一点点,总体上的和也很大了。附属于它们的人民和民族这么多,但那些人民和民族贫穷、不幸到了极点,全都是由于缺乏贸易。

至于贸易,除欧洲人和犹太人在他们中间积极开展的之外,剩下的规模小到几乎不配称之为商业。他们既没有土地的产物,也没有人民的劳动,既没有商品,也没有工艺。在他们中间,干什么都得不到鼓励。他们甚至无知地吹嘘我们从他们那里得到了丰厚回报,诸如药物、毛发、生丝之类。但我们知道它们不是土耳其的,也不生长在土耳其。那些是亚美尼亚或格鲁吉亚的出产,它们是桂兰(Guilan)③和印度斯坦(Indostan)的省,是里海岸边波斯的一部分,完全在土耳其人的领土之外,甚至在那里,它们也是老基督徒的劳动的出产。这些老基督徒是那些省的本土居民。伊斯兰教徒很少或根本就没有参与其中。他们厌恶生意和劳动,轻视勤劳,所以他们挨饿。那些货物或者是黎凡特和爱琴海群岛的产物。那里,

---

① 位于苏门答腊岛北部的一个古代国家。经常有欧洲贸易者到此地来交易黄金、大米、生丝和鸦片。——英文编者注
② 《圣经·旧约》记载的一个未经确认的国家,盛产黄金、象牙、檀香木、猿猴和孔雀。它曾位于不同的地方:印度、阿拉伯和非洲。参见《圣经·列王纪上》第10章第11节。——英文编者注。《圣经·列王纪上》第9章第26节就开始讲述所罗门王在红海东边,靠近以禄的以甸伽别造船,希兰差遣自己的仆人(熟悉泛海的船家)与所罗门的仆人一同航海找寻黄金的历史故事。——中译者注
③ 即吉兰,位于里海西南的波斯行省,一个富饶之地,因桑园和大米而闻名。——英文编者注

棉纱、格罗格兰姆呢或山羊毛纱线,白丝或布兰丁丝(beladine silks)等都是岛上贫穷的希腊居民制造的。他们靠着他们耕耘的劳动,使地上产出了生丝和羊毛,靠着他们制造的劳动,纺线成纱,使之有了我们从他们那里得到的样式。现在,看看这个因果关系。就像我说的,伊斯兰教徒少有贸易,所以他们也少有财富,他们土地的生物产量很少,没几个人会为了这么点价值去卖,以至于这么庞大的人民在劳动,却可以说是徒劳无功,令人倍感同情。从爱琴海到黑海的所有纳托利亚(Natolia)①和小亚细亚的富庶国度,曾与从艾欧尼亚海到多瑙河岸的全部摩里亚(Morea)、亚该亚(Achaia,古伯罗奔尼撒半岛),以及塞萨利(Thessaly)、马其顿(Macedonia)和色雷斯(Thrace)的肥沃平原并列为世界上最丰衣足食、人口稠密、土地多产的省域。可现在它们的产物是什么？伟大的君士坦丁堡城固然享有谷物的供给,但是用了什么方式(注意,这是提及它的原因)？出产的谷物被卖给商人,装上甲板,由海路运走,最后偿付运费及所有装卸费用。但它们的大麦在君士坦丁堡的市场里标价只有每蒲式耳三便士。

如果这是很多世代以前的事,如果它并非如人所知的那般非常频繁地发生,如果没有一些信用不容置疑的现居伦敦的商人,向我保证他们曾以那样的价钱买过,我是说,要是很多世代以前是这个样子,那倒没什么好奇怪的,因为众所周知,英格兰曾经也是这样。但这是在最近10—12年内在君士坦丁堡发生的事情,而且我坚信可以证明,每每岁丰年稔时节,同一个地方的情况还是常常如此。贫穷的农夫,在他犁地、播种、收割、打谷,以及干完所有农活之后能得到些什么,这是难以想象的。或者说,地主对于自己的土地还能指望些什么。但是,我想大君作为总地主,拥有来自全国的赋税,倒替代了地租。

现在来看,一国这般的贫困都源于何处？显而易见,源于缺乏贸易,

---

① 几乎等于安纳托利亚。参见亚伯拉罕·奥特柳斯(Abraham Ortelius)1577年出版的《寰宇概观节录》(*Epitome theatri Orteliani*)中的"纳托利亚"地图。

英国商业规划　　187

再没其他原因。我们可以回到我们自己国家的一个实例上来看。当这里土地的出产和人民的劳动量同样低下的时候,当每蒲式耳优良小麦约值4便士,一头肥羊约值3先令4便士,一头肥牛约值18—24先令的时候,这是什么时候?恰恰是我们没有贸易的时候,而且恰恰因为我们没有贸易。目前重要的变化也并不由于任何别的原因,而是由于商业的发展,这里和世界其他地方的商业的发展。很明显,世界各地的食品价格和土地价值的高低多寡,跟人们有无贸易来支撑它息息相关。

贸易促进了制造业,推动了新发明,雇用了人民,增加了劳动力,也给予了工资。人们因受雇而获得报酬,靠着那笔钱,吃饱穿暖,精神饱满,聚集在一起。也就是说,他们留在了本乡本土,无需漂泊到异国他乡谋求活计。因为哪里有活干,哪里就有人。

这样使人民聚集在一起实际上是这整件事之和。因为当他们聚集在一起繁衍,人口的数量才会增加,附带一句,这就是民族的财富和力量。

当人民的数量增加,食品的消耗量也就增加了。消耗量一增加,市场上的价格或价值也将上涨。当食品的价格上涨了,土地的租金也就上涨。因此,绅士们由于他们资产的增长,最先感受到贸易的好处。

这里转到我们的英国史,转到探究事物的进程(the course of things)在这件事上怎样准确地遵循自然法,并没什么不合适的。根据不同的时期以及价值的比例,探究怎样随着贸易的发展,使食品的消费也同等地增长,土地垦殖,租金也上涨,贵族和士绅们的产业的价值也随之增加。这种探究本是事实的无可辩驳的证据。不过我这里只限定在一般情况,必须将其只作为命题。

伴随食品消耗量的增加,更多的土地得到了开垦。人们圈占了荒地,清除了树木,耕种并改良了森林和公地。通过这种方式,更多农民聚在了一起,更多的农舍和茅草屋便盖了起来,这样唤起了更多的贸易来供给农务的必然需求。总之,土地得到了利用,人口自然就增加,由此,贸易就推动了改良之轮。从生意源起到今日它显露的模样,一国历经兴衰,正是与贸易得到支持还是衰败有关。

贸易的繁荣,促进制造业的发展;需求的多寡,也影响产量的确定;穷人的工资,食品的价格,以及土地的租金和价值也随之而变动,正如我前面所说的那样。

这样,国力也受到了影响,因为随着土地价值涨落,赋税也会成比例地增减。我们所有对土地征的税都是一种镑税(pound rate),其带来的收益是跟随着既定地租价值的变动而起伏的。假设有人按照英格兰的税率计算,他们在爱德华四世甚至亨利七世①时期来到英格兰并在此生活,当时贸易可以说是才开始发展起来,让他们告诉我们自己认为一笔土地税在那个时候能带来多少收益。

举个例子。

假使每镑4先令的税现在能带来200万以上的收益,我想那个时候能带来30万英镑的收益就已经被认为非常不错了,剩下的一切都是贸易引起的增长,没有别的原因。贸易增加了人口,人口也促进了贸易,因为这么多人,倘若能养活自己,必定会拉动贸易。他们必得有饭可食,这便促进了土地的利用;他们必得有衣可穿,这便促进了制造业的兴起;他们必得有屋可住,这便促进了手工业的发展;他们必得有些许家用器具,这便产生了一长串各式各样的贸易。故一言以蔽之,贸易雇佣着人民,人民则利用着贸易。

我曾看过一份为在英格兰南部建一座新镇而做的贸易计算。那里,领主们(the lords of the manors)为了鼓励人们前来居住(因为这里有三块领地),同意把一定量的土地分给50个农民,只要他们每人携带200镑的资财前来,并且在那里定居。

对每个这样的农民,他们都会配给200英亩好地,20年免租。假使哪个农民带来了300镑的资财,他会得到300英亩的好地。除土地外,领主

---

① 爱德华四世(1442—1483年)和都铎家族的亨利(1457—1509年)在鼓励英国商业、出口和航海方面做了很多努力。——英文编者注

们还同意给每个农民找到建房所需的木材,以及所有其他材料,并自掏腰包,给每栋房屋修建一个谷仓和若干畜舍。就此,加之其他的鼓励,50个殷实的农民家庭来到了这里,自发地围成某种环形住下,每个家庭都有一个好农场和充足的免租地可经营。这些土地虽然从未被开垦过,但本身土质肥沃,故而一经清理和圈围,加之慢慢耕犁与改良,很快就能给他们带来颇丰的回报。

土地分布成一个大的环形,全部的农舍都建造在各自农场的尽头,朝向中心,留下一块相当可观的土地,领主们将其预留下来,供日后修建一个市镇。由于农舍相当整齐,全部面冲里,他们在门前留了十条像街道一样的空地,五个农舍连外屋排在一边,另一边则尚未建筑,视情形需要而作为街道的一部分。

同时他们公布,无论谁想在那块空地上建房子,根据他想要建造的房屋的大小,允给他一定比例面积的土地,并无偿提供给他来自属于领地的森林的木材,足够他建造使用。对于他们的每所房子,也给他们添加用来建造花园和果园的土地,免租10年,然后收取低廉租金20年以上,这之后才在接下来的时间收取一定租金(到底不会不合理)。

当这些农民定居下来——这是事情的实质和理性,在这里也恰恰是我的目的——一位屠户立即就来了,匆匆地搭建起临时的牲口棚,随后他建造起房子,开了家铺子,宰杀牲畜并卖肉给农民。

注意:由于这些农民每人都有200镑的资财来起家,故他们被认为是有家室的人,携妻带子,而且每人至少有一到两名仆人,也有些人有三个。

一位屠户也不够给50户家庭供肉。他们不得不派人去邻镇购买食物,直至受到第一位屠户的鼓舞,两三位屠户随后跟来,也在这里开业。

跟随屠户的榜样,下一个来的是一位面包师。他架起了烤炉,为人们供给面包。

50个农民家庭必定需要铁匠或蹄铁匠为他们的马掌蹄,也至少需要两位车匠为他们制造和修理双轮马车、四轮马车、犁、耙等。这些东西加上那么多建筑必需的铁制部件,召来了几个铁匠,其中一位颇有家资,成了某种铁器商,储备了各种各样的锻铁、熟铜以供建筑和装备使用,这种时候,这些东西是他们不可缺少的。

生意人(tradesmen)聚集在了一起,自然而然需要一两位鞋匠来开业。鞋匠们很快发现了这里有足够的生意,来给越来越多的人供应鞋靴。同样,一两位诚实良善的乡下补鞋匠不会找不到修理这些鞋的活计。而且,(为增加皮革制作的其他生意,)他们不能没有一两位轭具匠来制作挽具、木架鞍、鞍具,以及一切与联结牲畜有关的必备物。

给这些人再添一位车工,一位陶器商,一位手套商,一位绳索制造者,三四个理发师,(也许还有一位助产士)以及诸如此类的根据事物本性需要的生意。

但是,回到建筑这部分,建造房屋最起码能用上三位木匠师傅,而他们就首先需要至少五六对锯工以及散工,两三个泥瓦匠,并且带着他们的仆从和壮工,也许还紧跟着一个烧砖瓦的人。

为了给这些人提供补给,其中一位颇有家资的木匠自己建造了一个风车,另一位木匠也建造了一个。他们俩都发现有足够的活(因为城镇的规模在不断扩大)可使他们持续不断地有工作。

这个城镇就这样发展起来,坐落在了大驿道上。来了位诚实的酒店老板,开了家酒馆。不久之后,又有五六个酒店老板接踵而至。由于第一个增加了资产,看到了获利空间,他扩大了他的建筑物,使他的小酒馆发展成为一家不错的酒店。又有一个人紧随其后,然后是第三个。随着时间的推移,酒店的数量总共增加到了十一二家,如上所述,三家很气派的小酒店,可能不但卖葡萄酒,还卖烈性饮料。

到这个时候,领主们开始认为是时候给他们的新佃户修建一座教堂了。为此,他们在城镇中心划了一块相当大的土地,并增加了一大片墓地。得到主教的正式允准之后,他们给教堂祝了圣,成为共同的保荐人(patrons)并轮流举荐圣职人员,通过法律授予这个地方教区的资格,并确

英国商业规划　　191

定领圣俸者的什一税和生活费用,正如在类似情况中那样。

此前是自然做了一切,但这部分则来自保荐人的虔诚;我们要(在两方面)看到事情的通常进程(ordinary course of things),生意人跟随着人群而来,就像靠近太阳温暖就随之而来一样;农民的定居召唤着生意人来供给他们必需品,让后者知道在那里可以找到生意和工作。对肉和饮料的必需,带来了屠户、面包师和店家和他们一起定居,这和军需供应商跟随着军队一样自然。

继续说下去。城镇的名声使其新建的消息传播开来,许许多多家庭便集中到了一起。一位杂货商来到这里看看有没有可供自己发展的空间。当他发现并没有人卖他的那种货时,便在主要的街道上占了一块地,给自己的房子留了个地方。一开始和之前一样,他匆匆搭起一个货摊或小棚,将货物存放在里面,并开了家商店。而后在更远处,两三家杂货店也开了业,或许还是从他这里进的货。

一位药剂师在他的隔壁也开了业,紧挨着他的是绸布商,然后是帽商、服装商和女帽制造商。于是,这个城镇渐渐住进了形形色色不可或缺的人,他们为城镇提供着各式各样的必需品,直到不久之后,领主们为了进行改良,取得了一份特许状,每周开一场小型的集市(market),一年或许开两次大型的市集(fair),也可能更频繁,视情况而定。①

在前面这些情况下,其他贸易也纷至沓来。比如,首先,更多的酒馆开了业;随后,有了一位普通的酿酒师;再后来,有了一位箍各式木桶的工匠,一位锡镴器皿工匠,以及两名起草文书并为双方订立合约、协议、协定的律师(或者更确切地说是法务代理人),其中一人迟早会让自己当上治安法官(a justice of peace),这样他们当中便有了一位直接管理的地方官。

---

① 在英国,开办市场是需要国王授予或批准市场特许状的。开办的市场一般分为两种:每周进行的小型集市贸易和每年进行的大型市集。周市每周一次,通常在周日,普通的村民在当地城镇的集市上购买一些日常生活必需品。而年集是为更广泛的地区服务的,经常持续一周,有时持续一个月,来自英国各地的商人以及外来的商人会前来设立货摊和售货亭。参见 Clayton Roberts, David Roberts, Douglas R. Bisson, *A History of England*, Vol.1, London: Routledge, 2009。

同时，其他贸易也布满了这些街道。一间或许两三间麦芽作坊建造了起来，这样假使居民们愿意，他们可以酿造自己的啤酒。为了防止瘟疫的发生，有了一位外科医生，因为到这个时候，城镇的人口开始稠密起来。

好女人也会是勤勉的好家庭主妇，她们纺线。顺理成章，一定有一名亚麻织工，一名羊毛织工，一名梳麻工，总之，一切依赖于她们节俭的东西。

到此为止，事物的本性和后果与前面所述的情况是一致的。于是，市镇和家庭，甚至民族和国家都建立了起来，有了定居的人口，依靠它们的商业，欣欣向荣，人口稠密。

让我们现在计算一下账目，并依照古老的风俗，统计一下人口。按人头列的清单如下：

50个农民，每人带上他们的妻子和两个孩子，我把它当作可推测的最少人数	200
每位农民有两个男仆和一个女仆。不能设想哪个拥有200英亩土地的农民能将就更少的仆人了	150
每位农民有两个男仆和一个女仆。不能设想哪个拥有200英亩土地的农民能将每所房子住五个人	715
再加上那些被雇佣的仆人，他们也许来自其他国家；护士、助产士、马夫、学徒等	150
总计	1400

这里有55个农民，他们连同他们的仆人加在一起总共不过350人。但他们必然会吸引至少1100个人到他们这里来。因此，人们从事贸易，贸易建立市镇和城市，并在一个民族中产生一切善好和伟大的事物。无论55个农民像这样定居在什么地方，我坚持认为，至少有1000个人一定会蜂拥而至，和他们生活在一起。

可以举出若干个例子。威尼斯共和国就是这样兴起的。蛮族占领了罗马，为躲避他们的猛烈攻击，一群卑贱的人来到了亚得里亚湾的几个难

英国商业规划 193

以抵达的岛上躲藏。

在这里,他们固然获得了安全和生命,但除此之外什么也没有。不过,随着他们开始从事贸易,投身于海上航运和商业,他们很快就在世上崭露头角,扩张到爱琴海群岛和黎凡特,夺取了广阔富饶的群岛——干地亚、塞浦路斯、尼格罗蓬特和希奥(Scio),占领了摩里亚(Morea)、达尔马提亚和伊庇鲁斯,并逐步扩大它的领地,以至超过了许多王国。

我们看见,他们的城市惊人地富丽堂皇,他们富有的商人跻身古老贵族的行列,而所有这一切都是仰仗贸易。他们作战的舰队时常与土耳其海军交战并将之击溃,把他们赶进港口,在达尔达内利河口向他们发出挑战,而所有这一切的力量都是因贸易而兴。

我还是从这个例子将您带到汉萨①这个伟大的商业同盟上来吧。它是这个世界上最伟大的商业同盟,同盟城市仅仅依靠自己贸易的巨大规模,就变得如此富裕,如此强大,以至让北部城市心惊胆战多年。无论谁雇用了它们的战士,都必定在海上克敌制胜。它们数次打败丹麦人的整个舰队,并最终迫使丹麦国王屈辱地与之媾和。直到邻国的国王们渐生正当的戒备之心,要求他们管辖权之内的所有城市退出联盟并声明放弃它们的同盟。

当荷兰人——我指的是联省共和国的议会②——终止对西班牙的服从,抑或恰当地说,当他们摆脱西班牙的枷锁时,他们是贫困、卑微、恐惧的一代。菲利普国王可怕的力量迫使他们托庇于水上,落入危难,以至于若不是由于伊丽莎白女王的帮助,他们早已覆灭。但是,他们涌向贸易,依靠海洋,基于海上力量而崛起。他们航海的成功使之达至我们现在所目睹的庞大海军的极点,胜过世上一切国家——大不列颠除外,在这方面我实事求是。

---

① 汉萨同盟,德意志北部城市之间形成的贸易联盟,活跃于13—15世纪。——英文编者注
② 1572年荷兰省和泽兰省带头反抗西班牙的统治,掀起尼德兰起义,并于1581年正式宣布独立。——英文编者注

国家如此，城市和市镇亦是如此。汉堡、但泽、吕贝克、法兰克福、纽伦堡、罗谢尔、马赛、热那亚、里窝那、日内瓦，以及许多其他应该被提及的城市的情况也是这样，仅仅由于位置以及商业的成功，他们达到的丰裕富足的程度，堪比某些公国。另一方面，我也会列举几个城市，由于它们丧失了贸易，按照失去贸易的比例又再次衰败，比如安特卫普市、敦刻尔克镇、南安普敦镇、伊普斯威奇镇等等。

由于它们的贸易被切断了，商人迁走了，居民减少了，市镇只空有一个外壳却无内核，有房屋却无人口，即便有人口也没了财富。

当荷兰人切断了安特卫普市的斯海尔德河的自由航运①，它是怎样衰落的？英国的主要商品转移到了汉堡市，水产贸易则转到了阿姆斯特丹，商人们也随之而去。与从前相比，现在那个城市又是怎样一番模样？

当法兰西国王由于最近那场战争不得不拆除工事，毁坏敦刻尔克港②，而使航运遭受打击，这个市镇是怎样明显地衰落的？曾经有18 000个家庭住在那里，据说留下的不到三分之二。所有依靠海军事务的人都随皇家兵工厂而去。所有海军仓库的库存军火不是被国王就是被商人消耗和运走。伴着停泊港（park）发展起来的贸易也随之衰败。现在，几乎没有船舶属于那里，几乎没有商人住在那里，而且再过几年，那些空房子年久失修，可能更显露它的破败，显露它因失去贸易而遭受的创伤，如同伊普斯威奇和南安普敦等地的情况一样。

无需环顾全球，我就能给您举出一些更远方的例子，大商业中心，世界上最伟大的贸易城市，都因商业的停顿而没落，例如位于欧克辛斯海，

---

① 斯海尔德河流经法国北部、比利时和荷兰，注入北海，是安特卫普的主要商业口岸，直至1648年，《威斯特伐利亚和约》签订，荷兰人停止斯海尔德河的航运，抑制该城市的贸易。1863年，比利时取得这项权利，使安特卫普再次成为主要港口。——英文编者注
② 在西班牙王位继承战争期间，路易十四加强敦刻尔克的防务，修筑防御工事，1713年，《乌得勒支条约》签订，他不得不拆除它们。——英文编者注

也就是黑海的的黎波里、锡诺帕和特拉布宗。① 土耳其人关闭了博斯普鲁斯海峡的航运,切断了那些地方与欧洲的往来,使其贸易随之终止。又如古老的苏伊士港和亚历山大港,古时候既是船舶又是商人的巨大聚集地,但因欧洲人发现了经由好望角抵达东印度的航线,它们既失去了船舶,又失去了商人。或再如著名的提尔城和科林斯城,它们因财富一直为世人艳羡,但那靠商业得来的财富却完全由于贪婪,前有希腊人破坏,后有罗马人洗劫。商人被戮,贸易被毁,它们再也无法恢复往日在世上的模样,正如再也无法恢复往日在世上的财富(fortunes)一样。

总而言之,无数的例证显示,贸易是世界繁荣之本,一切非凡的财富,无论是民族的还是城市的,都是靠贸易积累起来的。

事物的本性确实表明,当人类的勤劳运转起来,他们的希望和目标会得到加强,野心也会得到激发。获利(gain)的前景最强有力地鼓舞着世人,给他们的灵魂注入新的生命。每当目睹贸易民族的繁荣昌盛,就唤起他们同样的努力。

我们来检视一下没有贸易的民族(以及住在那里的人民)的不同面貌吧。多么悲惨的人生景象啊!国家满目荒凉,人民愁眉不展,穷困潦倒,心慵意懒。这并非由于他们缺乏劳动的意愿(will),而是由于他们缺乏能通过劳动获利的东西。富人懒惰,是因为他们富有和傲慢。穷人懒惰,是因为他们贫困和绝望。事情往往如此:

贫困带来懒惰(sloth),懒惰造成贫困。

我们说一些民族的人民懒,其实我们只应该说他们穷。贫困是一切方式的游惰之根。他们缺少事情可做,找不到能靠劳动挣得面包的活干。

---

① 1453年,奥斯曼土耳其人在穆罕默德二世(1451—1481年)的率领下攻陷君士坦丁堡。穆罕默德下令人们重新移民于此,重建其为该地区的政治和经济中心,抑制邻近的黑海港口的黎波里(1551年占领)、锡诺帕(1458年吞并)和特拉布宗(1461年吞并)。——英文编者注

他们工作却挣不到工钱,因为缺少贸易;他们的贸易得不到增长,因为缺少劳动。勤勉促进贸易,而贸易激发勤勉。劳动滋养贸易,而贸易养活劳动者。

世上几乎举不出哪个国家没有靠勤劳和专注以图改进的空间。不仅如此,我们发现一个勤劳的民族往往兴旺发达,哪怕有着土地贫瘠、气候恶劣、海面狂暴、位置偏远的重重负担,仍然拥有一些能够从事贸易的东西。

挪威和俄罗斯的人民除了深山密林和世上最恶劣的气候、最贫瘠的土壤之外,一无所有。然而,他们并不是不贸易,也没有不劳动。他们砍倒了树木,将它们运往国外建设他国的城市和海军,自己几乎什么也没留下。

假使他们的森林长在远离海运或水运的地方,他们便听从勤劳的指令,砍林焚树,就算树木只有汁液也拿去贸易。因此,他们给我们运来了焦油、沥青、松香和松节油。我们仿佛看见将整片森林装在大桶里运走,一次从俄罗斯运来一两万拉斯特①,每拉斯特10—20桶。

假使格陵兰岛和匹次卑尔根岛严寒难耐,假使自然不能承受那气候的暴虐,听任那些地方无人居住,勤勉的生意人也不会为艰难所阻挠,而是直奔那里。四面冰山耸峙,令人生畏,森然可怖,足以让灵魂描绘起它们都毛骨悚然,他却在千难万险中追猎海中巨兽(leviathan),把千头鲸鱼的脂肪(鲸脂)装载入船。

同寒带的艰难一样,我可以列举热带的严酷,展现高温烤炙之地经受的苦难。它们每一方面在种类上都与极度的严寒一样可怕。这些是长期平静带来的疾病和恐怖。海洋缺乏运动,停滞发臭,滋生腐败。烈日使痛苦至极的水手们散发恶臭,相互传染。他们被败血病折磨得毫无生气,丧失能力,伴随热病和发烧而暴怒疯狂,不知不觉便以这种方式死掉,以至于最后活下来的人也因为没有死掉的人,也就是说,没有人手而迷失在

---

① 英国重量单位,因商品和地区不同而异,一般1拉斯特为4000磅。

英国商业规划　　197

海中。

然而,没有什么可以阻挠勤勉的水手或勇于冒险的商人追求贸易,推进发现,建立殖民地,开拓商业,甚至前进到世界的各个角落。

现在,如我前面所述,缺乏贸易的民族沮丧而悲哀,相反,当好奇的旅行者穿行在世界中,他会看到从事着贸易和制造的民族的面貌截然不同。无论劳动多么艰苦繁重,他们都干得兴致勃勃。他们中间普遍显露出精神与活力。他们脸上洋溢着快乐,在劳动时比别人在玩乐时更加快活。他们热心快肠,手脚麻利,浑身上下充满了生命力,这不仅表露在他们的脸上,更体现在他们的劳动中。他们比其他国家同阶级的穷人生活得更好,因此工作起来更加努力。在这里我们能看到和之前一样的对偶句,虽然极端相反。就像我在那里说的,贫困带来懒惰,懒惰造成贫困。在这里:

劳动导致获利,获利激发劳动。①

由于他们干活更努力,因而比其他民族的穷人得到更多,而这又给予他们劳动以活力。这便是贸易的直接效果,因为从事贸易和制造之国较缺乏贸易之国,穷人受雇的条件更好,得到更优厚的工资。

据说,在俄罗斯和莫斯科大公国,当商业匮乏,没有工艺促进劳动时,他们没有别的办法来做一块大木板,只能先砍倒一棵大树,然后通过无数次的劈砍,把原木的边给去掉,直到剩下中间的一块大木板。② 做完这些后,他们把板子卖掉,和瑞典人或普鲁士人卖得一样便宜,但后者有锯子和锯木机帮忙,能从一棵树上切出三四块或更多同样大小的木板。结果必定是,可怜的俄罗斯人花了十倍于后者的劳力,却只能挣得同等的钱。

---

① 不明出处的引用,或笛福为某目的而自己编造的引语。——英文编者注
② 鲁滨逊在荒岛上也做过同样的事情,参见 Daniel Defoe, *Robinson Crusoe: An Authoritative Text Backgrounds and Sources Criticism*, New York: Norton & Company, inc., 1988, p.91。

我们常常听说,当这里那里的伟大的工程或建筑完工时,在英格兰,人们工作一天挣一便士。或许他们曾是这样的。但正如我前面谈到食品廉价时说的,那是在我们拥有任何贸易之前的情况。这也必然适用于工资。因为正如贸易抬高工资的水平,工资也提高食品的价格。这就是为什么所有外国人都承认,我们英格兰的穷人比他们在任何其他国家工作都要卖力。必须承认,他们相应地拥有更丰盛的饮食,而这是因为他们拥有更优厚的工资。

我会考察一下工资这个问题,并考虑英格兰各行各业的情况。那么,大抵会出现的情况是,做同种类的工作,英国的穷人比任何其他国家同阶级的男女挣得都要多。

同样不可否认的是,他们也干了较多的活。那么,假使他们干了较多的活,得到了较高的工资,他们肯定需要住得好一点,也要吃得好一点。的确,如果不是这样,他们就无法保持自己的劳动。

而且在这里我可以承认,法国人会比英国人干更多的活,假使让他们吃同样的食物的话。换句话说,外国人要是和英国人比赛挨饿,他肯定会赢。他将活着和工作,而英国人将衰弱和死去。要是让他们按照同样的方式生活,英国人将向法国人乞讨,因为虽然法国人会花光他所有的工资,但英国人花得比他还要多。

同样真实的是,这个法国人是最勤勉的,他比英国人要多干好几小时的活。但这个英国人能在更短的时间内干完那个外国人花更长时间才能干完的活。

我不是想要偏袒自己的国家,而只是总结一下。但必须补充的是,他们的工作也完成得更好。而且,对于他们的各种表现我实事求是。对此我可以举出例子,世界上所有的市场这时也会作证。但这就进入个别情况了,我会在合适的地方就它的各种实例详细地谈一谈。

前面所观察到的,在这里已足够说明问题。从事贸易和制造的勤勉的人们,干得开心,活得舒服。他们劳动时唱着歌,根据自己的选择工作,吃得喝得都很好,工作也进行得愉快而成功。反之,无业之人在极度痛苦和悲哀中发出灵魂的呻吟,不是由于工作,而是由于没有工作。而且,我可以公正地说,在游惰懒散的重压下慢慢堕落。他们所干的那一丁点活也是伴随着他们不情愿的悲叹,因为他们为此挣到的微薄工资,不足以在干完后给他们安慰。

当我们在大不列颠岛北部旅行时,我看到,在收获时节,他们总有一位监工来敦促收割者投入自己的工作,还找个人来吹风笛,好鼓励他们好好干活。我们的一个同伴注意到,在英格兰我们收割的时候,就没有这种令人愉快的做法。另一个同伴回答他,我们确实没有这样,也没有必要这样,因为即便没有音乐,英国人也已经工作得足够愉快了,再加上我们的工人们有着丰富的食物和饮料。"让我们打听一下这些贫穷的人们吃得怎样",他说。我们这么做了。这时,我们发现他们最好的食品只是一块称之为燕麦饼的燕麦面包和一小口水。农场主或管家每天给他们每人两次少量的格拉斯哥白兰地,那是他们对好麦芽酒的称呼。

总而言之,很明显,穷人在他们劳动的时候需要足够的音乐来鼓励自己。但当田地里没有监工或管家来监督他们工作的时候,音乐也起不了任何作用。

在英格兰,我们看见农场主在收获时节准备了上好的牛羊肉、馅饼、布丁以及其他食品,大方得令人吃惊,是在盛宴款待自己的工人而不是仅仅给他们东西吃。另外,他们还给工人不错的工资。让任何人看看这种工作差别吧。这些工人不需要音乐,盛宴胜过弦乐,布丁胜过风笛。总之,他们干活带劲,这是在其他国家里见不到的。

我能在制造业者中举出同样的例子。工人们的精神和气魄体现在他们制造的产品的质地上。对此必须要说,我们的制造品可能不像其他国家制造的同类产品那么便宜,但把它们拿过来衡量一下,试试它们的结实程度,你会发现,照他的工资来看,英国人的工作比别国人要好。他的啤酒更有劲儿,他的活也是这样。他的肌肉能使出更大力气来推拉织机,他的作品，比起在外国制造的同类以及同样称呼的货物质地更好，完成得更快，质地也更为紧密。

我记得在我们先前有关商业的争论中，最大的声音是针对法国人仿制我们羊毛制品的事。他们制作得如此完美，为的是在国外市场上胜过我们。从这一点人们推出，他们早晚会排挤掉我们的贸易，从我们手中抢走生意。人们给出的理由是，他们的穷人能以比我们的穷人低得多的价钱干活，所以他们的货会比英国货卖得便宜，而结果便是，他们不断从我们这里抢走首要和最好的市场。如果这是经过充分而公正的考察，如果他们拿出了充分的证据来支持暗示的事实，这个推论就是有充分根据的。那么，来检验一下法国人做得有多么好，他们的呢绒有多么优良吧。他们的各种呢绒式样都在这里展示了。这是用来和土耳其贸易的，由他们所说的在郎格多克（Languedoc）的大制造工场生产，正是这一点被人们拿来支持前面的论断。的确是这样的，那些式样不同寻常。呢绒被仔细地梳理过，颜色染得很好，甚至可以说完美。乍看上去，它们远远超过英国货，而非比不上后者。

但只要把它们拿给懂这个和干这个的呢绒商和工人仔细瞧瞧，缺陷很快就暴露出来了。法国人的呢绒显得纤细稀薄，质地不好，比例不对，不适于穿用。简单地说，它们在材质上绝对不能与英国同类的制造品相媲美。这一点得到了阿勒颇、士麦那，以及土耳其其他地方的亚美尼亚商人的进一步证实。这些产品通常就是在那些地方销售的。在那些地方，英国的和法国的呢绒拿来一过秤，它们之间就不用进行比较了。英国的总是比法国的每包重个四五十磅，有时还会更多。其结果便是：

1. 那些亚美尼亚商人很少买法国呢绒，只要市场上还剩有英国呢绒。
2. 如果他们的确买了法国呢绒，也总是出比英国货低得多的价格。

这是英国人的做事方式的明证。在许多其他情况下，或许在所有制造业的情况下，它都能得到检验。英国工人在他们所有手工操作中的强有力的劳动，也极为显著地体现在了纺织品上。而且我说，不只是宽幅细毛布,在很多其他制造业中这一点也显而易见。总而言之,我们的工人,就凭着他们精神的活力,也不习惯无力而浮皮潦草地工作。相反,他们在自己做的每一件事上都有力而实在。这种精神的活力得到了良好的饮食和比任何其他国家都更为优厚的工资支撑。他们挣的工资比其他国家的都高,相应的活干得也比其他国家的都好,他们的货物明显如此,因为与其他国家制造的同种类的任何产品相比,能在市场上卖出更好的价钱。

在他们的铜铁制造以及其他各种金属器件的制造业中,情况也是一样。但他们的造船业尤其如此。显然,荷兰人、法国人、瑞典人和丹麦人的船造价更便宜,但是英国人造得更坚固结实。与任何一艘外国造的船相比,英国船总是能够承受更猛烈的冲击,负荷更重的货物,(并像水手所说的那样)在位更久①。这种例子年年都能见到,特别是在煤炭行业,船因主人的急切而载了沉重的货物,吃水很深。然而,大家经常听说,一艘纽卡斯尔或伊普斯威奇造的运煤船能在位(我说过这是水手的讲法)四五十年,而且最后得以善终,也就是说,它们最后是被砸碎的,而不是像造得不坚固的船时常或应该说普遍那样,沉没海底或撞毁在沙洲上。

我们军舰坚固的建筑和华丽的装饰也证实了这一点。即使不是欧洲全部国家,它们也比大多数其他国家造的最坚固、最精美的船还要耐久,还要夺目,只是除开那些建有船楼的叫作加雷翁舰的笨重之物,它们被建得那样坚固,也就是说那么厚重,以至于简直不适合派任何用处。

这种比较在各部分都合乎我的论题,即贸易让世界欣欣向荣,为人民提供就业,提高他们劳动的报酬,并随着他们劳动的增加、工作的提升而增加。这么看来,对英格兰的议论,并不是对我们自己国家的一种恭维,而是一个现实的、历史的真理。因为不可否认,没有哪个地方的穷人的劳动能像在英格兰这里标价这么高,按货币和食品价格的比例,世上也没有哪个国家的穷人能因自己的工作拥有与英格兰的相等的工资。

这样一来,劳动的穷人精神饱满,身体强壮,有能力干他们受雇的活

---

① 维持更长时间。——英文编者注

计。反过来说,这也是为什么法国人、意大利人以及大多数其他国家的人把他们的(任何一种)制造品造得漂亮但不够优良、精美但不够结实的道理。我承认他们的工艺精美,甚至我可以承认他们更长于发明设计,或许能用更多的装饰来点缀制造品。但是,就他们花在自己作品上的手劲儿而言,在这种力量对其价值是必需的情况下,我们的人民胜过他们所有人。

我可以继续将它运用到许多个别情况,它能引我进行一些非常有用的思辨,不过这会偏离我的论题。因此,回到我正在谈论的这一点上来,即商业对世界以及对个别国家的巨大好处。

当我们没有贸易,没有船只,没有拥挤的城市,没有大量的人口,没有能与我们现在相比较的财富的时候,食品卖不起价,土地产不了租。这是为什么?原因平凡又简短,概括起来一句话,劳动没能带来工资。

注意:"没有"或"没有任何东西"这个词,并非严格的"一点也没有"的字面意思,而是与现在所见的相比,可以说什么也没有。

人们被分为了主人和仆人。不是地主(landlord)和佃户(tenant),而是领主(lord)和臣仆(vassal)。佃户不付地租,而是以臣仆身份(vassalage)持有他的土地,也就是要为他服务。这几个佃户为他耕种土地,那几个佃户为他围好庭院;有几块土地用来为领主的厨房供应禽和蛋,这块地供应这个,那块地又供应那个。因此,按苏格兰人的说法,领主活在他的所有物中间。

在维兰制(Villainage)[1]的约束下,从属于这些佃户的下等人,也就是那些现在被我们称为农夫和茅舍农的劳动者,这些人做着苦工,照看他的

---

[1] 一种中世纪封建土地制度。根据12世纪《财政署对话集》(*Dialogus de Scaccario*),领主不仅是动产的所有者,还是他们的依附者的身体的所有者,他们可以出售或以其他方式让渡其所有权。P. Vinogradoff, *Villainage in England*, Oxford: Oxford University Press, 1927, pp.44-45. 维兰领有一块份地耕种,相应他须定期给领主服劳役,到了12世纪,有不少劳役义务可折算成货币或实物。在《末日裁判书》中,自由人、自由佃农、维兰、边地农、茅舍农和农奴构成了中下层的社会等级。维兰没有自由佃农那么自由,但并非农奴,他们拥有自己的财产,包括维持生产的动产,如牲畜、农具、房舍、财物等,他们世袭使用份地,有较牢固的权利,受庄园习惯的保护。14世纪后半叶起,维兰制衰落,维兰们逐渐转变为公簿持有农。参见克拉潘:《简明不列颠经济史:从最早时期到1750年》,范定九、王祖廉译,上海译文出版社1980年版,第102—103页。

马匹,驱赶他的牲畜,出售他的木材,用栅栏、树篱、壕沟圈围土地,打谷脱粒,总而言之,做所有奴仆的劳动,以此来糊口,也就是拥有一间破茅舍,住得几乎不如一间还凑合的新式猪舍。他们像乞丐一样,对着水管喝水,蹲在厨房门口吃饭。至于其他的事情,那就是领主是他们的国王。不仅如此,假使我说过他是他们的上帝,也并没像有人想象的那样错得离谱。因为,他们如此盲目地服从于他,崇拜着他,以至于只要他一声令下,这些人就会起来反抗自己的国王,并拿起弓箭反抗任何他命令自己反抗的人。

甚至在英格兰这个繁荣的国家,情况也是如此,直到贸易发展起来,一切才发生了改变。请允许我想当然地假设了这么多,但我坚持认为,只有贸易才能产生这种影响,这种层层推进极为显著。

在人们开始从事贸易以前,财富是个什么情况?你是看见它如何在人们的手里无法流通出去的?而贸易又是个什么情况?

1. 我们没有制造业。我们的确有羊毛,有锡和铅,那些是储备,具有某种重要性。但谁拥有它?一点不错,是教会和士绅。修道院和贵族们拥有土地和绵羊,结果也就拥有了羊毛。我们发现在爱德华三世时期,神职人员和修道院将他们全部羊毛的五分之一献给国王,支持他来进行反法战争。这些羊毛被运往国外,卖给佛兰芒人,这笔钱就是国民财富。

2. 就一般而言,由于那些英格兰历代诸王参与的毁灭性的战争,这笔钱会再度涌向国外。这些战争有时发生在法国,有时发生在圣地,有时在佛兰德斯,有时在布列塔尼以及其他地方。结果是,人民依旧贫困,我指的是士绅和神职人员,因为这笔财富是他们的,他们纳了所有的税。至于劳动的穷人,他们几乎不知道钱是个什么东西。

3. 至于贸易,它是由东面国家的人(easterlings),也就是汉萨同盟诸城镇①以及佛兰芒人从事的。他们运走你们的羊毛、铅、锡,以及其他任何你所拥有的东西,再供给你呢绒、香料(没有酒,抑或只有一点),以及简单

---

① 见前文注释。——英文编者注。东面国家的人指波罗的海沿岸诸国来英国的商人。——中译者注

来说,大麻、亚麻、树脂、焦油、铁和其他任何能从国外获得的东西。这些耗尽了国王和战争留给你们的那么一点点财富。他们给你们带来船只,铸造了你们用的货币,总之,靠着你们变得富有,而你们却在一旁看着、挨饿。

最终,凭借亨利七世的审慎,你们彼此间开始了贸易,并在世上逐步地发展壮大起来。大约在伊丽莎白女王统治中期,你们成了自己制造业的主人。她为鼓励贸易所做的一切,我将在适当的地方说明。那么,随之而来的是什么?没用几年我们就看到了最辉煌的成果。

1. 你们的人在国外成了商人,在国内成了制造商。他们尝到了商业的甜头,受到了获利的刺激,很快便排挤掉了他们的替代者,建造了他们自己的船只,发出了自己的货物,带回了自己的利润(returns),抛弃了东面国家的人,禁止羊毛往国外运,从而使佛兰芒人破了产,就此自立了门户。

2. 对于这个国家,贸易革命带来了一场事物自身本性的革命。穷人开始工作了,不是为了茅草屋和号服①,而是为了金钱,并且正如我们所说,为了靠自己的双手生活。女人和孩子学会了纺纱并由此赚到了钱,这个东西对他们来说是全新的,前所未见。男人离开了树篱和壕沟,在制造商的安排下成了羊毛梳理工、织工、漂洗工、呢绒工、搬运工,做着无数快乐的劳动,而他们以往对此一无所知。不仅如此,开始的时候,佛兰芒人(为了钱)来到这里教他们怎么干那些活,我是说开始的时候,因为人们很快就能把他们自己的师傅送回家,并且互相传授技艺。那时,维兰(villains)和臣仆(vassals)②被送到制造商那里当学徒,直至成为师傅,他

---

① 号服是旧时贵族的家臣或富人家中的仆人穿的特殊制服,以显示他们的仆从身份。
② 中世纪的英国贵族制又名封臣制,是诺曼征服以来英格兰封建制度的核心。领主庇护封臣,而封臣须忠于领主。当时,通常封建领主大家庭都包括一些封臣仆从。封臣为主服役并效忠于领主而获得一些特权,即拥有一块土地及土地上的农奴。土地的收益属于封臣,所有权属于领主。封臣可将采邑"再分封"给下一级封臣,次级封臣享有类似的权利和责任。一些人拥有多个领主的采邑,而只效忠于一个地位最高的或赐地最多的领主。领主的地位不论多高,都可能是某个贵族的封臣。封臣制形成后约一个世纪,就已露出衰落的迹象。国王不再刻板要求一些贵族封臣提供数目与封地相当的骑士,而是通过协定,贵族封臣向王室提供一定报酬,王室用它来征召骑士和士兵。贵族们也如法炮制。封臣制与维兰制一样,逐渐衰落。详见阎照祥:《英国贵族史》,人民出版社2000年版,第119—123页。

们的名称,甚至这个被称为封臣制和维兰制的事物本身,也逐渐被废弃。臣仆靠贸易挣钱,维兰靠体力挣钱。而领主也发现了这里的甜头,因为他们①很快就通过赎买的方式免除了劳役,带着领主去领钱。于是,茅舍农变得富有,买下了他们附带着公用权(the right of commonage)的农舍以便生活,只要他们同意,还可以将租约更新下去②,这就叫作公簿持有制(coppy-hold)。另一方面,直到今天在北方还称作臣仆和封地持有者(feuholders)的人也变得富有,和领主混在一起,用一笔钱摆脱了他们奴役性的保有权(tenures),得到了他们的地契,转变为自由持有农(freeholds)。为了完成这伟大的工程,土地上的农民现在被允准通过支付一定租金来获得土地,而士绅则获得了一种货币形式的收入,他们过去则对此一无所知。

我可以在这里详细叙述奢侈和节俭产生的不同效果,这一点在世事的变幻上异常明显。即节俭的制造商受到他们成功的鼓舞,加倍地勤奋努力,悉心经营,因而积累了财富,变得富有。而那些奢侈靡费、恃富而骄的士绅,满足于他们令人愉悦的收益的进增,以及他们租金价值的上涨,变得虚荣、轻浮、挥霍无度。所以,前者蒸蒸日上,后者有他们全部新增的收益,却越来越穷困潦倒,直至前者开始出钱买下后者的全部地产。这些制造商就这样买下了他们的地产,然而,在那个年代,土地全都在男爵的手里。换句话说,贵族(nobility)乃至拥有土地并被称作士绅(gentry)的骑士和乡绅(esquires)③,也是依靠上面那种奴役性的保有权来拥有它们。现在我们看见贵族和老士绅几乎到处在变卖他们的地产,而平民和生意人买下了它们。所以,现在士绅比贵族要富有,而生意人则比他们所有人还要富有。

---

① 指维兰及其仆从。
② 公簿持有农只拥有土地的用益权,而不拥有土地的所有权,土地仍为领主所有。租约到期时,公簿持有农或其继承人须向领主缴纳一定的更新租约费,来延长租期。然而,到16世纪中叶,为了圈占土地,领主往往通过抬高更新租约费和进入金来驱逐佃户。
③ 英国中上阶层中有一定社会地位或士族地位次于骑士的绅士。

我已经勾勒出因贸易而不断增长的世界财富的轮廓，正如在英格兰一样。换句话说，我按照英格兰发生的事情来设置场景，因为我是在对英格兰民族说话，这样人们会更容易理解一点。但是，这个主题是一般性的，这件事情无需予以个别的解释。上面的论断不同程度地适用于欧洲所有的贸易民族，就像在这里一样，尽管可能没有比这儿更突出的国家了。在这里，贸易给民族的面貌以及人民的境况带来了如此明显的改变，以至于在任何其他民族身上都看不到如此显著程度的类似情况。所以，假使我一直在其他任何国家，或者在用其他任何语言写作，我肯定也会把英格兰单独挑出来作为例证。

不过，我会恰如其分地引证其他民族的例子，因为在欧洲所有从事制造的国家中，这种情况在程度上是一样的。由于贸易的增长，人民的悲惨境遇得到了改善，穷人得到了制造业和航海业的雇佣，以及贸易给他们提供的普通劳动。相应地，他们生活得更好，不再那么贫困，能够维持生计，以往可以说他们只有挨饿的份。显而易见，在那些贸易最有效地扩张而且有着最大影响力的国家，穷人生活得最好，他们的工资也最高。在工资最高的地方，食品的消耗量也增长得最多。在食品的消耗量增长得最多的地方，食品的价格也最高。在食品价格最高的地方，土地的租金也上涨得最多。

然而，这种层层推进并没有到此结束。在土地租金上涨的地方，治理者（governor）征收的税费就多。税款征收得越多，国家收入也就越能够增加，结果君主或治理者就更富有。民族越富有，它们也相应变得更强大。

因此，贸易是财富的根基，而财富是权力的根基。以往北方诸民族的贫困加之人口众多，让它们令人生畏。随着人口增加，国家无力负担，年老的驱逐年轻的，正如蜜蜂驱赶着自己的蜂群去寻找栖居之所，通过武力给自己在更温暖的气候地区占得空间，迁居在更肥沃的泥土上。因此阿兰尼人、高卢人和匈人入侵意大利，高卢人侵占西班牙，汪达尔人入侵西班牙和非洲北部，色雷斯人入侵纳托利亚和马其顿，等等。

然而,在我们的时代,情况普遍地发生了改变。兵法在各处为人所研究,广为人知,以至于如今取胜是靠财力的强大而非武力的一时高下。假使有任何国家,那里的人民没那么尚武,没那么进取,没那么长于作战,他们只不过比邻国多了点钱,便很快会在力量上超过他们,因为金钱就是权力,他们有钱(按荷兰人的说法)就能拥有欧洲最好的军队和经验最丰富的将领,在可以想象到的最短暂的警告后就立即为之作战。因此,一旦君主和国家间突然发生争执,他们并非立即回国组建军队,征召士兵,而是回国筹款。待筹完款他们便从国外雇佣军队,雇佣士兵,甚至雇佣将领。所以,他们从不需要带任何新组建的部队上战场,那都是些富于作战经验的老兵,比如瑞士人、德意志人等等,他们在世上最伟大的将领的指挥和带领下继续前进。所以,战争瞬间就爆发了,现在决定性的战役比以往带领部队上战场的时间还要短。

因此威尼斯人有他们的将领舒伦堡、柯尼马克、巴登等等来领导他们的部队。西班牙人有他们的莱德侯爵。俄国人有他们的克洛伊公爵,他们的将领戈登、克宁塞克,等等。① 除瑞士人和格劳宾登人之外,丹麦人、普鲁士人、吕讷堡人、萨克森人、黑森人、巴伐利亚人以及其他德意志人的军队,都因钱受雇,轮流作战,现在为这边,然后又为另一边,我是说,轮流地根据那些支付给他们钱的人的指示,而无需考虑政治上或宗教上的党派或利益,不管是他们支持的,抑或是他们反对的。他们今天为天主教徒

---

① 17—18世纪的雇佣军人。1715—1718年,约翰·马蒂亚斯·冯·德·舒伦堡伯爵(1661—1747年)在威尼斯军队中担任陆军元帅,抗击土耳其人。奥图·威尔翰·柯尼马克伯爵是汉诺威和萨克森军的瑞典指挥官,1687年,在弗朗切斯科·莫罗西尼的统领下对抗土耳其人。巴登可能是路易·巴登-巴登侯爵,曾在土耳其战争(1683—1699年)和西班牙王位继承战争(1702—1713年)中作战。莱德侯爵,祖上是佛兰芒人,1717年领导西班牙军队入侵撒丁岛,1718年,领导西班牙军队入侵西西里岛。夏尔·欧根,德·克罗伊公爵,来自古老的尼德兰家族,1700年为彼得大帝效劳,指挥俄军围攻纳尔瓦(在那里,他们被瑞典国王查理十二世打败)。苏格兰人帕特里克·戈登(1635—1699年)在俄国军队里成长为一名将军,并成为彼得大帝的朋友和顾问。克宁塞克(Konningseck)身份不明。——英文编者注。这里,笛福所指称的"路易"即路德维希·威廉,"莱德侯爵"即让·弗朗索瓦·德·贝特(Jean François de Bette)。——中译者注

而战,明天又为新教徒而战。管它是为上帝还是巴力(Baal)①,只要受到雇佣他们就行动:

并且总是根据他们被偿付的价钱而战。②

因此,金钱组建军队,而贸易筹集金钱。所以真可谓贸易使君主强大、民族骁勇。那些无法依靠自身力量迎战的最柔弱的民族,假使他们有了钱,能雇佣其他民族为他们作战,就能像其任何的邻国一样令人生畏。

看到贸易既然是财富和力量的储备,我们不会惊讶于最明智的君主和国家为臣民的商贸增长、国家的发展而焦虑不安。他们急于促进自己臣民的制造品的出售,雇佣他们自己的人民,尤其急于使他们所有的货币留在国内。相反,他们禁止从国外进口他国的产品及其他民族的劳动出产,因为这些东西能带回金钱,而不是交换商品。

我们也不会惊讶于见到君主和国家努力在自己的祖国建设这样的制造业。他们看到自己的邻国经营这些制造业成功地获得了利润。他们努力通过所有可能的正当手段从别国弄来建设那些制造业需要的材料。

因此,我们不能责备法国人或德意志人把英国羊毛努力弄到自己手里,襄助他们的人民模仿我们的制造业。谁叫我们的制造业在世界上是如此受人赞誉,在国内也是如此有利可图。

我们也不能责备任何禁止使用和穿戴我们的制造品的外国民族,假使他们能在国内制造它们,或者制造任何他们能替代之的东西。

这个道理很简单。每个国家的利益都在于鼓励自己的贸易,鼓励那些雇佣自己的臣民,消耗自己的食品增长和商业原料,以及诸如此类能将

---

① 巴力(Baal)在《圣经》中多次出现,为古代迦南人所膜拜的繁殖神明。《圣经·士师记》第2章第11节:"以色列人行耶和华眼中看为恶的事,去事奉诸巴力。"同章第13节:"并离弃耶和华,去事奉巴力和亚斯她录。"《圣经》多处描写了以色列人离弃耶和华,向诸巴力献祭,给偶像烧香。
② 笛福这句话的出处不明。——英文编者注

自己的金钱或铸币留在国内的制造业。

根据这个正当的原理,法国人禁止英国的羊毛制造品,而英国人也反过来禁止或对法国的丝绸、纸张、亚麻布以及其他几种制造品征收等同于禁令的税。根据贸易中同样公正的道理,我们禁止穿戴东印度的丝织品、印花棉布等,我们也禁止进口法国的白兰地、巴西的糖、西班牙的烟草,以及诸如此类的其他几种制造品。

我想起了一位绅士给我讲过的故事。他在莫斯科大公国住了多年,那是一个和俄罗斯人一样虚弱而邋遢的民族。无论他们的政治是多么粗野,这个原理还是说服了他们,因为这纯粹是贸易中自然的结果。情况是这样的:

一位英国人在伏尔加河边的卡萨城生活了很久,并似乎与那里的大盐矿有牵连。他遗憾地观察到,那些按我们可能的称呼,他称之为巴雷土恩(Ballatoons)[①]的巨大仓船在河上运载货物,从阿斯特拉罕、里海,还可能从波斯运到莫斯科。讲述者告诉我,这些船的荷载惊人,可以从100吨到近两倍于此。但这些船不灵便,笨重又难控制,需要很多人来操纵,可能还需要他们逆着浩浩河水拉纤,距离也达到1800英里以上,按比例来说是航行中的很长一段距离。

这位英国人幻想他能设计一种船,虽然不能运载这么多,但也能运将近100吨的货物,并借助帆和熟练的驾驶,可以在更短的时间内用更少的人完成航程。

注意:那些巴雷土恩似乎每艘要雇100—110人或120个人来一路拖曳,而这位英国人则建议,用18或20个人来做同样的工作,在大约三分之一的时间内完成航程。

这位英国人怀揣着这个规划,期待着在宫廷上大受推崇和嘉奖,动身前往莫斯科。在那里出席过几次社交场合之后,他告诉几位波雅尔

---

① 俄国运输木材的重型内河船。——英文编者注

(boyars)①和大人物,有一项提案要向大公呈递,这项提案对他们的国家以及这座都城都非常有好处等等。获准觐见后,他将整个方案呈递给陛下。

那时还不称为沙皇的这位大公欣然收下这份方案,并在再次和三次的接见中召他上前,开始询问他几个细节问题,但主要问的是:"从前这些船上雇了多少人?"

这位英国人答道:"120。"

"那么你造的这种船能用多少人?"大公问道。

"最多18或20人。"这位规划者回答。

"我的臣民现在完成这段航程要花多长时间?"俄罗斯沙皇问道。

"大概四五个月。"这位英国人回答。

"你的船完成它需要多久?"陛下问道。

"大概在两个月之内。"这位英国人回答。

一听到这个,大公停住了,好像很愤怒,但似乎是在沉思,仿佛在盘算着这件事情。些许停顿之后,他转过头来对着这位英国人:"你是哪国人?"陛下问。

"我是英国人。"规划者答道。

"很好,"陛下说,"这个方案对你来说是好的,因为你不是我臣民中的一员。你来到这里提出这个规划是想饿死我的人民吗?你立刻给我滚,速速滚出我的领土,不然我将你处死。你用18个人干的活是现在120个要靠此糊口的人干的!这102个不能再干这行的人该怎么办!失了业他们肯定挨饿死掉!滚吧,"陛下接着说,"不要再来我的宫廷。"他立即下令直接将他遣送至诺夫哥罗德,那里是莫斯科大公国的边疆,朝向利沃尼亚和瑞典。大公唯恐他会传播这种危险的发明,以致减少他的臣民的雇佣和劳动。

---

① 沙俄特权贵族的一员,后被彼得大帝废除。

英国商业规划　211

该愚蠢的行为成了针对莫斯科人民的某种笑柄。但无论如何,这个寓言的教益是好的。一国的财富和福利当然是让人民有活干,管他工资是多少。

根据同样的规则,人们靠劳动能赚最多的钱且无损于治理(government)的民族才是最丰裕富饶的。无论一般的情况还是个别民族,都是如此。

一些人武断地提出这样一个准则:降低人们的制造品的价格就是这个国家的一般利益。这当然是一个错误的准则。

的确,一些旧观念会对这项贸易政策表示赞同,那就是廉价造成消费,以低于别国的价格出售,我们就会抢走他们的贸易。这种观念中也有某种通行的东西,但并非适用于所有情况,尤其不适用于我们的制造业。

首先,我坚持认为,要通过降低作为工人或制造者的穷人的工资来降低我们制造品的价格,这是不可能的,除非降低制造品的价值和品质。

如果你期待穷人应更廉价地工作,但干活不会更轻描淡写或像我们所说的不卖力,不会浮皮潦草,那你是在指望不符合事物本性的事。

再说,假使穷人的工资降低,食品的价格也自然会降低,而这又自然会降低土地的价值,这样立刻会损害资本。因为穷人不能挣得少还花得多,其结果便是饥饿和悲惨。食品的价格随工资的价格变动,不可能有别的情况。它过去是这样,将来也会这样,事物的本性规定它就是这个样子。

因此,这是贸易错误方向的开端。正确的方法是,保持你们的制造品的优良,从而使它在质量上超过别国,这样,它在价格上高一些就不会是贸易中的缺陷。

事物的贵贱并非取决于它们卖多少价钱,而是根据它们卖出去的价钱和所卖货物的优劣所成的比例。一件昂贵的制造品可能和同类的廉价品一样贱,这得看制作和完成这件作品的活干得好还是坏。一幅精美的画可能比一幅同样大小的粗劣的画还便宜,相较于它工艺的优良而言,虽然一幅可能卖一百几十尼,另一幅只要 100 先令。

让你们的制造品在它同类的世界里赢得最好的信用吧。相应地,它也将具有世上最好的价钱,然而也是便宜的,也就是说,它性价比高而非不值其价。

我将在合适的地方就这个问题多讨论些,但这里我只能粗略地给点线索来说明,对一个民族最大的好处是为他们的穷人提供工作,使他们不仅活着,而且活得舒适。贫困而不幸的莫斯科人,为巴雷土恩配置了 120 个人,这些人都靠那个职业过活,也就是说,他们没有马上饿死,但事实上他们可以说是靠它挨饿,而非靠它生活。

但我们劳动的穷人真正地活着、养家、缴清税款。他们衣着好料,吃着肥肉,喝着甜酒,不过,也辛苦地劳动。这不仅是一般而言的贸易的荣耀,而且是个别而言的我们制造业的荣耀,因为通过这种手段,制造品保持了市场上的价格,在国内保持了质量的优良,在国外保持了信用,这些因素彼此唇齿相依。工资支撑着制造业,制造业支撑着工资。因为优厚的报酬,织工及所有依赖他的生意人得到鼓励去保持制品的优良。因为质量优良,它们保持住了在国外的信用。因为信用保持住了价格,因为价格又维持住了工资。一只手把另一只洗,两只手把脸儿洗。

由此我也坚持认为,我们的制造品是世上最便宜的,因为它是最好的。而我们的穷人与欧洲的任何穷人一样廉价地工作,因为他们的活干得最出色。对于这方面,我将在接下来的行文中更加详细地证明。

所以,让我们消除商业中那些偏狭的观念吧,或者至少别太重视它们。廉价促进消费,或许对许多事物是这样,但它不是一条毫无例外的准则,也不是在任何情况下都能作为建筑的基础。在对劣等品的消费中,对食物和饮料的消费中,这个准则是正确的。假使好酒不卖 2 先令 1 夸脱而是卖 6 便士 1 夸脱,或和烈酒一样卖 3 便士一壶,人们喝的酒会比现在更多。但在讲求质地的、厚重和耐久的事物上,情况许多时候会改变。正如那句正确的古谚所说:最好的才是最便宜的。

大量消费即是贸易的繁荣,这个准则也不是在每件事上都正确,除非确实通过贸易得到了某些收益。举例来说,我们英格兰的金币得到人们可以想象到的最大的迷恋,从 1 几尼换 21 先令 6 便士涨到 1 几尼换 30 先令①,但在国外,其相应的价格并没有成比例地提高。荷兰人、德意志人、法国人和葡萄牙人匆匆将他们的金子带到这里,以 40% 的利润铸币,并立即将之投资到我们的产物和制造业上。假使他们继续这样,购进英格兰所有的毛织品、谷物、锡、铅、熟铁熟铜、糖和烟草,用他们每盎司 6 镑的金子很快地买完,这样大量的消费会毁掉整个商业,因为他们会让我们的所有海外市场变得萧条。简言之,他们会卷走我们所有的商品,只留给我们价格超过其所值三分之一的大笔的黄金。

但这还不是全部。卖出我们大量的货物可能并非总有收益,假使价格降到我们贸易的标准之下的话。我所说的贸易的标准指的是穷人的劳动通常规定的价格。以商人无法获利、制造者无法生活的价格大量消费你们的商品,有什么好处? 毫无疑问,假使给它们的价值打上 20%—30% 的折扣,你可以在三个月内将这个国家的羊毛制品全部卖掉。廉价必将促进消费。

但是,这对商业而言有什么收益,对一般贸易而言有什么好处? 既然你不能改变那个价格下的销量,你也无法将贸易维持在那个基础上,使之不至于陷入像缺少市场一般的毁灭性境地,也就是工资下降、食品降价、土地贬值,总而言之,是字面意义上的偿债基金(sinking fund)②。

支撑贸易的更好的方式是,减少你在国内的产量,假使你不能使消费与产量成比例,也要使产量与消费成比例。让你的人民中的一些人没有工作,另寻出路,比让所有人毫无收益地干活要好得多。关于这一点,我以后再慢慢叙述。

---

① 1664—1717 年,金银的相对价值随金属的市价而波动。1696 年,削边银币的价值降得如此之低,以至于 1 几尼能换 30 先令。1717 年,1 几尼等于 21 先令的比率最终被固定下来,它曾从 30 先令阶段性地降至 29、28、25 和 22 先令。——英文编者注
② 定期支付形成的基金,旨在减少特定债务,之后基金减少,即消失。——英文编者注

总之,我坚持认为,而且毫不迟疑地表明(对廉价促进消费的旧有普遍观念不带任何指责),任何从事贸易的人民的真正利益是保持其价值,我是说,将他们制造品的内在优良品质维持在正当的标准,使商品因其真实价值而廉价,而非单纯依靠以信用为代价的降价来使它们在市场上廉价。

我坚持认为,依靠其内在价值来保持一种制造品的信用是国民生产唯一的繁荣。凭借它,制造它的人们才会富足,他们生活在其中的民族才会繁荣强大。

这一点对于中国、印度及其他东方国家的制造业很明显。的确,它们拥有世上最庞大的制造业和最多样的制造品。而他们的制造业将自己推向世界,纯粹是通过强调其廉价,根据上文所述的原理,促进对它们的消费。

不过,回头看看他们来自的这些个国家,在那里你会看到最明显的结果。制造所有这些精细物件的人们都极度悲惨。他们的劳动没有价值,他们的工资说出来会让我们大吃一惊,我们一想到他们的生活方式就会不寒而栗。他们的女人拉着犁而不是马,他们的男人在更加沉重的劳动重压下衰弱死去,因为他们吃的食物没有充足的营养支撑自己,他们所得的工资无法为他们提供更好的食物。可是严酷的工头却用鞭子抽着他们往前挪,就如我们有时(也残忍地)对待自己的马一样。

纽荷夫先生[①]在他对中国的描述中,如此记述了穷人们的悲惨境况。他们艰难地拖曳着,或按我们的说法,在那里拉着船在世界最大的皇家运河中逆流而上。驱赶他们的人,多么像我们赶马车的人,抽打着他们前行,直至这些精疲力竭的造物倒下,在劳累中死去。我要说,他这样的记述,一个仁慈的人一想到心就会流血。按我所能计算的,他们所有劳动挣

---

① 即约翰·纽荷夫,17世纪荷兰旅行家和荷兰西印度公司代理人,曾去过巴西(1640年)、巴达维亚(1654年)、广州,随后又去了安波那岛、马六甲、苏门答腊岛、科罗曼德尔和锡兰(今斯里兰卡),他的《东印度公司使节团访华纪实》于1655年在荷兰出版,1671年由约翰·奥格威翻译的英译本面世。——英文编者注

的工钱相当于一天两便士。想必他们的制造业也相应的是这种情况。

赞成在英格兰(或在欧洲的任何一个干活最廉价的国家)仅仅依靠廉价来促进我们制造品的消费的绅士们,假使他们同意将制造它们的人民的工资减低到中国或印度劳力的价格,毫无疑问,他们会增加消费,卖光存货,但这又能带来什么好处呢?他们卖掉了他们的货物,但却毁灭了他们的人民。坦白说,我不理解这在总体上有什么好处。

后面我会再次论述这个问题,因为它与我们英格兰的商业尤其相关。所以我只是在此提及一下,因为降低制造品价格的观念被普遍接受为贸易的一般原理,并被错误地运用到特殊情况之中。

工资的问题上有个例外,可以引来反对我上文就英格兰提出的看法,即我们支付给穷人的工资比世上任何一个国家都高。大家可能认为我要么忘了,要么不了解欧洲在美洲的殖民地的最高工资,不仅是英国的,还有法国的、西班牙的等等。那里每天因劳动向手艺人和劳动者支付8里尔,准确地说是5先令,在牙买加是6—7先令。在那里,这几年之内,奴隶的价格按人头从20镑涨到三四十镑,只因为高昂的工资。

但用几句话就可以解释并充分回答这个问题,那就是,那里高昂的工资是由两种情况引起的:食品的昂贵以及人口的匮乏。那些岛上食品昂贵,那些大陆上的殖民地人口缺乏。任何一个有经验的人只要权衡一下,就会发现,同昂贵的生活比较起来,那里的工资和这里的一样低廉,而且在某些问题方面更为低廉。对这一点的个别考察,我会在后面有所涉及。

总而言之,几句话就可以概括:贸易是世界的财富。贸易产生了国与国之间的贫富差别。

贸易促进勤劳,勤劳产生贸易。贸易分散世界的自然财富,增加新的财富种类,对此自然一无所知。贸易有两个女儿,她们在工艺上的累累硕果,可以让人类有工作可做,即制造业和航海业。

看看她们如何协力对世界做好事,并教导人们怎样幸福舒适地生活吧。我是说,让我们看看这两位如何结合,并且是舒适生活的唯一方法。

舒适生活,我指的是勤劳,因为懒惰闲散的人生并不幸福舒适。有事可做是生命,懒惰闲着是死亡。忙忙碌碌便乐乐陶陶,生气勃勃。无所事事便黯然神伤,死气沉沉,简言之,只适合奸恶与魔鬼。①

  制造业提供商品。
  航海业提供船舶。
  制造业是接济穷人的救济院。
  航海业是抚育海员的育儿室。
  制造业指挥着从海外得来的金钱。
  航海业将它带回家。
  制造业令船装货发出。
  航海业令船装货返回。
  制造业是财富。
  航海业是力量。

  总而言之,制造业在国内雇佣人,而航海业则在海外雇佣人,两者合力,似乎使整个忙碌的世界运转了起来。她们似姐妹般地携手来激发勤劳的民族,假使好好经营,必定会使整个世界富裕。

译者单位:中国政法大学社会学院

---

① 《圣经·提摩太前书》第5章第13—15节:"并且她们又习惯懒惰,挨家闲游;不但是懒惰,又说长道短,好管闲事,说些不当说的话。所以我愿意年轻的寡妇嫁人,生养儿女,治理家务,不给敌人辱骂的把柄,因为已经有转去随从撒旦的。"不仅如此,《圣经》中有多处记载懒惰的恶果,如《圣经·箴言》第6章第9—11节:"懒惰人哪,你要睡到几时呢?你何时睡醒呢?再睡片时,打盹片时,抱着手躺卧片时,你的贫穷就必如强盗速来,你的缺乏仿佛拿兵器的人来到。"又如《圣经·耶利米书》第48章第10节:"懒惰为耶和华行事的,必受咒诅。"

笛福年表 *

/杨璐

* 由于篇幅有限,只选取了所编写的较重要部分。资料来源 John Richetti, *The Life of Daniel Defoe*: *A Critical Biography*, Hoboken: Blackwell Publishing, 2005; John Robert Moores, *Daniel Defoe*: *Citizen of the Modern World*, Chicago: University of Chicago Press, 1958; John Robert Moore, *A Checklist of the Wrings of Daniel Defoe*, Bloomington: Indiana University Press, 1960;钱乘旦、许洁明:《英国通史》,上海社会科学院出版社2010年版。

1660 年　出生

夏末 9 月前后①,生于伦敦圣吉尔斯教区②,该教区离弥尔顿所住的杰温街(Jewin Street)很近。其父詹姆士·福(James Foe)是一位成功的油脂蜡烛商,其后几年间,将生意扩展为更多商品的海外贸易,成为伦敦商界突出人物。其母为爱丽丝(Alice),两个姐姐为玛丽(Mary)和伊丽莎白(Elizabeth)。福一家起源于北安普敦郡(Northamptonshire)的约曼农,其父詹姆士从艾顿(Etton)移民至伦敦。笛福幼年时,他们住在圣斯蒂芬(St. Stephen)教区的天鹅巷(Swan Alley),靠近旧式圣保罗大教堂和伦敦交易所,这是伦敦城的中心。同年,斯图亚特王朝复辟。

1661 年　1 岁

4 月 23 日,查理二世加冕,5 月 8 日,"骑士议会"召开,成员基本是曾经的王党和坚定的国教徒。议会命令公开烧毁《庄严同盟与圣约》,并废止 1642 年《主教驱逐法案》(Bishops Exclusion Act),允许英国国教的主教们恢复他们当时的职位,包括他们的上议院席位。

12 月,《市政法》(Corporation Act, 1661)通过,规定没有人可合法当选任何一个城市机关或市镇自治机关的政府职务,除非他在选举后的 12 个月内接受了根据英国教会仪式在国教教堂领受圣餐,并宣誓效忠国王,

---

① John Robert Moores, *Daniel Defoe*: *Citizen of the Modern World*, Chicago: University of Chicago Press, 1958, p.1. 但 Richetti 认为笛福的准确出生年份并不确定,大致在 1659—1661 年之间,参见 John Richetti, *The Life of Daniel Defoe*: *A Critical Biography*, Hoboken: Blackwell Publishing, 2005, p.1.

② John Richetti, *The Life of Daniel Defoe*: *A Critical Biography*, Hoboken: Blackwell Publishing, 2005, pp.1 - 2.

接受国王的最高地位,发誓信仰被动服从教义,声明放弃《庄严同盟与圣约》。否则,市政机关的选举无效。该法令目的是驱逐长老会在城市及自治市镇政府中的权力,将英格兰恢复到共和国以前的状态。

1662 年　2 岁

8月24日,《宗教一致法》(The Act of Uniformity)公布,取代伊丽莎白1559年通过的更为宽松的《宗教一致法》,规定神职人员都遵守主教授任制,无条件接受新祈祷书,否认《庄严同盟与圣约》,同意不抵抗国王的教义。该法令的结果是2000多名[1]牧师拒绝宣誓而被迫辞去职务,史称"1662年大清洗"(the Great Ejection of 1662),导致英国国教正式分裂,形成教友会、浸礼会、长老会、公理会等教派,统称"不服从国教者"。笛福父母是长老会教徒,他们所属教区的牧师安斯利(Dr. Annesley)也放弃圣职,他们和其他会众一起追随牧师安斯利脱离圣公会而成为长老会教徒。牧师安斯利在主教门(Bishopsgate)的小圣海伦(Little St. Helen's)建立不服从国教者集会之家。

同年,英国皇家学会成立。

1664 年　4 岁

由于会众跟随他们旧日的牧师在山坡上布道,这些野外集会或秘密集会逐渐成为政府担心的公共秩序问题。《宗教集会法》(The Conventicle Act of 1664)通过,禁止五人以上非同一家户者不在国教教堂做礼拜而去未经授权的聚会做任何种类礼拜,除非他们使用官方公祷书,否则将受严厉惩罚。

1665 年　5 岁

《五英里法》(The Five Mile Act)[2]通过,禁止牧师在他们被驱逐的教

---

[1] 一说1000多名,参见钱乘旦、许洁明:《英国通史》,上海社会科学院出版社2010年版,第177页。但笛福自己估计是3000多人,参见 John Robert Moores, *Daniel Defoe: Citizen of the Modern World*, Chicago: University of Chicago Press, 1958, p.4。
[2] 全称《一项限制不服从国教者在社团居住的法令》(*An Act for Restraining Non-Conformists from Inhabiting in Corporations*)。

区的五英里范围内居住,除非他们发誓绝不反抗国王,不企图改变政府和国家的教会,并宣誓遵守1662年公祷书。

3月4日,英格兰和荷兰联合省爆发第二次英荷战争,英格兰试图结束荷兰对世界贸易的统治,最终以荷兰的决定性胜利而于1667年7月31日结束。

4月始,伦敦爆发大瘟疫,7万人丧生,直至1666年。1665年6月以来的三个月内,伦敦人口减少十分之一,伦敦外围码头地区和圣贾尔斯教区[1]首当其冲。富商纷纷撤离,伦敦大多数商业活动陷入瘫痪状态,只有少数牧师、医生和药剂师愿意留下来,协助其他民众生活。决意留下来的人中包括东伦敦马鞍匠亨利·福(Henry Foe),他是笛福的叔叔。

1666年　6岁

9月2日,伦敦发生大火,烧毁旧罗马城墙内中世纪伦敦市建筑、13 200户住宅、87座教区教堂、圣保罗大教堂以及多数市政府建筑,造成约8万人口之中的7万居民无家可归。重建后的伦敦市以石头房子代替了原有木屋。同时,伦敦的重建带来了伦敦乃至整个英国的经济的起色,笛福日后的砖瓦厂也因之受益。

1667年　7岁

6月,荷兰舰队发起"梅德韦港突袭"(the Raid on the Medway),英格兰惨败。瘟疫、大火及战争开销,使伦敦出现反抗氛围,查理害怕公开叛乱,于1667年7月31日签订《布雷达条约》(Treaty of Breda),放弃对东方香料群岛的要求。第二次和第三次英荷战争确认了荷兰作为17世纪海洋国家的主导地位。

1668年　8岁

2月,查理二世、荷兰与瑞典结成反法的三国新教同盟,阻止路易十四在对西班牙的遗产战争中无限扩张。

---

[1] 笛福一家未被驱逐时所在的教区。

同年,笛福的母亲去世。①

1670 年　10 岁

6月1日,查理二世与法国缔结《多佛密约》(Secret Treaty of Dover),允诺宣布《皇家信仰自由宣言》(Royal Declaration of Indulgence),暂停对拒不参加英国国教的人实施刑罚,表示要给一切非国教徒(包括天主教徒)信仰自由。对此,议会颁布更为严苛的《1670 年宗教集会法》(The Conventicles Act 1670),规定任何人,只要参加英格兰教会以外的任何宗教集会,第一次将处以 5 先令的罚款,第二次将处以 10 先令的罚款;任何把自己的房子让给这些人作为集会礼拜堂的人,第一次将处以 20 先令的罚款,第二次将处以 40 先令的罚款。

1671 年　11 岁

笛福在萨里郡多尔金(Dorking, Surrey)牧师詹姆斯·费舍尔的学校(the Reverend James Fisher's school)受教育。

1672 年　12 岁

3月15日,查理发布《皇家信仰自由宣言》(Royal Declaration of Indulgence)。

7月4日,威廉被任命为荷兰执政。7月18日,威廉收到查理的来信,威廉反过来给查理提供北海鲱鱼权等和平条约,以换取查理帮他成为亲王,这惹怒了查理。第三次英荷战争没有按原计划结束,战争花费比预期大得多,查理被迫召开议会。

1673 年　13 岁

3月,议会提出《宣誓法》(The Test Acts)②,规定所有公职人员,无论文职还是军事,都要宣誓服从国教的至尊法,遵守国家仪式,反对圣餐变

---

① 笛福母亲去世的具体年份仍有争议,Moore 根据档案推测,应该是在 1665—1671 年之间,Norton 版 Robinson Crusoe 附录指出是 1668 年,而维基百科指出在笛福大概 10 岁时。本年谱采用 Norton 版资料。
② 全称是《一项可防止来自拒不参加英国国教的天主教徒可能发生的危险的法令》(An Act for Preventing Dangers which May Happen from Popish Recusants)。

体论,在获准入职三个月内接受圣公会的圣餐仪式,反对天主教的弥撒信条。这一法律打击了国王恢复专制的企图,但客观上也限制了新教不服从国教者的公职权。① 国内形势发生变化,查理的弟弟约克公爵詹姆士和财政大臣克利夫德的天主教徒身份被曝光;阿灵顿地区前任部长法国人皮埃尔·都·莫林(Pierre du Moulin)逃到荷兰后,利用英国人的恐慌以及荷兰强大的印刷能力,将英格兰淹没在数以千计的小册子中,指控查理想要使英格兰再次变成天主教国家而与法王密谋。9月,查理娶法王路易为他挑选的天主教徒玛丽(Mary of Modena),造成未来天主教王朝将统治英格兰的景象,白金汉公爵开始向许多同僚泄露《多佛密约》,阿灵顿伯爵也迅速尾随其后,沙夫茨伯里伯爵(Lord Shaftesbury)非常震惊于这个被揭示的真相,各方都打算将斯图亚特家族完全驱逐出去。

1674年　14岁

1月4日,荷兰议会起草了一份最终和平建议。2月19日,因议会的压力,英国签订了《威斯敏斯特和约》。荷兰也接受《航海条例》。

1676年　16岁

笛福进入伦敦北面纽因顿格林(Newington Green)牧师查尔斯·莫顿的不服从国教者的学院,为牧师事业做准备。当时不声明坚持英国国教的学生被禁止进入牛津、剑桥等英国大学。作为对高等教育体系的替代,不服从国教者的学院体系发展起来。莫顿的教学囊括当时的一些主题,如哲学和牛顿的物理学,他还训练学生的公文写作和演讲能力。

1677年　17岁

查理使他的侄女玛丽嫁给威廉,这是其弟詹姆士倒台的根本原因之一。

---

① 这项法令是1661年《市政法》的继续,但到此,圣餐宣誓仍未扩及贵族,直至1678年,由于受天主教阴谋论刺激,新的宣誓法出台,规定所有贵族和下议院成员都要做出反对圣餐变体论、圣人祈祷和圣餐弥撒的声明,以把天主教徒从两院驱逐出去,尤其针对上议院的"五位天主教伯爵"(Five Popish Lords)。

1678 年　18 岁

一个叫泰勒斯·奥茨(Titus Oates)的人声称他知道一系列阴谋:天主教徒打算行刺国王,屠杀新教徒,勾结法军入侵爱尔兰。许多天主教徒被判刑甚至处死。而后人们发现奥茨做了大量伪证。詹姆士夫人的私人秘书科尔曼被捕时,人们确实发现他参与了一项天主教密谋,因此在事发当时,奥茨的说法提供了根据,整个英国草木皆兵,天主教阴谋论盛行。一场大规模的群众运动发展起来,目的是阻止这种形式的君主制在英格兰发展起来,即 1678—1681 年伦敦排斥危机。

1679 年　19 岁

1 月,查理二世为保丹比解散骑士议会,3 月 6 日,新议会召开,反对派再次弹劾丹比,领导反对派的是沙夫茨伯里伯爵。

5 月 15 日,沙夫茨伯里伯爵的支持者在下议院提出《排斥法案》,目的是将詹姆士排斥于王位继承权之外。查理二世没有合法继嗣,詹姆士作为国王弟弟,处于直接继承王位的位置,使英国王位可能落入天主教徒之手。在此问题上,议会公开分裂为两派,沙夫茨伯里一派坚持宗教改革原则,坚决反对天主教徒登上王位,而丹比一派则坚守王位继承正统原则,主张保留詹姆士的继承权。不久这两派各得一个永久性名称,主张排斥的叫"辉格党",反对排斥的叫"托利党",英国政党政治初见端倪。王权和托利党结盟。

辉格党内部一个边缘集团支持查理的私生子,即蒙默思公爵为王位继承人,当议会试图通过议案时,查理接二连三运用特权解散议会。

1680 年　20 岁

这一年起,笛福去法国、荷兰、意大利和西班牙做生意,长达十年。

1681 年　21 岁

笛福撰写《一些诗化的宗教沉思》(Some Verse Religious Meditations),前部分是他在伦敦听约翰·柯林斯先生(Mr. John Collins)布道的抄本,后 23 页是他的亲笔诗,表达他虔诚的信仰和对上帝卓越的承认。

1682 年　22 岁

笛福撰写了《历史集：从几个作家那收集的对激情的回忆录》(*Historical Collections：Or, Memoirs of Passions Collected from Several Authors*)，亲笔历史笔记汇编。

辉格党因是否支持蒙默斯公爵为王位继承人的问题而内部分裂。查理起用一班强硬的托利党人组成政府，对辉格党人进行打击。辉格党被贴上颠覆分子和隐藏的不服从国教者的标签。沙夫茨伯里受到起诉。辉格党人的社会基础在自治市，从这一年起，查理对市政机关进行清理，用更换市镇特许状的办法打击不服从国教者，使乡村地主及忠于国教的人控制市政府，辉格党的社会基础受到破坏。

1683 年　23 岁

1 月 21 日，逃亡的沙夫茨伯里死于荷兰。同年发生"黑麦仓密谋案"(the Rye House plot)，有人企图在赫特福郡的黑麦仓刺杀查理和詹姆士，结果被人告密，一批强硬的辉格党人被捕被杀，辉格党的力量至此大为削弱，国王的权力将发展到前所未有的高度。牛津大学公开接受费尔默的君权神授理论，要求布坎南、弥尔顿和巴克斯特烧掉著作。费尔默将"君权神授"(divine right of monarchy)和"被动服从"(passive obedience)教义结合。

笛福已立身为商人，在皇家交易所附近的克希尔(Cornhill)居住。他撰写《在围攻维也纳期间反对土耳其人的小册子》(*A Pamphlet Against the Turks during the Siege of Vienna*)。这一年，土耳其人围攻维也纳，英格兰的辉格党赞成土耳其人占领它，在读过土耳其人在战争中进行背信弃义的交易和如何在超过 70 个王国中杜绝基督教的历史后，笛福绝不同意土耳其人的围攻。

1684 年　24 岁

1 月 1 日，笛福娶了伦敦商人的女儿玛丽·达芬(Mary Tuffley)，收到 3700 英镑的嫁妆。

1685 年　25 岁

查理去世,蒙默思公爵带领 100 多人在西南沿海登陆,声称詹姆士无权为王,一小批辉格党贵族参加了蒙默思反叛,但很快被詹姆士打败,审判长杰弗里斯将 300 多名参加叛乱的人处死,并流放 800 多人,史称"血腥审判"。

笛福参加了这次新教意义的蒙默斯起义,但躲避了杰弗里斯施行的追捕和放逐,据考证,他去了荷兰避难。1685—1692 年,笛福积极追逐商业事业,从袜商、酒和烟草的进口商,到船舶保险人,生意上兴旺繁荣。这段时间,他环游英格兰和欧陆,撰写政论文。

1686 年　26 岁

詹姆士任命天主教徒担任文武官员,从爱尔兰总督,到海军指挥军官,再到枢密院和首席大臣,都是天主教徒。

1687 年　27 岁

天主教公开恢复活动,方济各会、多明我会等天主教团建立修道院,牛津、剑桥大学的国教徒受到排挤,"宗教事务专员法庭"出现,托利党人不能再忍受,他们和辉格党走到了一起,结成反詹姆士的同盟。詹姆士预感到政治危机,为讨好新教徒[1],他发布《信仰自由宣言》(A Declaration for Liberty of Conscience),表示一切非国教徒都可公开进行宗教活动,不再承受惩罚,其结果立即得到一些不服从国教者的欢迎[2]。

笛福清楚地看到,国王的特权超越了法律,他撰写了《一封包含对陛下的信仰自由宣言的一些反思的信》(A Letter Containing Some Reflections on His Majesty's Declaration for Liberty of Conscience),警告不服从国教者这个巨大错误,揭示詹姆士"宗教宽容"声明背后其任意中止法律的特权的危害性,警告非国教徒不要以牺牲宪法为代价换回信仰自由。

---

[1] 钱乘旦、许洁明:《英国通史》,上海社会科学院出版社 2010 年版,第 182 页。
[2] Daniel Defoe, "An Essay upon Projects", in *Daniel Defoe: A Collection of Critical Essays*, Max Byrd (ed.), Englewood Cliffs: Prentice-Hall, Inc., 1976, p.110.

1688 年　28 岁

笛福进入他父亲的伦敦同业公会,在城里和乡下都拥有房产,成长为与西班牙贸易的商业冒险家,直至 1692 年在风险投资中破产。

詹姆士《信仰自由宣言》被新教非国教徒拒绝[1],他恼羞成怒,发布了第二个《信仰自由宣言》,命令所有的国教教堂在 5 月要连续两个星期日宣读该文件。七位主教联名上书,却遭逮捕,史称"七主教案"。

笛福撰写了《一封来自其在海牙的朋友的给不服从国教者的信,有关于罗马教皇的法律和宣誓法》(A Letter to a Dissenter from His Friend at the Hague, Concerning the Papal Laws and the Test),他毫不留情地反天主教,揭露詹姆士重新发行先前中止了的反对不服从国教者的《宣誓法》及《宗教宽容宣言》完全是他引进天主教计划的一部分,诱使不服从国教者暂时作为詹姆士活动的部分,为的是将天主教徒安置在重要职位并使天主教成为国教。

7 月 30 日,七位政治要人派密使前往荷兰,要求荷兰执政威廉率领军队前来英国,帮助捍卫英国人的自由。"光荣革命"爆发,《权利法案》颁布,成为"英国宪政"中重要的奠基文件之一。

笛福热情地参加了欢迎威廉的游行。威廉三世加冕,笛福成为他亲密支持者之一和密探,担任各种职务直至威廉去世。这年始,至 1701 年,笛福拥有一个稳定增长的家庭。妻子玛丽生了至少 7 个孩子,5 女 2 男(其中 2 个女儿出生后不久就夭折了)。

1689 年　29 岁

5 月 24 日,《宽容法》(The Act of Toleration)颁布,允许不服从国教者礼拜的自由,只要他们宣誓效忠国王并接受国王的最高地位,反对圣餐变体论。这些不服从国教者,包括浸礼会和教友会,但不包括天主教、反三位一体主义者、无神论者,允许拥有自己礼拜的地方和自己的布道者。他们被要求注册聚会地点并禁止在私人住宅聚会,其中任何布道者都需要

---

[1] 钱乘旦、许洁明:《英国通史》,上海社会科学院出版社 2010 年版,第 182 页。

获得许可证。此外,该法案仍继续《宣誓法》的内容,将不服从国教者排除出政府公职和大学。《宽容法》确立了宗教宽容的原则,但仍维持非国教徒在政治方面的不平等地位。这一时期已出现不少间或奉国教的活动,不服从国教者为获得公职而偶尔在国教会教堂领受圣餐。

1689年始,威廉将英国拉入对法的奥格斯堡同盟战争(the War of the Grand Alliance),又称"九年战争"(the Nine Years' War)。英法冲突损害了笛福繁荣的贸易关系。

1690年　30岁

3月17日,著名杂志《雅典娜信使》(*The Athenian Mercury*)由约翰·道顿(John Dunton)发起创办,笛福是投资人之一,成为雅典协会(the Athenian Society)的成员。《雅典娜信使》是英国最早的杂志,以文学作品和评论文章为主。光荣革命后,报纸与杂志的功能开始逐渐分开。《雅典娜信使》期刊开辟"建议栏",这种形式后来被笛福用于《评论报》(*Review*)。雅典协会成员还有笛福少年时的同学塞缪尔·韦斯利(Samuel Wesley),这位本为不服从国教者后来宣誓遵循国教,成为笛福讽刺的对象。

洛克《政府论》发表。

12月2日,117位众议院托利党成员请愿抱怨辉格党人用"间或奉国教"的策略占领职位,尤其是市长托马斯·皮尔金顿(Thomas Pilkington)。

1691年　31岁

笛福撰写《一个旧阴谋的新发现:一首瞄准背叛与野心的讽刺诗》(*A New Discovery of an Old Intreague: A Satyr levell'd at Treachery and Ambition*),针对上一年托利党人请愿之事。

1692年　32岁

战争期间,笛福担保的客船和货船被法国私掠船夺走,由于风险投资的高赌注,他损失了大笔资金并陷入若干指控他金融诈骗的诉讼案,总债务高达17 000英镑。笛福破产,失去乡下的房子和马车,他的剩余资产被没收支付给债权人。笛福的一个债主想倾全力报复他,将之投入监狱并使之丧失所有恢复能力。为躲避逮捕,笛福离开伦敦,前往布里斯托尔(Bristol)。在当地,他只在星期天露面,被称作"星期天绅士"。在那里他完成了《计划论》。① 这期间,他撰写《为供应新开始的战争而筹款的计划》(For Raising Money to Supply the Occasions of the War then Newly Begun),被政府欣然接纳。他也为自己筹划建立波形瓦工场来筹钱。但最后,他还是被捕了。不过,他的其他债权人为他赢得重新挣钱还债的自由:笛福与其债权人达成协议,只在弗利特监狱(the Fleet Prison)②和王座法庭监狱(the King's Bench Prison)③待了几天。笛福被释放后,可能去了欧陆和苏格兰,也许正是这段时间,他贩卖酒到加的斯(Cadiz)、波尔图(Port)和里斯本(Lisbon)。④

1694 年　34 岁

英格兰银行成立,这是英国经济发展史上的大事,此前所有的借贷基本都是个人之间的事,银行作为一种法人团体由国王批准成立,承担法律责任。"银行"是荷兰人发明的,威廉和玛丽登上王位后就将它引进英国。

议会允许1662年的《许可证法》终止,取而代之的是一种严格诽谤法的审查形式。这种出版行业的松动带来了下一年有关当时政治议题的杂志出版的兴起。

1695 年　35 岁

这年以后,有关当时政治议题的杂志有了显著增长,笛福的事业也因审查制度法律的新松动而变得便利,人们在政论文、论战文与诗上的旺盛往来得到允许。

---

① 关于《计划论》的写作时间,一说在1693年。
② 弗利特监狱是12世纪建立于伦敦弗利特河畔的一座监狱,1640年以后用于关押无偿付能力的债务人,1842年关闭。
③ 王座法庭监狱也是专用于关押欠债人的监狱。
④ 加的斯是西班牙西南部直布罗陀西北的一座城市,波尔图是葡萄牙港口城市,里斯本是葡萄牙著名城市。

笛福回到伦敦,利用关系纽带,通过威廉的一位朝臣,即后来的哈利法克斯伯爵和财政大臣查尔斯·蒙塔古(Charles Montagu)的影响,被任用为丹比·托马斯(Dalby Thomas)的会计师。托马斯是一位杰出的金融家,新玻璃税专员之一,后来成为笛福的资助人之一。这个职位每年给笛福带来稳定和可靠的上百镑收入,直到1699年该税被废除。作为皇家彩票的管理受托人,笛福第一次使用"笛福"(Defoe)这个名字。①

1696 年　36 岁

为重获繁荣,笛福利用他为威廉效劳挣得的钱在他所拥有的一块位于埃塞克斯的蒂尔伯的湿地上建厂,专门制造砖和荷兰式弧形屋顶瓦片,这两样材料由于伦敦重建而异常重要。这几年笛福住在玛丽郊区(Chadwell St. Mary),他负担一个大家庭,经济帮助再次来自丹比·托马斯。丹比控制了非洲奴隶贸易,这些年陆续资助了笛福800英镑。② 这些年,笛福在努力偿付他的债务,经济上重新建立自身的同时,他开始成为一位在政治和道德主题上多产的作家。

同年,奥格斯堡同盟战争基本结束。法国因财力不支而停战。

1697 年　37 岁

1697 年 1 月③,笛福发行《计划论》(An Essay upon Projects),这是他首个重要的出版物,基于在商业世界中的亲身经历,提出了一系列社会及经济改进的建议,使他得到一些有影响力的人的注意。

同年,笛福作为政治小册子作者的首次登场,即参加"常备军争论"(Standing Army Controversy)。1697 年 9 月 20 日,奥格斯堡同盟战争结束。威廉发现议会中的许多人都不情愿支持庞大的国内军队的花费。下议院托利党已经通过了一项提议,要求自战争开始的 1680 年动员起来的

---

① John Richetti, *The Life of Daniel Defoe: A Critical Biography*, Hoboken: Blackwell Publishing, 2005, p.18.
② Michael Seidel, *Robinson Crusoe: Island Myths and the Novel*, Boston: Twayne Publisher, 1991, p.xi.
③ 一说是 1696 年,参见 John Robert Moores, *Daniel Defoe: Citizen of the Modern World*, Chicago: University of Chicago Press, 1958, p.7.

所有陆地武装力量都要解散,只留给威廉不到一万人的不充足的军队。10月和12月,两个辉格党记者约翰·特伦查德(John Trenchard)和沃尔特·莫伊尔(Walter Moyle)分两期发表了名为《一个证明常备军与一个自由政府矛盾的辩论》(An Argument Shewing that a Standing Army is Inconsistent with a Free Government)的小册子,建议甚至连这些军队也应被解散,让国家只依赖市民民兵作为防卫。安德鲁·弗莱彻(Andrew Fletcher)出版了《一篇关于民兵和常备军的演说》(A Discourse Concerning Militia's and Standing Armies),与约翰·特伦查德和沃尔特·莫伊尔持同样立场。笛福在17世纪90年代写了三个小册子来回应这些来自辉格党观点的左翼或自由主义的孤立主义挑战。其中,1697年末,他针对约翰·特伦查德和沃尔特·莫伊尔撰写了《关于一个最近发行的名为〈一个证明常备军与一个自由政府矛盾的辩论〉的小册子的一些沉思》(Some Reflections on a Pamphlet Lately Publish'd, Entituled, An Argument Shewing that A Standing Army is Inconsistent with a Free Government)。

笛福从1697年到1698年一直为威廉三世建立常备军的权利辩护。

笛福一家的牧师萨缪尔·安斯利去世,笛福撰诗《晚近人物萨缪尔·安斯利先生,通过挽歌的方式》(The Character of the Late Mr. Samuel Annesley, By Way of Elegy),讽刺了英国大多数的牧师,直指他的高教会敌人。

1698年 38岁

针对伦敦市长为获得公职而去圣保罗大教堂参加安立甘宗圣餐仪式,笛福撰写了《对不服从国教者间或奉国教的质询,升迁的案例》(An Enquiry into the Occasional Conformity of Dissenters, in Cases of Preferment),批评了伦敦市长作为不服从国教者而去圣保罗大教堂参加安立甘宗礼拜仪式的行为,指出"间或奉国教"是恶习,激烈评论英国基督教中原初的或者说英雄的"原始不服从国教者们",但现今在英国不服从国教者中存在一种极不寻常且不自然的妥协趋势。他指出间或不服从国教行为的矛盾和不诚实,那些人的争辩是可鄙的诡辩。

笛福撰写了《论常备军并不与一个自由政府矛盾》(An Argument Shewing, That a Standing Army… Is not Inconsistent with a Free Government),作为针对约翰·特伦查德和沃尔特·莫伊尔反对常备军建立的回应。

12月8日,约翰·特伦查德的《英格兰常备军简史》(A Short History of Standing Armies in England)第二版发行。笛福撰写了《对英国常备军历史的简要回复》(A Brief Reply to the History of Standing Armies in England)予以回应,指出战争是一种专业化的职业和科学,不能交由业余的人做,无论他多么勇敢。英国是否应该有一支强大的"常备军"以及职业军官团,还是像托利党希望的那样,国家应该依赖于民兵组织和业余军官的领导,而业余军官从乡绅中征召,这在很多年后都依然是一个引起争议的问题。

10月11日,被战争弄得精疲力竭的英法签订了《海牙条约》(Treaty of the Hague)。这次协议试图解决谁应该继承西班牙王位的问题。

1700年　40岁

2月20日,笛福出版《仲裁者,一首诗》(The Pacificator, a Poem)。

理查德·布莱克莫尔先生(Sir Richard Blackmore)发表《对妙语的讽刺》(Satyre upon Wit),哀叹由他的敌人们传播的"妙语"(wit)———一种正在耗竭传统英国美德的道德和社会的趋势,这首诗是关于理性(sense)和妙语之间的讨论。

8月,一名辉格党记者约翰·塔钦(John Tutchin)发表诗《异邦人》(The Foreigners),攻击威廉的荷兰顾问们以及荷兰本身,引起后来笛福写下著名的《真正的英国人》(The True-Born Englishman)回应。

9月1日,西班牙查理二世去世,威廉及其联盟国很恐惧。9月24日,路易十四宣称安茹为西班牙菲利普五世。虽然威廉三世反对,但他缺乏力量抗衡法国。路易十四切断了英格兰和荷兰与西班牙的贸易,因此严重威胁了英国与这两个国家的商业利益。这些年,欧陆的命运和英国的命运安危未定,正如笛福在《评论报》上告诉他的读者一样,他感到他们很不了解国外事务。

9月15日,笛福发表《两个考虑的大问题:1.法王要做什么,关于西班牙君主国;2.英格兰人应该采取什么措施》(The Two Great Questions Consider'd. I. What the French King will do, with Respect to the Spanish Monarchy. II. What Measures the English Ought to Take),指出英国和荷兰第一次联合抗法是为维持欧洲的力量平衡,世界上的每位国王如果可能都将成为世界统治者,除了权力,没有东西能够限制邻居,如果一个邻居对于另一个不足够强大,他应使另一个邻居加入他。

12月2日,笛福发表《进一步考虑的问题》(Questions Further Considered),对上一篇小册子发表后有人认为他仅仅是一个历史读者而非一个合格的政治评论家进行回应。

1701年　41岁

议会重新选举,1月9日,笛福在大选期间发行小册子《从欧洲宗教战争目前的前景来考虑新教的危险》(The Danger of the Protestant Religion Consider'd from the Present Prospect of a Religious War in Europe),详述欧洲政治的宗教本质属性,使笛福卷入常备军问题的争论,并面对索齐尼派,包括臭名昭著的《基督教并不神秘》(Christianity not Mysterious)的作者约翰·托兰德(John Toland)的攻击。笛福指出,将自由放在宗教之上的人是无宗教的。没有新教,英国的自由也不可能存在更久。天主教和奴隶制就像罪和死亡,一个是另一个的直接结果。

这一年,英国议会再次由托利党统治。

1月,笛福发表《真正的英国人》,捍卫威廉国王,讽刺英国人要求的种族纯度,这首诗的销售量超过任何之前用这种语言发表过的诗。

1月23日,笛福发行《一名小业主的申诉,反对股票证券经销选举国会议员》(The Free-Holder's Plea against Stock-Jobbing Elections of Parliament Men),以一位诚实的自耕农(不动产所有权者)的话语,谴责老东印度公司存在的时候,一个新的东印度公司又建立。他气愤通过"议会的证券经销,一种新的贸易"来购买议会席位。"股票买卖"(stock-jobbing)本质上只是一种新发明的贸易戏法,混合了诡计和欺骗,用诡辩使逻辑学家困惑不解。

2月11日,笛福发行第一版的《觉察出的股票投机商们的罪恶,发现并考虑银行和银行家近期运作的原因》(The Villainy of Stockjobbers Detected, and the Causes of the Late Run upon the Bank and Bankers Discovered and Considered),谴责唯利是图的经纪人,当他们愿意,他们就索要一种新的内战。该文针对的读者是保守的小资产阶级市民/店主、小股东和乡绅等,这种新的投机金融对他们而言是一种神秘化的骗局。该讽刺作品背后的观点是金融原意上的原教旨主义,依赖于对市场本质的否定和对内在价值的相信。股票买卖者有能力随意操作价格而不需考虑股票的内在价值。在小册子最后,笛福诉诸一种相似的社会原教旨主义。这些反面人物是暴发户,良好适合秩序危险的扰乱者,他们在过去通过欺骗、股票买卖、可耻的雇佣等手段将他们自己推向生意,为了获取副职、市参议员、县治安官或市长,最重要的是为了成为议员。2月17日,笛福发行第二版。

3月,托利党控制的下议院谴责《第二次瓜分条约》。

4月,下议院弹劾辉格党波特兰(Portland)伯爵、萨默斯(Somers)伯爵、奥福德(Orford)伯爵和哈利法克斯(Halifax)伯爵,因为他们帮助缔结了条约。面临与法国开战的前景,威廉让议会授权在英国建立一支常备军,被议会否决,激怒了许多英格兰人。肯特郡离法国最近,最可能被摧毁,肯特郡的小业主在肯特郡首府梅德斯通会面,起草了一份请愿书,内容是向国王提供帮助欧陆盟友所需的东西。他们选出五个人将请愿书带到伦敦,并在5月呈给了议会。下议院宣布这份请愿书是煽动性的,五位绅士立即遭下议院逮捕入狱。笛福大胆地回应了这些事件。5月14日,笛福单独交给下议院发言人罗伯特·哈里(Robert Harley)一份《群的备忘录》(*Legion's Memorial*)。这是一本典型的具有辉格党雄辩言辞风格的小册子，宣称英国人不是议会的奴隶，正如不是国王的奴隶一样，要求释放肯特郡请愿者。

8月，笛福接着出版了《肯特郡请愿的历史》(*The History of the Kentish Petition*)，指出请愿的权利是根本性的，没有法院和立法机关能不承认它。

9月7日，法王的行为使威廉三世的选战获得其臣民支持，英国与荷兰、奥地利签署了《海牙条约》(*The Treaty of Den Haag 1701*)。路易十四承认詹姆士二世的儿子天主教徒詹姆斯·爱德华·斯图亚特为英王，又称"老僭位者"(the Old Pretender)。路易十四的这种举动是对英国荣誉的极大挑战，托利党人不想打仗，这时也不得不支持向法国开战。"西班牙王位继承战争"(the War of the Spanish Succession)缓慢打响。

去年(1700年)7月30日，女王失去她唯一的儿子。这造成王位继承方面的问题，为防止王位复归詹姆士二世及其世系，议会通过《王位继承法》(*Act of Settlement*)①，规定安妮去世后王位将转入詹姆斯一世的外孙女，即詹姆士二世的姑表姐妹索菲娅(Sophia)手中，索菲娅的父亲是德意志新教同盟的领袖、帕拉丁的选帝侯，而她自己则嫁给汉诺威的选帝侯，另一位德意志新教君主。不过，《王位继承法》触发了今后的苏格兰问题。苏格兰和英格兰自1603年詹姆士一世起一直接受斯图亚特家族的统治，两国共戴一君。但两个国家仍各自独立，有自己的政府、议会和法律。

12月27日，笛福发表《检视并断言英格兰集合体的原初权力》(*The Original Power of the Collective Body of England, Examined and Asserted*)。

1702年　42岁

3月8日，威廉三世去世，安妮继位，开始进攻不服从国教者，声称忠于安立甘宗，点燃托利党右派势力。

5月，笛福发表《伪装的哀悼者，通过对国王威廉的挽歌进行的讽刺》(*The Mock-Mourners. A Satyr, by Way of Elegy on King William. By the Author*

---

① 1700年皇家批准，1701年生效。

of the True-Born Englishman）和《礼仪的革新。伪装的哀悼者,通过对国王威廉的挽歌进行的讽刺》(Reformation of Manners. The Mock Mourners, a Satyr by Way of Elegy on King William）。

7月,笛福发表《一项英国国教会的忠诚的新检验,或者说,辉格党忠诚和教会忠诚的比较》(A New Test of the Church of England's Loyalty: Or, Whiggish Loyalty and Church Loyalty Compar'd）,攻击被动服从原则。

9月或12月早期,笛福发表了《对不服从国教者间或奉国教的质询,表明不服从国教者无论如何不能参与其中》(An Enquiry into Occasional Conformity, Shewing that the Dissenters are no Way Concern'd in It）。在下院占多数的托利党为树立该党统治地位,试图通过《防止间或服从国教法》,以排除可左右选举的各市镇的行政官中的非国教教徒,而代之以当地地主,这就可保证托利党的多数席位。一场有关禁止"间或奉国教"的议案的辩论在议会展开。笛福讽刺托利党的阴谋。

12月1日,笛福发表了《惩治不从国教者的捷径或为确立国教提出的建议》(The Shortest-Way with the Dissenters; Or, Proposals for the Establishment of the Church, a Satiric Attack on High Church）。笛福装作一个极右的托利党人的口气,对高教会进行讽刺性模仿,却不仅被辉格党误解,又被托利党打击,成为被通缉的人,被迫余生成为一个四面负敌的作家和政治实施者,而非一个只是浅尝写作的繁荣的商人和制造商。

1703年　43岁

1月,政府因《惩治不从国教者的捷径或为确立国教提出的建议》的强烈教唆性和煽动性下令逮捕笛福,实施者是托利党高层丹尼尔·芬奇（Daniel Finch）。他在藏身处给芬奇写了一封卑屈的忏悔信,但这让芬奇以更积极的搜捕来回应。

2月28日,他发表自我开脱的小册子《对最近一篇小册子的简要解释,标题为〈惩治不从国教者的捷径〉》(A Brief Explanation of a Late Pamphlet, Entituled the Shortest Way with the Dissenters）。

托利党作家兼下议院议员查尔斯·戴夫南特先生（M. P. Sir Charles Davemant）撰文《论国内和平和国外战争》（Essays upon Peace at Home and War Abroad）攻击笛福去年发表的《检视并断言英格兰集合体的原初权力》。

4月，笛福给他的商人朋友、英格兰银行创始人威廉·佩特森（William Paterson）写信，请他向大臣罗伯特·哈里（Robert Harley）提及他的案子。佩特森深受哈里信任。

笛福撰文《一个不服从国教者和"观察家"之间的一场对话，关于惩治不从国教者的捷径》（A Dialogue Between a Dissenter and the Observator, Concerning the Shortest Way with the Dissenters）。

5月，笛福的藏身处被告发，经过诺丁汉（Nottingham）伯爵几天的严酷审讯，笛福拒绝泄露他的朋友或说出共犯，他被再次送往瘟疫横行的新门监狱。

5月5日，笛福以非常高的保释金即1500英镑被释放，他被裁定为煽动性诽谤，于7月29—31日每天11:00—14:00分别在三处闹市受枷刑示众，处以罚金135英镑，并被再次关押到新门监狱，直至他能找到担保人来担保他随后七年内行为良好。

7月16日，笛福发表《更多革新，对自己的讽刺》（More Reformation: A Satyr upon Himself），这是他对前年的诗《礼仪的革新》（Reformation of Manners）的续写。

7月22日，笛福发表《实现和平和团结的捷径，由惩治不从国教者的捷径的作者撰写》（The Shortest Way to Peace and Union. By the Author of the Shortest Way with the Dissenters）。

同日，笛福第一部授权的作品《真正的英国人的作者的一部真实的著作集》（A True Collection of the Writings of the Author of the True-Born Englishman，两卷）出版。

7月29—31日，笛福三次戴枷示众，在这期间，他撰写了《枷刑颂》（A

Hymn to the Pillory）。示枷后三天,他入狱,入狱期间他的砖瓦厂倒闭,使他第二次破产。

哈里向戈多尔芬伯爵西德尼提议,让笛福成为他们的秘密情报人员。当时大臣有许多这种情报人员,他们被分派的任务基本是从各选区收集情报,来审查对手的新闻并撰写小册子支持政府立场。笛福的罚金由政府从秘密服务基金中支付。9月,哈里同意笛福为之效劳并释放他。从监狱出来后,笛福不得不面对窘迫的生活,他从商人沦为雇佣政治作家和秘密情报人员,主要依赖他的写作为生。哈里从未给予他想要的永久职位,支付给他的报酬也不规律。

9月26—27日,笛福目击1703年大风暴。

12月10日,发表《对戴夫南特博士论文第一章的一些评论》(Some Remarks in the First Chapter in Dr. Davenant's Essays),这是回应戴夫南特对他《检视并断言英格兰集合体的原初权力》的攻击,陈述政治国家的权力高于议会代表的特权,他对被代表者和代表者的有重叠的权利做了平衡。

从这年起直至1713年,《王位继承法》触发了苏格兰问题,苏格兰议会通过法律,使苏格兰王位继承与英格兰不同。英格兰为此对苏格兰实行贸易禁运,两国开始谈判联合问题。

1704年　44岁

这一年起,笛福开始为哈里效力,哈里帮他清偿一部分债务。

1月5日,笛福发表《不服从国教者对高教会挑战的回应》(The Dissenters Answer to the High-Church Challenge),对查尔斯·莱斯利(Charles Leslie)进行回应。

2月19日,笛福创办期刊《法国事务每周评论》(A Weekly Review of the Affairs of France),每周一期,是一份支持哈里的有影响力的杂志。笛福声称他的意图是唤醒英国国民意识到路易十四造成的威胁。后来,随着笛福将注意力更多转向国内争论,《法国事务每周评论》改名为《英国民族国家评论》(A Review of the State of the British Nation),每周三期。《评论报》基本由笛福撰写,是英国政府促进 1707 年《联合法》的主要喉舌,一直发刊至 1713 年 6 月 11 日,几乎横跨整个安妮时期。笛福开始他在《评论报》和其他小册子中的写作活动。

夏末,接到哈里的命令,笛福开始匿名在英格兰西南部地区收集他在备忘录中提到的重要政治情报。

笛福发表《风暴:目击者对大风暴的记述文集》(The Storm: A Collection of Witness Accounts of the Tempest),这被认为是新闻业最早的典范之一。

笛福发表《另一篇匿名小册子》(An Another Anonymous Pamphlet),返回萨谢弗雷尔主题。

3 月 18 日,笛福发表《皇家宗教:是继王子的虔诚后的相同的质询,以及对一本书的评论,书名是,被国王威廉使用的一种祷告形式》(Royal Religion; Being Some Enquiry after the Piety of Princes. With Remarks on a Book, Entituled, A Form of Prayers us'd by King William),为他同年发表的《祈祷的形式,被已故君主威廉三世使用,当他接受圣餐仪式》(A Form of Prayers, Us'd by His Late Majesty, K.William III, when He Received the Holy Sacrament)辩护。

4 月 28 日,笛福发表《更多对待不服从国教者的捷径》(More Short Ways with the Dissenters),对萨谢弗雷尔这一年出版的布道《所陈述的偏见与偏袒的性质和危害》(The Nature and Mischief of Prejudice and Partiality Stated)逐点进行驳斥。

4 月 11 日,笛福在《评论报》中指出路易十四无情撤销《南特敕令》(The Edict of Nantes)是一项旨在清除该国危险的不服从国教者的有利的治国术。

5 月,笛福发表《不合适被代表的不服从国教者与被代表者》(The Dissenter Misrepresented and Represented)。

7 月 16 日,笛福发表《一项英国国教会的忠诚的新检验》(A New Test

of the Church of England's Honesty),讽刺高教会。

7月4日,笛福在《评论报》中展示法国的强大,以警告英国正视法国统治欧洲的危险。

8月13日,马尔博罗(Marlborough)在德意志小镇布伦内姆(Blenheim)大败法军。

8月15日,笛福发表《对真正的英国人的作者的挽歌,以及论最近的风暴。由〈枷锁颂〉的作者所写》(An Elegy on the Author of the True-Born Englishman。With An Essay on the late Storm. By the Author of *The Hymn to the Pillory*)。

8月29日,笛福发表《胜利颂》(A Hymn to Victory),是布伦内姆战役后对安妮女王和马尔博罗的赞颂。

9月18日,笛福发表《给施舍物不是慈善,并且雇佣穷人是国家的悲哀》(Giving Alms No Charity, and Employing the Poor a Grievance to the Nation)。

9月,《评论报》开始每月发行《来自丑闻俱乐部的建议的补刊》(Supplementary Journal to the Advice from the Scandal Club),以吸引不喜欢严肃话题的读者。

1705年　45岁

1月9日,笛福发表《双重欢迎》(The Double Welcome),庆祝马尔博罗凯旋。

笛福出版《〈真正的英国人〉的作者的著作集的第二卷,其中一些以前从来没有印过》(A Second Volume of the Writings of the Author of The True-Born Englishman. Some Whereof Never before Printed)。

笛福匿名发表《9月8日,在坎特伯雷,威尔夫人死后第二天,她的幽灵与巴格瑞伍夫人的一个真实的关联》(A True Relation of the Apparition of One Mrs. Veal the Next Day after her Death to One Mrs. Bargrave at Canterbury the 8th of September),处理的是属灵世界和物质世界间的相互

交流。

至此,笛福的债务降至 5000 英镑。

1706 年　46 岁

5 月 24 日,笛福出版《按照天律:十二卷讽刺文,由〈真正的英国人〉作者所写》(Jure Divino: A Satyr in Twelve Books. By the Author of The True-Born Englishman)。笛福这时正忙于为《评论报》撰文,并开始为哈里去各省收集情报。他希望用这本书对抗教会高层和詹姆士二世党人。书中论述了他的法治的和契约的君主政体观念,并对教会高层政治党派以及他们关于被动服从和国王神圣权利的观念予以持续攻击。

7 月 22 日,英苏签订《联合法》(The Treaty of Union),苏格兰和英格兰合并为"大不列颠联合王国"。苏格兰取消自己的议会,派贵族、平民参加联合王国统一议会,可自由参与英格兰贸易,充分享受后者海外扩张的成果,并保留宗教、司法、政治的特色。《联合法》1707 年 5 月 1 日生效。

9 月,哈里命令笛福去爱丁堡做秘密情报员,用尽一切办法协助苏格兰人顺从《联合法》。笛福是长老会教徒,因为他坚定的信仰,他曾在英格兰遭受痛苦,因此被接纳为苏格兰教会大会及苏格兰议会委员会的顾问。从 1706 年末至 1710 年,他在爱丁堡写信告知哈里他促进英苏联合的情况。在苏格兰,笛福常被作为英国利益的实际代表而为许多苏格兰高层做咨询,但在 1707 年及其后几年,他也被许多苏格兰人视为干涉他们事务的英国人。10 月 24 日,他给哈里的报告中讲述了他冒险逃出了一个极端反联合的暴民行动。在接续的信件中,笛福描述了其他城市如格拉斯哥(Glasgow)也爆发了充满敌意的聚集和反联合的抗议。哈里写信警告他必须隐瞒自己来苏格兰的真实目的。

12 月初,笛福在爱丁堡发表《加勒多尼亚:纪念苏格兰和苏格兰民族的一首诗》(Caledonia. A Poem in Honour of Scotland and the Scots Nation),为联合制造宣传资料。

1707 年　47 岁

5月,笛福给哈里写信并传递了一些关于詹姆士二世党人阴谋的报道。

7月5日,笛福在苏格兰为《评论报》撰稿,指出自己在《评论报》中不断重复某些话题是为了教育无知者,所以不顾斥责者。

7月19日,笛福从爱丁堡写信给哈里,因为哈里在苏格兰、英格兰合并成功后既没召回笛福也没支付给他任何钱。

7月29日,笛福在《评论报》中讲述法国将军马沙·德·瑞斯(Marecha de Thesse)宁可向英国投降也不向西班牙投降,表现基督能带来人性影响(humanizing effects),这种价值高过天主教狂热。笛福平日也一直说,他虽是不服从国教者,但与圣公会的异议只在小方面。

9月18日,笛福写信给哈里,希望哈里将他送回英格兰,他在苏格兰已支撑不下去了。笛福直到11月份也没得到任何报酬。

10月16日,笛福在《评论报》指出货币是一种必要的恶,它有助于奖励人的劳动,没有它,暴政没法废除,雄心没法限制,世界金融没法实现秩序。

1708 年　48 岁

内阁分裂,依靠亨利·圣·约翰(Henry St. John)和亲戚玛莎(Abigail Masham),哈里说服女王承认事实上的托利政府,它可吸纳像马尔博罗等温和辉格党人。虽然在哈里的办公室爆出一桩职员威廉·格雷格(Whilliam Greg)的法国间谍丑闻,但哈里仍得到女王的支持,女王决定将戈多尔芬撤下内阁会议,并指导哈里形成一个新政府。但由于缺乏议会对该政府的支持,以及马尔博罗和戈多尔芬告诉女王他们将拒绝参加哈里召开的内阁会议,哈里和约翰辞职,让位给一个被辉格党强有力掌控的政府。

2月,笛福被逐出办公室,辞去国家秘书(Secretary of State)职务,他写信给哈里希望能服务他。哈里建议笛福可向戈多尔芬申请继续在政府受雇。笛福开始为戈多尔芬写作。戈多尔芬是18世纪第一个十年的财政大臣。8月3日,笛福给戈多尔芬写信说明其窘境,以期经济上的帮助。议会终于将内阁置于控制之下,规定非贵族不能进上议院,必须经竞选进入下议院成为下议员。安妮认识到政府大臣需与议会多数一致,故听从劝告组织了一个辉格党政府。对议会负责的内阁集体责任制逐渐形成。

1709 年　49 岁

1708—1710 年,在苏格兰合并和哈里领导的托利党权力上升之间,笛福往返于苏格兰和伦敦。1709 年,他在苏格兰建立一份苏格兰版《评论报》,取得托利党温和派和博林布鲁克(Bolingbroke)[①]等的支持。在此期间,笛福由于转为为辉格党服务,受到辉格党新闻记者的强烈抨击。

笛福授权《大不列颠联合王国的历史》(*The History of the Union of Great Britain*)在爱丁堡出版,介绍大不列颠联合王国的历史,给某种反英苏联合的倾向留出了空间。

4月19日的《评论报》里,笛福解释欧洲力量争斗的现实和法国的危险,要帮助奥匈帝国崛起,对抗法国,因为法国相对于邻国力量过于强大。

6月16日,《评论报》讨论信用如何被带入英格兰,并警告来自股票赌博者的危险。

1710 年　50 岁

发表《论公共信用》(*An Essay upon Publick Credit*)。

5月25日,笛福在《评论报》中指出,当时不服从国教者事实上处于人身危险中,自萨谢弗雷尔审判期间及其后这些时间,暴民在伦敦及其他城市发起骚乱。

由于哈里在审判中的精明操作,萨谢弗雷尔只被判轻罪,他的布道书

---

① 博林布鲁克是哈里的托利党伙伴,他有保守的众议院后座议员十月俱乐部(the October Club)的支持,后者是支持新政府的主要力量,活跃于1711—1714 年。在哈里拒绝对前政府财政政策进行调查后,1711 年 2 月 5 日,一些托利党人通过决议号召对财政嫌疑案件进行调查。决议最终以 70∶80 获胜,十月俱乐部不仅吸引了年轻无经验的后座议员,还有老托利党人比如拉尔夫·弗里曼(Ralph Freeman)、约翰·帕金顿爵士(Sir John Pakington)、查士丁尼·艾沙姆爵士(Sir Justinian Isham)、彼得·谢克利(Peter Shakerley)和托马斯·汉默爵士(Sir Thomas Hanmer)。这个群体是哈里政府的主要威胁。

被烧,但他没有服刑期,只是被禁三年期间不能布道,但在此期间允许得到与教会有关的优先权,实际上保证了他由于其行为而得到的来自托利教会成员的奖赏。在这次事件中,萨谢弗雷尔成为一个受欢迎的英雄,在3月份审判时的一周和审判后的几周,在伦敦和其他一些省份发起了狂热的支持萨谢弗雷尔和反对不服从国教者的暴乱,以至于在伦敦的暴乱不得不调用军队镇压。萨谢弗雷尔在6、7月进行了一次成功的旅行,促进向女王的请愿,使女王在4月5日休止议会后敦促其重新召开选举。10月,议会选举召开,结果是托利党取得压倒性胜利。于是新政府由高层托利党人组成,如博林布鲁克和西蒙·哈考特(Simon Harcourt),尾随托利和教会高层(High-Church lords)比如诺丁汉伯爵(the Earls of Nottingham)和罗切斯特(Rochester),以及更多温和派哈里党(Harleyite)。正如安妮女王的传记作者说这标志着英国政府自1689年以来的最大改变。哈里党的地位持续上升。这时一个不满放逐的法国人Antoine de Guiscard(在戈多尔芬的执政下服务英国政府对抗法国,但因为被抓住与法国人进行叛国通信)被私人议会质询时刺了哈里的胸口,哈里成为英雄并迅速上升为财政大臣,并被安妮授予贵族头衔。1710—1714年笛福再次为哈里和托利党内阁效劳。哈里与博林布鲁克和在法国的老僭越者秘密通函。

12月6日,他警告哈里说詹姆士二世党在苏格兰是一个真正的威胁。

1711年　51岁

4月19日,笛福发表《十月俱乐部的秘密历史》(The Secret History of the October Club),揭示十月俱乐部的起源和基础是反威廉的詹姆士党人,概括英国自詹姆士离位后的政治宗教事务,老辉格党人加入托利党阵营反对新辉格党人,揭示在野辉格党人和教会高层、詹姆士派的联盟,指出当前的托利内阁只是策略狡诈而不是道德或政治整合。笛福的立场在托利党执政的最后几年越来越站不住脚,他鼓吹一种托利温和主义路线,而这受到来自哈里的高层的反对。

6月19日,笛福向哈里透露,戈多尔芬给他提供了一个在苏格兰的职位,而后还让他做苏格兰的习俗委员。同时,笛福也向哈里倾诉他沉重的家庭负担的压力。

9月13日,笛福发表《论南海贸易》(An Essay on the South-Sea Trade)。

12月20日,《间或服从法案》(The Occasional Conformity Act)颁布,目的在于防止不服从国教者和罗马天主教徒为了在《市政法》(The Corporation Act)和《宣誓法》下有资格担任公职,使用"间或奉英格兰教会的圣餐仪式"的策略。

1712年　52岁

1月24日,笛福发表《英格兰党派的行为》(The Conduct of Parties in England),对辉格党政治集团进行攻击,后者因马尔博罗公爵在军队被免去军职而攻击哈里政府。

5月17日,笛福发表《大不列颠党派的现在状态:尤其是对英格兰不服从国教者和苏格兰长老派的状态的询问》(The Present State of the Parties in Great Britain: Particularly an Enquiry into the State the Dissenters in England and the Presbyterians in Scotland)。

6月6日,在《评论报》停刊词中,笛福表明他不是受雇佣而写作,表达他在托利党和不服从国教者两派之间的困境和被误解的痛苦。

7月9日,《评论报》该期暂停刊。

同年,笛福发表《一个及时的警告和提醒注意天主教徒和詹姆士二世党人支持老僭位者的暗示,这是一封来自汉诺威宫廷一位英国人的信》(A Seasonable Warning and Caution Against the Insinuation of Papists and Jacobites in Favour of the Pretender. Being a Letter from an Englishman at the Court of Hannover),揭示詹姆士二世党的颠覆活动。

1713年　53岁

2月3日,笛福在《评论报》中讨论贸易原初具有神性的问题,认为神

笛福年表　247

意使自然适应贸易,笛福将贸易与神圣创造的逻辑共存。

2月5日,笛福在《评论报》中回应托马斯·伯内特(Thomas Burnet)在1681年发表的《地球的神圣力量》(The Sacred Theory of the Earth),指出,虽然传统观点认为地球在堕落后成为一个被贬低的事物,但神意安排了劳动、勤劳和联系,这就是贸易。

2月21日,笛福因发表小册子《反对汉诺威家族继承的理由。质询距詹姆士国王退位有多远。假设它是合法的,应该影响老僭位者》(*Reasons Against the Succession of the House of Hanover, with an Enquiry How Far the Abdication of King James, Supposing it to be Legal, Ought to Affect the Person of the Pretender*)而被捕。

3月23日,笛福因发表小册子《如果老僭位者回来?或者,对老僭位者拥有大不列颠的王冠的好处和实际结果的一些考虑》(*And What if the Pretender Should Come? Or, Some Considerations of the Advantages and Real Consequences of the Pretender's Possessing the Crown of Great Britain*)而再次被捕。

3月26日,笛福发表政治讽刺诗《混载业者:或者说,来自月亮世界的杂项交易的记事录。从月球语言中翻译过来,由真正的英国人的作者所写》(The Consolidator: Or, Memoirs Of Sundry Transactions from the World in the Moon. Translated from the Lunar Language, by the Author of The True-Born English Man),笛福想象一次月球之旅,在月亮上发生的事件是对英国政治严格的复制。

4月3日,笛福在《评论报》指出,作坊将会毁坏英国纺织品贸易,国家的财富和所有的贸易是由许多人生产出来的。

4月,笛福发表小册子《对一个没人想过的问题的回答,即,如果女王去世》(*An Answer to a Question that no Body Thinks of, viz, but What if the Queen should Die*),并再次被捕进入新门监狱,授权的是辉格党首席大法官托马斯·帕克先生(Sir Thomas Parker),他受到了三个辉格党敌人的煽动,他们是威廉·本森(William Benson)、托马斯·伯内特和乔治·里德帕思(George Ridpath)。前两个人都在《评论报》中被笛福鄙视,最后一个人则被笛福在《如果女王去世》的小册子开头就进行了羞辱。由于哈里和笛福的两位朋友,他这几次都很快得到释放。

3—4月,签订《乌特勒支条约》(The Treaty of Utrecht),西班牙与法国合并,英国得到最广大的殖民地和特权,如向西属美洲殖民地输送黑奴的垄断权。

5月15日,笛福在《来自丑闻俱乐部的建议的补刊》上通告该刊物取消,将转为更为严肃的主题,自6月6日开始,在周三、周五单独发行报纸。笛福一直对该报纸的这一部分感到不舒服,他不喜欢那些不关心国外局势的人,所以新报纸在道德和社会主题上覆盖范围很广。

6月11日,笛福在《评论报》撰文《我真正捐赠给了谁,以及我计划和谁在一起》(Who're I Really Donated upon, and Designed to Have Taken up with),讨论贸易、政府金融的工作和信用的新形式。

7月28日,笛福在《评论报》中指出,他更愿在《评论报》中讨论有关贸易和制造业的社会改革以及如何改善社会秩序,但他被敌人迫使将自身浸没在政治之中。

8月,笛福发表《高教会群体》(The High-Church Legion, or The Memorial Examined),同詹姆士·德雷克(James Drake)的高教会小册子《英格兰教会的纪念》(The Memorial of the Church of England)进行较量。

8月21日,笛福在《评论报》上为温和派辩护以抵抗极端托利党反对者。

1714年 54岁

安妮去世,詹姆士二世姑表姐妹的儿子,德意志小王公乔治一世登位,他是一位汉诺威家族的英国君主。托利党一部分人甚至策划斯图亚特王朝复辟。詹姆士二世党取向的激进托利党人和哈里温和派之间的斗争的不确定性使笛福这些年的修辞也异常尖锐,他试图走一条中间路线。

1715 年　55 岁

2月24日,笛福发表《呼吁荣誉与公正》(Appeal to Honour and Justice),为自己1710—1714年间在哈利政府中所扮角色进行辩护。

3月31日,笛福发表《家庭指导手册三部:1.关于父亲与孩子。2.关于主人和仆人。3.关于丈夫和妻子》(The Family Instructor in Three Parts; I. Relating to Fathers and Children. II. To Masters and Servants. III. To Husbands and Wives)。

议会选举,托利党下台。詹姆士二世之子爱德华携少数托利党人在苏格兰发动叛乱,使托利党在人们眼中成为"詹姆士二世党",辉格党利用恐慌情绪将托利党全部赶出宫廷,并使其退居乡间。哈里和博林布鲁克因与法国秘密协商而被控告叛国,博林布鲁克逃逸法国,哈里于1714—1715年被关进伦敦塔。

同年,笛福为辉格党政府做情报工作,撰写辉格党的小册子。

1717 年　57 岁

班戈之争(Bangorian Controversy)发生,争论的是耶稣有没有授权教会统治此世的问题。乔治为削弱议院的主教势力而支持辉格党。

6月17日,笛福发表《芒斯使节谈判的会议记录:模仿尼古拉斯使节,法国的全权代表,他成功达成了〈乌特勒支条约〉》(Minutes of the Negotiations of Monsr. Mesnager; Impersonates Nicolas Mesnager, the French Plenipotentiary who Negotiated The Treaty of Utrecht)。

1718 年　58 岁

笛福出版《家庭指导手册第二卷》(The Family Instructor, Vol.II)。

8月20日,笛福发表《一个土耳其间谍写的信的续篇:对欧洲政治和宗教的讽刺。明言由一个巴黎的穆斯林所写》(A Continuation of the Letters Writ by a Turkish Spya; Satire on European Politics and Religion, Professedly Written by a Muslim in Paris)。

1719 年　59 岁

4 月 25 日，笛福出版《鲁滨逊·克鲁索》。

7 月 1 日，笛福发表《交易小巷的解剖学：或者，一个股票买卖的系统》(The Anatomy of Exchange-Alley: Or, A System of Stock-Jobbing)，抨击股票交易。

8 月 20 日，笛福发表续集《鲁滨逊进一步的历险》。

1720 年　60 岁

1 月 1 日，笛福开始发行新期刊《评论家》(The Commentator)，每周两期，直至 9 月 16 日。

5 月，笛福出版《骑士纪念》(Memoirs of a Cavalier: Or a Military Journal of the Wars in Germany, and the Wars in England; from the Year 1632, to the Year 1648)。

6 月 4 日，笛福出版《辛格顿船长》(The Life, Adventures, and Pyracies, of the Famous Captain Singleton)，含两个冒险故事，前半部涉及范围横跨非洲，后半部分深入了解当时盛行的对海盗的迷恋。

8 月 6 日，笛福出版《宗教沉思录》。

1721 年　61 岁

南海公司泡沫崩盘，政府丑闻传播，辉格党统治摇摇欲坠，沃尔波尔接过政府首脑之职，经济改革成功，风波平息。沃尔波尔虽也是辉格党人，主张扩大英国海外势力，但不希望卷入太多战争，引起商业利益团体不满。辉格党内部本存反对派，后又出现"青年辉格党人"，代表主张扩张商业利益的集团。

1722 年　62 岁

1 月 27 日，笛福出版《摩尔·弗兰德斯》(Moll Flanders)。

2 月 20 日，笛福出版《宗教求爱：作为历史话语，论只嫁或娶笃信宗教的丈夫和妻子的必要性》(Religious Courtship: Being Historical Discourses, on the Necessity of Marrying Religious Husbands and Wives Only)。

3月17日,笛福出版《伦敦大疫记》(A Journal of the Plague Year)。

12月20日,笛福出版《上校杰克》(The History and Remarkable Life of the Truly Hounourable Col. Jacque)。

1724年　64岁

2月29日,笛福出版《幸运的情妇罗克萨娜》(The Fortunate Mistress Roxana)。

1725年　65岁

笛福出版《英国手艺人全书;也是海盗和罪犯的人生》(The Complete English Tradesman; Also Pirate and Criminal "Lives")。

6月3日,笛福发表《每个人的事务,就是没人的事务:谴责社会秩序的崩溃》(Everybody's Business, is Nobody's Business: Decrying the Breakdown of the Social Order)。

9月27日,笛福出版《发现与改进的通史》(A General History of Discoveries and Improvements),涉及国外旅行和贸易。

1726年　66岁

笛福出版两卷《英国手艺人全书》(The Complete English Tradesman, in Familiar Letters Directing Him in All the Several Parts and Progressions of Trade)。第一卷是给年轻贸易者的有用的指导集,第二卷是给经验更丰富的商人,叙述商业生活的心理和道德危险,指出贸易几乎普遍建立在罪,即超过必需的"奢侈品"之上。

4月2日,笛福出版《所考虑的隶属的伟大法则》(The Great Law of Subordination Considered),谴责社会秩序的崩溃。

5月7日,笛福出版《魔鬼的政治历史》(The Political History of the Devil)。

5月21日,笛福出版《英伦全岛之旅》(A Tour Thro' the Whole Island of Great Britain, Divided into Circuits of Journies),在工业革命前夕对英国贸易做一个全景式的视察。

7月23日，笛福出版《被叙述的纯粹自然》(Mere Nature Delineated)，内容关于德国野男孩哈梅伦(Hamelen)，探讨天生聋哑者能否通过教育来读写，引向正常的生活。

9月24日，笛福出版有关超自然的《魔法的体系》(A System of Magick)。

1727年　67岁

乔治二世继位，对英国事务不感兴趣，当惯小朝廷专制君主，议会责任制政府出现，议会多数派统治地位不可动摇，立法权逐渐高出行政权。

1月30日，笛福出版《夫妻淫荡：论婚床的使用与滥用》(Conjugal Lewdness: A Treatise Concerning the Use and Abuse of the Marriage Bed)。

9月6日，笛福出版《新家庭指导书》(A New Family Instructor)。

同年，笛福出版《英国手艺人全书第二卷》(Second Volume of The Complete English Tradesman)。

1728年　68岁

3月16日，笛福出版《奥古斯塔的胜利》(Augusta Triumphants)。

3月23日，笛福出版《英国商业计划》(A Plan of the English Commerce)，阐述关于贸易及其在英格兰社会的中心地位，谴责对贸易的偏颇理解，指出它应处于每个人意识中心，讽刺英国商人缺乏野心，不愿去冒险，指出贸易的两个女儿是制造业和航海业。书中也充满对帝国扩张和殖民地发展的建议。

6月3日，笛福出版《阿特拉斯和贸易》(Atlas Maritimus and Commercialis)。

笛福出版《伦敦，世界上最繁荣的城市》(London the Most Flourishing City in the Universe)。

1729年　69岁

笛福最小的女儿索菲亚(Sophia)嫁给了亨利·贝克尔(Henry Baker)。由于家庭经济非常困难，笛福和贝克尔曾就嫁妆问题交涉了很长时间。笛福想在他的遗嘱里给他们夫妇留一笔钱,以替代直接给予索菲亚嫁妆,但贝克尔不同意。女儿的婚事拖了两年之久,直到最后索菲亚精神崩溃,两人才达成妥协。笛福只能将他位于斯托克纽因顿的房子抵押了500英镑的债券作为女儿的嫁妆。

1730 年　70 岁

老债务人的妻子玛丽·布鲁克(Mary Brooke)将笛福诉上法庭,逼他偿还 800 英镑。为了避免被捕,笛福离开家人,独自藏身于肯特郡的一个偏远乡村。出于保障妻子和未出嫁的女儿日后生活的考虑,他提前将财产转移给二儿子丹尼尔。然而,令他万万没有想到的是,二儿子合法地占有了这笔财产,生活富裕,丝毫不怜悯母亲和妹妹。在 1730 年 8 月 12 日给贝克尔的信中,笛福绝望地说:"我的心淹没在了不可承受的巨大折磨里,看看我自己,没有丝毫慰藉、朋友、亲戚,除了那些不能给我提供任何帮助的亲戚。……正是我儿子的不公道、不仁善,我不得不说是不人道的行径,毁了我的家庭。一句话,让我心碎。"

1731 年　71 岁

4 月 24 日,笛福在伦敦的缆索巷(Ropemaker's Alley)去世,葬于伦敦北部邦希地(Bunhill Fields)的一座公墓,约翰·班扬也埋葬在那里。其未完成的手稿在其去世后出版,如 1890 年出版的《完全的英国绅士》(*The Compleat English Gentleman*: *Looking Back with Great Satisfaction to His Unorthodox Education at Morton's Academy*)和 1946 年出版的《沉思》(*Meditations*: *Dating from 1681*, *Include Moments of Personal Doubt as well as Affirmation and Acceptance of God's Preeminence*)。

作者单位:中国政法大学社会学院

「政治算术」：商业帝国的经纶之道

/康子兴

基督把天国不譬作任何巨大的果核或种子而譬作一粒芥子；即是一种最小的种子，但是却有一种迅速发芽及长大的特性与精神。类此，有些国家的疆土很大，可是不能伸张国力或领袖他国；又有些国家幅员很小，有如一种躯干微小的植物，然而却能成为强大的帝国之基础。

——弗朗西斯·培根：《论邦国底真正伟大之处》

第一部分　经济与政治

威廉·配第(William Petty)因其在经济思想史上的地位而倍享尊荣。在《政治经济学批判》中,马克思称其为"英国政治经济学之父",认为他的"政治算术"是"政治经济学作为一门独立科学分离出来的最初形式"[①]。在"经济分析史"和"经济学说史"的陈列室里,他必然要享有一席之地,几乎没有哪一个专业的经济思想史学者会忽略他的重要性。他被认为是"科学经济学"的源头之一[②],他将数量方法(或者统计学)引入经济问题的研究,从而超越了传统的重商主义理论,为经济学的成长赋予了新的驱动力[③]。

然而,经济学说史的视野并不能给我们展现一个整全的配第,一味强调他对经济理论的贡献反而让我们忽视其思想中更具有价值的部分。在经济理论史著作和经济学教科书中,他的学说往往遭到肢解,被现代经济学的分析工具概括为一些程式化的概念和定则,如乘数效应、价值理论、平价理论、关于分配的观点等。[④] 按照这样的解读方式,科学化的现代经济学是一个相对完美的理论模型,配第关于经济事务的看法被拿来与之加以比较,既突出两者间的联系与传承,又彰显后者的粗率与不足,从而将其描述为经济学理论成长的幼弱阶段。按照这样的解读方式,早期理

---

① 卡尔·马克思:《政治经济学批判》,载《马克思恩格斯全集》第 13 卷,人民出版社 2001 年版,第 42—43 页。
② 莱昂内尔·罗宾斯:《经济思想史:伦敦经济学院讲演录》,中国人民大学出版社 2008 年版,第 76—77 页。
③ 亨利·斯皮格尔:《经济思想的成长》,晏智杰等译,中国社会科学出版社 1999 年版,第 103—116 页。
④ 亨利·斯皮格尔:《经济思想的成长》,晏智杰等译,中国社会科学出版社 1999 年版,第 103—116 页。

论是不成熟的,必然要以现代经济学作为发展的终点和目的。这种解读方式的背后潜藏着科学主义的傲慢,依此看来,早期的经济思想并不能为今天的思考提供多少借鉴,它们的意义似乎仅仅在于:它指示了经济学理论的发展轨迹,并凸显出现代经济学理论的优势。①

不可否认,现代经济理论遇到了越来越多的挑战,也遭到了越来越多的批评。卡尔·波兰尼便曾富有洞见地指出,现代经济理论使"经济"从社会与政治中脱嵌(disembedding)出来,构筑了一个过于单一、简单的乌托邦幻想。当这种经济理论成为政治家们奉行甚至迷信的王道之学,现代社会危机的根源便藏身其中了。② 面对社会与学问的危机,许多思想家都力主回到早期的经济与社会理论中寻求启示,力求恢复经济理论本应该具有的政治视野和伦理诉求。③ 经济学是思考"秩序"的特定方式,其理论前提是一个自在自为的经济领域(或者社会秩序),它遵循着不可变易的自然法则(natural laws),这也是其理论得以成立的本体论基础。④ 在关于秩序的思考之中,经济学与政治学本应融为一体:"秩序"是政治学的核心关切,亦为其理论之根本。

经济学的发展与政治学问的蜕变之间存在着内在的关联和一致性。在古典时代,"经济学"所教导的乃是"完美绅士"的气度与治邦理政的君

---

① 比如约瑟夫·熊彼特就这样评价威廉·配第的学说:"真正有点价值的是他对土地与劳力之间的'自然平价'的研究……不过,这个有趣的尝试和所有类似的尝试一样,最后证明是走不通的死胡同。""他没有工资理论,他也没有剩余价值或地租剥削的理论。不过至少在一个构想得不太成熟的特殊例子里,配第对产业之间报酬趋于均等的趋势倒有所理解。虽然要使这个定理站得住,就必须谈及边际,而配第却没有谈到。"参见约瑟夫·熊彼特:《经济分析史》第 1 卷,商务印书馆 2008 年版,朱泱等译,第 331—332 页。
② 卡尔·波兰尼:《大转型:我们时代的政治与经济起源》,冯钢等译,浙江人民出版社 2007 年版。
③ 卡尔·波兰尼:《大转型:我们时代的政治与经济起源》,冯钢等译,浙江人民出版社 2007 年版;阿马蒂亚·森:《伦理学与经济学》,王宇等译,商务印书馆 2006 年版;Amartya Sen, *The Idea of Justice*, London: Allen Lane, 2009。
④ 为了建设其社会理论,涂尔干认为首要工作便是论证存在一个作为自然秩序的"社会"。通过对经济学理论史加以梳理,波兰尼认为,政治经济学的诞生以"社会"的发现为基础。参见涂尔干:《孟德斯鸠与卢梭》,李鲁宁等译,上海人民出版社 2006 年版;卡尔·波兰尼:《大转型:我们时代的政治与经济起源》,冯钢等译,浙江人民出版社 2007 年版。

王技艺,从属于伦理学和政治学。① 随着民族国家的出现,"国家理性"(reason of state)精神渗透进经济事务,重商主义遂成为欧洲诸国普遍奉行的经济原则,对内有助于扫除封建壁垒,实现国家的一体化和中央集权,对外则积极赚取财富和权力。依据马克斯·韦伯的经典分析,"重商主义"是合理国家的经济体制,意味着"国家作为一个政治权力得到了发展"②。韦伯曾写作《民族国家与经济政策》,力陈"经济政策必须为之服务的最终决定性利益乃是民族权力的利益","政治经济学乃是一门政治的科学","政治经济学是政治的仆人"。③ 亚当·斯密的《国富论》象征着经济学理论进入了一个新的阶段,也被同时代思想家称之为"政治科学的新成就"④。在斯密的理论框架中,政治经济学被称为"立法者科学",从属于自然法理学。依托其道德哲学,斯密的"自然自由"政治经济学着力于用"社会理性"驯服"国家理性",试图为政治家提供一套合理的治国方略。⑤

政治学和经济学的思想谱系总是相互呼应,政治学的重大问题总是也必然要主宰经济学的思考和理解。经济学在现代社会的兴起并不意味着经济逻辑侵蚀了政治逻辑⑥,而是由于现代社会依托于一套不同于古典时代的人性哲学、政治构想以及治理秩序:在这样的背景下,财富和经济成为重要的政治现象和政治问题。培根、洛克、休谟等启蒙思想家用其哲学构筑了现代社会的政治理想国,也论证了财富的政治合理性:财富的增

---

① 参见色诺芬:《经济论 雅典的收入》,张伯健等译,商务印书馆1961年版;柏拉图:《政治家》,洪涛译,上海人民出版社2006年版;亚里斯多德:《政治学》第1卷,吴寿彭译,商务印书馆1965年版。
② 马克斯·韦伯:《经济通史》,姚曾廙译,上海三联书店2006年版,第212—220页。
③ 马克斯·韦伯:《民族国家与经济政策》,甘阳译,生活·读书·新知三联书店1997年版,第92—93页。
④ Donald Stewart, "Account of the Life and Writings of Adam Smith", in Essays on Philosophical Subjects, Carmel: Liberty Fund, 1982, p.309.
⑤ 参见康子兴:《社会的"立法者科学":亚当·斯密政治哲学研究》,上海三联书店2017年版。
⑥ Joseph Cropsey, "Adam Smith", in History of Political Philosophy, Chicago: The University of Chicago Press, p.635;谢尔登·沃林:《政治与构想:西方政治思想的延续和创新》,辛亨复译,上海人民出版社2009年版。

进和商业的发展合于人性,有利于实现社会的文雅与邦国的伟大。①

政治与经济的辩证关系在配第勋爵的学说中得到了很好的展现。他尚无现代经济学的理论自觉,从未将任何一本著作冠名为"经济学",反而一再强调其政治意图,如《政治算术》《爱尔兰的政治解剖》等。配第曾被任命为克伦威尔驻爱尔兰军队的医生,并主持了爱尔兰的土地勘测,参与了英国皇家学会的创建。配第与克伦威尔、詹姆士二世颇有交往。其孙谢尔本伯爵曾官拜乔治三世朝的国务秘书、首相,后更名为兰斯唐斯(Lansdowns);配第便是英国著名的政治家族——兰斯唐斯家族的奠基人。在一定程度上,我们可以说兰斯唐斯家族的灼灼事功源自配第的努力。② 配第虽未居庙堂之高位,却富有政治家的远见卓识,并致力于思索治国安邦之道。配第曾言,除了有助于实现国家的"安宁与富庶",《爱尔兰的政治解剖》并无其他目的。③ 其子谢尔本男爵曾将《政治算术》呈献给查理二世。在献词中,他将内容概括为"关于统治的事项,以及同君主的荣耀、人民的幸福和繁盛有极大关系的事项"④。

那么,该如何认识、解读和诠释配第的政治经济学呢?它的确为"学问的进展"做出了新的探索,提供了新的问题,甚至在一定程度上指出了现代经济学的发展方向;但这并不意味着它以之为目的,或如马克思所谓的那般,它要"作为一门独立的科学分离出来"。他所思考的对象,依然是古老的政治事务,是战争与和平的问题,是统治的技艺,是邦国的安全、伟大,甚至变易、兴亡。与古典政治哲学相比,配第的学问几乎是全新的,他

---

① 培根:《论邦国底真正伟大之处》,载《培根论说文集》,水天译,商务印书馆1958年版,第105—115页;魏因伯格:《科学、信仰与政治:弗朗西斯·培根与现代世界的乌托邦根源》,张新樟译,生活·读书·新知三联书店2008年版;David Hume, "Of Commerce", in *Essays, Moral, Political and Literary*, Carmel: Liberty Fund, 1983, pp.253-267。
② 为了纪念配第及其所取得的成就,1936年逝世的兰斯唐斯侯爵六世重新出版了他的作品以及相关的研究著作。参见亨利·斯皮格尔:《经济思想的成长》,晏智杰等译,中国社会科学出版社1999年版,第106页。
③ 威廉·配第:《爱尔兰的政治解剖》,周锦如译,商务印书馆1964年版,第4页。
④ 威廉·配第:《政治算术》,陈东野译,商务印书馆1960年版,第4页。

从未提及柏拉图、亚里斯多德,或者色诺芬,却丝毫不加掩饰地向培根致敬。① 配第的新科学并不意味着经济学与政治学的分离,而是一种思考政治的新方式,意味着新政治科学(或哲学)②的萌生。

对现代社会而言,政治经济学的诞生本就是一个重要的政治哲学问题,是政治哲学内部革命的外在表现。配第恰恰站在这一转变的关键节点,他的学说必然蕴含、体现了这一古今之变的某些关键争论。通过对配第学说的研究,我们必能"按图索骥",找到政治现代性之所以诞生的深刻因由,也能更清晰地理解现代政治的内在逻辑和深层逻辑。因此,阅读配第的著作就需要具有马基雅维利在《君主论》献辞中体现出来的谦卑与审慎:不能自以为高踞思想和理论的巅峰,而要视古典政治经济学为一座巍巍高山,自谷底去欣赏其雄壮,查看其构造、起伏、走势,理解其问题和解决方案。

---

① 威廉·配第:《爱尔兰的政治解剖》,周锦如译,商务印书馆1964年版,第5页。
② 配第的学说或许很难称得上是政治哲学,因为他的著述多局限于国家的税收、货币、富强等方面的问题,并不具备一个整全的哲学视野,但笔者将在下文阐述,配第的思想继承了培根的精神,而后者却是一个对整个学术体系进行了系统梳理和思考的大哲。

第二部分　宣告一场圣战:培根哲学的传灯人

如果把威廉·配第放到政治哲学的谱系下加以考察,那么不难发现,他的思想师承弗朗西斯·培根。在《爱尔兰的政治解剖》的开篇,配第便坦陈培根对他的影响,并自诩为培根哲学的传人:

> 弗朗西斯·培根爵士在其所著《学术的进步》一书中,曾从许多方面把人体和国家做了恰当的对比,也把保持这二者强健的方法做了恰当的对比。解剖学是前者最好的基础,也是后者最好的基础,这种说法是十分合理的。要搞好政治工作而不了解国家各个部分的匀称、组织和比例关系,那就和老太婆与经验主义者的办法一样荒唐了。由于解剖学不仅对于医生是必需的,而且对于任何一个哲学家也极为有用,所以我这个不专门搞政治的人,为了满足我的好奇心,试着写下了这第一篇关于政治解剖的论文。①

在这段自白中,配第强调了两个关键信息:他的论文是关于政治学的研究;其研究方法遵循培根哲学的精神。

有意思的是,在培根颇为宏大的著作体系中,仅有两篇未竟之作的主题是政治学:《宣告一场圣战》与《新大西岛》。这两篇作品的篇幅都很短,而且均在他去世之后才得以发表。这样的安排完全合乎培根的意图,

---

① 威廉·配第:《爱尔兰的政治解剖》,周锦如译,商务印书馆1964年版,第5页。

在他用拉丁文写就的《广学论》(De Dignitate et Augmentis Scientarum. De Augmentis)①中,他表示其关于"帝国之术或治国之术"的任何著作都"可能会半途而废或在死后才能发表"②。培根似乎有意隐藏其哲学的政治意图,因其学说具有的革命性创见,这的确是必要的审慎策略。③ 在系统地研究了培根的政治哲学之后,朗佩特(Laurance Lampert)得出结论:培根用他的哲学和科学向基督教发起了一场圣战,培根的政治哲学志在追求尘世的幸福,而不是寄希望于来世。④ 培根所发动的战争实际上也是未来几个世纪发生在欧洲内部的圣战,即科学与宗教之间的信仰之战。培根在《宣告一场圣战》中暗示了自己的意图和策略:把基督教世界在石臼里捣碎,把它塑造成新的形状。⑤

"保罗进入雅典,有选择性地利用了雅典的诗人来传播令人陌生的新福音。培根也正是用同样的方式进入耶路撒冷。"⑥利用卓越的修辞和雄辩,培根不动声色地进行着他的战争,在学问内部揉碎了基督教的精神,并将新科学的神髓灌入上帝的话语之中。

培根在《新大西岛》中描写了一个理想的政治社会"本色列"(Bensalem),借寓言的形式阐述了自己的政治构想与哲学。本色列岛人受科技的统治,宗教(基督教)也被科学驯化,服务于政治治理;他们能控制天气、疾病,征服了海洋和自然;他们富饶多财、生活安逸;他们鼓励生育,为子孙绵绵的长者授予殊荣。基督教追求精神的不朽和来世的拯救,

---

① 《广学论》为《学术的进展》(The Advancement of Learning)之扩展版本,但后者的写作语言为英语。
② 转引自朗佩特:《尼采与现时代:解读培根、笛卡尔与尼采》,李致远等译,华夏出版社2009年版,第73页。
③ 对自古以来审慎的写作之道,培根是了然于胸的,他在《学问的进步》中就曾提道:"此外还有一种方法,是与前一种方法有些相仿的;那就是所谓的隐微的独传的方法;这种方法,原是古人们为谨慎起见所采用的。"培根:《崇学论》,关琪桐译,商务印书馆1936年版,第179页。
④ 培根:《崇学论》,关琪桐译,商务印书馆1936年版,第68、120页。
⑤ 培根:《宣告一场圣战》,载《论古人的智慧》,李春长译,华夏出版社2006年版,第96页。
⑥ 朗佩特:《尼采与现时代:解读培根、笛卡尔与尼采》,李致远等译,华夏出版社2009年版,第120页。

本色列岛人则寄希望于仁爱的科技,实现身体的健康、长寿,以及享乐,从而实现此世的拯救。①

配第虽然没有提及《新大西岛》一书,但他的学说却深得培根精神的真传。他将培根的哲学原则运用到政治学研究中来,在"帝国之术或治国之术"上继承了培根的事业,并予以推进。

配第正是培根所谓"代达罗斯"(Daedalus)②式的人物,精于技术和发明创造。有学者声称,"配第在科学和技术方面的兴趣远远超过经济学和统计学的领域"③。他曾花时间改进一种双龙骨船,提出了家用水暖设备的思想,还有一些其他的小发明。诚如斯言,其"政治解剖"论文的写作是为了"满足我的好奇心",是其发明才干和科技兴趣与政治事务联姻的产儿。但是,配第的深刻思考又使他超越了代达罗斯特有的嫉妒,从而更接近于政治哲人。

培根主张,国家对待代达罗斯要"永远保留和禁止"④:他一方面看到其才干蕴藏的巨大力量,另一方面又对技术的危险洞若观火。在培根的"理想国"中,代达罗斯是需要被"政治荣誉"驯服的一类人,哲王和立法者所罗门那⑤因此建成"所罗门宫",让最富有才干的科学家成为所罗门宫的元老(father),享受神父一般的仪礼,受人民景仰,并成为国家的统治机构。所罗门宫还是科技荣誉的宫殿,设有专门的长廊陈列新奇有价值的发明发现,并为主要的发明和发现者塑像。通过制度、礼仪和荣誉的巧妙安排,代达罗斯的智慧终能为政治所驯化,并服务于国家的利益和人民的福乐。

培根哲学对配第的影响不仅体现于其著作中,也贯彻在他的行为之

---

① 培根:《新大西岛》,何新译,商务印书馆1959年版。
② 古希腊神话中的人物,曾为米诺斯王修筑迷宫,以困住牛头人身怪米诺陶洛斯,后者也是其技艺的产物。培根在《论古人的智慧》一书中辟专门的篇章对这个神话予以解读和评论。
③ 亨利·斯皮格尔:《经济思想的成长》,晏智杰等译,中国社会科学出版社1999年版,第105页。
④ 《论古人的智慧》,李春长译,华夏出版社2006年版,第50页。
⑤ 《新大西岛》中本色列的国王。

中,比如,配第与波义耳(Robert Boyle)等科学家一起创建了所罗门宫的现实版本——"英国皇家学会"。培根宣告并亲力亲为"一场圣战",配第受其哲学的感召,将自己武装为培根学的教徒和战士,在政治经济学中开疆拓土。在解读配第著作的过程中,我们完全可以遵照他本人的指示,将他的政治经济学与培根哲学相互参证,相互启发。培根的主要著作都集中于基础哲学的讨论,很少直接就政治问题进行著述;而配第几乎所有的写作都以政治为主题。这两者之间构成了"体"与"用"的关系:培根的哲学为体,配第的政治经济学为用。通过两者的互证互解,我们不仅能够更深刻地理解配第,亦能更清晰地体察培根哲学的政治意图及其对现代社会的重要意义。

既然如此,我们就需要首先了解培根哲学的主体内容与核心精神。

在配第特意提到的《学术的进展》中,培根系统地清点了自古以来的学术传统,并分学科评述了各自的不足、缺陷,以及有待开垦的荒芜之地,目的是促进学问的发展和人类知识的增进。又恰如《新大西岛》所言,发展和研究学问的目的旨在"拓展人类帝国的边界"[①]。然而,其中一个很重要的问题是:使何种学问得到发展?培根并没有奉任一学派,或某一大哲的思想为圭臬,为不易的法则和完美标准,他正用一种新的精神和原则改造古今的学问,借前人的思想阐述自己的哲学。[②]

《学术的进展》一书虽然很少涉及政治问题,但其文体和培根的写作方式都表明了它对政治而言意义重大。《学术的进展》由两篇献给英王詹姆士一世的论文构成,其题目均为《献给国王陛下》(To the King)。在文中,培根时常以亚历山大、恺撒、奥古斯都等帝国开拓者为榜样来激励英王,并将他们的卓绝功勋与其对学术的重视联系在一起,从而谱写了一篇

---

① 培根:《新大西岛》,何新译,商务印书馆1959年版,第138页。
② "我希望在古代遗产和学术进步创新之间建立友善的联系,我认为最好的方式就是在不违背更高义务的前提下,一切照旧。"培根:《学术的进展》,刘运同译,上海人民出版社2007年版,第83页。

对学问和帝国的颂词。① 同时,培根亦对詹姆士一世过人的天资和好学精神大加褒赏,志在激起君主开创伟业的雄心,并借力赢得圣战,以实现其改造学问的目的。培根对英王的教育很荣易使人联想到亚里斯多德对亚历山大的教育,培根显然清楚这一点,并举亚历山大支持亚里斯多德编修自然史的例子来展示君主对学术研究的鼓励。② "亚里斯多德征服所有观点,亚历山大征服所有的领土。"③培根用此格言来评述两人的伟大,但多年以后,其哲学的影响和英帝国所取得的伟大成就并不比他们逊色。

培根所从事的学术改造工程是全方位的,也是彻底的,包括了神学、自然哲学、道德哲学,以及政治理论。他的所有论证都可以归结为这样一条原则:无论是对上帝荣耀的正确认知,还是人世幸福的实现、政治伟大的完成都需要征服自然(既包括自然世界,也包括人类事物),因为自然是通往神性和不朽的大书,亦为获取一切真理和知识的起点。

培根借俄耳甫斯神话阐释了他的"普遍哲学"。④ 俄耳甫斯能力非凡,精通所有和谐的音乐,他曾用琴声打动冥王、冥后,准许他将过世的妻子带回人间;还用甜美舒缓的乐曲驯服了周围的动植物,并把它们吸引到自己身边来。在这个故事里,俄耳甫斯的乐声具有两种功能:讨好冥府,以及吸引野兽和树木。在培根看来,前者代表自然哲学,后者代表道德哲学和政治哲学。自然哲学的崇高任务是实现生命的不朽,"恢复和更新不能持久的东西","把事物保持在当前状态,延缓老化和死亡"。道德、政治哲学则要教导人们热爱美德、公正与和平,使之团结友爱、服从政府、自

---

① "我乐意奉承(如果可以称作奉承)亚历山大、恺撒、安东尼这些几百年前的人物,正如我对近人也一样乐意奉承。我的任务是现实学问给君主带来的荣耀,而不是高谈阔论某位君主的好名声。"培根:《学术的进展》,刘运同译,上海人民出版社2007年版,第36—48页。
② 培根:《学术的进展》,刘运同译,上海人民出版社2007年版,第61页。
③ 培根:《学术的进展》,刘运同译,上海人民出版社2007年版,第83页。
④ 按照培根的解释,俄耳甫斯代表人格化的"普遍哲学"。参见培根:《俄耳甫斯或哲学》,载《论古人的智慧》,李春长译,华夏出版社2006年版,第33—34页。

我节制和遵纪守法。①

在疏解《塞壬与享乐》的寓言时,他再一次对俄耳甫斯的智慧大加赞赏。塞壬的歌声具有邪恶的摄人心魄的魔力,她们总是用歌声吸引水手,然后取其性命。有两种不同的办法可以对抗这种灾难,分别是尤利西斯和俄耳甫斯的方法。"尤利西斯曾让水手用蜡封住耳朵。他希望尝试一下歌声,又不想招致危险,就把自己绑到桅杆上,同时禁止任何人冒险给他松绑,即使有他本人的恳求也不行。俄耳甫斯不让绑起来,而是放声歌唱,用琴声赞美众神,压住了塞壬们的歌声,所以也安然无恙地通过了。"②其实,在这个故事中,对付塞壬歌声的方法是三个,因为尤利西斯对水手和自己采取了不同的应对之策。在培根看来,这三种方法的对比寓意深远而崇高。在这三种方法中,两种来自哲学,一个来自宗教。对船员这样的普通人,宗教是适用的,因此用蜡封住水手的耳朵,用禁欲的方式避免接触所有可能引诱心灵的场合。③ 尤利西斯是具有崇高心灵、坚强决心的王者和英雄,他能够进入享乐中间,并且洞悉邪恶诱惑的愚蠢和疯狂。但是,这些英雄人物仍可能无法避免受到伤害,因为其"追随者有害的建议和奉承"最能"动摇和扰乱心灵"。④ 俄耳甫斯的方法最为卓越,"俄耳甫斯歌颂诸神,扰乱了塞壬的歌声,使心灵不受到他们的干扰,这是因为沉思神性事物要比感官享受更有力更甜美"⑤。

俄耳甫斯代表哲人,而且是培根意义上的哲人,他既掌握着神圣事物的真理,又洞晓人类事物与自然世界的知识。通过俄耳甫斯神话,培根还暗示了哲学、政治与宗教三者之间的等级次序。政治家的美德应该接受

---

① 培根:《俄耳甫斯或哲学》,载《论古人的智慧》,李春长译,华夏出版社 2006 年版,第 33—34 页。
② 培根:《塞壬或享乐》,载《论古人的智慧》,李春长译,华夏出版社 2006 年版,第 80 页。
③ 在《新大西岛》中,培根再一次强调宗教可为政治和哲学所用,以驯化人民,使之如绵羊般温顺。参见培根:《新大西岛》,何新译,商务印书馆 1959 年版;霍华德·B. 怀特,《弗朗西斯·培根》,载克罗波西等主编:《政治哲学史》,李洪润等译,法律出版社 2009 年版,第 361—384 页。
④ 培根:《塞壬或享乐》,载《论古人的智慧》,李春长译,华夏出版社 2006 年版,第 80 页。
⑤ 培根:《塞壬或享乐》,载《论古人的智慧》,李春长译,华夏出版社 2006 年版,第 80 页。

哲学的指引,使之更加坚固,不受奸言佞语的蛊惑;宗教可作为统治工具为政治所用,在人民间敦风化俗,免于腐败——船员正是听从尤利西斯的安排才用蜡封住耳朵。宗教彻底丧失了原本的神圣意义,理解神性的使命转移到了培根哲学的身上:他发动的圣战要使宗教向新的哲学俯首。

培根将基督教的上帝改造成了自然神学的上帝。在谈到通往信仰的正确途径时,培根要求人们钻研两本大书,即《圣经》与上帝的创造物(或上帝的作品),但认为后者具有更大的优越性,是"通往前者的钥匙",因为上帝的全能大德"主要凝固、铭刻在他的作品之中":

> 要避免犯错误,我们就要钻研两本大书,第一本是《圣经》,它揭示了上帝的意志;第二本是上帝的创造物,它们显出上帝的全能。后者是通往前者的钥匙。上帝不仅用理性的普遍观念和言语的法则开启了我们的理解力……而且首先开启了我们的信仰,引导我们充分地体会他的全能大德,这一点主要凝固、铭刻在他的作品之中。①

由《圣经》走向上帝和由自然走向上帝是两种截然不同的方式。前者关心的是上帝的意志,是作为万物主宰的上帝;而后者关心的则是上帝的理性和智慧,是作为造物主的上帝。根据经文来思考神学,或是直接沉思上帝是经院哲学的方式;培根对此进行了严厉的批评,认为这是一种极其糟糕的病症,是"空虚的学问"。② 所以,培根认为后者才是理解神圣事物真正合理的途径。自然遵循着内在的理性和永恒的法则。通过对格物致知的强调,培根为其哲学塑造了一个遵守理性的普遍法则的上帝。

培根哲学志在追求不朽,但他并不认为只有灵魂的拯救才是达致不朽的唯一手段。"我们根据神的启示知道,不仅我们的智力而且我们纯净

---

① 培根:《学术的进展》,刘运同译,上海人民出版社2007年版,第36页。
② 培根:《学术的进展》,刘运同译,上海人民出版社2007年版,第20—25页。

的感情,不仅我们的灵魂还有我们改变后的身体,都可以提升至不朽。"①这种新的生命精神反映了新的哲学精神,它要求洞晓自然的奥秘,用试验的方式来研究各类技艺,包括冶炼、建筑、雕刻、机械、医疗等,因为试验是"自然的间谍和情报员"②。

欲征服自然必先认识和了解自然,欲征服命运则须首先认识命运。自然和命运不可抗拒③,但并非没有法度可寻。"用忍受来征服一切命数""用忍受来征服一切自然"是培根式的策略。但他特意强调:"我们所说的忍受不是指无聊消极的忍受,而是指聪明勤奋的一种忍受,乃是要从患难拂意中,设法有所利用,有所取得。"④人们必须极力认识到命运的自然之理,并注意修持德性,成为自己"命运的建筑师"。"命运虽然是盲目的,可不是隐形的",一个人如果留神地观察,他一定会看见"命运";他若能让自己的精神之轮随命运之轮同转,他就能建造自己的命运。

但是,一个国家如何才能成为自己的"命运建筑师"呢?配第的《政治算术》回答了这一问题。

---

① 培根:《学术的进展》,刘运同译,上海人民出版社 2007 年版,第 52 页。
② 培根:《学术的进展》,刘运同译,上海人民出版社 2007 年版,第 61 页。
③ 培根:《学术的进展》,刘运同译,上海人民出版社 2007 年版,第 150 页。
④ 培根:《崇学论》,关琪桐译,商务印书馆 1936 年版,第 208 页。

第三部分　政治解剖学：荷兰兴起的"神话"与"自然"

《政治算术》与《爱尔兰的政治解剖》（简称《政治解剖》）写于同一时期，是配第 1667—1673 年间第二次在爱尔兰长期居住时的作品。在两部著作的标题中，配第虽然使用了不同的术语，但采用的却是完全相同的研究方法，即培根所推崇的试验方法。"政治算术"其实质也就是一种"政治解剖术"，两者的目的都在为英国找到一条强国之道，其差别体现在它们所处理的对象上：在《政治解剖》一书中，配第研究的对象是爱尔兰；《政治算术》则将手术刀伸向荷兰、不列颠和法国。"解剖"意味着配第将国家或政治体视为"政治动物"，认为它遵守着自然的生命之理，国家的变易兴亡便由之决定。"算术"则要为"政治解剖"提供工具和确定性，在宗教、财富、军事等诸多因素之间找到可通约的同一性，为帝国的强盛找到明确不易的法则。

我进行这项工作所使用的方法，在目前还不是常见的。因为和只使用比较级或最高级的词语以及单纯做思维的论证相反，我却采用的这样的方法，(作为我很久以来就想建立的政治算术的一个范例)，即用数字、重量和尺度的词汇来表达我自己想说的问题，只进行能诉诸人们的感官的论证和考察在性质上有可见的依据的原因。至于那些以某些人的容易变动的思想、意见和情绪为依据的原因，则留待后人去研究。①

---

① 威廉·配第：《政治算术》，陈东野译，商务印书馆 1960 年版，第 8 页。

配第的"政治解剖术"源自培根哲学的原则和精神。培根主张要从上帝的作品出发来思考上帝，配第遵守同样的逻辑，主张政治学应以具体而确切的政治现实为基础，从中发现有益于国家发展的神圣法则。如培根一样，配第将现实政治或自然当成必须深入研究的大书，以及通往真知的钥匙，其优越性要远远高于阐述某种政治思想和理想的"圣经"。配第将这些著述斥之为"某些人容易变动的思想、意见、胃口和情绪"，他也由此彻底拒绝了古典政治哲学的传统。在这一点上，配第与马基雅维利颇有共通之处。

"政治解剖术"的预设前提是：国家与人体一样都是自然的造物，而非立法者创制的结果；政治解剖所探寻的是造物主的理性，而非立法者的智慧。既然配第宣称，除了"有可见依据的原因"之外，他并不借助于其他思想和规范的指导，那么他解剖的对象将要为他提供所有的理性法则，而这对象本身也就成为他研究的目的。就像医学解剖是为了研究生命的内在机理，为了诊断并治疗疾病，为了身体的健康和强壮，政治解剖的目的则是国家的安全、健康和伟大。配第相信，就像从人体解剖中发现的生命机理对所有人而言都是普遍有效的，政治解剖得出的结论必然适用于所有国家。

在配第生活的年代，英国同时面临着法国和荷兰的威胁，三国处在实际的战争状态之中。法国路易十四朝推行重商主义政策，国力日壮，在两次对荷战争之后（1667—1668 年、1672—1678 年），将矛头转向英国。为了争夺海上贸易的主动权，英国也与荷兰进行了三次战争。如何壮大国家实力，在三国争胜中自保无虞，甚至赢得胜利便是政治家率先考虑的重中之重。在这三个国家之中，法国拥有广阔的疆域和众多人口，武力也以陆军见长，是传统的陆上强国；荷兰与英国具有诸多的共同点，同为海洋国家，并且领土狭小。而且，荷兰在历史上始终是一个穷苦、受压迫的民族，在不到一百年的时间内迅速崛起，成为"海上马车夫"，在战争中也与法兰西等欧陆强国相抗相持，丝毫不落下风。荷兰的兴起堪称政治史上的奇迹,甚至有人为此将荷兰人称为"超人"。① 荷兰的崛起引起了许多思想家的注意,不少人为此著书立说,比如考特(Pieter de la Court)的《荷兰国的政治原则》(Political Maxims of the State of Holland)便是其中影响较大的一种。配第相信,荷兰的崛起必定有其自然的原因,而不是所谓超人的神话。因此,选取荷兰作为研究的样本具有双重意义:出于理论普遍有效性的考虑,能够最清楚地揭示帝国崛起的原因和机理;出于政治现实和国家战略的考虑,荷兰崛起的理论范式必能给英国以借鉴,对敌人的理性分析亦有助于实现对其有效遏制。

配第向我们表明,荷兰对现代政治的意义恰如斯巴达对古典政治的意义。斯巴达因为高贵卓越的德性和公民精神而受到敬仰,荷兰则因其财富和力量傲立于强国之林。

与法国相比,荷兰堪称蕞尔小国,其领土面积不及法国的八十分之一:荷兰的面积不过 100 万英亩,而法兰西王国则超过 8000 万英亩。但是,在比较两国的农业出产、建筑物的价值、船舶与对外贸易、税收、利息率,以及盈余收益等各方面的差异之后,配第得出结论说:尽管法国的疆域和人口远胜荷兰许多(分别为 80 倍和 13 倍),但其国力与财富的差距却仅 3 倍而已。正因其强大的国民财富基础,荷兰便能征收到足够的公共经费,以支付同英法"进行海上战争和维持 72 000 名陆军以及支付政府的其他一切日常开支的需要"②。

由于军事革命的缘故,现代战争越来越依靠武器的消耗,而较少依赖军人的身体素质和战斗技能。所以,现代战争是机器与火力的比拼,也是财力和金钱的较量。正是在这样的背景下,贸易和对财富的追求便赢得了政治正当性,从而摆脱了古典政治哲学对它的消极评价。路易十四的国务大臣让-巴蒂斯特·科尔贝(Jean-Baptiste Colert)曾有名言:"贸易公

---

① 威廉·配第:《政治算术》,陈东野译,商务印书馆 1960 年版,第 18 页。
② 威廉·配第:《政治算术》,陈东野译,商务印书馆 1960 年版,第 17 页。

"政治算术":商业帝国的经纶之道　273

司就是国王的军队,制造业就是他的后备军。"①关于现代战争与商业间的相互依存,亚当·斯密在《国富论》第 5 卷做了细致而精深的论述。而在《国富论》出版近 100 年之前,尼古拉斯·巴尔本(Nicholas Barbon)勋爵就已经阐述了贸易在政治史上的古今之变及其原因。"因为直到必须依靠贸易来提供战争的武器之前,人们总认为贸易有损于帝国的发展,认为贸易带来安逸和奢侈,使人民变得极其孱弱,使他们的身体不能承担战争的劳动和困难。"②

在配第关于法国与荷兰的财富分析中,其实潜藏着现代战争的逻辑。荷兰既是作为商业国兴起的,也是作为"战争国"而兴起的。正是因为战争,商业和贸易才获得了政治支持;也正是由于战争,国家才派商船队远涉重洋寻找财富,并力求封锁和控制海洋。③ 从配第关于荷兰富强之自然原因的分析中,我们能够更为清晰地洞见现代政治和商业的隐蔽逻辑。

配第从两个方面分析了荷兰成长为商业帝国的原因:自然的地理条件和国家政策。荷兰地势低洼,土质肥沃,可以养活较为密集的人口,因此便于手工工场的生产。在人口密集的地方,人们之间更易于互相了解与合作,因此可以节约许多宗教、司法经费。更重要的是,荷兰位于"流经好几个国家的三条大江的江口",而且面临海洋,富多良港。再加上它"处于地中海的岛屿纵横交错,沼泽地和难于通行的沟壑很多",地形易守难攻,便于保卫国民财富,每年可节省近 20 万英镑国防费用。

便利的水运为荷兰工商业的发展提供了优越的条件,荷兰因此"掌握着三大江河流域各国产业的钥匙"④。优良的海港不仅利于制造各种规格和类型的船舶,而且节约了船只进港时的人工费和绳索费用。节约下来的运输成本必然要在商品价格中体现出来,其销路便远大于法国商品。

---

① 转引自乔纳森·哈斯拉姆:《马基雅维利以来的现实主义国家关系思想》,张振江等译,中央编译出版社 2009 年版,第 184 页。
② 托马斯·孟:《贸易论(三种)》,顾为群等译,商务印书馆 1982 年版,第 48 页。
③ 托马斯·埃特曼:《利维坦的诞生:中世纪及现代早期欧洲的国家与政权建设》,郭台辉译,上海人民出版社 2010 年版。
④ 威廉·配第:《政治算术》,陈东野译,商务印书馆 1960 年版,第 20 页。

配第粗略估算,一切天然条件带给荷兰的利润每年超过 100 万英镑,这一优势将使荷兰能够控制和支配全部欧洲贸易。①

荷兰人充分利用其自然优势,发展造船业、航海业和捕鱼业,使之成为海洋和世界贸易的主人。荷兰人发明了各种类型的船只,使之能够适应各种特定业务的需要。他们"建造细长的船只,以载运桅樯、枞木、木板、梁木等物品,同时也可以建造短身的船只,以载运铅、铁、石块等物品。在开往不会有触礁危险的港口做买卖时,他们可以用一种船;而在航行 12 小时内要搁浅二次的地方,他们又可以用另一种船。在平时或运载价廉的粗劣的物品时,他们用一种船和一种掌船的方法;在风浪大的海洋,他们用一种船;而在内江内河他们又用一种……他们有的船用桨,有的船用竹篙,有的船用帆,有的船用人和马拖拉。有的船用于航行凝结着冰块的海洋,有的船用于航行需要不断和蛀船虫作斗争的海洋,诸如此类,不一而足"。②荷兰人摸清了海洋的脾性,也用其造船技术征服了海洋,并发展其全方位的、种类繁多的航运业务。如同劳动分工可以节约生产成本一样,荷兰在航运上的细致分工也使其运费相对低廉,拥有其他国家无可比拟的优势。

对海洋的征服使他们尽可能地自海洋中获取资源和财富,"掌握航运方面支配权的人们,必然要垄断渔业"③。荷兰人每年从捕鱼业中获取的利润,甚至超过东西印度公司贸易的利润。航运和捕鱼业的发达又必然带来与之相关联的产业和贸易的发展,包括船舶维修业,盐、铁、沥青、树脂、油及兽脂的贸易等。

荷兰人靠航运征服了海洋,亦掌握了世界各地的商业信息。"他们有许许多多机会到处考察哪里缺乏哪些东西,哪里什么东西过剩,各国人民

---

① "假如上述一切天然的有利条件所带来的利润每年超过 100 万镑,又假如我们欧洲人所经营的全部欧洲贸易,不,全部世界贸易,每年不超过 4500 万镑,而这份价值的五十分之一构成利润的七分之一的话,那么很明显,荷兰是能够控制和支配全部贸易的。"参见威廉·配第:《政治算术》,陈东野译,商务印书馆 1960 年版,第 21 页。
② 威廉·配第:《政治算术》,陈东野译,商务印书馆 1960 年版,第 24—25 页。
③ 威廉·配第:《政治算术》,陈东野译,商务印书馆 1960 年版,第 21 页。

能做些什么、需要什么。"①于是,印度生产的糖、波罗的海的木材和生铁、俄国的大麻、英国的铅和羊毛都运往荷兰——他们把所有的当地土产运到本国加工制造,然后又运到其他国家,甚至原地出售。荷兰成为世界加工业的工场,"整个贸易界的代理人和经济人"②。

"在所有古代国家或古代帝国,谁掌握了航运谁就占有财富。"③在配第看来,荷兰的富强就像植物一样,是从其地理优势中自然成长起来的;这其中最为核心的因素便是海洋,或者说海洋运输的优势帮助荷兰开拓了世界市场。"即使没有天使般的机智和判断能力(这种机智和判断能力,某些人认为是荷兰人所特有的),他们也能够轻易地掌握世界的贸易。"④通过海洋贸易获得的财富是稳定和持久的。首先,它赚回的是金、银、珠宝等持久性的财富——它们不易腐坏,而且在任何时候、任何地方都是财富,与酒品、肉类、谷物相比有更大的优越性。⑤ 其次,与之贸易的是整个世界,商业萧条的状况几乎不会发生,因为"世界上总会有一些地方会经常保持市景繁盛和粮食富足的局面"⑥。

荷兰是一个纯粹的商业国家,所有产业都围绕航海和贸易组织起来,对商业财富的追求似乎成为这个国家的立国之策和最高理性。"工业的收益比农业多得多,而商业的收益又比工业多得多。"⑦商业国荷兰的兴起是与商业价值在政治史上的兴起同时出现的,由于它对航运的垄断,以及对世界市场的控制,它实际上成长为一个新型的帝国。在古典政治中,共和国的护卫者是公民战士,而农作最适合养育绅士风度、公民友爱,以及尚武精神⑧;在荷兰所代表的现代政治逻辑之下,商业帝国需要新型的

---

① 威廉·配第:《政治算术》,陈东野译,商务印书馆1960年版,第22页。
② 威廉·配第:《政治算术》,陈东野译,商务印书馆1960年版,第22页。
③ 威廉·配第:《政治算术》,陈东野译,商务印书馆1960年版,第22页。
④ 威廉·配第:《政治算术》,陈东野译,商务印书馆1960年版,第22页。
⑤ 配第所持的是典型的重商主义观点,亚当·斯密后来在《国富论》中对此加以批评。
⑥ 威廉·配第:《政治算术》,陈东野译,商务印书馆1960年版,第24页。
⑦ 威廉·配第:《政治算术》,陈东野译,商务印书馆1960年版,第17页。
⑧ 色诺芬:《经济论 雅典的收入》,张伯健等译,商务印书馆1961年版。

护卫者,他们是乘风破浪的海洋征服者,世界市场的开拓者和维护者,以及海洋利益的捍卫者。商业帝国的构成需要全新的质料,新的理想公民——商人、海员,也是士兵:

> 农人、海员、士兵和商人,在任何国家都是社会的真正支柱。所有其他职业,都是由于作为支柱的人们有缺点或不能完成任务而产生的。一个海员一身兼任上述四种人的三种。因此每一个勤勉而又机敏的海员,不但是一个航海家,而且是一个商人,同时也是一个士兵。其原因并不在于海员时常有作战和执掌武器的机会,而在于它们经常生活在有断送性命或丧失四肢之虞的灾难和危险中。由上述海员的资格看来,训练和操练等作业,只是军事训练的一小部分,这是能够很快甚至立即学会的;但是其他方面则不经过长年而又充满痛苦的过程,是学不会的。因此能够拥有海员,是个无法估量的有利条件。①

配第关于商业国"四类英才"②的颂词与古典政治哲人关于农业的颂词遥相呼应。战争是高贵的政治行为,现代政治学要为工商业平反,需解决的一个重要问题是:证明它能够培养出优秀的战士,能够支持(至少不会阻碍)国家的兵戎之事。③ 依据配第的论述,对荷兰而言,海洋不仅是耕耘财富的良田,也是孕育国家支柱、培养优秀战士的沃土。海员不仅能够创造出财富,数量众多的海员本身就是一笔巨大的财富。他用一个简单的算术公式来表示海员对于国家的重要性:一个海员的价值相当于三个农民。

---

① 威廉·配第:《政治算术》,陈东野译,商务印书馆1960年版,第24页。
② 伊朗的内扎米·撒马尔罕迪在12世纪时曾写过一部《四类英才》,认为国家的统治需要依靠"文士、诗人、天文学家和医生",认为他们的学问皆源自高级思维。将此书与配第的上述论断相比较,我们颇能够看出古典时代注重精神统治,而现代政治则依靠力量统治之间的区别。
③ 为此,休谟便曾著《论商业》一文予以专门讨论。

除了自然的地理条件之外,荷兰施行的国家政策也是其迅速崛起的重要因素。这些政策包括:宗教信仰自由,对土地和房屋的所有权予以切实的保障,设立银行。

荷兰信奉新教精神,认为"一个人不能信仰他所愿信仰的宗教,同时强迫人们承认他们信仰自己实际上并不信仰的宗教,都是无益的、荒谬的,同时也是一种不尊敬神的行为"①。他们甚至认为,供养神职人员维护教义的统一是一种多余的负担。

荷兰人对宗教信仰的自由、宽容政策为商业的发展提供了一个广阔的空间。配第自历史中洞见:"不论在任何国家、任何政府统治下,商业都是由其中的异端分子、表明其信仰和公认的信仰不同的那一部分人经营的,而且经营得十分旺盛。"②比如,在土耳其帝国,犹太教和基督徒是占重要地位的商人。而在当时的欧洲,"全部商业的四分之三掌握在从天主教会分裂出来的人们手里"③。

配第对商业与宗教异端的强调表明,商业的逻辑与宗教精神无关。商业依赖的是技术对自然的征服及对自然条件的应用,是商人不畏苦难追求财富的精神和审慎练达的交往技巧。④ 无论何种教派,商业的繁盛总是起自宗教的边缘。配第似乎在附和培根,通过归纳荷兰的政治经验来"宣告一场圣战":商业帝国不应遵循基督教的原则来思考国家事务和政治问题,而应遵循商业自身的理性来制定相关政策。荷兰人并未严肃地关心宗教问题,他们在乎的是商业和利益;他们不关心谁才是正确无误的教派,只不过"要求自己所雇佣的海员立契保证绝不轻易地把他们所有的船只和生命断送掉"。

荷兰人所采取的第二项商业政策是"对土地和所有权予以切实的保

---

① 威廉·配第:《政治算术》,陈东野译,商务印书馆1960年版,第27页。
② 威廉·配第:《政治算术》,陈东野译,商务印书馆1960年版,第28页。
③ 威廉·配第:《政治算术》,陈东野译,商务印书馆1960年版,第29页。
④ 培根在《新大西岛》中描述的那群欧洲船员正是从事远洋贸易的商人,他们与饥渴和海洋风险的斗争,以及在与本色列人交往中表现出来的审慎练达令人印象深刻。

障"。荷兰通过登记制度和其他保证方法,使人们通过劳动获得的东西有了切实的保证,从而鼓励人们勤勉劳动。银行的创办为荷兰的贸易提供了相对充足的资金,因为它"能使零星资金在产业中起到巨额资金的作用"①。

配第强调,上述政策并非出自荷兰人的超人智力,而是依据自然的有利条件而制定。荷兰的崛起乃是出于自然,亦即,帝国的成长和国家强盛有其自然的逻辑和机理。国力之强并不在于地广人多,很大程度上取决于财富之多裕。商业和贸易,尤其海洋贸易是国家富强之源,征服海洋者获得财富和权力。国家既需要征服自然,掌握航运的技艺,也需要征服政治的自然,掌握强国的理性和技艺。

配第对政治之自然的强调意在显示,他对荷兰政治经验的总结具有理论上的普遍意义。他的政治算术将所有国力因素均化约为财富,他的所有思考乃是基于一种历史的和现实的洞见,即国家间的战争状态。他将这一洞见作为理论前提,宣告了一种新的政治哲学:国家的自然理性要求它以权力和财富为原则,而海洋是孕育这两者的母亲。

---

① 威廉·配第:《政治算术》,陈东野译,商务印书馆1960年版,第24页。

第四部分　陆地与海洋之争：英法的地缘政治逻辑

路易十四朝的法国四处征战,力图建立一个世界性帝国。① 它不仅保持了一贯的陆上优势,还积极扩张自己的海洋势力。与配第同时代的英国人对此颇为忌惮,对英法国力上表现出来的差距惴惴不安。"在海军力量的竞赛方面,荷兰人正紧紧地在追赶我们,而法国人则正要迅速超过英荷两国,看来他们既富有又强盛;法国人之所以不侵吞邻国,仅仅由于他们的宽大。"②自对荷兰的政治解剖中,配第洞悉了海洋帝国的原理和现代政治的经纶之道,并由此判断国人的担忧颇为盲目。按照他的政治算术,英国不仅在财富与国力上与法国相当,而且法国的海洋扩张会遇到自然而永久的障碍;英国将长期保持对法国的海洋优势,称雄狭海(Narrow Sea)。③

尽管英国领土稍见狭小,但因两国人口都不过剩,领土面积的差距对于当前问题来说关系不大。④ 再加上英国政治相对开明,法国政治相对专制,这将对土地价值产生重要影响:政治自由开明地区的土地价格要高于专制地区的土地价格。因此,两国领土所代表的财富旗鼓相当。

英国在人口构成上的优势则抵消了其在数量上的劣势。法国国王实际拥有臣民1300万人,而英国国王则仅有臣民1000万人。其中法国的神职人员多达27万人,高出英国25万;而且法国的海员仅1万人,英国则

---

① 托马斯·孟等:《贸易论(三种)》,顾为群等译,商务印书馆1982年版,第72页。
② 威廉·配第:《政治算术》,陈东野译,商务印书馆1960年版,第5页。
③ 专指大不列颠和爱尔兰之间的海峡和英吉利海峡。参见威廉·配第:《政治算术》,陈东野译,商务印书馆1960年版,第52页。
④ 在计算两国领土的收益时,配第进行了一个极为大胆的设想,即放弃爱尔兰和苏格兰高地,将人口都迁移到英格兰和苏格兰的低洼之处,并将爱尔兰和苏格兰高地加以出售。

高达法国的四倍。神职人员完全脱离了世俗社会,他们非但不创造任何财富,其消费反而高过三倍数量农民的开销。而海员的收益要远远高于农人,对英国而言,英法之间海员人数的差距无疑是一种巨大的利益,相当于增加了6万—9万名农人。另外,英国的造船业和航海业带动了一系列相关产业,也培养了一大批制造工匠,这些工匠的人数比法国多三倍,相当于8万多农民。这样算来,"神职人员多,使法国国王的人民减少;海员和水兵多,使英国国王的臣民增多"①。英国人民创造出来的财富,带来国家力量的增长丝毫不逊色于法国臣民。

法国国王较为豪奢,但这并不意味着法国的财富优于英国,而是因为前者的税赋更为严苛。在人民的消费水平上,两国表现出相反的情况,英国平民要多消费六分之一。这是一个更加真实的标准,并意味着英国人民拥有的财富总量与法国的国民财富大致持平。

另外,英国在对外贸易上占有更大的优势,英国臣民在世界贸易中所占的比重约为总额(4500万英镑)的四分之一,达到1000多万英镑;而法国所占的份额不到英国的一半,平均每个臣民掌握的对外贸易只及英国人的三分之一。

英国是大海之中的岛屿,享有比法国远为优越的航运条件和从事对外贸易的优势。根据配第所持的重商主义观点,"每一个国家的财富,与其说来自经营日常的肉食、酒饮以及衣服等商品的国内贸易,毋宁说主要来自他们在同全体商业界进行的国外贸易中所占的份额"②。如果英国进一步征服大海,并更深入地走向海洋,英国将有可能占领更大份额的世界贸易,获得更多更大的国家财富和力量。法国因为地理政治的原因,在征服海洋和争夺海权的战争中将受到自然永恒的阻碍,最终将无法与英国怒海争锋,国力和财富也必然处于弱势。

法国海洋扩张的障碍主要来自两个方面:首先,法国缺乏优良的海岸

---

① 威廉·配第:《政治算术》,陈东野译,商务印书馆1960年版,第61—63页。
② 威廉·配第:《政治算术》,陈东野译,商务印书馆1960年版,第65页。

与港口;其次,法国的海员配备不足。虽说后者是人为因素,但由于第一个缺陷的存在,它几乎难以弥补。

现代战争对武器的依赖胜于对人的身体技能的依赖,征服海洋、争夺海权则更依赖于船舰和火炮。在英法相抗的北海水域,吃水深、能在海水中做较深的倾斜、逆风时能够行使、顺风时也不至于漂移的大型舰船将占有显著优势。舰船越大,可携带的火炮威力越大,它可对小型舰船进行长距离打击,并造成破坏性损害。另外,吃水深、可在逆风中行使的舰船能够随意追上在顺风中容易漂流的小型舰,或将之抛在后面,没有被后者迫近船舷的危险。

但是,舰只的吨级越大,对港口的要求也越大。而法国"在敦刻尔克和阿善特之间完全没有能容纳大型而能够逆风行驶的船只的港口,所以,能驶到这个海面的其他船舰,不会是大型的"①。面临大西洋的布勒斯特、沙特兰等海港也并不能在对敌作战中提供有利形势。受到地理条件的限制,法国即便有足够的财富和技艺来制造任何数量或性质的舰船,但他们却难以拥有大吨级的船只。就此而言,"法国国王的财富只是白白耗费掉,它只不过得不到任何收益或利益的单纯花费而已"②。

另外,法国海员数量不足英国的四分之一,这将严重限制法国海军舰队和航运业的规模。由于海上作业的特殊性质,只有经过长时间的艰苦航行才能培养出一名经验丰富的合格的海员。因此,鉴于法国当前的航运规模,要通过将地面的劳动者转化为海员以弥补其数量的不足,这样的方案几乎不可实现。③ 若要从国外雇佣大量的海员来配备与英国规模相当的舰队,那也是不切实际的设想。因为聘用外国海员的工资必然要高于商人所出的佣金,而且他们还要冒"被捕之后被本国君主处以绞刑,得不到宽恕的危险",法国所付的工资还须足以抵偿这一危险才行。即便法

---

① 威廉·配第:《政治算术》,陈东野译,商务印书馆1960年版,第47页。
② 威廉·配第:《政治算术》,陈东野译,商务印书馆1960年版,第48页。
③ 具体分析参见威廉·配第:《政治算术》,陈东野译,商务印书馆1960年版,第50页。

国拥有足够的财富,船员的迁移将会遇到本国君主的限制和禁止。而且,能够接受这种引诱,叛离祖国的海员必定是最卑劣下流之辈,"没有名誉观念和良心,以至完全没有资格叫人信任或做出光明正大的事"[①]。海员是商业帝国的"公民战士",若德性败坏,对国家反而有害无益。

法国发展海洋航运事业的代价高昂,它既不可能将英国、荷兰从世界海洋航运业的地位上挤出去,也无法发展自己的航海业来增加海员。路易十四朝虽然看到海洋对于现代政治的重要意义,但地缘政治的固有逻辑决定了陆上强国法兰西要在海权之争、世界贸易之争中落败。英国则能安然享受"狭海霸主"的尊号,称雄北海,并筹划自己的海洋帝国战略。

---

① 威廉·配第:《政治算术》,陈东野译,商务印书馆1960年版,第50页。

第五部分　海洋帝国的重商主义战略

17世纪的思想家们注意到,一种新的帝国形式正在出现,这就是以荷兰为代表的海洋帝国。它不同于罗马、土耳其等领土型帝国(或者陆上帝国),它的扩张不依赖对其他城市和国家的征伐、占领,甚至摧毁,而是依赖于对海洋的征服,依赖于船舶和贸易。海洋帝国在这些思想家眼中因对海洋的不同理解而呈现出各异的形态:它们或是自由的果实,或是权势的堡垒。

尼古拉斯·巴尔本颇为激动地展望着海洋帝国的前景:

> 这些是帝国在陆上扩大领土的困难,但并不是它在海上崛起的障碍,因为那些阻碍帝国在陆上发展的事物,倒会促进帝国在海上的发展。认为世界人口更加稠密,这并非偏见,但海上有足够的空间。很多设防的城镇可能会阻止军队胜利进军,但不能阻止船舶破浪前行。航海技术日新月异,航海船舶无远弗届。不需要改变哥特人的征服,因为它最赞成这样一个帝国……城市必须扩大,并且建立新的城市,不是放逐人民,他们必须继续占有自己的财物,或者被邀请到帝国所在地。[1]

在他看来,海洋是有待开垦的处女地,有足够的空间;海洋是商道,是世界各地互通有无、促进相互了解的渠道。因此,海洋帝国不以奴役为基础,而以自由为基础,它为人类带来了新的政治前景:自由、和平、繁荣。

---

[1] 托马斯·孟等:《贸易论(三种)》,顾为群等译,商务印书馆1982年版,第72页。

英国是海洋帝国理想的所在地,不仅由于其地理优势,还因为它拥有世界上最自由的政府。[1]

但培根和配第对海洋帝国的追求却是源自战争状态的逻辑。在《论邦国底真正伟大之处》一文中,培根从赋税、入籍归化、法律、教育等方面阐述了强国之道,一切均以战争为旨归。"若欲国家强大,权威伸张,则一国之人务须把军事认为举国唯一的荣誉、学问和职业。"[2]海洋因其特殊的战略地位而必须引起治国者的重视。"君主或国家们把一切都凭海战来决定底结果,然而这点是确定的,就是握有海上霸权的一方是很自由的,在战争上它是可多可少、一随己意的。"[3]海上势力对欧洲诸国是一种很大的长处,一则因为其国境大部分临海,二则因为"东西印度的财富大部分似乎是唯有握着海上霸权的人才能得着"[4]。

在巴尔本与培根之间,配第无疑更加信服培根的论断。既然帝国所在地在欧洲,海洋带来的富饶、自由终将臣服于欧洲列强间的战争逻辑。在配第看来,海洋是另一个战场,要成就帝国伟业,取得对荷兰与法国的优胜,确保国家的安全与繁荣,就有必要控制海洋,垄断世界贸易。

作为全书的结论,《政治算术》第10章堪称一篇海洋帝国的宣言书。在那里,配第向国人证明,英国的臣民有充裕而方便的资本经营整个商业世界的贸易。[5]他大胆建言并号召英国贵族将七分之一或六分之一的英国领土抵押给银行,从而筹集到经营世界贸易所短缺的2000万英镑。配第相信,垄断了世界贸易,也就垄断了整个商业世界的财富;因此,只要成为海洋的主人,英国便可以成为一个世界性的帝国。反之,如果让荷兰或者其他国家控制了海洋与贸易,英国必将堕入受压迫,甚至奴役地位。他

---

[1] 托马斯·孟等:《贸易论(三种)》,顾为群等译,商务印书馆1982年版,第72—73页。
[2] 培根:《论邦国底真正伟大之处》,载《培根论说文集》,水天译,商务印书馆1958年版,第112页。
[3] 培根:《论邦国底真正伟大之处》,载《培根论说文集》,水天译,商务印书馆1958年版,第115页。
[4] 培根:《论邦国底真正伟大之处》,载《培根论说文集》,水天译,商务印书馆1958年版,第115页。
[5] 威廉·配第:《政治算术》,陈东野译,商务印书馆1960年版,第86页。

的建言中潜流着重商主义的精神。托马斯·孟在《英国得自对外贸易的财富》中阐述了重商主义的黄金守则:"对外贸易是增加我们财富和现金的通常手段,在这一点上我们必须时时谨守这一原则,在价值上,每年卖给外国人的货物,必须比我们消费他们的为多。"①配第在著作中多次将论证回溯到此原则,借以分析荷兰的崛起,并把"通过东西印度贸易运回的商品的出口"称作"检验英国财富的试金石,测验这个王国健康的脉搏"。②

荷兰是重商主义原则的现实版本,配第的世界帝国规划则是将此原则推衍到极致的产物。在配第的帝国筹划中,重商主义的信条被贯彻到赋税、海军,以及帝国议会方案等各个方面。

配第总结了荷兰赋税政策所遵循的原则,并建议英国加以仿效,从而鼓励勤勉劳作,限制懒惰闲逸,进而增进国家财富。在欧洲诸国中,荷兰的赋税额度最高,财富增加却最快最迅速。荷兰对食肉和饮酒课税最重,对比较耐用的物品则予以优待。他们不是按照人们的收入征收捐税,而是按照人们的消费行为征收捐税,对无益的消费行为和不会产生收益的消费行为征课重税。为了保持在对外贸易中获得的利益,他们对商品的进出口只征收很低的关税。配第建议,对于缺少资金(日常生活无需货币)的爱尔兰、苏格兰等地,征收亚麻、青鱼等实物赋税,通过出口获得货币财富,同时也可鼓励亚麻的种植和捕鱼业的发展。

发展制造业以吸收国内大量的闲散人员,生产那些目前尚需进口,但英国能够生产的商品,这样不仅可以免于大量货币外流,还能创造出近200万英镑财富。③

强大的海军舰队和庞大的商船队是海洋帝国的担纲者,海员则是为之"开疆拓土"的公民战士。为了配备更多船只,配第建议每年从 24 000

---

① 托马斯·孟:《英国得自对外贸易的财富》,袁南宇译,商务印书馆1965年版,第4页。
② 威廉·配第:《政治算术》,陈东野译,商务印书馆1960年版,第45页。
③ 威廉·配第:《政治算术》,陈东野译,商务印书馆1960年版,第82—83页。

名身强力壮的工匠中挑选6000名加以训练,使他们成为能够胜任海上勤务的辅助海员。这样,四年之后,英国将拥有海员72 000名,在任何情况下都可轻松地为全部皇家海军配备36 000名海员。另外,只要英国人民厉行节约,现有开支的十分之一足可维持10 000名步兵、40 000名骑兵和40 000名水兵。

"内战有如患病发热",必然要消耗国家的财富和权力。配第看到,英格兰与其殖民地苏格兰和爱尔兰之间存在领土分散、政令和主权不统一,以及宗教派系相互争斗排斥的情况,它们严重阻碍了英国的富强。"在英格兰、苏格兰和爱尔兰,存在着三个完全不相关联的权力机关,这三个岛国彼此之间,不是互相团结,而是常常妨碍各自的利益,封锁或阻碍对方的贸易,彼此之间不但简直像外国人一样,而且有时甚至像敌人一样。"[1]对海洋和世界贸易份额的争夺要求破除国家内部的壁垒,建立一个合理的国家[2]:主权高度统一,不论王国和教区,全国各地平等享有立法等各项权力,并同等地承担税收、国防等各项义务。追求财富和权力的国家理性要求英格兰放弃征服者的特权,将英格兰公民所享有的各项权利向整个联合王国推广,实现真正意义上的入籍归化。

对这些阻碍国家强大的障碍,配第提出的对策是,组织两个"可以平等地代表整个帝国的大议会"[3],其中一个由国王选派,另一个由人民选出。配第所提议的"大议会"策略正是遵循了培根所阐述的"入籍归化"的帝国原则。在《论邦国底真正伟大之处》一文中,配第分析了罗马成为世界上最伟大的帝国之原因,其中很重要的一点是,罗马总是把公民权充分地给予愿意入籍的人。"所有那些使异族人容易入籍归化的国家都是适于成为帝国的。"[4]历史最终证明了配第的政治智慧。1707年,英格兰议会与苏格兰议会合并成立大不列颠议会;1801年,不列颠议会再与爱尔

---

[1] 威廉·配第:《政治算术》,陈东野译,商务印书馆1960年版,第68页。
[2] 韦伯意义上的合理国家。
[3] 威廉·配第:《政治算术》,陈东野译,商务印书馆1960年版,第3页。
[4] 培根:《论邦国底真正伟大之处》,载《培根论说文集》,水天译,商务印书馆1958年版。

兰议会合并成立联合王国议会。在1776年出版的《国富论》中,面对北美殖民地的独立运动,斯密建言成立一个更大的帝国议会,让美洲殖民地享有平等的议会席位。英国政府的决策失误最终导致美洲与帝国的分离。

配第所提倡的入籍归化法要求超越宗教教义的分歧、种族差异和地区差异,尊国家的安全、财富与权力为最高理性:

> 难道不可以把三个王国合并成为一个国家,并各派名额相当的代表出席议会吗?难道不可以让国王的各族臣民互不歧视地混居在一个地方吗?难道不可以把教区及其他管区重新调整加以平衡吗?难道不可以公平地摊派各种捐税,并把它们用于最根本的用途吗?难道不可以对异端分子加以宽容吗?他们也缴纳税款,供养一批军队以维持公共安宁啊![1]

配第对海洋帝国的筹划使他表现得像一个立法者和政治哲人。他进行着革故鼎新的工作,奉行新的政治哲学原则,据此设立新的政制,推行新的政策,并塑造新的"政治人"。

---

[1] 威廉·配第:《政治算术》,陈东野译,商务印书馆1960年版,第3页。

结　　语

该如何从大的学术传统中理解经济学,以及为什么要从大的学术传统,尤其是政治哲学传统中来思考经济学呢?这个问题直接关涉我们对自己和自己生活的时代的理解。培根在《新大西岛》中说,所罗门宫是本色列国的"眼睛"。所罗门宫的元老们洞晓古今、自然和世界,知识和学问让他们超越于普通大众,也使本色列国超越了变易兴亡。我们也需要一双超越了我们时代的眼睛,来审视现时代的精神、学问,甚至政策。当中国正在日益深入地走进世界贸易和世界历史,我们更需要这样一双超越了时代的眼睛,它让我们更真切地认识西方,以及"海洋帝国"时代下的东方和中国,它还让我们看到经济学所能够也应该承担的政治、历史使命。

配第的古典政治经济学为我们提供了一个路标:经济学的诞生宣告了一种新的政治精神的出现,是培根的新科学在"帝国技艺"与"治国技艺"领域的展现,与培根哲学一道宣告了"一场圣战"。配第以宗教革命后兴起的商业国荷兰作为政治解剖的对象,并借以阐述了海洋帝国的政治原则。其政治算术以国家间的战争状态为理论前提,并阐述了一种国家的权力学说。商业被认为是国家财富和权力的来源,经济被国家捕获,"国家理性"将商业从古典政治哲学为之设立的桎梏中解放出来。经济学承担起治国技艺的政治使命,海洋也成了诸国争夺的战场。

作者单位:北京航空航天大学

学术论文

道德理想与社会重组
——涂尔干宗教研究的理论意图*

/ 陈涛

* 本文的一个缩写版,可参见陈涛:《道德的起源与变迁——涂尔干宗教研究的意图》,《社会学研究》2015年第3期。

导言：社会学的道德兴趣

一、道德科学与社会学

终其一生，涂尔干都致力于借助实证科学的方法来研究道德事实，建立一门"道德科学"（la science de la morale）或"风俗物理学"（de physique des mœurs）。在他那里，"道德科学"就是"社会学"的别名。

今天，社会学自身的分化、各种研究传统之间的隔阂和对立，使绝大多数从业者已经遗忘了社会学与道德科学的这种关联或道德兴趣。所谓道德兴趣，我们在此指的是社会科学力图通过研究社会生活来为人们的道德实践提供规范基础。对于19世纪英法两国的社会学家，特别是在孔多塞、孔德、密尔、列维-布留尔、涂尔干等人所共享的传统中，道德科学、伦理科学、政治科学和社会科学等词汇经常被替换使用。同时，道德科学被明确地与哲学上的伦理学相区分。[1] 道德科学被界定为借助实证科学的方法来研究人的心智法则和社会法则的学科。道德规范和法律是或应该是对社会法则的一种人为表达。因此，一门社会科学同时也是一门道德科学、伦理科学，它将取代建立在特定公设和演绎之上的哲学伦理学。例如，在密尔那里，道德科学包括了心理学和社会学，而社会学又由政治经济学、政治性格学和历史科学构成。[2] 通过实证地研究这些法则，这门科学可以为立法和道德实践提供参照，而不再需要像哲学上的伦理学那

---

[1] Lévy-Bruhl, *Ethics and Moral Science*, London: Constable, 1905; Simon Deploige, *The Conflict Between Ethics and Sociology*, Charles C. Miltner (trans.), London: B. Herder Book, 1938.
[2] 约翰·密尔：《精神科学的逻辑》，李涤非译，浙江大学出版社2009年版。

样从某个公设出发,仿照几何学式的推演来建立道德法则。

早在学术生涯伊始,涂尔干就流露出对道德科学的浓厚兴趣。1885—1886年,他前往德国考察哲学和社会科学的发展状况,并根据这次考察于1887年发表了《德国的道德实证科学》一文,详细评介了德国的国民经济学、法学和心理学等领域中存在的"伦理运动"(le movement éthique),提出要将伦理学从形而上学和一般哲学中摆脱出来,提升为一门道德科学。① 同年,他在其开设的第一门社会学课程的首讲中特别指出,法律和道德不仅是理解特定社会的入手点,而且也是社会学从一般化走向专业化的途径。"在社会学的各个领域中,道德优先吸引我们,而我们将首先关注它。"②可见,借助实证科学的方法来研究道德事实,构成了涂尔干社会学生涯的出发点。次年,即1888年,他发表了有关自杀的"道德统计学"研究。法语博士论文《社会分工论》(以下简称《分工论》)开宗明义地指出:"这本书是根据实证科学方法来考察道德生活事实的一个尝试。"③劳动分工具有道德功能,它所带来的有机团结首先是一种新的道德秩序,而不只是一种新的社会结构。在《社会学方法的准则》(以下简称《准则》)中,道德的特征构成了他刻画"社会事实"特征的参照。《自杀论》如果不是对其时代的道德状况的病理学诊断,又是什么?特定类型的自杀对应于特定的道德构造。"自杀是真正的德性的近亲,只是过分了。"④在《社会学年鉴》创建之后,他更是承担了绝大多数有关"道德社会学"的著述的评介工作,一方面批判当时在法国仍占据优势的康德主义和功利主义的道德哲学,另一方面则积极推进实证道德科学的建立。对于

---

① 爱弥尔·涂尔干:《伦理学与道德社会学》,渠东译,载《职业伦理与公民道德》,渠东、付德根译,上海人民出版社2006年版。本文以《德国的道德实证科学》为题首次发表于1887年,中译名从英译名。
② Émile Durkheim, "Course in Sociology: Opening Lecture", in Mark Traugott (ed.), *Émile Durkheim On Institutional Analysis*, Chicago: University of Chicago Press, 1888, p.67.
③ 爱弥尔·涂尔干:《社会分工论》,渠东译,生活·读书·新知三联书店2000年版,第6页。
④ Émile Durkheim, *Suicide: A Study in Sociology*, John A. Spaulding, George Simpson (trans.), Glencoe, Illinois: The Free Press, 1951, p.371.

这项事业,他这样总结道:

> 如果我们所构想的有关道德事实的科学,仍然处于初级阶段,那么这并不是指它还未降生。说它只是一种可能性,但或许在不确定的将来会实现就有些夸张了,并且对我们来说也是不公正的。我们的《社会分工论》早已声称首先和首要的努力是"以实证科学的方法来考察道德生活事实"。我们的《自杀论》,在此发表的文集,每一年在《年鉴》上发表的关于法律和道德社会学书籍的讨论,都出于同一前提。[1]

1917年,在时日无多之际,他仍在筹划三卷本的《论道德》,试图以此书来为自己一生所献身的事业做一个总结。遗憾的是,在仅仅创作了一篇导论之后,他便与世长辞。涂尔干正是从对道德事实的关注开始其社会学之旅,也是以对道德事实的关注结束这场旅程。从他去世后所出版的一系列课程讲稿中可以看到,道德科学在其教学工作中占据了重要的分量。《社会学教程:风俗和法律物理学》(*Leçons de Sociologie*:*Physique des Mœurs et du Droit*)中对公民道德、职业伦理和法律的讨论,《道德教育》中关于道德三要素的考察,对道德实践理论的探讨,无一不表明他对道德问题的兴趣。

我们对涂尔干的这个判断也得到了涂尔干同时代人及其学生们的相关著作和评论的印证。早在1899年,列维-布留尔就指出:"涂尔干先生在他的《分工论》和《准则》中,试图根据实证科学中的方法来处理道德生活的事实,也就是说,不仅仔细地观察它们,对它们加以描述和分类,而且试图发现在何种方式上它们能够变成科学研究的对象……"[2]若干年之

---

[1] Émile Durkheim, *Émile Durkheim*:*Contributions to L'Année Sociologique*, J. French et al. (trans.), New York:Free Press, 1980, pp.137-138.
[2] Levy-Bruhl, *History of Modern Philosophy in France*, Chicago:The Open Court Publishing Company, 1899, p.464.

后,列维-布留尔也同样选择致力于建立一门道德科学。据说,涂尔干的同学,柏格森(Henri Bergson)的《道德与宗教的两个来源》就是为了回应涂尔干的道德理论。[1] 在他看来,涂尔干只看到了道德静态的一面,即社会借助习惯和本能对个人施加义务,而没有看到道德动态的一面,即某些个人典范能够超越习惯和本能的束缚,借助情感的力量奔向一种新的道德。[2] 理查德(Gaston Richard),这位曾经涂尔干学派的一分子,后又变为涂尔干最为严厉的批评者,则指出正是对于道德问题的关注将涂尔干的社会学引入歧途:"他的放肆在于创造一门有关社会环境(milieu)的理论,以便去解释道德义务。道德被他用社会现象学所禁锢,却通过驱使他朝向形而上学而报复了他,而有关道德本性的最初错误导致他陷入有关宗教本性的严重的形而上学错误中。"[3]莫斯、布格勒、福孔奈、戴维,乃至涂尔干学派的第三代,如古尔维奇(Georges Gurvitch)[4]等人不仅非常清楚涂尔干工作的核心主题是什么,而且也继承了他对道德问题的关注。"涂尔干把自己的注意力集中在道德问题上。从《分工论》到《宗教生活的基本形式》(以下简称《宗教生活》),包括《自杀论》,他首要的关注在于解释道德的本质,它在社会中发挥的作用,以及在表达那些社会的渴望时,它成长和发展的方式。这些研究都或多或少地与道德社会学相关。"[5]

---

[1] Alexandre Lefebfvre, Melanie White, "Bergson on Durkheim: Society sui Generis", *Journal of Classical Sociology*, Vol.10, No.4(2011), p.459.
[2] 亨利·柏格森:《道德与宗教的两个来源》,王作虹等译,译林出版社2011年版,第1—77页;尤其第75—76页。
[3] G. Richard, "Dogmatic Atheism in the Sociology of Religion", in Émile Durkheim, *Durkheim on Religion: A Selection of Readings with Bibliographies*, J. Redding, W. Pickering (trans.), London: Routledge & Kegan Paul, 1975, p.232.
[4] P. Fauconnet, "The Durkheim School in France", *The Sociological Review*, Vol.19, No.1 (1927), pp.16, 19-20; G. Gurvitch, *Morale Théorique et Science des Moeurs*, Paris: Presses Universitaires de France, 1961; G. Gurvitch, "Is Moral Philosophy a Normative Theory?", *The Journal of Philosophy*, Vol.40, No.6(1943), pp.141-148.
[5] C. Bouglé, "Preface to Original Edition", in Émile Durkheim, *Sociology and Philosophy*, D. Pocock (trans.), London: Routledge, 2010, p.xxv.

二、道德的起源和变迁问题

1898 年《乱伦禁忌及其起源》的出版,标志着涂尔干学术生涯的新起点:他从道德病理学研究转向了原始宗教研究。这在 1912 年出版的《宗教生活》中达到了高峰。如何理解他在研究上的这一调整呢?

本文试图澄清,尽管初看起来并不明朗,但涂尔干的宗教研究同样服务于道德科学的兴趣。他研究原始宗教的基本动机,并不是想要去复兴宗教,或建立一种新的宗教,而是试图借此来理解道德,并为重建新的"世俗道德"(la morale laïque)①提供借鉴。针对那些试图通过简单排斥旧有的宗教观念来确立世俗道德的做法,涂尔干指出,宗教符号并不是简单地添加在道德实在之上的,宗教信仰和道德实践在悠久的历史中融合成单一的体系,如果仅仅把所有的宗教因素从道德中剔除出去,那就很有可能把真正意义上的道德要素也一并剔除掉:

> 如果人们只限于把所有宗教的要素从道德纪律中剔除出去,而不是取而代之,就几乎不可避免地会遇到这样的危险:把所有真正意义上的道德要素一并取消掉。在理性道德的名义下,留给我们的将只有一种贫乏而苍白的道德。因此,要避免这种危险,就绝不能满足于一种外表上的分离。我们必须在宗教概念的核心之中找出那些丢失了的、被掩盖于其中的道德实在。我们必须摆脱这些宗教观念,找到它们是由什么构成的,确定它们特有的本性,并用理性的语言表述它们。一句话,我们必须发现那些长期承载着最根本的道德观念的宗教观念的理性替代物。②

---

① 爱弥尔·涂尔干:《道德教育》,陈光金等译,上海人民出版社 2006 年版,第 8—12、47、80 页。
② 爱弥尔·涂尔干:《道德教育》,陈光金等译,上海人民出版社 2006 年版,第 10 页。

这段话极为精炼地传达出涂尔干宗教研究的道德兴趣:借助科学思维或理性语言将原本由宗教语言所表述的那些真正的道德要素转译出来,使其不至于因为社会制度的变迁而被人们所抛弃。

因此,研究主题上的调整基于涂尔干一贯的兴趣:根据实证科学方法来考察道德事实。但他的研究重心却从对当代道德状况的病理学剖析转向了有关道德的起源和变迁的研究。有关道德起源的研究,旨在通过研究原始宗教,来把握今天道德准则中的那些最为本质的要素。"起源"在此有双重的含义:首先,它意味着道德准则的某个实际[1]可以追溯到的历史性的"开端"。这个开端支配着此后道德的演变。因此,要理解后来的道德,特别是今天的道德,就必须尽可能地把握住在这个开端所展现出来的那些"恒久的要素"[2]。在涂尔干那里,这个"开端"特指澳大利亚社会的原始宗教。有关这种设想,他在《乱伦禁忌及其起源》的开篇说得非常明白:"要想妥善地理解一种实践或一种制度,一种法律准则或道德准则,就必须尽可能地揭示出它的最初起源;因为在现实与过去之间,存在着密不可分的关联(solidarité)。"[3]今天的乱伦禁忌这一道德准则起源于原始氏族的外婚制,后者又源于人们对女性经血的敬畏,而血的神圣性则源于图腾的神圣性,图腾乃是社会的集体表象。因此,在当前的"乱伦禁忌"与原始社会的图腾制之间的这个"密不可分的关联",就是社会的神圣性这一要素。要想去重建道德生活,就必须以理性或科学的方式揭示并保持住它们。而揭示这些道德要素的最佳之处就是澳大利亚的原始宗教。因

---

[1] 因此,这并不是一个绝对的开端,而是一个事实上可以追溯的开端。一味地追求绝对的开端,只会陷入形而上学的思辨之中,从而背离了经验科学以事实为根据的宗旨。涂尔干在《宗教生活》中特别澄清了这一点。参见爱弥尔·涂尔干:《宗教生活的基本形式》,渠东、汲喆译,上海人民出版社1999年版,第9页、第21页注释3。当然,这种"事实"包含了涂尔干的一个预设:澳大利亚的宗教处于进化等级上的最低阶段。一旦拒绝这种进化论,这个开端就是可疑的。对此,我们暂不讨论。
[2] 爱弥尔·涂尔干:《宗教生活的基本形式》,渠东、汲喆译,上海人民出版社1999年版,第5页。
[3] 爱弥尔·涂尔干:《乱伦禁忌及其起源》,汲喆等译,上海人民出版社2003年版,第3页。

为这种社会的组织最为简单,且不需要依赖于先前宗教的任何要素去解释它①,因为它处于道德或宗教进化等级的最初阶段。因此,从这种原始宗教中揭示的就是最原始、最本质的道德要素。其次,道德或宗教的"起源"还意味着它们的"原因"。"我们所要做的就是要找到某种方法,将宗教思想和宗教仪轨的最基本形式所赖以为基础的并始终存在着的原因辨别出来……我们所考察的社会越不复杂,这些原因就越容易被察觉。这就是为什么要竭力接近宗教起源的道理。"②探究原因,那就等于是说以科学语言来重新理解宗教,尤其是宗教中最为本质的要素,并把这些要素以理性的方式重新表述出来,服务于重建世俗道德的任务。③ 在涂尔干那里,这个原因的链条最终指向的是社会。社会是宗教的起源,即原因。

研究原始宗教,旨在探究道德的起源,这一点涂尔干说得太多了,研究者们也认识到这一点④——尽管在我们看来还没有抓到事情的实质。但是,在何种意义上,它也是有关道德变迁的研究呢?这一点鲜有研究者重视。要澄清这一点,就必须把握涂尔干早期道德研究中的理论困境。这正是本文考察的出发点。

通过澄清涂尔干宗教研究的意图,我们可以对社会学的道德兴趣有更为丰富的认识,并重新唤起当前社会学对道德问题的关注,同时也明了它在处理这一问题时的局限。

---

① 爱弥尔·涂尔干:《宗教生活的基本形式》,渠东、汲喆译,上海人民出版社 1999 年版,第 1 页。
② 爱弥尔·涂尔干:《乱伦禁忌及其起源》,汲喆等译,上海人民出版社 2003 年版,第 9 页。
③ 爱弥尔·涂尔干:《道德教育》,陈光金等译,上海人民出版社 2006 年版,第 7 页。
④ W. Watts Miller, *A Durkheimian Quest: Solidarity and the Sacred*, New York: Berghahn Books, 2012, p.81.

第一部分　早期宗教研究(1885—1897年)[①]

一、宗教问题的浮现

早在1886年针对斯宾塞的《教会制度:社会学原理》(第六部分)所写的一篇书评中,涂尔干就表现出了对宗教的兴趣。尽管他已经开始区分宗教信仰和宗教仪轨[②],但却没有对宗教予以明确定义。我们只知道宗教不能被等同为对神的信仰,因为佛教就是无神的。[③] 在评介斯宾塞的《教会制度:社会学原理》时,他把宗教看作集体良知对社会有机体的反映。在《分工论》和《自杀论》中,宗教被看作对集体感情的集体表象:"宗教是符号系统,社会借助它意识到其自身,它是集体存在特有的思维方式。"[④] 大致来说,宗教被涂尔干视为集体良知或集体情感的一种表现形式,它反映的是社会有机体的状况。

宗教之所以令涂尔干感兴趣,恰恰是因为它关系到如何来理解道德问题。尽管今天道德已经日益独立于宗教,但是,"在原来的时候,道德观念、法律观念和宗教观念都是一种混沌之物的一部分,这种事物从特征来

[①] 这个分期在下文中将予以进一步澄清。
[②] 爱弥尔·涂尔干:《社会分工论》,渠东译,生活·读书·新知三联书店2000年版,第242页;Émile Durkheim, "The Rules of Sociological Method", in *The Rules of Sociological Method and Selected Texts on Sociology and its Method*, W. Halls (trans.), London: Macmillan, 1982, pp.50-51。
[③] 爱弥尔·涂尔干:《社会分工论》,渠东译,生活·读书·新知三联书店2000年版,第129页。
[④] Émile Durkheim, *Suicide: A Study in Sociology*, John A. Spaulding, George Simpson (trans.), Glencoe, Illinois: The Free Press, 1951, p.312;爱弥尔·涂尔干:《社会分工论》,渠东译,生活·读书·新知三联书店2000年版,第131页。

说首先是宗教意义上的"①。宗教与道德和法律一样,都属于风俗(mœurs)的一部分,并且密不可分,共同发挥着社会规制功能:

> 这里我们掌握了三种现象(宗教、法律和道德),它们的起源是显而易见的,也可以彼此提供说明。法律和道德的目标,就是维持社会的平衡,使社会适应于环境条件。宗教的社会作用也必然如此,从某种意义上说,宗教对社会也能施加这样一种规制力量(influence régulatrice),所以,宗教属于社会学的研究对象。②

正是宗教与道德的密切关联,以及它们共同具有的这种强制性特征(le carectère obligateire)和社会规制功能使得宗教现象落入涂尔干的道德科学视野之中。道德与宗教的密切关联立刻带来了以下几个问题:首先,既然道德过去特别依赖于宗教,那么它一旦脱离了宗教,是否还能发挥社会规制的作用?或者说,一种不依赖于特定宗教教义的世俗道德是否可能?其次,既然道德、法律日益与宗教相分离,那么宗教的未来会怎样,道德的未来又会怎样?早在涂尔干之前,这些问题就已经是研究者们争论不休的话题。与这些研究者的关键差别在于,涂尔干始终认为要理解当前道德与宗教的关系,要预测甚至塑造未来的道德和宗教,就必须首先了解以往的宗教,进而通过对宗教的科学分析去理解道德。因此,通过经验性地研究宗教这一社会事实来理解道德这一社会事实,就成了取代传统伦理学基于人性学说来推演道德的可行之路。这潜在地拒绝了人的有意识的干预或计算在道德演化中的作用——是集体事实产生了集体事实,人为反思和安排在道德演化中只

---

① 爱弥尔·涂尔干:《书评 居约,〈未来的非宗教:社会学研究〉》,载《乱伦禁忌及其起源》,汲喆等译,上海人民出版社 2003 年版,第 145 页。
② Émile Durkheim, "Les Études de science sociale", in *La Science Sociale et L'action*, J.-C. Filloux (intro.), Paris: Presses Universitaires de France, 2010, p.195;爱弥尔·涂尔干:《书评 赫伯特·斯宾塞,〈教会制度:社会学原理〉(第六部分)》,载《乱伦禁忌及其起源》,汲喆等译,上海人民出版社 2003 年版,第 127 页。

起到了微不足道的作用。

具体来说,社会学可以通过研究宗教的起源以及演化来理解道德。他特别赞赏以冯特(Wilhelm Wundt)为代表的德国道德哲学家的研究工作。冯特正是通过研究宗教来考察道德演化的。最初,道德与宗教混合在一起,随后,道德逐渐从宗教中分化出来,同时道德观念本身也分化了。最后则是道德集中化和综合化的阶段。宗教反过来去效仿道德。涂尔干尤其对冯特的"目的异质性法则"赞誉有加。行动的结果总是超出原来引发行动的意图。新的行动会以这些结果为目的,但又产生了意图之外的后果……在涂尔干看来,这条法则充分表明了意识或人为性在道德演化中只有微乎其微的作用。不过,这更多地是他把自己的观点代入了冯特的著作之中。人的意图或动机并不能完全左右可能带来的行动结果,并不表明它们在人的行动中毫无作用。冯特本人就肯定了伟人在推动社会演化中的作用。

涂尔干对德国道德哲学,特别是对冯特研究的赞赏并不是毫无保留的。首先,冯特对宗教史的考察仍然局限于文明社会。这导致他认为只存在一种宗教观念、一种伦理理想和一种人性。而在涂尔干看来:"有多少种社会类型,就有多少道德,低级社会与文明社会拥有同样多的权利。"[①]冯特之所以拒绝考察原始社会的宗教,是因为在原始社会中,宗教与其他现象混在一起,以至于以往的研究者通常会误把宗教当成无所不包的现象。"要避免这些错误,我们就必须在开化的民族中去研究它,因为在这里,宗教以前所包含的一切偶然因素都被隔离掉了。"[②]然而,在涂尔干看来,只有返回简单的原始宗教,我们才能看清宗教现象的本质,才能辨别出当下各种情感和观念的种子。因为原始宗教中的那些本质要素,依然存在于今天的道德之中。不过,他在很长时间内都没有落实这个

[①] 爱弥尔·涂尔干:《伦理学与道德社会学》,渠东译,载《职业伦理与公民道德》,渠东、付德根译,上海人民出版社2006年版,第226页。
[②] 爱弥尔·涂尔干:《职业伦理与公民道德》,渠东、付德根译,上海人民出版社2006年版,第204页。

设想,《分工论》和《自杀论》中处理的宗教仍然限于犹太教、天主教、新教和佛教等已经处于高级阶段的宗教。

其次,冯特仍然试图从某种普遍人性出发去解释宗教事实。① 但是,这种人性论使得宗教的强制性特征成为不可解释的东西。宗教情感实际上来源于个人对社会的情感,是对社会情感的"集体表象"②。也只有据此,我们才能解释宗教的强制性特征。可见,早在涂尔干提出把宗教作为社会学研究对象的伊始,他就明确地提出了他一生都在坚持的观点:"从起源上说,宗教本质上是社会学的"③,"对诸神的触犯就是对社会的触犯"④。另外值得注意的是,并不像卢克斯(Steven Lukes)等粗心的研究者所认为的那样,"集体表象"是1895年之后才出现的概念。⑤ 它早在这里就出现了,并且下文将看到它在涂尔干的理论解释中还扮演着重要的角色。

最后,谈到宗教的未来,涂尔干明确指出:"社会依然需要宗教信仰。"只要个人对社会的这种情感还存在,宗教就会存在。"既然信仰是实际原因造成的结果,所以只要这些原因存在,不管科学或哲学处于什么状态,信仰必然存在。"⑥宗教面对科学的攻击将做出修正和改变,而不是被科学所取代。不过,必须澄清的是,涂尔干明确否认诉诸宗教来治疗社会问

---

① 爱弥尔·涂尔干:《职业伦理与公民道德》,渠东、付德根译,上海人民出版社2006年版,第211、225页。
② 爱弥尔·涂尔干:《书评 居约,〈未来的非宗教:社会学研究〉》,载《乱伦禁忌及其起源》,汲喆等译,上海人民出版社2003年版,第144—147页。
③ 爱弥尔·涂尔干:《乱伦禁忌及其起源》,汲喆等译,上海人民出版社2003年版,第140页。
④ 爱弥尔·涂尔干:《社会分工论》,渠东译,生活·读书·新知三联书店2000年版,第95页;爱弥尔·涂尔干:《职业伦理与公民道德》,渠东、付德根译,上海人民出版社2006年版,第127、223—226页;Émile Durkheim, *The Rules of Sociological Method and Selected Texts on Sociology and its Method*, W. Halls (trans.), London: Macmillan, 1982, pp.50 - 51;Émile Durkheim, *Suicide: A Study in Sociology*, John A. Spaulding, George Simpson (trans.), Glencoe, Illinois: The Free Press, 1951, p.312。
⑤ S. Lukes, *Émile Durkheim: His Life and Work*, New York: Penguin Books, 1981, pp.6 - 7.
⑥ 爱弥尔·涂尔干:《乱伦禁忌及其起源》,汲喆等译,上海人民出版社2003年版,第147页。

题的可能性。宗教演化的过程证明了"宗教情感的退化法则"[1]。无论是传统宗教,还是人格崇拜,都无法在现代社会承担社会团结的功能。[2] 在《自杀论》中,他特别排除了宗教抑制自杀的可能性。因为宗教是通过压制思想自由来抑制自杀的[3],而这在今天已不可能。

二、社会形态学视角下的宗教研究

要理解涂尔干前后期思想的变化,就不能忽略他在社会形态学研究上的困难。社会形态学(morphologie sociale)以研究社会基质(substrat social)为对象。这些社会基质包括人口数量、人口密度、人口居住方式、建筑方式和交通等等。早期他也用社会环境(milieu social)来统称这些社会基质。社会形态学并不只是一种描述性的地理学研究,它寻求去解释这些基质对社会现象产生影响的形式。[4]

社会形态学研究在涂尔干早期研究中发挥着重要的作用,尤以《分工论》和《准则》最为明显。在对分工进行因果分析时,他首先批评了政治经济学的目的论解释,即把个人对幸福的需要或扩大生产的目的作为劳动分工的原因。在涂尔干看来,社会学必须摒弃传统的目的论的因果概念,只接受机械论意义上的因果概念。也就是说,只承认能够产生特定效果的效力因这一种原因的合法性,不接受"为了什么"这样的"目的"能够

---

[1] 爱弥尔·涂尔干:《社会分工论》,渠东译,生活·读书·新知三联书店2000年版,第131页;Émile Durkheim, *Suicide: A Study in Sociology*, John A. Spaulding, George Simpson (trans.), Glencoe, Illinois: The Free Press, 1951, pp.169, 334。

[2] 爱弥尔·涂尔干:《社会分工论》,渠东译,生活·读书·新知三联书店2000年版,第133页。

[3] Émile Durkheim, *Suicide: A Study in Sociology*, John A. Spaulding, George Simpson (trans.), Glencoe, Illinois: The Free Press, 1951, pp.374–376.

[4] 爱弥尔·涂尔干:《笔记 社会形态学》《社会学与社会科学》,均载《乱伦禁忌及其起源》,汲喆等译,上海人民出版社2003年版,第300—301、289—290页。

作为原因。① 因此,"我们只有在社会环境的某些变化里,才能找到解释分工发展的真正原因"②。构成分工发展的直接原因,乃是社会密度和社会容量的增加:"社会的扩大和密集,必然促成(nécessitent)更大规模的劳动分工。"③社会密度包括了物质密度和道德密度,二者不可分离,相互影响。物质密度主要指人口密度、城镇化、沟通和传播手段的发展,而道德密度则指由于物质密度所带来的人与人的联系的增加。除了个别例外情况,二者是同步发展的,因此可以使用社会密度来统称二者。社会容量指的是一个社会所包含的人口总数。社会容量和社会密度的增加带来了人口压力和生存竞争的压力。为了缓解这种压力,人们发展了劳动分工。

《分工论》暗含着这样的观点,宗教的变迁来自社会环境或社会基质的变迁。这尤其可以从他对古朗治(Fustel de Coulanges)根据宗教观念来解释社会制度的一段批评中看到:

> 我们只有通过社会安排才能解释宗教观念的权力和本性,因为所有社会集合(masses sociales)都是由同质性要素结合而成的,也就是说,正因为当时的集体类型相当发达,个人类型还在襁褓中嗷嗷待哺,社会的整个精神生活才都不可避免地带上了一种宗教色彩。④

---

① 机械论和目的论的对立,构成了下文讨论的基本语境,这里只能简要交代一下。传统道德哲学基于一个目的论的自然秩序图景。人根据其本性(nature)在自然等级制上占据一个位置。这个本性构成了他应该实现的目的。传统伦理学或道德哲学的基本思路是从这个目的或本性出发去推演道德法则,而道德法则构成了指导人们借助过有德性的生活来实现其自然-目的的框架。17世纪以降,伴随着新科学的胜利,机械论的自然秩序图景取代了目的论的自然秩序图景。其中的一个结果是,对于传统上的四因(目的因、效力因、形式因、质料因),人们只承认效力因这一种原因的合法性。这令道德哲学面临几个亟待应对的问题:第一,如何在机械论的自然秩序图景上重建一门新的道德哲学或道德科学?第二,如何把机械论的因果解释原则贯彻到对社会现象和心理现象的解释上?第三,把机械论挪用到社会世界是否合法?这些问题直到今天依然存在争议。拒斥目的论因果解释,只认可机械论因果解释,构成了涂尔干社会学方法论的核心,参见 Émile Durkheim, *The Rules of Sociological Method and Selected Texts on Sociology and its Method*, W. Halls (trans.), London: Macmillan, 1982, pp.121 – 134。
② 爱弥尔·涂尔干:《社会分工论》,渠东译,生活·读书·新知三联书店2000年版,第213页。
③ 爱弥尔·涂尔干:《社会分工论》,渠东译,生活·读书·新知三联书店2000年版,第219页。
④ 爱弥尔·涂尔干:《社会分工论》,渠东译,生活·读书·新知三联书店2000年版,第140页。

根据社会环境来解释宗教现象,这个原则被涂尔干更为明确地在《准则》中阐发出来:宗教情感的淡漠,是因为社会环境的结构变迁,它是一种正常现象。[1] 实际上,他很早就提出了这种解释原则。在反驳斯宾塞根据观念来解释宗教演化时,他指出:"就像个人良知一样,集体良知只记录(constater)事实,而不生产(produire)事实。它能够或多或少忠实地反映有机体最深处所发生的一切,它只能做到这一点。"[2]既然宗教作为集体良知,是对社会有机体的反映,那么要考察宗教的演化,就必须着眼于外在社会环境的变化。

三、社会形态学解释的困境

这种形态学解释面临着两个严重的困难,它们也没有逃过批评者的眼睛。

首先,自《分工论》出版以后,不论是本书的支持者,还是批评者,都倾向于把它理解为与唯物主义,特别是马克思的历史唯物主义相近的"社会学唯物主义"。[3] 在道德变迁中,人似乎只是在被动地承受社会环境的机械作用,就像是人们只能被动地承受外界自然环境或经济技术变革的压

---

[1] Émile Durkheim, *The Rules of Sociological Method and Selected Texts on Sociology and its Method*, W. Halls (trans.), London: Macmillan, 1982, pp.95-96; p.106, note 8.

[2] Émile Durkheim, "Les Études de science sociale", in *La Science Sociale et L'action*, J.-C. Filloux (intro.), Paris: Presses Universitaires de France, 2010, p.195;爱弥尔·涂尔干:《书评 赫伯特·斯宾塞,〈教会制度:社会学原理〉(第六部分)》,载《乱伦禁忌及其起源》,汲喆等译,上海人民出版社2003年版,第128页。

[3] 1890年以后,马克思主义日益受到法国知识分子的关注。据莫斯的回忆:"在他(涂尔干)的学生中,有些最出色的学生转向了社会主义,特别是马克思主义,甚至是盖德主义。在一个叫作'社会研究'的小圈子里,有些人像在其他地方研读斯宾诺莎那样研读《资本论》。……1893年,在一次由这个圈子和波尔多工党组织的会议上,饶勒斯大加称颂涂尔干的著作。"参见莫斯:《〈社会主义与圣西门〉初版序言》,载涂尔干:《孟德斯鸠与卢梭》,李鲁宁等译,上海人民出版社2003年版,第127页。正是在这种氛围之下,涂尔干的《分工论》也被理解为一种与马克思主义相近的唯物主义立场。有关这一背景详细介绍,参见Jeffrey C. Alexander, "The Inner Development of Durkheim's Sociological Theory: From Early Writings to Maturity", in Jeffrey C. Alexander & Philip Smith (eds.), *The Cambridge Companion to Durkheim*, Cambridge: Cambridge University Press, 2005, pp.143-146。

力一样。社会容量和社会密度,更像是唯物主义的"社会学"翻版。

针对当时读者的批评,涂尔干在《准则》中予以了辩护和修正,他一再辩解他的方法不是唯物主义的①,还特别澄清了社会密度或动力密度这一概念。"在《分工论》里,我曾错误地把物质密度说成是动力密度的准确表述。"②社会密度或动力密度并不等同于"物质密度":"应当把动力密度理解为集合体的纯精神的凝结力,而不应当把它理解为集合体的纯物质的凝结力。"③

这个回应很难让批评者们满意。把道德现象或宗教现象归因于社会环境的变迁,归因于人与人的交往,与把它们归因于经济因素,看起来都是一种还原论。如果说马克思的唯物主义是经济还原论,那么涂尔干的社会学就是一种社会还原论,二者都没有能够解释清楚那个"集合体的纯精神的凝结力"究竟是什么。④ 更为甚者,"把社会事实当作物"的方法论要求,看起来更像是坐实了人们对他的"唯物主义"印象。总之,在《准则》这个阶段,涂尔干尽管已经清楚地意识到自己研究中所存在的问题,但仍没有能充分地将自己的社会形态学方法与"唯物主义"的方法论明确区分开。

社会形态学研究的另一个困难在于,仅仅根据社会环境的变化并不足以解释道德是如何变迁的。对此最为有力的批评来自涂尔干的老师布特鲁(E. Boutroux)。众所周知,《分工论》一书正是题献给他的,并且他也是涂尔干博士论文答辩委员会的成员之一。在布特鲁看来,孔德以降的

---

① Émile Durkheim, *The Rules of Sociological Method and Selected Texts on Sociology and its Method*, W. Halls (trans.), London: Macmillan, 1982, pp.136 – 137; p.163, note 1.
② Émile Durkheim, *The Rules of Sociological Method and Selected Texts on Sociology and its Method*, W. Halls (trans.), London: Macmillan, 1982, p.146, note 21.
③ Émile Durkheim, *The Rules of Sociological Method and Selected Texts on Sociology and its Method*, W. Halls (trans.), London: Macmillan, 1982, p.136.
④ 在《分工论》这个阶段,涂尔干的主要论战对象是霍布斯、卢梭、斯宾塞、塔尔德等人依据个人本性来解释社会生活的观点。因此,他竭力强调社会生活的自成一类性、精神性。而他论证的核心在于区分三种环境,即有机体环境、外部世界环境以及社会环境,并排除借助前两项在解释社会生活或精神生活上的有效性。参见爱弥尔·涂尔干:《社会分工论》,渠东译,生活·读书·新知三联书店 2000 年版,第 307 页。他还没有能够预料到,诉诸社会环境来解释社会现象,也会面临着还原论的指责。

法国社会学是一种"自然主义者的社会学",其特征在于"通过排除人来解释社会事实","它拒绝诉诸严格的人类能力,诉诸有意识的、反思性的目的(reflective finality)。它声称,解释现象就是把它们置于效力因的法则之下。如果社会学要像其他科学一样成为一门科学,它就必须把事实与条件(condition),而不是与目的关联起来"①。布特鲁对社会学的这种解释原则持有怀疑和批判的态度。他追问道:什么是社会学所追寻的自然法则?所谓的社会学法则要么是(a)历史法则,要么是(b)物理—社会法则。(a)历史法则是借助于效力因的因果关系把现在的事件与过去的事件相联结,取消人在历史当中的主动性而构建出来的。但是,除非诉诸某种目的,如前辈创建某一制度的目的,否则关于历史法则的构建就会导致无限倒退问题。此外,历史的前项与后项之间也不是严格的因果关系。(b)而物理—社会法则是通过把社会事实与可观察、可测量的外在条件(如地理环境、人口密度和食物数量)等联系在一起构建出来的。布特鲁指出,有必要区分人口密度、食物数量和地理环境。因为由于人的介入,人口密度已经不是纯粹的物理事实,而是社会事实。用这些社会事实去解释其他社会事实,达不到严格的物理法则的要求,因为它通常会隐含着某些目的论解释。

　　为了说明这一点,他不指名道姓地拿涂尔干对分工的因果分析作为例证。即便我们承认分工是达尔文意义上的生存竞争的结果,那么生存竞争又是如何带来这种结果的呢?劳动分工的必然性并不是机械的、不可避免的必然性,而更像是一种不可或缺性(indispensable)。因为解决生存竞争也可以有其他的方法,如人吃人。分工只是一种更可取的方法,"更符合人道的观念,更符合人身上存在的对弱者的同情。正像亚里斯多德所说的,我们不仅欲求 ζῆν(活着),而且欲求 εὐ̃ ζῆν(活得好)。劳动

---

① E. Boutroux, *Natural Law in Science and Philosophy*, Fred Rothwell (trans.), New York: The Macmillan Company, 1914, p.194.

分工是实现这一理想的理智构想的手段"①。不过,这就意味着关于分工的效力因解释,隐藏了某种目的论在其中(为了"活得好")。也就是说,涂尔干暗地里诉诸人的理智和意志("欲求")来解释分工的产生。因此,社会学所探求的分工的自然法则并不是严格意义上的物理法则。当然,布特鲁并不否认社会学法则的存在,但是他坚持在确立社会学法则时,"我们不可能不考虑人。他必须作为一个能动者被包括进来,他有自己的本性、理智能力和意志能力。这些或许在部分上是不可还原的和不能分析的数据……"②

此书原是布特鲁1892—1893学年度的课程讲稿。当时,他可能已经读过涂尔干博士论文的初稿,而涂尔干也很清楚他老师所提出的这个尖锐的批评。因此,我们必须认真对待布特鲁的这个批评,因为它很有可能直接影响到涂尔干此后思想的发展。

要稀释涂尔干在分析道德变迁中的唯物主义色彩,仅仅像《准则》中那样,强调社会密度或社会容量不等于物质密度或人口数量是不够的,还必须引入其他因素,把这种不同于社会环境、社会性的东西揭示出来。英国学者瓦茨·米勒(W. Watts Miller)在这方面为涂尔干的论证做了相当大的澄清和辩护。瓦茨·米勒指出,必然促成分工的不仅仅是形态学因素(morphological elements),而且还有预先存在的信仰和感情,甚至还有现代社会的集体意识,即人格崇拜,这些因素都限制了生存竞争、移民和殖民等措施。③《分工论》的确支持这种诠释。细心的读者会发现,《分工论》第二卷第二章的因果分析并没有止步于第三节的生存竞争问题。涂尔干接着在第四节中用了相当长的篇幅将他本人的立场与达尔文主义区分开。整个讨论的起点恰恰在于对预先存在的社会纽带的强调:"分工只

---

① E. Boutroux, *Natural Law in Science and Philosophy*, Fred Rothwell (trans.), New York: The Macmillan Company, 1914, p.200.
② E. Boutroux, *Natural Law in Science and Philosophy*, Fred Rothwell (trans.), New York: The Macmillan Company, 1914, p.202.
③ W. Watts Miller, *Durkheim, Morals and Modernity*, London: Routledge, 1996, pp.84-85.

能在已经构成社会的成员之中才能发挥效果。"①正是这种预先存在的社会团结,使人类的竞争关系与动植物的竞争关系区别开。

不过,我们不必为了给《分工论》辩护而走得太远。社会形态学的困难也不只是暴露在这一点上。每一个读者,在读到第三卷关于"反常形式的分工"的考察时,或许都会惊讶,原来第一卷所预告的分工的道德特征,与第三卷所处理的、实际存在的病态形式的社会分工之间存在着一个距离。在社会类型或社会结构②的变迁(第一卷第二至六章)与道德的变迁之间存在着一个距离。在社会环境的自发③展开(第二卷的因果分析)与理想的、正常的、能够发挥道德功能的分工之间也存在一个距离。这个距离折射出道德事实并不能仅仅被还原为社会环境来解释。在第三卷中,涂尔干试图以阻碍分工的各种社会条件来解释掉这个距离。但这倒是反证了,要使社会环境发展出正常的分工形式,仅仅依靠社会环境的自发展开并不够,它至少还需要某种人为设定的目标和人为的引导。正如研究

---

① 爱弥尔·涂尔干:《社会分工论》,渠东译,生活·读书·新知三联书店 2000 年版,第 232—233 页。
② 必须指出的是,《分工论》中的"社会团结"并不仅仅只是指社会类型或社会结构,而且还同时指代道德类型。对此,德国学者穆勒看得非常清楚:"团结是一种社会性的形式,它标志出社会结构和功能之间的关系:一方面是它的社会组织,另一方面则是它的价值体系,即道德。如果社会组织和道德平稳地相互符合,就会产生一种高度的调试性的结合(cohesion)或团结。这种协调在哪里缺失,哪里就不存在社会纽带,因此,社会就会陷入失范。"Hans-Peter Müller, "Social Differentiation and Organic Solidarity: The 'Division of Labor' Revisited", *Sociological Forum*, Vol.9, No.1(1994), p.79. 不过,不仅仅是因为"失范"问题,而且更是因为涂尔干社会形态学分析上的困境,使得"社会团结"概念的"道德意涵"降到了其次,而被许多人理解为一种社会结构或社会类型。
③ 根据涂尔干,"社会生活只要是正常的,它就是自发的"。参见爱弥尔·涂尔干:《社会分工论》,渠东译,生活·读书·新知三联书店 2000 年版,第 161 页。"在正常的状况下,这些规范本身是从分工过程中产生的,换言之,它们是分工的延伸。……分工带来的是各种功能,即在给定环境中重复着的(identiques)各种明确的行为方式。这些功能是与社会生活一般而且恒定的条件有关的。因此,这些功能之间确立的关系便在稳定性和规范性方面达到了同一水平。它们不仅以确定的方式相互作用,而且也与事物的本性相互吻合,重复得更经常,也就变成了习惯。当这些习惯变得十分有力的时候,就会转变成行为规范,过去预定了未来。换句话说,当它们通过使用(que l'usage)建立了各种权利和责任的配置方式以后,最终它们就变成强制性的了。因此,规范本身并没有建立具有固定联系的机构之间的相互依赖状态,而只是通过一种可感的和明确的方式把这种状态表达为给定情况的功能。"爱弥尔·涂尔干:《社会分工论》,渠东译,生活·读书·新知三联书店 2000 年版,第 326 页。因此,劳动分工的自发展开在正常情况下会带来有机团结。

者们所注意到的那样,涂尔干如果不引入某种集体目标和集体理想,就无法解释道德的变迁和起源。①《分工论》第二卷末尾非常突兀地引入的道德理想对分工的指导作用,第二版序言引入的重建职业群体的道德理想,和《社会学教程》中对于职业群体和国家在现代分工社会中的道德规制作用的肯定,都表明了涂尔干针对这一理论困境所做的努力。不过,一旦引入了职业群体和国家来承担社会团结功能,那么分工的机械作用就将退居其次。特别值得注意的是,在《分工论》第二卷的结论处,涂尔干就已经引入集体理想来分析道德变迁了:

> 机械论意义上的社会概念并不排斥理想;如果说这个概念把人类看作对自己历史麻木不仁的看客,那可就错怪了它。实际上,如果我们所期盼的结果没有事先被表象出来,那么什么才算是理想呢?换言之,这个结果如果不求助于上述方式,它是很难得到实现的。如果说任何事物都遵循着一定的法则,那么也不意味着我们无事可做。②

因此,在涂尔干看来,奉行机械论因果解释原则的社会学并不排斥人的理想在解释社会现象中的作用。但是,这是否就像布特鲁所说的那样,引入理想,也就必然引入了人为的目的呢?似乎有意针对布特鲁的批评,涂尔干在此添加了一个小注:

---

① H. Joas, "Durkheim's Intellectual Development: The Problem of the Emergence of New Morality and New Institutions as a Litmotiv in Durkheim's Oeuvre", in Stephen Turner (ed.), *Émile Durkheim: Sociologist and Moralist*, London: Routledge, 1993, pp.231 – 232; W. Watts Miller, "Durkheim: the Modern Era and Evolutionary Ethics", in W. S. Pickering, H. Martins (eds.), *Debating Durkheim*, London: Routledge, 1994, pp.111 – 112; Hans-Peter Müller, "Social Differentiation and Organic Solidarity: The 'Division of Labor' Revisited", *Sociological Forum*, Vol.9, No.1(1994), pp.81 – 83.
② 爱弥尔·涂尔干:《社会分工论》,渠东译,生活·读书·新知三联书店2000年版,第299页。

> 这里,我们用不着去追究这样的问题:社会容量和社会密度的增加是否是决定分工进步和文明进步的最终事实。其实,这个问题是自明的。同样,我们也没有必要去设问:它究竟是各种原因的必然产物,还是人们为追求某个目的,即隐隐约约感觉到的更大幸福的过程中,所想象出来的手段。我想,我们只要设定一种社会世界的万有引力定律就足够了。我们没有必要去瞻前顾后。任何时候,在根本上都不存在一种目的论的解释……①

涂尔干从来没有在任何地方解释过这种奇怪的"社会世界的万有引力定律"是什么东西。这种理屈词穷反倒是透露出他的困难。他无法澄清对于道德理想的这种强调不是目的论的,而仍然符合机械论的因果解释。引入这种人为性因素与传统道德理论和政治哲学对于立法者或伟人等在道德变迁中的作用的强调又有什么区别呢?《分工论》终究是不可修复的,因为它所倚靠的方法——社会形态学本身是存在欠缺的。②

总之,社会形态学仅仅关注社会环境,不仅使它无法道出社会生活,尤其是道德现象的特殊性,而且更无法充分地解释道德变迁。可能的补救措施——引入人的理想对道德变迁的引导性——反而可能走向目的论,从而危及社会学的机械论因果解释的要求。涂尔干面临着一个两难:诉诸社会环境来分析道德现象是不够的,因此必须引入集体理想。但是引入集体理想对道德变迁的介入,又危及社会学的机械论的因果解释要求。明了这一理论困难,直接关系到我们如何把握他后期宗教研究上的理论推进。

---

① 爱弥尔·涂尔干:《社会分工论》,渠东译,生活·读书·新知三联书店 2000 年版,第 298 页,注释 1。
② 比较涂尔干在《准则》中对分工的原因所做的修正也可以看到他对于《分工论》中因果分析的不满。在《准则》中,涂尔干指出人们之所以借助劳动分工,而不是借助迁移、犯罪和自杀等行为来缓解生存竞争的压力,是因为前者的阻力更小,而不是因为人们有意如此。

第二部分　集体表象与宗教研究(1897—1912年)

一、1895年的"启示"

待到《准则》的第二版出版时,即1901年,涂尔干已经可以明确地将自己的研究方法与唯物主义区分开来。社会事实这种"物"的基质是集体表象。[1] 集体表象的约束力不同于物质环境的约束力:社会现象具有威望。[2] 威望强调的是社会现象能够获得个人发自内在的承认,与物理现象的纯然的外在必然性相区别。有关这一点的澄清早在《自杀论》中就出现了:"集体状态存在于群体之中,并源于群体的本性,然后它们影响个人本身,并在他之中以一种新的形式建立一种纯粹内在的存在。"[3]当然,在《分工论》中讨论强制分工的部分,我们也能读出道德规制与暴力的差别,但他有意识地澄清二者的差别却是在《自杀论》中。这涉及我们如何定位涂尔干前后期思想的转变时间,如何评价这一转变。

早期涂尔干侧重于强调社会如何构成了每个人的义务的源泉,如何施加给个人一种强制性(obligation)。加上社会形态学方法的"唯物主义"印象,这容易给人造成这样的误解:"物质强制就是社会生活的基本所

---

[1] Émile Durkheim, "Preface to the Second Edition", in *The Rules of Sociological Method and Selected Texts on Sociology and its Method*, W. Halls (trans.), London: Macmillan, 1982, p.40.
[2] Émile Durkheim, *The Rules of Sociological Method and Selected Texts on Sociology and its Method*, W. Halls (trans.), London: Macmillan, 1982, p.44.
[3] Émile Durkheim, *The Rules of Sociological Method and Selected Texts on Sociology and its Method*, W. Halls (trans.), London: Macmillan, 1982, p.320.

在。"①从《自杀论》开始,他就有意识地澄清道德权威或社会力量与物理力量的区别。为此,他首先引入了所谓自然人与社会人的区分。人不同于动物,他还通过参与社会生活,获得了他的第二本性——社会人。它是社会在个人之中的内在化和具体化。也就是说,社会作用于个人的方式是通过社会化的途径来实现的,这不同于物理力量。其次,他开始从两个层面来讨论社会:社会规制和社会整合。这一区分对应于《道德教育》中有关纪律精神和个人对社会的依恋,或义务和善的区分。社会不仅仅是令人尊崇的、约束我们的欲望、要求我们为之牺牲并履行一定义务的道德权威,它也是可欲的善,吸引个体参与到集体生活之中,激励个体把集体理想作为自己的目标,并为之奋斗。

这些理论修正尽管澄清了道德权威与物理力量的差别,但仍不足以回应社会形态学方法所遭到的批评。关键性的转折在于对"集体表象"这个概念的重新诠释。不再是社会容量和社会密度,简言之,不再是社会环境,而是个人观念结合的法则和集体观念形成的法则(lois de l'ideation collective),是集体表象的法则,成为道德变迁的原因。在《自杀论》中,集体表象这个概念仅仅出现了两次。②但在《准则》的第二版序言中,他已经基于对宗教的新理解来明确阐述集体表象理论。可以推断,这段时间他有关宗教的研究对于理解他从社会形态学到集体表象理论的转变至关重要。根据涂尔干后来的回顾,最初的转变发生在1895年。③

---

① 爱弥尔·涂尔干:《宗教生活的基本形式》,渠东、汲喆译,上海人民出版社1999年版,第311页。
② Émile Durkheim, *Suicide*: *A Study in Sociology*, John A. Spaulding, George Simpson (trans.), Glencoe, Illinois: The Free Press, 1951, pp.226 - 227, 312.
③ 如何定位"1895年的启示"在涂尔干思想上的位置,始终是研究者们不可回避,但又感到棘手的一个问题。这恐怕是涂尔干唯一一处有关自己思想变化的明确说明。但他说的太少了。尤其是,"启示"的说法更为这种转变增添了几分神秘色彩。总之,仅从这段论述中,我们似乎很难获得任何除了日期之外的有价值的信息。卢克斯认为史密斯让涂尔干意识到了仪式的重要性(S. Lukes, *Émile Durkheim*: *His Life and Work*, New York: Penguin Books, 1981, p.239)。这一判断遭到了沃尔沃克的质疑。沃尔沃克指出直到1899年,涂尔干都没有把仪式作为宗教的首要因素。在他看来,史密斯著作的启发在于:宗教信仰和宗教仪式都以神圣性为焦点。涂尔干因此而从早期强调宗教的强制性转而关注宗教的神圣性(E. Wallwork, "Durkheim's Early Sociology of Religion", (转下页)

据说我在冯特那里发现了这一观念,即宗教是道德和法律观念的母体等等。我读冯特是在 1887 年,但只是到了 1895 年,我才对于宗教在社会生活中扮演的首要角色有了清楚的认识。正是在那一年,我第一次发现了社会学式地处理宗教研究的方法。那对我来说是一个启示。1895 年的课程标志着我思想上的一个分水岭,以至于我之前的研究全部需要重新开始以便与这些新的观点相协调。冯特的《伦理学》,我八年前就读过了,在这种方向转变上没有发挥任何作用。它完全归诸我那时刚刚从事的宗教史研究,特别是罗伯特·史密斯和他的学派的著作。[①]

1895 年,涂尔干开设了"社会学教程:论宗教"(1894—1895 年)的课程。有关这次讲课的手稿,毁于纳粹之手,具体内容我们无从得知。《准

(接上页)*Sociological Analysis*, Vol.46, No.3, pp.201-217)。这种看法,得到了亚历山大·瓦茨·米勒等研究者的认同〔Jeffrey C. Alexander, "The Inner Development of Durkheim's Sociological Theory: From Early Writings to Maturity", in Jeffrey C. Alexander & Philip Smith (eds.), *The Cambridge Companion to Durkheim*, Cambridge: Cambridge University Press, 2005, p.147; W. Watts Miller, *A Durkheimian Quest: Solidarity and the Sacred*, New York: Berghahn Books, 2012〕。不过,即便如此,研究者对于涂尔干强调宗教的"神圣性",在其思想转变上的意义也众说纷纭。例如,亚历山大就把对于神圣性的这种强调,理解为涂尔干在解释社会秩序问题时,从《分工论》中的工具论或准唯物论的立场转向了主观的、规范论立场〔Jeffrey C. Alexander & Philip Smith (eds.), *The Cambridge Companion to Durkheim*, Cambridge: Cambridge University Press, 2005〕。而约阿斯和瓦茨·米勒则侧重于强调涂尔干借助对神圣性的强调来解释新的道德或信仰是如何产生的〔H. Joas, "Durkheim's Intellectual Development: The Problem of the Emergence of New Morality and New Institutions as a Litmotiv in Durkheim's Oeuvre", in Stephen Turner (ed.), *Émile Durkheim: Sociologist and Moralist*, London: Routledge, 1993, p.234; W. Watts Miller, "Durkheim: the Modern Era and Evolutionary Ethics", in W. S. Pickering, H. Martins (eds.), *Debating Durkheim*, London: Routledge, 1994, p.76〕。我们在这里的分析则试图提供一个更为合理的解释。此外,针对"1895 年的启示",也有少数学者侧重于从涂尔干的犹太教家庭背景去解读。目前来看,这种分析很难具有说服力,也无法帮助我们理解任何关键性的问题,并越来越受到研究者们的批评〔有关这一点的介绍和评论,参见 S. G. Meštrović, *Durkheim and the Reformation of Sociology*, Totowa, NJ.: Rowman and Littlefield, 1988, pp.27-37; W. S. Pickering, "The Enigma of Durkheims Jewishness", in W. S. Pickering, H. Martins (eds.), *Debating Durkheim*, London: Routledge, 1994, pp.10-39〕。

① Émile Durkheim, "Influences upon Durkheim's View of Sociology", *The Rules of Sociological Method and Selected Texts on Sociology and its Method*, W. Halls (trans.), London: Macmillan, 1982, pp.259-260.

则》早在1894年就发表了,1895年修改后结集出版。从《准则》中屡屡以自杀研究作为阐述方法论的例证,可以推断,在创作《准则》时,他同时也在创作《自杀论》。由于集中写作《自杀论》和筹备《社会学年鉴》的出版,涂尔干在1896年只发表了一篇书信。这就意味着,我们很难从1894—1896年发表的各种文章中看到这种转变。① 这一时期除了"论宗教"的课程之外,涂尔干在第二个学年又开设了"社会学教程:社会主义史"(1895—1896年)。无独有偶,1897年,涂尔干发表了两篇评介马克思主义的文章。② 显然,他想要借助研究社会主义来澄清自己的研究方法与历史唯物主义的区别,并划清社会学主义和社会主义的界限。③ 因此,我们最多只能从1897年的著作中发现这种思想转变的痕迹。这种痕迹就是我们上文所说的宗教和集体表象问题。不出所料,有关该问题的阐述就出现在他评介安东尼·拉布里奥拉(Autonio Labriola)的《论唯物主义的历史概念》的书评和"社会主义史"的课程中。

涂尔干指出,就在解释集体表象时,根据人们意识不到的、外在于个人的社会原因,而不是根据个人的意志、动机和目的来说,这是他与历史唯物主义共享的方法论准则。但是,这个方法并不来自马克思,而是来自19世纪历史学和心理学的发展。更进一步说,历史唯物主义的经济还原论是他所不能接受的。"如果认为社会现象最终可以还原为工业技术的形态,认为经济因素是进步的主要原因,那么这样的看法也是错误的。"④"相反,难道不是经济取决于宗教吗?"这并不是说经济因素只是

---

① 因此,瓦茨·米勒倾向于淡化1895年史密斯对于涂尔干影响的意义,而把1899—1907年作为涂尔干思想转变的关键时期。
② 爱弥尔·涂尔干:《书评 安东尼·拉布里奥拉,〈论唯物主义的历史概念〉》《书评 加斯顿·理查德,〈社会主义与社会科学〉》,均载《乱伦禁忌及其起源》,汲喆等译,上海人民出版社2003年版。
③ 这是涂尔干写作的一个特点。一旦人们把他的观点归入某阵营,他通常就会有意识地通过凭借这个阵营的思想来澄清自己的思想的特色。早期,他特别重视澄清自己与社会主义或唯物主义的区别。晚期,当有人把他的观点与实用主义关联起来时,他则竭力把自己的观点与实用主义区分开来。
④ 爱弥尔·涂尔干:《乱伦禁忌及其起源》,汲喆等译,上海人民出版社2003年版,第342页。

一种附带现象(épiphénomene),而是说集体活动是"自成一类的、自主的实在",既不能被还原为心理-生理上的有机基质(substrat),也不能被还原为经济因素。"尽管集体活动的不同形式具有各自不同的基质,尽管它们最终是由此产生的,但是,一旦它们存在了,就会反过来成为行动的创造之源,具有自身的所有效力,并反作用于它们所依赖的原因。"①在这句话中,涂尔干指出宗教这样的集体事物是自成一类的实在,不能被还原为经济因素或个人的有机体特性。单就此来说并没有什么稀奇。《分工论》中也可以找到这样的表述。差别在于,他在此特别强调的是集体表象的创造性和自主性。对于这种细微的转变,我们必须借助次年发表的《个体表象与集体表象》以及《乱伦禁忌及其起源》等文章来放大。

学界普遍公认,《个体表象与集体表象》构成了涂尔干学派的奠基性文献。② 这篇极富哲学思辨色彩的文章,简明扼要地论述了涂尔干社会学的形而上学基础。在此,我们仅限于简短地概括其结论:(1) 有机体事实、个体心理事实(个体表象)和社会事实(集体表象)构成了实在的由低到高的等级。(2) 高级实在是从较低实在中发展出来的,后者构成了前者的基质。但是,从低级实在的综合中产生的高级实在具有低级实在所没有的自成一类的特征,因而也具有相对的自主性、更大的不确定性和可变性。换句话说,高级实在不是由低级实在直接决定的,不是从低级实在中派生出来的附带现象。(3) 高级实在一旦形成,反过来还会影响到低级实在。"表象的呈现必然会对身体和意识产生影响。"③社会事实反过来会影响到个体的心理事实和有机体。(4) 实在的各个等级之间的关联,以及各级实在的自成一类性,在解释上要求,个体的心理事实(意识、

---

① 爱弥尔·涂尔干:《乱伦禁忌及其起源》,汲喆等译,上海人民出版社 2003 年版,第 344 页。
② S. G. Meštrović, *Durkheim and the Reformation of Sociology*, Totowa, NJ.: Rowman and Littlefield, 1988, pp.13–14.
③ 爱弥尔·涂尔干:《个体表象与集体表象》,载《社会学与哲学》,梁栋译,上海人民出版社 2002 年版,第 16 页。

观念、感觉等)不能被还原为有机体的物质属性来解释;同样,社会生活也不能被还原至个体生活来解释。"我们必须借助整体专有的特性来解释作为整体产物的那些现象,借助复杂来解释复杂,借助社会来解释社会事实;借助生命事实和心智事实所产生的自成一类的结合来解释生命事实和心智事实。这是科学研究所能遵循的唯一途径。"[1](5)尽管涂尔干强调高级实在,尤其是社会生活的不确定性和自主性,甚至把个体心理事实定义为"精神性",把社会事实定义为"超精神性",但是,他反对走到另一个极端,即唯心论(idealiste)和神学形而上学把人的精神生活视为与自然王国相对立的、迥然不同的另一个世界的地步。在涂尔干看来,无论是心理生活中的观念和意识之间的各种关联,还是集体表象,都可以根据机械论的原因来解释,即它们也是像物理现象一样能够"用自然原因来解释的自然事实"。"社会学自然主义"既不是唯物主义,也不是唯心论,它既反对把精神生活还原为物质或低级自然来解释,也反对把精神领域划在自然领域之外。

在这种立场看来,像《分工论》中那样把集体表象还原为社会环境或社会基质来解释就是成问题的。因为集体表象是自成一类的、相对自主的实在。表象之间的因果关系,比表象与基质之间的因果关系要更为直接:

> 尽管集体生活是通过集体基质(le substrat collectif)与世界的其他部分联系在一起,但它并没有被吸纳进后者之中。它作为器官的功能,既依赖于集体基质,也与之有别。因为集体生活产生于集体基质,后者在集体起源时所带上的形式就是基础性的,因而带有起源的特征。这就是为什么社会意识的基本质料与社会要素的数量和它们组合和分配自己的方式等等密切相关。但是,一旦表象被构成,它们出于我们所解释过的原因,就变成了部分上自主的实在,拥有它们自

---

[1] 爱弥尔·涂尔干:《社会学与哲学》,梁栋译,上海人民出版社2002年版,第9页。

己的生命。它们彼此有能力相互吸引和排斥,并在它们之中形成各种各样的综合,这由它们的自然亲和性,而不是由环境的状态(l'etat du milieu)所决定。结果,从这些综合中产生的新表象拥有了同样的本性。它们直接被其他表象所引发,而不是被这个或那个社会结构的特征所引发。宗教的演化为我们提供了有关这一现象的最显著的例子。除非我们去考察城邦的构造(constitution)、原始氏族逐渐融合的方式、父权家庭的组织等等,否则我们或许就不可能理解希腊或罗马的神殿是如何产生的。但是,从宗教思想中发展出来的神话和传说、神谱和宇宙系统等的繁荣,并不直接与社会形态学的特殊规定相关。①

既然集体表象之间存在着更为直接的因果关系,那么探寻集体表象自身的机械论意义上的因果法则就是可能的。如果集体理想也是一种集体表象,那么引入集体理想来分析道德的变迁,就不仅不会导致目的论,反而可以遵循机械论的因果解释。先前的两难困境便迎刃而解。我们要清楚地看到这一理论构想的充分展开,就要等到《宗教生活》了。

与此相伴随的是对社会形态学的重新定位。在《乱伦禁忌及其起源》中,在谈到集体表象是如何通过分类、组合而结合成新的状态时,涂尔干特意补充说:"新的状态也可以归因于在社会基质中发生的变化,如地域扩大、人口的增加和人口密度的加大等等。对于这些显而易见、备受关注的更新原因,我们暂不讨论。"②同年,在针对拉策尔(Friedrich Ratzel)的

---

① Émile Durkheim, "Représentations Individuelles et Représentations Collectives", in *La Science Sociale et L'action*, J.-C. Filloux (intro.), Paris: Presses Universitaires de France, 2010, pp.43 - 44;爱弥尔·涂尔干:《社会学与哲学》,梁栋译,上海人民出版社 2002 年版,第 30—31 页。
② 爱弥尔·涂尔干:《乱伦禁忌及其起源》,汲喆等译,上海人民出版社 2003 年版,第 83 页,注释 132。在次年,即 1899 年发表于《社会学年鉴》中的一个有关"社会形态学"注释中,涂尔干指出,社会现象与社会基质的关系,就好像心理现象与大脑的关系。这个类比直接指向了《个体表象与集体表象》中的类比论证。参见爱弥尔·涂尔干:《笔记社会形态学》《社会学与社会科学》,均载《乱伦禁忌及其起源》,汲喆等译,上海人民出版社 2003 年版,第 289 页。

《政治地理学》所写的一篇评论中,他在指出"政治地理学似乎是我们所说的社会形态学的一个分支"①的同时,却又强调它并不是社会科学的最基本的学科。显然,此时"基本学科"的位置已经留给了有关集体表象的研究。

不过,这并不意味着涂尔干就此抛弃了有关社会形态学的研究,而是像他所说的那样,他试图将新的理论视角与之前的研究相协调。从五年之后发表的《分类的几种原始形式:集体表象之研究》中可以看到,涂尔干力图将社会形态学的考察与对集体表象的分析结合起来。原始宗教正是实现这一计划的绝佳例子。一方面,它的社会组织最为简单;另一方面,宗教在这里也处于开端的位置,无须再诉诸其他宗教要素来解释它。因此,社会组织与集体表象在这里处于最为紧密的联系之中。对澳大利亚原始部落的考察表明,原始人最初的表象体系(分类体系)再现了(reproduit)他们的社会关系。不过,即便如此,集体表象也表现出其自主性和创造性的一面。表象体系还能反作用于社会组织。原始人的分类原则也构成了他们分裂氏族、形成独立氏族的依据。②

至此,我们可以暂时做一个小结。(1) 1895 年的启示给涂尔干的思想所带来的转变是把重心从社会形态学研究转向了关于宗教和集体表象的研究。关键性的变化出现在 1897 年之后发表的一些文章中,特别是 1898 年之后在《社会学年鉴》上所发表的一系列有关宗教的研究中可以看到。(2) 社会形态学在分析道德现象时,在解释上存在着重大的缺陷:它不仅无法讲出道德现象的自成一类的特征,而且更无法彻底分析道德是如何变迁的。在社会环境与道德现象之间的这个距离,并不需要退回到借助研究那些立法者、政治家、先知、将军、各种各样的革新者的个人作用来解释,更不需要诉诸目的论的因果分析。我们需要研究的仍然是机

---

① 爱弥尔·涂尔干:《书评 弗雷德里克·拉策尔,〈政治地理学〉》,载《孟德斯鸠与卢梭》,李鲁宁等译,上海人民出版社 2003 年版,第 442 页。
② 爱弥尔·涂尔干、马塞尔·莫斯:《原始分类》,汲喆译,商务印书馆 2012 年版,第 27—30 页。

械论意义上的社会法则,只是重点不再是社会形态学法则,而是集体表象的法则。(3)其中,宗教作为社会情感的集体表象,是具有首要地位的现象。(4)集体表象的创造性和自主性是我们理解宗教和道德问题的关键。最后这一点正是下文分析的焦点。

二、集体表象的自主性与创造性

细心的读者会问,涂尔干不是早在1887年就开始使用集体表象概念了吗?《分工论》中不就已经在使用集体表象来界定宗教了吗?的确如此,但他对集体表象的理解在1897年之后发生了转变。

(一)早期作品中的集体表象概念

涂尔干早期在使用"表象"这个术语时,更多地只是沿用了它最通常的含义:意识对其他东西的反映或再现。① 表象与行动相对,泛指个人的感情、观念和信仰等,它反映的是个人有机体的心理现象。② "集体表象"与"个人表象"相对,指的是集体感情和集体信仰。③ 许多时候,"集体表象"可以与"集体意识""集体思想"等互换使用。集体表象反映的是什么?从一开始,涂尔干就在两个含义上使用"集体表象"。一方面,宗教、

---

① 《分工论》的一处文本似乎与我们这里的概括不那么一致:"在所有能够产生这种强烈效果的事物中,首先应属我们的反向状态所造成的表象。实际上,这种表象并不只是一种简单的现实图像,也不是事物映射给我们的死气沉沉的幻影。相反,它是搅乱机体和生理现象之波澜的力量。"参见爱弥尔·涂尔干:《社会分工论》,渠东译,生活·读书·新知三联书店2000年版,第59页。看起来,涂尔干是强调表象不仅仅只是对现实的反映。不过,考虑到这段文本的语境,实际上,他强调的是犯罪激起的敌视情感并不取决于犯罪行为本身,它反映的是社会情感:"这些感情既然是集体的,它在我们意识里所表象的(representent)就不是我们自己,而是社会本身。"参见爱弥尔·涂尔干:《社会分工论》,渠东译,生活·读书·新知三联书店2000年版,第63页。因此,这段文本与我们的分析并不冲突。
② 爱弥尔·涂尔干:《社会分工论》,渠东译,生活·读书·新知三联书店2000年版,第43、59、157、211页。
③ 爱弥尔·涂尔干:《社会分工论》,渠东译,生活·读书·新知三联书店2000年版,第59—63页;Émile Durkheim, *The Rules of Sociological Method and Selected Texts on Sociology and its Method*, W. Halls (trans.), London: Macmillan, 1982, p.52。《分工论》的中译本在这些地方把representation翻译成了"意象",有时又以意象来译image。请读者留意。

道德理想与社会重组 323

法律和道德等作为集体表象,反映了社会情感。① 集体表象的这个含义构成了《分工论》中分析社会团结的核心。"社会团结本身是一种整体上的道德现象,我们很难对它进行精确的观察,更不用说测量了。要想真正做到分类和比较,我们就应该撇开那些观察所不及的内在事实,由于外在事实是内在事实的符号化,所以我们可以通过后者来研究前者。"②法律作为外在事实乃是内在事实,即社会团结的"表象"。③ 压制性法律表象的是机械团结,而恢复性法律表象的是有机团结。既然宗教是对社会情感的反映,那么要研究宗教,就必须首先去分析社会情感。"为了研究宗教,人们必须弄清楚这些情感:只有表象,才会将这些情感符号化,为其装上了表面的外壳,所以必须祛除这些表象。"④另一方面,它们作为社会情感也反映了社会有机体、社会环境、社会结构或社会形态。这与社会形态学的解释原则,即诉诸社会环境来解释其他社会现象是一致的。

其次,集体表象只能表象社会环境或社会情感,它并不能生产或创造后者。"就像个人良知一样,集体意识只记录(constater)事实,而不生产(produire)事实。它能够或多或少忠实地反映有机体最深处所发生的一切,它只能做到这一点。"⑤强调这一点,对于我们把握涂尔干后期使用的"集体表象"概念的独特之处至关重要。

总之,1897 年之前,涂尔干在使用集体表象这个概念时,只是把它视为社会环境或社会情感的反映。但 1897 年之后,他却越来越强调集体表

---

① 爱弥尔·涂尔干:《社会分工论》,渠东译,生活·读书·新知三联书店 2000 年版,第 63、131—132 页。
② 爱弥尔·涂尔干:《社会分工论》,渠东译,生活·读书·新知三联书店 2000 年版,第 27 页。
③ 爱弥尔·涂尔干:《社会分工论》,渠东译,生活·读书·新知三联书店 2000 年版,第 31 页。
④ 爱弥尔·涂尔干:《书评 居约,〈未来的非宗教:社会学研究〉》,载《乱伦禁忌及其起源》,汲喆等译,上海人民出版社 2003 年版,第 144—146 页。
⑤ Émile Durkheim, *La Science Sociale et L'action*, J.-C. Filloux (intro.), Paris: Presses Universitaires de France, 2010, p.195;爱弥尔·涂尔干:《书评 赫伯特·斯宾塞,〈教会制度:社会学原理〉(第六部分)》,载《乱伦禁忌及其起源》,汲喆等译,上海人民出版社 2003 年版,第 128 页。

象的自主性和创造性。有关这一点的论证在《宗教生活》中达到了最高潮。

（二）集体表象的自主性与创造性

《宗教生活》的第二卷第七章，即有关图腾信仰起源的考察，可以说是涂尔干宗教理论中最为核心的一章。而该章的第五节又是核心之中的核心。大多数研究者没有注意到，从第四节开始，集体表象的含义发生了变化。

此前，涂尔干指出，原始人用可见的、物质化的图腾标记来反映他们对于社会的尊崇和依恋。图腾标记只是人们对自己的社会情感的"物质化的表达"："是氏族被人格化了，并以图腾动植物的可见形式被表象在人们的想象中。"①但是，第四节关于宗教或集体表象的实在性的进一步讨论，则强调了集体表象的创造性。涂尔干是通过对比个体表象与集体表象来阐明这一点的。个体表象在表象外物时，所添加的诸如颜色、气味等特性，始终被它所表象的事物的客观状态决定。集体表象则不同：

> 但是，集体表象经常附加给事物的特性，却不以任何形式或任何程度存在。它能够从最鄙俗的对象中，制造出（faire）最为有力、最为神圣的存在。这样形成的力量，虽然纯粹是观念的，但却像实在的一样起作用；它们像物理力量的必然性一样决定人的举止……在这里，观念就是实在……②

在我们看来普普通通的动植物，在氏族成员眼中，却是一件神圣之物，就像在一个基督徒眼中，面包和酒变成了基督的身体和血。集体表象

---

① 爱弥尔·涂尔干：《宗教生活的基本形式》，渠东、汲喆译，上海人民出版社1999年版，第276页。
② Émile Durkheim, *Les Formes Élémentaires de la vie Religieuse: Le Système Totémique en Australie*, Paris: Alcan, 1912, p.326；爱弥尔·涂尔干：《宗教生活的基本形式》，渠东、汲喆译，上海人民出版社1999年版，第299页。

转化了它所依托的自然事物,并创造了一个不同的世界。尽管宗教世界要借用自然世界来表达自身,但是它并不是自然世界的反映,它是被添加在经验的、世俗的自然世界之上的、超验的神圣世界,并且,它还能够转化这个自然世界。尽管涂尔干在此使用了"faire"一词来表述集体表象的创造性,但它所表述的意思却无异于"créer"。① 恰好在此处,他不失时机地添加了一个小注,来表明自己的立场与唯物主义或其他还原论的差别：

> 这样,我们就明白了像拉策尔地理物质论那样的理论何其荒谬的原因了(特别参见《政治地理学》),这些理论想方设法要从(经济的或地域的)物质基础中推导出全部社会生活。……他们力图要把群体的全部心理生活归结为群体的物理基础。但是他们忘记了观念就是实在,就是力量(forces),忘记了集体表象是比个体表象远为强大和主动的力量。关于这一点,见拙著《个体表象与集体表象》……②

这段论述指向了1898年的两篇文章。它再一次印证了上文我们关于涂尔干思想转变的时期和方向的分析。我们也可以看到这个问题是如何一直萦绕在他脑海里的。即使到了1912年,他还念念不忘将自己与唯物主义区分开来！这一次,有关集体表象的创造性的表述比以往任何一次都更为清楚,也更为有力地将他与唯物主义的立场区别开来：集体表象不仅仅是社会实在的反映,它就是社会实在本身。这在第五节对图腾标记创造社会的分析中达到了最高峰。

第五节分析的核心在于：为什么氏族要选择一个图腾标记？全部论证始于第四节刚刚建立的这一基本观点："标记不仅仅是明白易懂地阐明

---

① 关于这两个概念的互释,可参见《实用主义与社会学》这一整理过的讲稿："最终,正是思维创造了(créer)实在；集体表象的显著作用就是'制造'(faire)更高级的实在,即社会本身。"爱弥尔·涂尔干:《实用主义与社会学》,渠东译,上海人民出版社2005年版,第148页。
② 爱弥尔·涂尔干:《宗教生活的基本形式》,渠东、汲喆译,上海人民出版社1999年版,第314—315页。

(clair)社会对其自身所拥有的情感的方便途径,它也制造(faire)这一情感,它是这一情感的构成要素之一。"[1]氏族成员只有借助物质化的集体表象,即具体可见的图腾标记才能表达其对群体的情感,并彼此沟通。但是,不止于此,"集体表象以心智的相互作用与反作用为前提条件,是这些只有通过物质媒介才可能的作用与反作用的产物。物质媒介不仅限于揭示出与之相联系的心智状态,而且有助于制造(faire)这种心智状态"[2]。集体表象不仅构成了社会向个人呈现它自身的媒介,而且也构成了社会制造自身的凭借。它不仅反映群体成员对社会的情感,而且还创造这种社会情感。并且,在集体欢腾中,在膜拜中,社会还将个人提升起来,使他超越自身,从而造就了一个更高的存在——社会人。

集体表象的这种创造性,构成了社会生活的自主性和实在性的最高表现。它产生了一个不同于直接感觉经验的、神圣而又超越的观念世界。社会世界不再直接受制于个人心理事实和物质世界的决定,而是有其自成一类的特征。不过,这并不意味着这些集体表象就纯粹是人为约定的,无法被"社会学自然主义"[3]所解释。相反,社会世界像自然世界一样,仍然可以按照机械论的因果关系来加以解释:集体表象的原因在于群体,在于集体欢腾之际群体对其自身的力量和统一性的自我意识。

在《分工论》等早期著作中,涂尔干还主要是借助有机体类比来理解社会。这个类比尽管可以反驳契约论的"人造社会"的观念,但却无法讲出物理有机体和社会有机体的关键差别。因此,他的理论一度被人贴上唯物主义的标签。通过澄清集体表象的自主性和创造性,他得以讲出社会有机体的自成一类性:社会是有意识的(consciences),有生命的,而不

---

[1] Émile Durkheim, *Les Formes Élémentaires de la vie Religieuse: Le Système Totémique en Australie*, Paris: Alcan, 1912, p.329;爱弥尔·涂尔干:《宗教生活的基本形式》,渠东、汲喆译,上海人民出版社1999年版,第301页。
[2] 爱弥尔·涂尔干:《宗教生活的基本形式》,渠东、汲喆译,上海人民出版社1999年版,第302页。
[3] 爱弥尔·涂尔干:《宗教生活的基本形式》,渠东、汲喆译,上海人民出版社1999年版,第303页。

只是一个"组织化的存在"(êtres organisés),而集体表象就是"社会的意识"①,是社会对其自身所形成的观念。这种意识不仅仅只是对社会组织状态的反映,而且还能够作用并改变后者。决定社会如何发展的关键不再是社会的容量和密度,而是社会的意识。

三、道德理想及其创造性

我们反复强调,涂尔干的宗教研究自始至终都寄托着他对于道德问题的思考。问题是,集体表象理论和原始宗教研究在何种意义上有助于我们理解道德问题?

在导言中我们曾暗示,涂尔干考察原始宗教旨在解释道德的起源和变迁。就起源问题来说,在原始宗教那里,道德还没有从宗教中分化出来,它们有着共同的起源,即社会。道德与宗教一样,表达的是人们对于社会的感知或意识。或者说,道德与宗教代表了特定集体对于自身的自我意识。更具体来说,早期,他强调的是道德的强制性特征。从《自杀论》开始,他开始强调道德的另一个特征:善或可欲性。道德事实的这两个层面对应于神圣存在的两个特征:既令人尊崇,又令人依恋。② 而它们共同来源于社会的两个层面:义务和善、社会规制和社会整合。对此,涂尔干在《自杀论》《道德教育》和《道德事实的确定》中有明确的分析,此不赘述。

在何种意义上,有关原始宗教的研究还蕴含着涂尔干对道德变迁的理解呢?我们曾经指出,早期社会形态学视角下的道德研究面临着一个极为严重的困难:仅仅根据分工的自发展开,或社会环境的变迁并不足以解释道德的变迁。在社会环境的变迁和道德的变迁之间存在一个距离。

---

① Émile Durkheim, "Sociology in France in the Nineteenth Century", in *Émile Durkheim: On Morality and Society*, Mark Traugot (trans.), Chicago: University of Chicago Press, 1973, p.14.
② 爱弥尔·涂尔干:《道德事实的确定》,载《社会学与哲学》,梁栋译,上海人民出版社2002年版,第52页。

涂尔干被迫引入集体理想来跨越这个距离。但它却可能导向目的论,从而危及了机械论的因果解释承诺。不过,当《自杀论》引入社会整合和善这个层面来分析道德时,就已经引入了集体理想。社会整合这个概念所界定的正是社会成员基于共同的集体理想而团结在一起,而集体理想则构成了每个人所欲求的善:

> 社会首先是由能够通过个人而实在化的各种观念、信仰和情感构成的集合。这些观念中的首要观念是道德理想,这也是其最主要的存在理由。热爱(vouloir)我们的社会,就等于热爱这样的理想。热爱理想也会达到这样的程度:他宁愿看到作为物质实体的社会消失,也不愿丢掉社会所体现的理想。[①]

由此可见,强调道德的可欲性或善这一层面,与引入集体理想来分析道德变迁是密切相关的。不过,现在还不清楚,这如何能够避免他的老师布特鲁的批评。

(一) 道德理想的生成

在最初介绍涂尔干的集体表象理论时,我们已经指出,他特别强调"社会学自然主义"可以对集体表象进行机械论的因果解释。在这种情况下,如果集体理想也是一种集体表象,那么引入集体理想来分析道德变迁,就不会导致目的论,从而可以遵守机械论的因果解释。集体理想当然是集体表象,它表达的是集体对于自身的更为明确的理解,或集体的自我意识。

剩下的问题就在于,有关原始宗教的研究,是否可以帮助我们去理解集体理想在道德变迁中的作用,同时又可以遵循机械论的因果解释。先来看后者,即涂尔干如何避免从目的论的角度来解释道德理想的产生。在《宗教生活》的结论之处,涂尔干看起来非常突兀地转向讨论人的理想

[①] 爱弥尔·涂尔干:《道德事实的确定》,载《社会学与哲学》,梁栋译,上海人民出版社2002年版,第63页。

化能力来自何处。不过,联系到他多次强调在他那个时代,人们"创造道德理想的能力弱化了",就不难理解此处的意图为何。社会分工的自发发展并没有带来正常的道德。这表明,要确立新的道德,我们还需要指导社会生活的道德理想。但是,"我们发现自身处于一个过渡的时期,一个道德冷漠的时期",因为"古老的理想以及能够体现这些理想的神圣性正在消亡",而"用来指导我们生活的理想还没有出现"。① 在这种情况下,通过考察原始宗教中人们是如何通过参与宗教生活去创造和表达他们的集体理想,就能够间接地帮助我们理解道德理想生成和作用的方式,以便为克服当前的道德冷漠状态提供某种借鉴。

这正是《宗教生活》所试图回答的问题:"我们所定义的神圣,恰恰是某种加之于现实或高出于现实的东西,而理想恰好也符合这个定义。"② 因此,只要能够解释人们是如何创造了一个不同于凡俗生活的神圣世界,也就回答了人们如何能够创造一种新的理想。

集体欢腾之际,人们相互交流观念,彼此强化着共同的集体情感,由此所爆发出来的强烈的力量将人们从经验的、凡俗的世界提升到了另一个超越的、神圣的世界。"从某种意义上说,这个世界只有在思想中才能存在,而且他认为这个世界要比现实世界有一种更高的尊严;因此,从这两个角度来看,它正是一个理想的世界。"③

不过,涂尔干同时又强调,"理想社会并不存在于现实社会之外,它是现实社会的一部分。在两者之间,并不存在像排斥的两极那样的分离关系,我们在把握社会的时候,两者缺一不可"。道德理想并不是人为添加在现实社会之上的一个目的,而是从集体生活之中自发产生的一种实在,是"社会生活的自然产物"④。它所表达的是集体对于自身的强烈感情:

---

① 爱弥尔·涂尔干:《现时代的宗教情感》,载《乱伦禁忌及其起源》,汲喆等译,上海人民出版社 2003 年版,第 170 页。
② 爱弥尔·涂尔干:《宗教生活的基本形式》,渠东、汲喆译,上海人民出版社 1999 年版,第 556 页。
③ 爱弥尔·涂尔干:《宗教生活的基本形式》,渠东、汲喆译,上海人民出版社 1999 年版,第 556 页。
④ 爱弥尔·涂尔干:《宗教生活的基本形式》,渠东、汲喆译,上海人民出版社 1999 年版,第 557 页。

为了使社会意识到自身的存在,为了使它获得的情感维持在必要的强度上,社会必须将自己聚拢和集中起来。而这种集中所带来的精神生活的提升又体现为一系列的理想概念,这些理想概念反映了由此焕发出来的新生活,对应着某些新的精神力量,为我们挑起日常生存的重担增添了勇气。社会在创造或再创造自身的过程中,同时必然也创造了理想。对社会来说,这种创造并不是一种额外工作。因为在社会形成以后,这种创造会使社会变得更加完善,使社会得到循序渐进的组建。①

道德理想表达的是社会的自我意识,是生活在特定社会中的人们那些神圣不可侵犯的情感和观念。也正是在这个意义上,道德理想在社会生活中的位置,就相当于宗教生活中的神圣性。而个人也在参与集体生活之际,感受到了群体的自我意识,学会了去构建理想。因此,要创造新的道德理想、新的信仰,首要的事情就在于去感受并分享集体生活。②

综上,引入道德理想来分析道德事实,并不违背机械论的因果解释承诺,从而陷入目的论。实际上,无论是《分工论》,还是《宗教生活》,都试图诉诸社会生活自身来解释道德理想的产生过程。但是,与《分工论》相比,此处对道德理想的产生的分析不再着眼于人口数量、密度和地域扩大等社会形态学要素所带来长期的社会类型变迁,而是侧重于分析短期之内频繁而又剧烈的社会互动和观念、情感交流所带来的新的精神力量。《分工论》展现的是凡俗生活的变动对道德理想的影响,而《宗教生活》专注的则是短暂却又强烈的集体互动所创造的神圣世界或理想世界。③ 稍后,我们将进一步分析社会秩序的这两个层面之间的关联。

---

① 爱弥尔·涂尔干:《宗教生活的基本形式》,渠东、汲喆译,上海人民出版社1999年版,第556—557页。
② 爱弥尔·涂尔干:《现时代的宗教情感》,载《乱伦禁忌及其起源》,汲喆等译,上海人民出版社2003年版,第173页。
③ W. Watts Miller, "Durkheim: the Modern Era and Evolutionary Ethics", in W. S. Pickering, H. Martins (eds.), *Debating Durkheim*, London: Routledge, 1994, pp.117-118.

(二) 道德理想的创造性与道德和社会的变迁

剩下的问题是如何解释道德理想的创造性,以及它在道德和社会变迁中的作用。在涂尔干看来,道德理想不仅能够吸引社会成员去依恋于社会,彼此结合成一个生气勃勃的统一体,而且也是社会定期维续自身的统一性,乃至重组自身的凭借。简言之,人们在集体欢腾之际所创造出来的道德理想构成了道德变迁和社会重组的原因:

> 实际上,在集体欢腾的时刻产生的伟大理想构成了文明的基础。当人们出于各种环境影响彼此进入一种紧密的关系时,当重组和集会最为频繁时,当关系更好地得以维持时,当观念的交流更为活跃时,创造和革新的时期就出现了……在这样的时代,理想倾向于与实在合二为一,由于这个原因,人们产生了这种印象:时代正在终结,理想将在事实上得以实现,上帝之国将在地上实现。①

在"创造和革新的时期",在集体欢腾之际,每个人都被提升到了一种超越性的、神圣性的生活之中,渴望去为共同的事业献身。曾经只存在于思想和观念中的道德理想具体化为可见的现实,神圣世界在凡俗世界之中实现。

让我们将涂尔干此处的观点澄清得更为清楚一些。存在同一社会秩序的两个层面:神圣世界和凡俗世界,或者说,超越性的、神圣性的道德理想和经验上可见可触的、凡俗的日常生活。在原始氏族那里,前者表现为宗教生活,在此人们聚集起来,在集体欢腾之中,借助仪式和对图腾标记的膜拜来表达他们共同的、具有神圣性的宗教信仰和集体情感。后者则

---

① Émile Durkheim, "Jugements de Valeur et Jugements de Réalité", in *Sociologie et Philosophie*, Paris: Presses Universitaires de France, 1951, pp.48-49;爱弥尔·涂尔干:《价值判断与实在判断》,载《社会学与哲学》,梁栋译,上海人民出版社 2002 年版,第 99—100 页。

是日常生活,这是一种"社会的分散状态"①,因为每个人首要关心的是自己的个人事务,满足的是自己的物质生活的迫切需要和私人利益。二者相互排斥,相互对立,不同在一处,不能同时存在。②

只有在集体欢腾之际,神圣性或道德理想才具体化为现实,并改造现实。此时,凡俗世界被提升为一个神圣的世界,二者合而为一。一旦人们从狂热性的集体生活返回到日常的经济生活,每个人就会只倾向于去关注自己的私人生活,共同的社会情感和道德理想便会淡化。③因此,只有定期地再现这一共同情感,才能维持社会的统一,或者重组社会。而图腾标记和仪式则构成了唤醒和重现这种社会情感或社会的自我意识的媒介。"标记体系不仅对于社会意识的形成来说是必不可少的,为了确保这种意识的持续性,它同样也是不可或缺的。"④这样,在非宗教时期的日常生活中,也有了一些具有神圣性的制度安排,它们是对神圣性的物质化和具体化。⑤

但是,具体化的图腾标记和仪式不仅不能完全表达社会的自我意识,而且也不能完全保留住这种社会情感,只能延缓其衰退。同样,日常生活中的那些象征性的符号、成文的道德规制和法律、节日也并不能完全保持住人们共同所有的道德情感和道德理想:

> 这些理想如果不能定期复活的话,就不可能存活下去。宗教、世俗节日和庆典、所有教会或学校中的布道、戏剧、表演和艺术展示的

---

① 爱弥尔·涂尔干:《宗教生活的基本形式》,渠东、汲喆译,上海人民出版社1999年版,第285页。
② 爱弥尔·涂尔干:《宗教生活的基本形式》,渠东、汲喆译,上海人民出版社1999年版,第403—404页。
③ 爱弥尔·涂尔干:《宗教生活的基本形式》,渠东、汲喆译,上海人民出版社1999年版,第302、402—404页。
④ 爱弥尔·涂尔干:《宗教生活的基本形式》,渠东、汲喆译,上海人民出版社1999年版,第302页。
⑤ 爱弥尔·涂尔干:《宗教生活的基本形式》,渠东、汲喆译,上海人民出版社1999年版,第276页;Émile Durkheim, *Suicide*: *A Study in Sociology*, John A. Spaulding, George Simpson (trans.), Glencoe, Illinois: The Free Press, 1951, p.315.

作用就是为了这种复活。简言之,凡是能把人们带入理智和道德交流中的东西。这些时刻可以说是大规模的创造性活动的微型翻版。但是,这些方式只有短暂的效果。理想短期之内回到生活,接近实在,很快便与之分离。①

因此,这两种社会秩序之间的距离必然伴随着时光的流逝而被愈益拉大。曾经令人振奋、赋予社会生活以生机和活力的道德理想逐渐从日常生活中退隐。与此同时,凡俗的社会秩序也发生了剧烈的变迁,昔日保持和体现那些道德理想的、制度化的道德规制和法律等等也已经不能反映社会的道德理想,而新的道德理想以及根据这种道德理想组织起来的社会制度又未曾出现。这就带来了失范状态或过度规制,即强制状态。前者是因为既有社会制度已经不能发挥道德约束作用,后者则是因为既有的社会制度仅仅借助强制手段来组织社会秩序。这两种反常状态都试图仅仅凭借人为的制度安排来解决道德危机,而忽略了制度只是对群体自发生成的道德理想的具体化和物质化,它只能从道德理想那里获得生机和活力。人为制度的力量只能来自人们自发生成的东西的力量,来自社会的自我意识,即道德理想。

这意味着,要重建道德,恢复社会的生机,仅仅依靠那些由立法者所颁布的人为的制度化的手段并不足够,关键还在于赋予这些制度以一种新的道德理想,或者说,根据新的道德理想来重新组织制度安排。"只有在法令法规得到信念的支撑时,才能与现实取得关联。"而"理想是不能通过立法的形式就变成现实的"——那无疑是本末倒置,"它们必须由那些担负着实现理想的职责的人去理解,去珍视,去追求"。②

---

① Émile Durkheim, *Sociologie et Philosophie*, Paris: Presses Universitaires de France, 1951, pp.48-49;爱弥尔·涂尔干:《社会学与哲学》,梁栋译,上海人民出版社 2002 年版,第99—100 页。
② 爱弥尔·涂尔干:《教育思想的演进》,李康译,上海人民出版社 2006 年版,第 13 页。

第三部分　进一步的讨论

一、社会的灵魂与身体

借助集体表象理论对宗教集体欢腾的研究,涂尔干得以解释道德理想在道德的起源和变迁中的作用,因为宗教生活中的神圣性就相当于道德理想在社会生活中的位置。道德理想并不是个人意志或人为安排的产物,而是从集体生活中生成的。道德理想作为集体表象,表达的是特定社会对其自身的自我意识或自我反思,是该社会的成员对支配其共同生活的那些至高无上的、神圣不可侵犯的东西的认同。也正是道德理想的存在标示出社会生活的自主性或自成一类:

> 一个社会不创造理想就不可能被构成。这些理想就是社会据以看待其自身的观念,作为它发展的终点。把社会仅仅看作一个具有维持生命功能的有机体,就是贬低它。因为这个身体拥有一个由集体理想所构成的灵魂。①

另一方面,神圣性外化为图腾标记,道德理想物质化为具体的社会制度,构成了道德变迁和社会重组的重要环节。此时,"理想将在事实

---

① 爱弥尔·涂尔干:《社会学与哲学》,梁栋译,上海人民出版社 2002 年版,第 100—101 页。

上得以实现,上帝之国将在地上实现"①。社会的制度框架,构成了沟通道德理想与个人生活、神圣世界与凡俗世界的中介。一方面,社会制度以物质化的形式将具有神圣性的道德理想保留在凡俗世界;另一方面,这些制度也构成了凡俗世界中个人活动的框架或准则。不过,伴随着时间的推移,制度的神圣性将逐渐褪去。最终,它将不再能够体现或复活道德理想。

借用涂尔干在此的比喻,可以说,道德理想构成了社会的灵魂,而制度框架则构成了社会的身体。二者只在集体欢腾之际融为一个神圣性的世界,随后便分离为神圣世界与凡俗世界。因此,道德理想与制度框架的区分、社会的灵魂与社会的身体的区分,对应于神圣与凡俗的区分,它们反映的是社会生活的两个层面。社会的身体,只是对社会的灵魂的一种外在化、物质化的表达,但正是这种灵魂赋予身体以活力,正是道德理想支撑着既存制度的运作。

涂尔干有关社会生活的两个层面的区分,并不是在宗教研究中的圣俗二分才提出的。在《分工论》中,社会团结是内在事实,而法律、道德准则等则是表达这种内在事实的外在"表象"。同样,在《自杀论》中,一方是"社会潮流"或"社会意识",另一方则是法律和道德准则对它们的"外在化和物质化":

> 所有这些潮流,所有这些潮流的高涨和低落并不受到主流的法律和道德训诫的限制,这些法律和道德训诫已经固着在其神圣不可侵犯的形式下。而且,这些训诫仅仅表达了它们所参与整个基础性的(sous-jacente)生活;它们产生于这种生活,但并未取代这种生活。在这些规则之下是现实的、活生生的感情,后者被这些公式所总结,

---

① Émile Durkheim, "Jugements de Valeur et Jugements de Réalité", in *Sociologie et Philosophie*, Paris: Presses Universitaires de France, 1951, p.49;爱弥尔·涂尔干:《价值判断与实在判断》,载《社会学与哲学》,梁栋译,上海人民出版社 2002 年版,第100 页。

但只是它们的表面。如果这些公式不符合散布于社会中的明确的情绪和印象，就不会引起任何共鸣。因此，如果我们把这些公式归结为某种实在，那么我们不想把它们视为道德实在的全部。否则，就是把标记当作被标记的事物。[①]

这段话对于我们把握涂尔干社会学研究的意图至关重要。首先，社会学所要把握的首要的社会事实是"外在于个体的行为方式、思维和感觉方式"[②]，或从个人意识中结合或化合而来的"新的心理个性"[③]，是"社会意识"、社会的灵魂。但是，由于它们不可以被直接观察，所以，我们只能借助社会意识的物质表现，即建筑类型、交通工具、成文的法律和道德准则等来理解它们。其次，在社会生活的这两个层面中，内在事实、社会意识、道德理想或社会灵魂构成了整个社会生活的"基础"或"基本形式"，而具体的法律、道德、宗教制度以及风俗等，也即社会身体的有效性则根植于道德理想或社会的灵魂。《宗教生活》中对集体欢腾的研究，较之于此前的推进在于，通过考察宗教生活当中的神圣性，并将其与社会生活中的道德理想的位置相等同，涂尔干得以理解这种基础性的社会生活是如何发生的，又是如何与派生性的社会制度发生关联的。最后，道德科学或社会学力图达到的，是如何透过那些成文的法律、道德、宗教制度和风俗，抓住群体的自我意识或道德理想，透过社会的身体捕获到社会的灵魂。也只有抓住社会的灵魂，特别是道德理想，社会学才能真正去为人们的道德实践提供一个规范基础，满足其道德兴趣。

单就社会科学的道德兴趣而言，这几乎是所有道德哲学或道德科学

---

① Émile Durkheim, *Suicide: A Study in Sociology*, John A. Spaulding, George Simpson (trans.), Glencoe, Illinois: The Free Press, 1951, p.315.
② Émile Durkheim, *The Rules of Sociological Method and Selected Texts on Sociology and its Method*, W. Halls (trans.), London: Macmillan, 1982, p.52.
③ Émile Durkheim, *The Rules of Sociological Method and Selected Texts on Sociology and its Method*, W. Halls (trans.), London: Macmillan, 1982, p.129.

家的默识。① 不过,对于先前的道德哲学(科学)家而言,对规范(normal)意义上的道德标准的界定通常是从有关人的灵魂或心智能力的认识论或心理学分析出发的。② 弗格森(Adam Ferguson)就直截了当地指出,"灵魂学,或曰心智的物质史,是道德哲学的基础",因为"在确定人类的道德准则之前,应知晓人的自然的历史,他的性情倾向,他特有的快乐和痛苦,当下的状况和前景"③。又比如,同样把风俗作为研究对象的休谟,就是通过分析人的感觉、记忆、想象等能力是如何塑造观念,来区分出理性的、自然的习俗和非理性的、非自然的习俗,如偏见、迷信、轻信等等。④ 但是,对于涂尔干来说,传统伦理学或道德科学把灵魂或心智学说作为自己的基础,是一种心理学还原论。"用社会事实解释社会事实"的方法论要求,自始至终都拒绝这种解释策略。这迫使他另辟蹊径。前期,涂尔干是通过在风俗内部区分正常现象和反常现象来解决的;后期,他则明确把道德理想与整个风俗明确区分开,并把前者作为研究对象。

> 我们目前赋予这门科学的名字是风俗科学或风俗物理学(de science ou physique des mœurs)。风俗(mœurs)这个词,在我们看来,指的是在历史的某个时刻被人们有效地观察到的道德(morale),它拥有传统的权威,与道德学家构想的未来的道德相对……当然,我们是在一个时代的风俗中发现其道德的,尽管是以退化的方式,因为风俗传达的是平均人(l'homme moyen)应用道德准则的方式,而他在应

---

① 当然,这并不意味着它对于其他研究者就不存在争议。科学能否为人们的生活提供某种道德标准,借以指导社会生活,是涂尔干时代争论的一个热点。有关这一点的介绍,可参见 Harry W. Paul, "The Debate over the Bankruptcy of Science in 1895", *French Historical Studies*, Vol.5, No.3(1968), pp.299 – 327。
② 实际上,自亚里斯多德以来,在学科建制上,"论灵魂"始终都被作为"伦理学"的基础,也就是说,我们必须通过分析人的灵魂或心智,为道德哲学的研究做准备。无论是孔德的社会实在论,还是涂尔干的"用社会事实解释社会事实",都拒绝这种学科等级制。
③ 亚当·弗格森:《道德哲学原理》,孙飞宇、田耕译,上海人民出版社2005年版,第4页。
④ K. M. Baker, *Condorcet: From Natural Philosophy to Social Mathematics*, Chicago: The University of Chicago Press, 1975, pp.144 – 153.

用它们时，从来不是没有妥协和保留的。他服从的动机是混合的：某些是高贵的、纯粹的，另一些则是鄙俗的、卑贱的。相反，我们刚才概述的科学却打算去发现纯粹和非人格化的道德规制。它把道德本身，即处于人类行为之上的理想化的道德(la morale idéale)作为自己的对象。它并不关心道德在具体化到当下的实践过程中所遭受的扭曲，这种当下的实践只能不完满地转译它。如何达到这一点，我们有待讨论。但是，如果它的对象是对的话，那么我们最好给它一个名字，以记住它所处理的题材。因此，我们称它为"道德科学"或"道德事实科学"(science de la morale, science des faits moraux)，借此理解到它处理的不管是过去还是现在呈现给观察的那些道德现象或道德实在。正像物理学或心理学处理它们所研究的事实那样。①

社会学力图捕捉的是"理想化的道德"，是集体的道德理想，而不是既有的法律制度、道德准则和习俗(风俗)。尽管它们是对该理想的外在化和物质化，甚至，我们也只能经由它们来把握理想化的道德，但是，社会学家必须清楚地认识到，习俗、既有的法律制度和道德准则只是"以退化的方式"传达了"平均人"对道德原理或道德理想的应用和实践。因此，即便必须经由习俗来了解它所反映的道德理想，社会学也不能停留在这些退化的、表面的东西之上，而是必须前进到对道德理想的考察上，深入到这些道德理想所表达的社会本性上。

反观今天的社会学，我们在更多的时候，仅仅局限在"社会生活的外在框架"②，即对社会身体的各种解剖上，而忽略了社会的灵魂。我们有对各种社会制度和社会结构的量化处理，对组织如何运作的权力分析，但

---

① Émile Durkheim, "Introduction à la Morale", in *Textes*, Vol.2, V. Karady (ed.), Paris: Minuit, 1975, pp.330–331; Émile Durkheim, *Durkheim: Essays on Morals and Education*, H. L. Sutcliffe (trans.), London: Routledge & Kegan Paul, 2006, p.92.
② Émile Durkheim, "Sociology in France in the Nineteenth Century", in *Émile Durkheim: On Morality and Society*, Mark Traugot (trans.), Chicago: University of Chicago Press, 1973, pp.13–14.

却很少触及它们所体现的道德理想或精神。然而,社会并不仅仅是一个依靠各种权力关系所建构起来的科层组织,也不只是可供统计分析的数学结构或系统。所有这些有关社会的想象,在涂尔干看来,都贬低了社会,没有看到真正支撑起组织和结构的是道德理想。社会首先是一个道德统一体。社会成员围绕着某种共同的信仰、观念和情感而结合在一起。社会制度、社会结构或社会组织仅仅只是这种理想的具体化、外在化和物质化。它们合起来构成了社会这个总体。要抓住社会的这种"总体性",我们就不能仅仅专注于解剖社会的身体。即便把这个身体剖析到构成它的要素,我们也看不到灵魂,更看不到总体。因为,赋予社会以总体性的正是社会的灵魂,是社会感知自身、规定自身、引导自身的道德理想。

在这种情况下,有必要重申社会学这门学科的道德兴趣。这正是本文澄清涂尔干宗教研究的意图之一。在早期的社会形态学研究中,他主要是从社会环境出发去解释道德变迁,换句话说,只是从社会的身体去解释社会的灵魂,用低级的实在去解释高级的实在,不仅没有办法充分讲出道德理想的自主性和创造性,而且也无法理解社会生活的两个层面之间的具体关联。后期的宗教研究,特别是有关集体欢腾的研究,则提供了一条更为直接地考察道德理想发生和变迁的途径,并得以解释社会的灵魂如何外在化为社会的身体,道德理想如何物质化为社会制度。

二、社会存在论的奠基意图及其内在缺陷

在重申社会学的道德兴趣的同时,我们也必须清楚地意识到社会学在处理道德问题时所存在的界限。

从传统伦理学或道德哲学演变而来的社会学,自诞生之日起,就抱有强烈的道德兴趣——尽管在大多数时候,这只是作为一种不言自明的、未加批判的默识为研究者们所承认。不过,正如上文所说,区别于伦理学从某种人性学说出发,基于自然正当对道德法则进行逻辑推演,涂尔干的社

会学要求基于对社会生活中那些必不可少的"基本形式",来为人们的道德实践提供某种规范基础。道德或法律是,或应该是对"内在于(社会)实在之中的客观理性"①的有意识的人为表达。从原始宗教生活中展现出来的那些"基本形式"正是内在于社会生活的客观理性。社会的"基本形式",而不是人的自然,才应该作为道德或法律的基础。就此来说,社会学又与传统的伦理学一样,仍然把对道德问题的讨论最终奠定在某种存在论之上。只是,在传统的目的论自然秩序图景瓦解之后,自然秩序,包括人的自然,不再对人的道德实践具有规范意义。相应地,自然哲学不再能够为伦理学奠基,而存在论或第一哲学也不再能够去探讨某种普遍存在或最高存在,来为自然秩序和社会秩序奠基。在孔德-涂尔干有关存在的理解中,社会存在(实在)构成了最高存在,它的自成一类性拒绝诉诸其他存在来理解自身。研究社会存在的社会学试图取代传统的存在论为伦理或道德奠基。《宗教生活》最深层次的理论动机,正是在于借助研究原始宗教生活来提供某种"社会存在论",从而为人们的道德实践提供可供参照的规范基础。集体欢腾研究不仅使我们更为直观地看到道德的起源和变迁,而且也让我们得以把握到究竟哪些"基本形式"构成了历代延续的社会生活的基础。这就是集体的道德理想之于共同生活的基础性位置。这些理想则被视为群体对自身的社会生活中那些最为基本也最为神圣的东西的一种自我表达。它们以物质化的形式表现在图腾标记上,以更为鲜活的形式具体化在参与仪式中的人群之中。

有关涂尔干宗教研究背后的这种理论意图的澄清,有助于我们回应许多研究者所注意到的他对于宗教,特别是集体欢腾的模棱两可的态度。②

---

① 爱弥尔·涂尔干:《讨论 实证道德:伦理学中的合理性问题》,载《职业伦理与公民道德》,渠东、付德根译,上海人民出版社2006年版,第259页。
② Chris Shilling, Philip Mellor, "Durkheim, Morality and Modernity: Collective Effervescence, Homo Duplex and the Sources of Moral Action", *British Journal of Sociology*, Vol.49, No.2 (1998), pp.195–209; W. Watts Miller, *A Durkheimian Quest: Solidarity and the Sacred*, New York: Berghahn Books, 2012, p.83;陈涛:《社会的制造与集体表象》,《社会》2012年第5期。

他并不是为了复兴宗教或创造某种新的人性宗教来解决现时代的道德冷漠,而是为了借助对原始宗教生活的研究把握到人与人、人与社会之间的最为基本的关系。是宗教生活中所展现出来的基本要素(elements),而不是宗教或集体欢腾本身能够为道德重建和社会重组提供参照。

社会存在论的这种奠基意图,以隐蔽的、未加反思的方式,构成了今天文化人类学田野调查的内在动机,以哲学人类学的方式呈现在早期海德格尔借助原初此在的生存论分析对传统形而上学所作的批判中,以更为自觉的方式呈现在哈贝马斯借助分析前理论的生活世界,来为批判理论奠基的理论诉求上。这些理论的基本思路是借助展现更为原初的社会生活是如何展开的,来确立社会生活中那些最为基础性的要素,间接地取消另一些要素的基础位置——特别是西方传统思想赋予理论生活在人类生活中的优先位置。但是,一种以探究原初的社会存在为目标的理论,是否具有为当前社会的道德实践提供规范基础的资格并不是不言自明的。非常可能存在某些要素,它们对于现代社会生活来说是必不可少的,但却无法借助这种有关原初社会生活的分析揭示出来。在此,我们仅借助涂尔干的宗教研究这一个案所存在的盲点对此管窥一二。

研究者普遍感到涂尔干早期有关现代社会的病理学诊断与后期宗教研究之间存在张力。社会病理学根据反常的现代社会生活反推出来的正常社会状态与原始宗教生活所揭示出来的基础社会生活状态并不是非常契合。这种冲突从一个侧面折射出两种思想进路的差异。社会病理学尽管反对现代早期自然法传统下诉诸人的自然来为道德和法律奠基的思路,但仍然试图找到某种社会的"正常状态",或社会的自然。就此来说,它仍然延续了"自然正当"的论证方式,只不过以社会的自然取代了人的自然。但是,有关社会生活的"基本形式"的探寻却预设了"原初的"更具有正当性。通常冠之以"自然正当"与"历史主义"的这对冲突背后,实质却是我们如何评价人的理智或思维在社会生活中的位置。

当然,涂尔干自始至终都强调人们对于社会的依恋和尊崇,强调社会团结和社会规制,强调道德理想在社会生活中的核心位置。但是,《道德教育》所勾勒的现代世俗道德的三要素中,最为关键的第三要素,即个人人格的"自主性"或"自由",在原始宗教生活中所呈现出来的"基本形式"中是付之阙如的。对此,早期涂尔干说得非常清楚:在宗教生活占优势的社会中,集体意识压制了个人自由,"个人人格淹没于社会大众的深处"①。上文也指出,在《自杀论》的结尾,他认为宗教的社会规制功能与现代社会所推崇的思想自由这一理想是无法相容的。② 然而,对于现代人来说,个人人格自主性的必要条件之一恰恰是思想本身的自由。只有科学思维与他所设想的自主人格的理想③或"道德个人主义"④相符合。对此,他在1913—1914年的《实用主义与社会学》的讲稿中,有明确的论述:"有人也许会问:个体心灵是怎样沟通的呢?有两种可能的途径:要么结合成单一的集体心灵,要么通过共同的客体进行沟通,当然,每个人还会保留其自身的人格……第一个途径是神话思维,第二个途径是科学思维。"⑤也就是说,科学思维,而不是神话思维才是实现现代人格自主性的前提条件。这里所说的科学思维,我们不必将其限定为狭义的现代科学,而可以将其宽泛地理解为反思活动。也只有凭借反思,才能帮助我们应对现时代的道德困境:"一旦已经确立的信仰被事态的潮流所卷走,它们就不能被人为地再确立起来。在此之后,只有反思能在生活中引导我们。一旦社会本能迟钝了,理智就是唯一留下来引导我们的东西,而我们不得不借助它来重建意识。"⑥这个重要的洞察,在他有关原始宗教生活的考

---

① 爱弥尔·涂尔干:《职业伦理与公民道德》,渠东、付德根译,上海人民出版社2006年版,第46页;爱弥尔·涂尔干:《社会分工论》,渠东译,生活·读书·新知三联书店2000年版,第68—69页。
② Émile Durkheim, *Suicide: A Study in Sociology*, John A. Spaulding, George Simpson (trans.), Glencoe, Illinois: The Free Press, 1951, p.377.
③ 爱弥尔·涂尔干:《社会分工论》,渠东译,生活·读书·新知三联书店2000年版,第11、358页。
④ 爱弥尔·涂尔干:《个人主义与知识分子》,载《乱伦禁忌及其起源》,汲喆等译,上海人民出版社2003年版,第202页。
⑤ 爱弥尔·涂尔干:《实用主义与社会学》,渠东译,上海人民出版社2005年版,第152页。
⑥ 爱弥尔·涂尔干:《实用主义与社会学》,渠东译,上海人民出版社2005年版,第169页。

察中,预先就被排斥在外。以探讨基础性的社会生活的社会存在论,缺乏对理智或思想在社会生活中所扮演的角色的公正评价。这一盲点并非无关紧要,它直接关系到我们如何来理解道德的自主性和创造性。

首先,生活于特定社会的风俗或舆论之中,我们获得了生物本能之外的第二本能,即社会本能或习惯。通常,我们无须去询问风俗自身的道理,就可以从容地、直接地遵循风俗去处理每天遇到的问题。但在某些情况下,尤其是当风俗自身,或各种风俗之间存在着龃龉,甚至冲突之时,仅仅依靠社会本能并不足以应对我们的日常生活。因为社会本能的效力基于人们对风俗本身的承认和熟悉,它的失效则源于这种承认和熟悉发生危机之时。如涂尔干所说,在社会本能与风俗不匹配之际,人们便不得不诉诸思考。但是,探究社会生活的基本形式的社会存在论并不考虑这样的危急时刻,因而也无法公正地评价思维活动在社会生活中的位置。即便是涂尔干所描述的集体欢腾,也更多地是一种例行化的宗教庆典,而非真正意义上的危急时刻。[1]

其次,当人去从事思维活动时,他拥有暂时跳脱出特定风俗束缚的自由,不管这种自由是否犹如笛卡尔的每一个沉思那样短暂,也不管这种思

---

[1] 研究者注意到,《宗教生活》在处理斯宾塞和吉伦的民族志材料时,刻意把原本例行化的、制度化的宗教仪式夸大为一个例外的、独特的事件。实际上,斯宾塞和吉伦的民族志并不支持"集体欢腾"的描述。Dénes Némedi, "Change, Innovation, Creation: Durkheim's Ambivalence", in N. J. Allen et al. (eds.), *On Durkheim's Elementary Forms of Religious Life*, London: Routledge, pp.167 - 168; W. Watts Miller, *A Durkheimian Quest: Solidarity and the Sacred*, New York: Berghahn Books, 2012, pp.90 - 91. 涂尔干的集体欢腾的场景,实际上来自他对大革命的反思〔陈涛:《社会的制造与集体表象》,《社会》2012 年第 5 期; W. Watts Miller, "Durkheim: the Modern Era and Evolutionary Ethics", in W. S. Pickering, H. Martins (eds.), *Debating Durkheim*, London: Routledge, 1994〕,以及他的个人经历。据戴维回忆,在巴黎高师时,涂尔干就热衷于与同学们讨论哲学和政治问题,并试图借助社会学来为新生的第三共和国服务:"社会学应当成为这样的哲学:它有助于巩固共和国的根基,在共和国的艰难时刻唤起理性的改革,并赋予这个民族一个秩序原则和一个道德信条。这位年轻的社会学家感到了这种使命的召唤。甚至,或许我们可以这么说:他已经有了一个社会的灵魂。正如他日后坚决主张的那样,他相信必须有条不紊地在集体中保持对理想的膜拜(culte)以及能够再次唤醒这一理想的纪念日:1880 年,第一个庆祝 7 月 14 日的节庆令他感到了名副其实的快乐(une joie réelle)。他一整个白天都在大街上,分享这个节庆在民众中激起的热情。" G. Davy, "Émile Durkheim", *Revue de Métaphysique et de Morale*, Vol.26, No.2(1919), p.188.

维活动在多大程度上如伽达默尔所说仍然栖身于传统和风俗的视域之内。但社会性的思考毕竟不同于社会本能,后者是把自己完全托付给既有的社会习俗,对于习俗自身的承认和运用卸去了思考的重负和艰辛。而思考则要求每个人自己去运用理性,去怀疑,去追问既定的风俗或社会舆论的基础和界限,甚至逾越这种界限。因为,无论是激进地批判现有道德生活的基础,还是为其提供辩护,思维活动在对既有的界限展开分析和反思的同时,触及界限之外的领域,或某种新的可能性。简言之,正是思想对道德的基础的检讨,使得道德规范或社会生活向新的可能性开放。如果说道德生活构成了自成一类的实在,特别是具有不依赖于社会环境或有机体的基质的自主性和创造性,那么这种特征和力量的源头不只是在于群体生活中人与人的结合和互动,更在于人类社会向各种可能性的开放。后者正是归功于思想本身的自主性和创造性。

最后,思维活动不只是以社会层面的道德实践或劳作活动为目的,它有其自身的目的:思想追随着自身的逻辑,并欲求自身的完善。这构成了思想在更高层次上的自主性和创造性。具体来说,思想无须总是汲汲于社会实践的紧迫性和功用性,它的范围也不只限于道德,而是涉及其他领域。由此,我们看到了"无用"的哲学、文学、诗歌、音乐和绘画等等。唯有人能够去思想,能够去创造一个不同于日常实践和操劳的精神生活。这样的思维领域也为人们提供了一个暂时跳脱出社会层面上的道德压力和功利计算的出口。当思维为了其自身时,它指向的是人类所能实现的最高可能性和自由。思想与社会生活或道德生活之间,并不是手段与目的的关系。这并不是否定理智活动能够具备道德实践上的效果,而是说,它并不只有这种用处。

但是,涂尔干却根据道德上的功用来衡量思维活动。例如,在《教育思想的演进》中,他指责文学和艺术审美脱离实在,"蕴含着不道德的萌芽,或者至少是低级道德的萌芽"[①],并据此批评人文主义的教育理想,提

---

① 爱弥尔·涂尔干:《教育思想的演进》,李康译,上海人民出版社2006年版,第222页。

倡现实主义的教育理想。他似乎也承认"为真理而追寻真理"①,并根据思想自身的思辨价值,来批评实用主义以实践层面上的有用性("真理即有用")来衡量思想的还原论做法。他指出,从感觉到想象,再到概念,思维形式越是高级,就越是疏离于(isolés)行动,从而具有了专门的特征。不过,当他进一步去澄清这种特征时,却表明他没有澄清自己立场与实用主义的区别。"意识的作用远不是引导存在者的运动,而是为了创造存在者而存在。"②思维的"用处"仍然在于创造道德理想和社会实在。道德问题成为压倒一切的核心,一切东西都围绕着它来旋转。甚至,逻辑一致性也被还原为道德一致性来解释:"这是一种特殊的道德必然性,它对智识生活的影响,就像道德强制对意志产生的作用一样。"③对于这种还原论,仅仅指出这一点就足够了:它不仅没有能够解释人的思维活动的独特性,而且还有取消思维活动的自主性的危险。

  因此,以考察原始宗教生活来探究社会生活的基本要素,存在着某种内在缺陷:它要么预先排除了那种暂时疏离于社会生活的思维活动本身对于社会、道德的特殊意义,要么把思维活动做还原论解释,以道德实践层面的功用来解释思维活动。因此,它就无法看到,社会生活或道德生活本身的自主性和创造性,不只是归功于人与人之间的交往、结合所产生出来的群体生活,而且也归因于思想本身的自主性和创造性。构成社会生活之基础的也不仅仅只有人们对于社会的尊崇和依恋,不只有对于道德理想的热爱,而且还有暂时疏离于社会,去探究社会生活背后的道理的思想。即便思想活动也是一种社会活动,但是它也区别于通常的集体活动,忽略二者的差异,单纯地以"社会性"或"集体性"来衡量思想活动,不仅忽略了思想活动自身的特殊性,而且还会取消思想活动的独立性和自主性,进而也将取消了道德理想的自主性。涂尔干前后期研究思路上的转

---

① 爱弥尔·涂尔干:《实用主义与社会学》,渠东译,上海人民出版社2005年版,第138页。
② 爱弥尔·涂尔干:《实用主义与社会学》,渠东译,上海人民出版社2005年版,第144页。
③ 爱弥尔·涂尔干:《宗教生活的基本形式》,渠东、汲喆译,上海人民出版社1999年版,第19、573页。

变,特别是借助集体欢腾来考察基础性的社会生活的努力,已经体现了他力图摆脱还原论去理解集体表象或观念自身的创造性和自主性,但他最终仍然陷入还原论之中。这个局限不仅标示出了社会学这门学科,而且也在更广泛的层面上的那些社会存在论,在处理道德事实上的界限:仅仅诉诸基础性的社会生活并不足以为社会学或道德科学提供一个充分的规范基础。我们还需要去研究思想自身及其在历史—社会之中的展开。

作者单位:中国社会科学院社会学研究所

中国研究

臣为君服

/ 谭明智

问题的引出

君臣、父子、夫妇、兄弟、朋友,是为人之五伦。孟子讲:"使契为司徒,教以人伦:父子有亲,君臣有义,夫妇有别,长幼有序,朋友有信。"①清儒曹元弼在为张锡恭所写的祭文《纯儒张闻远征君传》中讲:"圣人所以别人类于禽兽,变草昧为文明,使直题横目之民相爱相敬相生相养相保而不相杀,天下可长治而不乱,虽乱而可反诸治者,在人伦。"而"人伦之规矩准绳在礼,礼之本在丧服"。五伦之君臣关系,是中国传统社会政治关系的核心,但政治关系又与宗法关系时刻关联在一起,因此理顺君臣关系的本意及其与宗法的关系,尤为重要。如何从中国传统社会的角度去理解君臣关系,其起点和基础是什么?以君臣关系为代表的政治关系与宗法之间的关系是怎样的?宗统与君统的界限及发生作用的范围在何处,其确立与消除的标准是什么?君统、宗统错综复杂关系的背后体现了怎样的礼制精神?本文试图从最原初的丧服关系着手,从"始封君之不臣"及"别子为祖"两个问题切入,对以上问题进行梳理。

一、始封君:由宗统到君统

从丧服关系上看,血亲关系之外的政治关系显然不是天生的,君臣关系也不是自一开始便存在的,政治关系与宗法关系也不是天然区隔开来的,从其原初,以始封之君为例来看,存在一种由"不臣"到"臣"的过程。

---

① 《孟子·滕文公上》。

周制天子诸侯绝旁期①,卿大夫绝缌②,然始封之君有不臣之谊,则有不绝之服。按《丧服经传》所讲:"是故始封之君,不臣诸父昆弟。封君之子,不臣诸父而臣昆弟。封君之孙,尽臣诸父昆弟。"简单来看,如果君臣关系没有确立,即"不臣",那么便需要服丧服,按宗法关系服③;而一旦君臣关系确立,便"绝服",但并不意味着不需要服丧服,只是不需按宗法关系来服,而应按照君臣关系服。

由此,从丧服关系上,我们可以看到君臣关系如何按照一定的规则取代宗法关系,在这个意义上看,这便是由宗法关系向政治关系的过渡,始封君之君统得以立。

二、别子为祖:由君统到宗统

始封君问题的关键在于:始封之君如何与既往的宗法关系进行分割,从而确立新的君统。而对于我们即将要讨论的"别子为祖"的问题的关键在于:因别子之子另立君统,别子如何与既往的宗法关系进行分割,从而确立新的宗统。

《礼记》中《丧服小记》及《大传》篇讲:"别子为祖,继别为宗,继祢者为小宗。""别子为祖"是什么意思呢?我们知道,别子之所以称为别子,是因其不继承君位,"自卑别于尊",因为继承君位之国君是尊,而别子为其臣是为卑。但是,一旦别子之子有被封为诸侯,此子则将又另立君统。《丧服经传》曰:"若公子之子孙有封为国君者,则世祖是人也,不祖公子,此自尊别于卑者也。"因此,这里所谓的"君"并不是广泛意义上的"天子

---

① 徐乾学在其《读礼通考》中道:"朱子曰丧服自期以下诸侯绝大夫降。乾学案:周礼但有大夫降服之说,而天子诸侯绝期,三礼俱无正文。"参见徐乾学:《读通考》第24卷,清文渊阁四库全书本。
② 此处天子诸侯绝旁期与大夫绝缌,需要注意的是期服与缌服皆为本服之服。
③ 但究竟服什么服,是否有降,诸儒之间是有争论的,关于这一点,我们在后面会进行详尽的梳理。

诸侯公卿大夫有地者皆曰君"，而单指诸侯之君①，即国君。新的君臣关系的确立，则必然对既有的宗法关系产生影响。"别子为祖"便意味着封君之前的宗法关系停止，自"封君之孙"始绝宗。即"别子为祖，后世又有为君者，则又当夺宗"。在这里，我们看到的是一种立宗的过程，即不继君位之别子为后世之祖，百世不迁之大宗与五世而迁之四小宗皆由此而生。由此，以别子，即封君之父起，新的宗统得以确立。

三、问题：君臣关系

宗统与君统无时无刻不揉织在一起，以上我们关于始封君之立君统与别子为祖之立宗统两类看似对立的问题的讨论，其核心在于：封君。以"始封君之不臣"及"别子为祖"为起点，从丧服礼制安排的角度出发来理解和认识君臣关系。重点梳理以下几个问题：（一）何以为君臣？即什么是真正意义上的君臣关系，君臣关系中核心要素是什么，是土地关系还是人身依附关系？（二）始封君之不臣。主要回答的问题是，何以不臣，如何不臣，臣与不臣，都该何服，以及其他经常被讨论到的问题，如诸侯女嫁天王后及始爵之大夫。（三）从诸侯绝宗的角度来讨论"与诸侯为兄弟者服斩"的问题，以期明确所谓诸侯"绝宗"核心问题之一为爵位问题，并对宗法产生作用的范围有所涉及。（四）"别子为祖，后世又有为君者"的问题。将绝宗与立宗的问题关联起来进行讨论，理解封建君臣之实意。

---

① 所谓"君"亦有差等，我们在《丧服经传》当中经常会看到诸侯与大夫虽同为"君"，但尊卑有差而服相异。如诸侯绝宗自封君之孙始尽臣诸父昆弟，而卿大夫则不臣其亲属，为之斩者，唯仕于其家者；又如大夫有为贵臣服之礼，而诸侯则无。那么，关于这种社会结构上的区别设置，周公制礼之意在何，则是另外一个需要讨论的问题。

臣为君服 355

第一部分　何以为君臣？

一、君：地与臣

什么是君？君的标准是什么？郑玄注《丧服》"君"条曰：天子、诸侯，及卿、大夫有地者皆曰君。贾疏曰："卿大夫承天子诸侯，则天子诸侯之下，卿大夫有地者皆曰君。案《周礼·载师》云：'家邑任稍地，小都任县地，大都任畺地。'是天子卿大夫有地者。若鲁国季孙氏有费邑，叔孙氏有郈邑，孟孙氏有郕邑，晋国三家亦皆有韩、赵、魏之邑，是诸侯之卿大夫有地者皆曰'君'，以其有地则有臣故也。"在此我们明确，所谓"地"即指采地，如上引《周礼》中的"家邑""小都""大都"，及列国卿、大夫食邑之类。胡培翚在《仪礼正义》第21卷中引《礼运》曰："天子有田以处其子孙，诸侯有国以处其子孙，大夫有采以处其子孙。"三者皆有君义也。

但，有臣者未必有地，而有地者必有臣。正如贾公彦的疏所强调的："是诸侯之卿大夫有地者皆曰'君'，以其有地则有臣故也。"那么何以称君，究竟是因为有地还是因为有臣方得以称君？下面便是针对此问题对诸儒讨论的梳理。

元人敖继公认为有臣方得以称君。曰："诸侯及公卿大夫士，有臣者皆曰君。此为之服者，诸侯则其大夫、士也；公卿大夫士，则其贵臣也。"郑珍[①]则认为，敖继公的这种说法："删去'天子'，则王臣为天子之服，不见

---

① 郑珍：《仪礼私笺》第4卷，同治五年唐鄂生刻本。

356　商业社会的根基

于经;其增入'士',盖以破下传'君谓有采地者',及郑氏'士卑无臣'[①]之说,而主谓公、卿、大夫、士皆得有臣称君,不论有地无地。愚谓,卿、大夫有地,有采地也。惟有采地,则署中、邑中,分职任事,须有常司,合官职于外朝,合家事于内朝。晨揖家朝,乃适公所,盖自成为君也。此等卿、大夫,后即致仕,而采地仍在,禄厚赋多,家事不改,其臣者自如,为斩应无殊焉。苟无采地,即爵为卿、大夫,其当官而卒,署中室老以下,自应服斩;若已休致,则家臣之具,未必如在官时。其曾为臣者,去之他所,视此卿、大夫为旧君矣,应从齐衰三月。"

二、士是否称君

以上我们明确了经学家们关于这个问题存在的诸多争论,主要集中在称君的标准上,即因有地而称君还是因有臣而称君。其争论的焦点集中在士这一群体,那么,士是否称君的问题便转化为士是否有地、是否有臣的问题,最终再来看士是否可以称君。

(一) 士是否有臣?

清儒关于士是否有臣的争论,主要集中在如何看待在士礼之冠、昏、丧、祭中行礼事之人的性质上。一方认为,既然在这些礼事当中称臣,则固应认为士有臣;而另一方则认为这些称臣职务仅是临时性的,因士贫寒,平时无臣,因此在行礼事之时多以自家子弟为此类私臣,士自当无臣。

首先,我们来看认为士有臣一方的看法。认为士有臣所依据的主要是《特牲记》有"私臣门东北面西上",《士丧礼》"读赗"有"主人之史",以及《左传》所云"士臣皂",《鲁语》所云"士臣陪乘"等。吴绂支持敖继公的"诸侯及公卿大夫士有臣者,皆曰君",认为:"贾疏谓士无臣,然《特牲记》'私臣门东北面西上',则士自有臣。敖氏兼士言之,于谊为合。又总

---

① 关于"士无臣"的争论,将在后文中加以详细讨论。

麻章'为贵臣服缌',大夫无缌服,则为贵臣服者必士也。士之有臣可见矣。"秦蕙田在《五礼通考》①中亦支持敖继公的观点,云:"下经公士大夫之众臣节,传云:'君谓有地者也。'此注盖本此而言。然古者递相君臣,则不必有地而后有臣矣。疏谓'士无臣',亦本注说。然《特牲记》:'私臣门东北面西上。'则士自有臣。士丧礼读赗有主人之史以别于公史,明乎主人之史之为私臣也。奔丧:'哭天子九,诸侯七,卿大夫五,士三。'皆言臣为君也。凡士之礼事,用私臣者不少,则士亦有臣,明亦。既委质为臣,宁可不以君之服服之乎? 敖氏兼士言之,于义为合,又缌麻章为贵臣贵妾服缌,大夫无缌服,则为之服者必士也。士卑,故为其臣缌,不止吊服加麻而已。曾是臣之服之也,而仅吊服加麻云尔乎?"

其次,反对士有臣说法的一方,主要认为这些称臣职务仅是临时性的,因士贫寒,平时无臣,因此在行礼事之时多以自家子弟为此类私臣。夏炘在《学礼管释》第10卷中为我们辨别了士之两种所谓"臣",一类为有司,一类为私臣。而针对敖继公等人认为士在行礼事的过程中亦用臣,夏炘认为,这些办事的人便是有司和私臣。他们和公士大夫的臣是完全不同的。"盖士之臣有二等。一谓之有司。郑注《士冠礼》云:'有司,群吏有事者,谓主人之吏,所自辟除府史以下,今时卒吏及假吏是也。'其余筮人、卦者、宗人之类,郑皆以有司释之。是士以府史之类为臣。一以子弟为之。《左传》'士有隶子弟',服虔注'士卑,自以其子弟为仆隶'是也。府史之类,即庶人在官者,为天子,见《檀弓》,疏诸侯,见《丧服》。服齐衰三月,为大夫。士无文,断不为士服斩衰矣。士之子弟,各以亲疏为服,亦不服斩衰可知。盖士卑无地,虽有私臣之属,非有地之公、卿、大夫可比,故曰'士无臣'。"

郑珍②亦认为"士卑无臣",行礼之人多为临时执事,不能因为这片刻职务而要求其为士服斩衰。"或以士礼,冠、昏、丧、祭多用私臣之处,疑士

---

① 秦蕙田:《五礼通考》第252卷,清文渊阁四库全书本。
② 郑珍:《仪礼私笺》第4卷,载《续修四库全书·经部·礼类》。

不应无臣,不知士于平时,未尝无助。知家事与供役者,所谓隶子弟也。及行礼事,更需多人,想必择亲属能者为之,所谓有司及私臣也。以其分庀职事,故不得不被以官司名目。若宰,士冠若老,士昏,若史,若甸人、管人、冢人、筮人、卜人、外御、士丧雍正特牲等,岂实有此臣哉?迨事毕,而所谓有司私臣者,仍皆亲属而已。即如颜、曾、闵、冉,并未一仕。贫士家风,有何臣仆?岂其都不行礼?行礼岂都无诸人者分职其事?倘一为彼执事,即须称之曰君,为服斩衰三年,恐无是理。故君谓有地者之传,及郑氏士卑无臣之说,决不可易。后人径妄改之,非也。"曹元弼亦持类似观点,认为:"《特牲》《士礼》有私臣者,谓暂为臣属者,与天子、诸侯、大夫有地者之臣绝不同,不得援以为士有臣之证。"接着,曹元弼又讨论了关于孔子责子路"无臣而为有臣之礼"的故事以强调"士无臣"的说法。曰:"《论语·子罕》篇云:'子疾病,子路使门人为臣。'郑君注云:'孔子尝为大夫,故子路欲使弟子行其臣之礼。'又云:'病闲,曰:久矣哉,由之行诈也。无臣而为有臣。'注云:'大夫退,死,葬以士礼;致仕,以大夫礼葬。'刘氏宝楠《正义》云:'夫子去鲁,是退,当以士礼葬。今子路用大夫之礼,故夫子责之。'案,据此则大夫有臣,士无臣,明矣。郑君'士无臣'之谊,实本夫子之事与?其言确不可易。"

除了在丧服中讨论士是否有臣之外,曹元弼等人亦在《仪礼》其他篇章中通过对礼文的讨论证明士无臣的说法,在此仅列举一例以补充说明。如曹元弼在《礼经校释》[①]第 21 卷的"主人节"中"南面"一条释曰:"南面君位也。大夫始得南面。则士无臣信矣。"

(二) 士是否有地?

因敖继公等人认为"诸侯及公卿大夫士有臣者,皆曰君",因此在关于士是否有地的讨论中,此方言论所能见到的资料并不多,而争论的点主要集中在如何理解士的土地的性质上,以及针对贾公彦的疏中"士虽有地,不得君称"一句进行讨论。郑珍认为:"士止有士田,不得受采,自然无

---

① 曹元弼:《礼经校释》第 21 卷,光绪刻后印本。

臣。"并且正是在这个意义上,郑珍认为贾公彦的疏"士虽有地,不得君称"亦是有所违背郑玄注的本意。正确的理解应该是士本来就没有地,所以无所谓称君与否。即"有地即有臣称君,士固不得受采也"。

而针对郑珍所提出的贾疏的错误,夏炘也与郑珍持类似观点,认为不存在"有地而无臣"的情况。因此,贾公彦所谓"士虽有地,不得君称"容易造成一种混乱,即认为士有地且有臣。"贾疏守'士无臣'之注,而曰'虽有地不得君称',不知无臣由于无地,岂有有地而无臣者?为士有地之说者,不过见《王制》纪采邑有'元士视附庸',及大夫士'有田则祭,无田则荐'而已,不知郑注《王制》明云'殷制',即孟子'元士视子男',亦周初所沿殷制。《周礼·载师》:'以家邑之田任稍地,以小都之田任县地,以大都之田任畺地。'注云:'家邑,大夫之采地;小都,卿之采地;大都,公之采地。'此所谓三等采地,士安得有采地也?春秋之侯国,若鲁,季孙有费,叔孙有郈,孟孙有郕;晋国三家,有韩、赵、魏。皆卿、大夫,不见士有采邑,则士无地明矣。至于'有田则祭,无田则荐',此'田'谓圭田也。殷制,大夫、士,圭田赐之则有,不赐则无。故《王制》云,大夫、士'有田则祭,无田则荐'。周制,卿以下必有圭田,故孟子云:'惟士无田,则亦不祭。'此'士'泛言之,谓为士者不仕则无田,无田则不得祭也。上文云'诸侯耕助',指藉田而言。则士之田为圭田可知。至于孔仲达《礼记》疏谓士有地者祭特牲,无地者祭特豚,又释《士丧礼》'有荐新如朔奠',谓'有地之士',皆曲说,不足为据。"

(三) 士是否称君?

针对士是否有臣有地的争论梳理之后,我们来看士是否得以称君。其争论的焦点集中在称君的标准之上,究竟是有地还是有臣得以称君,以及郑玄的注"君,谓有地者也"中的有地者是否包含士。在前两节我们已经针对士是否有臣、士是否有地以及士的土地性质问题的讨论有所梳理。因此,在这一部分中,士是否称君则显得顺理成章。以下是对两派不同观点的简单整理。

首先,沿着敖继公"诸侯及公卿大夫士有臣者,皆曰君"的思路向下,则士有臣,且得以称君。那么士之众臣则需为其君布带绳屦,而士之贵臣为其君绞带菅屦。俞樾在《群经平议》①中认同敖继公的说法,认为"诸侯及公卿大夫士有臣者,皆曰君"。所以,士无臣的说法是错误的,"公士大夫之众臣为其君布带绳屦"一条理应包含士之众臣与贵臣。"士无臣祭。无所择。郑谓士无臣者。盖据士无大射故也。不知大夫以上。其臣众多。得容择。士之臣少取给而已。若加择恐有不给。此士所以无大射也。非士无臣也。士之贵臣。亦即士之室老。以其贱故不得异为之名。犹大夫之妻曰孺人。士则曰妇人也。士之众臣为其君布带绳屦。则士之贵臣为其君绞带菅屦。可知矣。盖即包于上文君字之内。传曰君至尊也。君者自天子至于士。皆得称之。敖继公谓诸侯及公卿大夫士有臣者。皆曰君。可正旧说之误。"秦蕙田在《五礼通考》中亦强调:"凡士之礼事,用私臣者不少,则士亦有臣,明亦。既委质为臣,宁可不以君之服服之乎?"其语意即,士亦得以称君。

其次,反对士称君一方的主要观点认为,按照经文、传文和郑注,"君,谓有地者也",士既无地便不得称君。而在此,士是否有臣的讨论却并未得到一致,不过这并不影响士不得称君的结论。褚寅亮在《仪礼管见》第5卷中关于"斩衰章之君"条谈到"传文明以有地者为君,故注本以释经。盖有地,则当世守义,与有国者等,与暂时莅官而为其臣属者不同,服斩宜矣。士既无地,虽为其臣,安得服斩?如皂臣舆,舆臣隶,名亦臣也,而岂递为之服斩乎?传意言公、士、大夫之无地者,虽有臣,亦不为服斩也。公士大夫且然,况于士乎?"张锡恭在其《丧服郑氏学》中按曰:"敖继公曰:诸侯及公卿大夫士,有臣者皆曰君。此为之服者,诸侯则其大夫、士也;公卿大夫士,则其贵臣也。敖说以此经君兼士,与注立异。褚氏此条,匡敖谬也。"

针对褚氏的上面这段话,曹元弼也有一段按语讲得特别精彩,其认为

---

① 俞樾:《群经平议》第16卷,光绪春在堂全书本。

"服以定伦",即使是士有臣,但在斩衰章中并未规定所谓"士之臣"对其君"士"服斩衰,而这亦有悖于"君,至尊也",因此不可认为士得以称君,更不存在所谓的由士向下的君臣之义。"士之臣,正所谓暂时莅官而为其臣属者。君臣,人伦之大。服以定伦,既不服斩,则臣义不定,级可谓之无臣。故士之臣,在他经散文或称臣,在《丧服》经则决无称臣者。"所以即使是针对"士是否有臣"的讨论没有得出一个统一的答案,如何看待士之私臣的性质仍然具有争议,但并不影响最终"士不得称君"的结论。再如,胡培翚在《仪礼正义》第 21 卷中引盛氏世佐云:"案,《特牲》里士亦有私臣,但分卑不足以君之,故其君不为服斩也。"

三、策名委质

何以为君臣?上文我们所讨论的实际上是有臣以及称君的资格问题,而并未涉及君臣之礼成的具体细节。其实在衡量是否得以君臣相称,或者"士无臣"的争论当中,我们亦可以引入此类礼制之规定。而策名委质,便是在讨论君臣关系当中经常涉及的。一如刘咸炘在其论述《君位臣道》中所言:"三人居室,一为君,则其余为臣矣。君臣者,共事之称。臣之名,对君而立。民皆君其君,而君不皆臣其民,委质焉则为臣,不委质焉则不为臣。"[①]

以上我们明确了何以为君臣,即"天子、诸侯,及卿、大夫有地者皆曰君"。但在本部分最后关于策名委质的讨论,我们亦可明确所谓"有地"非君之完全之义。《白虎通》曰:"王者有不臣者三,暂不臣者五,王者臣有不名者五。"关于不臣之问题庞杂,限于阅读范围,本文以下部分便围绕不臣中之"始封之君不臣诸父昆弟,封君之子不臣诸父"展开讨论。

---

① 刘咸炘:《君位臣道》,载《刘咸炘学术论集·哲学编》(中),广西师范大学出版社 2007 年版。

第二部分　始封君之不臣

一、何以不臣？

《丧服经传》曰:"是故始封之君不臣诸父昆弟,封君之子不臣诸父而臣昆弟,封君之孙,尽臣诸父昆弟。"那么,为何始封之君不臣诸父昆弟、封君之子不臣诸父呢？其背后主导的礼制原则是什么？关于这个问题是存有争议的。主要有以下两种观点:一是贾公彦等人以尊卑贵重言之；二是朱子等以"君之所不服,子亦不敢服"之君父子关系来看。

贾公彦的疏认为:"始封之君不臣诸父昆弟者,以其初升为君,诸父是祖之一体,又是父之一体。其昆弟既是父之一体,又是己之一体。故不臣此二者,仍为之着服也。云封君之子不臣诸父而臣昆弟者,以其诸父尊,故未得臣,仍为之服。昆弟卑,故臣之,不为之服。封君之孙尽臣诸父昆弟者,继世至孙,渐为贵重,故尽臣之。"从贾公彦的论述中,我们不难看出,其中主导原则是尊卑贵重。

而关于此不臣之原因的问题,朱子曰:"始封之君所以不臣诸父昆弟者,以始封君之父未尝臣之,故始封之君不敢臣也。封君之子所以不臣诸父而臣昆弟者,以封君之子所谓诸父者,即始封君谓之昆弟而未尝臣之者也,故封君之子亦不敢臣之。封君之子所谓昆弟者,即始封君之子,始封君尝臣之者也,故今为封君之子者亦臣之。封君之孙所谓诸父昆弟者,即封君之子所臣之昆弟及其子也,故封君之孙亦臣之。故下文继之以君之所不服,子亦不敢服也。君之所为服,子亦不敢不服也。"朱子的论述,更为贴近《丧服经传》"君之所不服,子亦不敢服也;君之所为服,子亦不敢不服也"之礼意。强调的是"君之所不服,子亦不敢服"之君父子关系。清人秦蕙田在《五礼通考》中评论贾公彦与朱子之见解按曰:"朱子之说,义最闳远。疏家以渐为贵重为言,陋矣。"①《白虎通德论》班固曰:"始封之君不臣诸父弟何,不忍以己一日之功德加于诸父兄弟也。"②

二、不臣何服?

以上,我们明确了何以不臣之礼意的讨论。臣之,则按照君臣关系,"君至尊也",君为臣无服③,臣为君服斩衰。但始封之君不臣诸父昆弟,封君之子不臣诸父,既不臣则君应该服何服?关于服何种服,主要有三种观点:(一)荀颢之"不臣则绝服";(二)贾公彦、褚寅亮等之"当服本服期服";(三)张锡恭之"所不臣者当降一等"。

首先我们来看荀颢"绝服"之观点。《通典》中"三公诸侯大夫降服议"载:"荀颢议以为,诸侯绝周,大夫绝缌。然则尊同,周以及缌,皆如本亲。丧服经君为姑姊妹女子子嫁于国君者。传曰:何以大功?尊同也。又曰:大夫为伯叔父母子昆弟昆弟之子为士者。传曰:何以大功?尊不同也。然则尊不同则降,不待所臣乃绝之。诸侯尊重,大夫尊轻,以大夫尊降其亲,则知诸侯虽所不臣,绝不服也。"④

其次是贾公彦、陈立等人之"当服本服期服"。贾公彦认为:"既不臣,当服本服期。"清人陈立在其《白虎通疏证》中曰:"周制,天子诸侯绝旁期。卿大夫降旁亲,绝缌麻。尊同则不降。若封君为诸父昆弟,与其子为诸父,仍服其本亲期服,则又所不敢降者也。"⑤近人金景芳亦在其《论

---

① 秦蕙田:《五礼通考》第 145 卷,清文渊阁四库全书本。
② 班固:《白虎通德论》第 6 卷,四部丛刊景元大德覆宋监本。
③ 但这里需要注意的一点是,大夫有为贵臣贵妾之服,并非全部无服,之前已经讨论过本文所谓君,单指诸侯。因此,在后文在单独讨论始封之大夫的情况。
④ 杜佑:《通典》第 93 卷,武英殿刻本。
⑤ 陈立:《白虎通疏证》第 7 卷,光绪元年淮南书局刻本。

宗法制度》一文中认为："不臣，则君依血亲本服为服——服期。臣，则君无服，臣对君服斩。"①

最后再来看张锡恭之"所不臣者当降一等"。张锡恭在其《茹荼轩文集》中讨论始封之君之服的问题时，有一段按认为荀顗和贾公彦的观点都有失偏颇。张锡恭认为如果按照荀氏之言，不臣则绝服，与《丧服经传》相违背，不可从。而贾公彦认为应该服本服期服，亦有失妥当。在这里张锡恭将始爵之大夫的情况引入讨论，认为，按照《丧服经传》来看，若始爵之大夫为人服，需降本服一等，如果按照贾公彦的观点即始封之诸侯为人服仍服其本服，那么就会出现此种情况：卑于诸侯的大夫在服服时以尊降他人，而尊于大夫的诸侯在服服时反而服其本服无尊降之礼，"是尊轻者以尊降。尊重者不以尊降。失尊尊之序矣"。失尊尊之序，则贾公彦的看法亦不可从。"锡恭按。以不臣为绝不服。明与丧服传违。荀氏说非也。且不服安所见不臣哉。贾氏公彦矫之。以为既不臣。当服本服期。锡恭按荀说虽非。春秋传曰：大夫之义不得世。凡大夫之子。父在行大夫礼。父没不行大夫礼。明不世之谊也。不世则大夫固崛起者而裳裳者华序曰。古之仕者世禄。孟子亦曰。文王之治岐也。仕者世禄。则大夫亦容有世者。经中诸言大夫降服。凡为大夫者皆然。世禄者然。崛起者亦然也。崛起者。始爵者也。以始爵为大夫者。降本服一等。而始封为诸侯者。服其本服。是尊轻者以尊降。尊重者不以尊降。失尊尊之序矣。贾氏之说亦非也。"在《始封之君降服》篇的最后，张锡恭这样评论荀氏与贾氏："以此证之。始封之君与其子为所不臣者服视本服降一等。可无疑已。夫贾氏谓亦既不臣。当服本服。失于过厚。而其曰所不臣者仍为著服。则不易之论也。荀氏谓虽所不臣亦绝不服。失于过薄。而其曰诸侯尊重大夫尊轻。则足正贾氏之过也。"总而言之，张锡恭认为：臣则绝服，不臣则服，且服当如大夫降服之例而降一等。

那么，关于降之原理是什么呢？褚寅亮在其《仪礼管见》中曰："注谓

---

① 金景芳：《论宗法制度》，载《金景芳儒学论集》，四川大学出版社 2010 年版。

降有四品。以尊以厌以旁尊以出。敖氏并旁尊于尊降中。言降有三品。细思旁尊。终当自为一品。如公为始封之君。其昆弟既非公子。又身不为大夫。则其降也。以旁尊而不以己身之尊也。敖又言。凡父在为妻而非有所降者。其服皆然。不别嫡庶。不识所指何属。尤未解。"①可见，在褚寅亮看来，此处降服乃"以旁尊而不以己身之尊也"。

三、诸侯女嫁天王后

在讨论始封之君的问题时，诸儒经常用"诸侯女嫁天王后"的情况来进行比较，或者是反过来，在讨论"诸侯女嫁天王后"的问题时常与始封之君比较讨论，其二者背后所彰显的礼仪精神在某种程度上存有契合。以下我们来看一下关于"诸侯女嫁天王后"的讨论。

在论《通典》中"皇后降服及不降服议"时，魏田琼曰："大夫女嫁于诸侯，降其家旁亲一等，与出嫁降，并二等。为外亲尊不同则降。诸侯夫人为众子无服。何以明之？据大夫于庶子大功，其妻亦服大功。今天子诸侯于众子无服，夫人何缘独得服之？又大夫妻为大夫之亲，亦随大夫而降一等。大夫之女嫁于大夫，还为其族亲尊不同者，亦降之。唯父母昆弟为父后者，宗子亦不降也。士之女嫁于大夫者，亦降其族亲尊不同者，如大夫也。又大夫之妻为庶子女子在室大功，女适于士小功，此为大夫之妻，尊与大夫同。大夫为伯叔父母、子、昆弟、昆弟为士者，以尊降一等，为之大功，其妻亦服大功。"张锡恭按："诸侯女嫁天王后，降其旁亲而不绝，犹始封之君不臣诸父昆弟之义也。"

吴射慈曰："诸侯之女为诸侯夫人服；诸侯之亲，随诸侯降一等；还为族亲，则皆降之。"蜀谯周曰："诸侯夫人亦随其君降旁亲无服，为其族亦降旁亲。非诸侯，自周以下无服，为其父母及祖如国人。"

---

① 褚寅亮：《仪礼管见》第5卷，乾隆刻本。

简而言之,丧服记注中曰:"女君有以尊降其兄弟者。"即所谓的"士之女为大夫妻""大夫之女为诸侯夫人""诸侯之女为天王后"。关于此类服制,张锡恭在《始封之君降服》篇中言:"丧服注绝或称降。"那么诸侯女嫁天王后之类例,其服应如何呢?张锡恭论曰:"王后与天王尊同。与诸侯尊不同。故为诸侯降一等。夫人与诸侯尊同。与大夫尊不同。故为大夫降一等。夫人既与诸侯尊同。则自大夫之女而为诸侯夫人者。亦犹始封之君也。夫人降其兄弟一等。是即始封君为诸父昆弟之服之例也。夫以始封者所不臣推之。则王后夫人于其兄弟。亦所不臣。而王后夫人于众子。则无不臣。考田氏又云。天子后为众子无服。夫为众子无服。而降其兄弟一等。是又所臣者绝。所不臣者降一等之例也。"①以此,张锡恭又反过来论证了"始封之君不臣诸父昆弟"之不臣与所论诸侯女嫁天王后例之礼意同,而其服亦应如按此例"降一等"。

四、始爵之大夫

始封之诸侯,臣则绝之,不臣则服。前文已讨论,那么始封之大夫呢?对此问题,亦存在很大的争议。《通典》中有"三公诸侯大夫降服议",《丧服郑氏学》第6卷"大夫之嫡子为妻"条下对此议有一锡恭按曰:"大夫不世爵,必待二代三代为大夫而始降,则大夫尊降之礼,不几与不世爵相背乎?以是知绝与降不同例也。绝之,所以臣之也;降之,非所以臣之也。故始封之君不臣诸父昆弟,而始为大夫,窃疑其降诸父昆弟也,以大夫不世爵,而经有大夫尊降故也。即彼不绝者,未必不降也。是以田氏琼云,天王后降其旁亲一等,与出降为二等。天王后犹始封之君也。但经记无征,不敢臆决,书以俟质。"但大夫不夺宗,即秦蕙田在《五礼通考》中亦引用《白虎通》之文来论大夫不夺宗。曰:"《白虎通》诸侯夺宗,明尊者宜

---

① 张锡恭:《始封之君降服》,载《茹荼轩文集》,华亭封氏赟进斋刻本。

之。大夫不得夺宗何。曰诸侯世世传子孙,故夺宗。大夫不传子。故不宗也。丧服经曰大夫为宗子,不言诸侯为宗子也。"[1]

综合以上关于诸侯女嫁天王后以及始爵之大夫的讨论,张锡恭在其《后夫人制服》篇中统而论之曰:"丧服记注云,女君有以尊降其兄弟者,谓士之女为大夫妻,大夫之女为诸侯夫人,诸侯之女为天王后也。夫王后、诸侯夫人,视大夫妻,尊益尊矣。乃列数之。何也?盖皆降一等也。魏田氏琼曰:诸侯女嫁为天王后,降其旁亲一等,与出降为二等。本郑君此注立说也。考丧服通例,臣则绝之,尊卑不同则降之。始封之君,有不臣之谊,则有不绝之服。传著其文,而始为大夫,传记不言不降者,以尊卑非君臣之比。降服非绝服之比。而大夫不世爵,是始为大夫,即得降服也。以此推之,始封之君,于旁亲虽不绝而未尝不降。后配天王,昆弟犹为诸侯,尊不同也。降之可也。己虽尊同天王,而父固诸侯也。不敢以己之暴贵加于诸父昆弟。犹之始封者也。"

以上我们简单地梳理了关于"始封之君不臣诸父昆弟"为何不臣,以及不臣之后当服何服的讨论。若本张锡恭之观点,即"所不臣者当降一等",则诸侯亦有大功之服,似与"天子诸侯绝旁期"相悖。正是在这个意义上,我们要明确所谓天子诸侯绝旁期与大夫绝缌,其期服与缌服皆为本服之服。张锡恭在《仪礼·丧服》"大夫之嫡子为妻"条下特按明此之意。按曰:"《公羊春秋》庄公四年经,注'大夫绝缌'与'天子诸侯绝期'并言。夫天子诸侯绝期,为本服之期;大夫绝缌,亦为本服之缌也。若小功降而为缌,固服之也。《通典》言'周制,卿大夫绝缌',李氏言'大夫缌则不服',同谓本服之缌也。后儒不察,以为小功降而为缌者,大夫亦不服之,误已。"

---

[1] 秦蕙田:《五礼通考》第145卷,清文渊阁四库全书本。

第三部分　与诸侯为兄弟者服斩

我们明确了"始封之君不臣诸父昆弟,封君之子不臣诸父而臣昆弟,封君之孙尽臣诸父昆弟"在某种意义上是一种由"不臣"到"臣"的过程,始封君之君统得以立的同时,亦意味着诸侯之绝宗。按《白虎通》云:"天子绝周者何? 示同丧于百姓,明不独亲其亲也。"吴射慈云:"天子之子封为诸侯,天子皆不服也。"张锡恭在《后夫人制服》中曰:"《丧服经传》著大夫之降服,而不着天子诸侯之绝服。何也? 创业之君,不臣诸父昆弟,不臣者不绝其服。继体之君,正统之服如邦人。旁亲则绝而不服。皆不必着也。"①

在绝宗问题上,诸儒经常讨论的是"与诸侯为兄弟者服斩"。那么,本部分则希望通过对"与诸侯为兄弟者服斩"的诸多问题进行梳理,以理解这样一个问题:所谓"与诸侯为兄弟者"除了其血缘关系以外,亦应注意其政治爵位。简而言之,所谓诸侯绝宗,是指诸侯对公子之为大夫、士者而言,郑注所谓"卿大夫以下也"。对于这个爵位的讨论,对于我们认识引言中所谓"始封君之不臣"与"别子为祖"二者关系的问题有所帮助。

晋人范宁在其《穀梁传注疏》中曰:"礼非始封之君。则臣诸父昆弟。匹敌之称人臣不可以敌君。故不得以属通。所以远别贵贱。尊君卑臣之义。"②《丧服小记》:"与诸侯为兄弟者服斩。"注谓,卿大夫以下也。张锡恭认为:"与尊者为亲,不敢以轻服服之。言诸侯者,明虽在异国,犹来为三年也。孔疏以在异国为未仕,则谓已仕者不当服斩,嫌二君也。"那么如

---

① 张锡恭:《修礼刍议七·后夫人制服》,载《茹荼轩文集》第2卷,华亭封氏篑进斋刻本。
② 范宁:《穀梁传注疏》,阮刻十三经注疏本。

果诸侯之兄弟在他国为臣,是否会出现"二君"之嫌呢?在张锡恭看来,古者重宗国,因此,即使是在异国,也应该辞官而归宗国服斩衰。既然辞官,则异国之君便为旧君,就不会存在"二君"之问题了。张锡恭按曰:"古者重宗国。陈公子完在齐,自称羁旅之臣;秦公子针在晋,称秦君曰'寡君'。服属之亲在异国,无不服宗国君之理。若服之以本服,则嫌尊同也。无不为宗国君服斩之理,且注云'来为三年','来'字非虚。设其仕者必当致仕奔丧。既致仕,则所仕异国之君成旧君矣,无嫌二君也。"

那么,如若不臣,则当服何服?褚寅亮在其《仪礼管见》中曰:"与诸侯为兄弟服斩者。指为臣者言。若所不臣。仍服期。疏谓服斩未是。"[1]也正是在这个意义上我们来看关于绝宗之天子诸侯为大宗的讲法。正如金景芳先生所言:"礼家说天子、诸侯绝宗,是对的,这是专就天子对诸侯以下,诸侯对大夫、士以下为君一方面说的。诗人称天子同姓诸侯为大宗、宗子,也是对的,这是专就诸侯对天子为臣一方面说的[2];《孟子》《左传》诸书记同姓诸侯称宗,也是对的,这是专就诸侯同级一方面说的。"[3]

---

[1] 褚寅亮:《仪礼管见》第5卷,乾隆刻本。
[2] 即如蔡氏德晋曰:"天子之丧,凡畿内公、卿、大夫、士,固皆为天子服斩衰。诸侯虽各君其国,然于天子,则犹是守土之臣也,故亦为天子服斩衰。"
[3] 金景芳:《论宗法制度》,载《金景芳儒学论集》,四川大学出版社2010年版。

第四部分　别子为祖,后世又有为君者

《礼记》之《丧服小记》和《大传》曰:"别子为祖,继别为宗,继祢者为小宗。有百世不迁之宗,有五世则迁之宗。百世不迁者,别子之后也。宗其继别子者,百世不迁者也。宗其继高祖者,五世则迁者也。尊祖故敬宗。敬宗,尊祖之义也。"是故,有继别之大宗,有继高祖之宗,有继曾祖之宗,有继祖之宗,有继祢之宗,是为五宗。其所宗者皆嫡也,宗之者皆庶也。王国维先生在其《殷周制度论》当中认为:"此制为大夫以下设,而不上及天子、诸侯。"讲的便是别子另立宗统,施行宗法,而不为诸侯。在这个意义上,我们也或多或少能够看出宗法制度所适用的范围。自别子始,宗统得以新立。进而,金景芳先生认为:"在别子所建立的系统内部,只看到宗族关系,看不到君臣关系。只有宗法在起作用,政权不能与宗法对抗,更不能压倒宗法。因此,讲宗法制度,严格说,是应以这个范围为限的。越出这个范围,宗法制度就不适用或者就完全不适用了。"《大传》曰:"君有合族之道。"又曰:"公子有宗道。"于公子曰"宗道",而君曰"合族之道",张锡恭按曰:"名不可假也。"

为什么会有这种区别呢?王国维先生认为:"惟在天子、诸侯则宗统与君统合,故不必以宗名;大夫、士以下皆以贤才进,不必身是嫡子。故宗法乃成一独立之统系。""故天子、诸侯世,而天子、诸侯之卿、大夫、士皆不世。盖天子、诸侯者,有土之君也。有土之君,不传子,不立嫡,则无以弭天下之争;卿、大夫、士者,图事之臣也,不任贤,无以治天下之事。"

那么,绝宗与立宗之间是如何发生关系的呢?所谓"古者诸侯只得祭始封之君。以上不敢祭"①。《丧服经传》曰:"诸侯之子称公子,公子不得祢先君,公子之子称公孙,公孙不得祖诸侯,此自卑别于尊者也。若公子之子孙有封为国君者,则世世祖是人也,不祖公子,此自尊别于卑者也。"这段话的前半部分我们在前文已详细讨论过,简单讲便是诸侯绝宗之道;后半部分则能够将我们在引言中所讨论的两个问题关联起来。简单来说,即别子为祖,若其后世又有为君者,则又当夺宗。另立君统,而另立君统之后则意味着新封君之别子则亦会有新的宗统得以确立。或许,这可以从某个角度上看出君统与宗统之间错综复杂的关系。

正如清人秦蕙田在其《五礼通考》中按曰:"此章广别子之义言公子。固为百世不迁之祖。设后世有为君者。则又当夺宗。祖封君而不祖公子。盖所谓化家为国也。此义明。则后世有天下者。始建国。则立亲庙。亲尽庙迁。则以开国之君为太祖。如汉唐明之太祖。自属不易。乃列代有纷纷之议。无有以此经为质者。甚矣。经学之疏也。《白虎通》《通典》二条。足以相证。而士大夫小宗有起而为卿大夫者。夺宗之义。可以类推矣。"②

以上,我们初步试图将"始封君之不臣"与"别子为祖"两个问题关联起来进行讨论,明确了宗统与君统之间纷繁复杂的关系。本金景芳先生观点,可以看出宗法有其发生作用的范围,但是宗统与君统之间的关系又不是如同之前我们在理解"诸侯绝宗"的时候那么绝对。因此,在这个意义上,所谓绝宗亦并不意味着宗法制度的彻底断绝。

---

① 程川:《朱子五经语类》第75卷,清文渊阁四库全书本。
② 秦蕙田:《五礼通考》第145卷,清文渊阁四库全书本。

第五部分 贵臣之消亡

以上围绕"始封君之不臣"问题所展开的讨论,所涉论点庞杂,更多是作为一个笔记性质的梳理,我们明确了"始封君之不臣"的具体礼制含义,并试图将其与"别子为祖,继别为宗,继祢者为小宗"的问题关联起来考虑,展现出宗统与君统之间的复杂关系。

在讨论过程中我们处处可以看到诸侯与卿大夫之间在礼制设置上的差等,那么这种差等之礼意在何处?《礼记·大传》云:"服术有六:一曰亲亲,二曰尊尊,三曰名,四曰出入,五曰长幼,六曰从服。"《礼记·檀弓》中论"事亲""事君""事师",郑玄解"事亲"的基本原则是"凡此以恩为制","事君"是"凡此以义为制","事师"则是"以恩义之间为制"。

前文我们也提到了诸侯与卿大夫有一点重要区别在于贵臣之礼制。诸侯为贵臣无服,而大夫为贵臣贵妾有服。而这种诸侯大夫君有差等的礼制设置在封建亡而郡县兴之时亦随之而亡。贵臣之制与封建郡县之关系则是另外一个需要得到重点讨论的问题。其所反映的问题不仅是贵臣之制,而且是一直以来的"差等"之制。但贵臣之制,战国后便已消亡,秦汉以后不再有采邑,没有采邑便没有家臣。所谓"臣",秦汉以后多指郡县制度下之官吏。严格来讲,吏多而臣少。张锡恭论之曰:"秦并天下而为郡县,不复有贵臣之服,其礼殆与封建相终始者矣。"[1]

王船山在其《读通鉴论》[2]中亦有一段以郡县论人伦的话:"诸侯为天子,斩衰。惟诸侯也。公士大夫之众臣为其君,斩衰布带绳屦。传曰,近

---

[1] 凌曙:《礼说》第 2 卷。
[2] 王夫之:《读通鉴论》第 2 卷,船山遗书本。

臣君服斯服矣。是从服也。非近臣,则杀矣。庶人为国君,齐衰三月。国君云者,对在国之民而言。于天子,则畿内之民也。不施及天下,明矣。统天下之臣民,禁其嫁娶祠社饮酒食肉,皆秦之苛法也。秦统而重之,文帝统而轻之,皆昧分殊之等而礼遂以亡。唯夫嗣君者,虽天子固子也。达于庶人,性之无可斁一也。同姓之诸侯王爵,则古诸侯也。自汉以下,无民事焉。无兵事焉。尤其可伸者也。宰辅以下至于外吏之卑者,一也。皆臣也。吉凶杂用推布带绳屦之礼而通焉。特非苴祀则降采而素焉。可矣。郡县之天下,无内外之殊,通庶人,三月之制施及天下可矣。"

所谓"郡县之天下,无内外之殊",讲的便是人伦之变与人情之薄。在今天,无论是以权力关系来理解君臣关系,还是以治理体制来理解封建与郡县,都似乎忘记了人伦之本与民情之基,流于表面。

作者单位:北京大学社会学系

与中国早期社会理论的形成

——以陈黻宸的"民史"观为例 ／侯俊丹

新史学与中国早期社会理论的形成
——以陈黻宸的"民史"观为例 ／侯俊丹

第一部分　一个有关中国社会学史的内在视角

近代中国历史的剧烈变迁不仅体现在社会结构转型上,而且体现为另一重要方面即现代学术思想和学科形态的产生上,社会学是其中一重要分支。[①] 中国社会学史研究一般将中国早期社会理论的形成视为维新变法时西学东渐的产物,并将这一过程大致分为三个阶段:初如康有为、梁启超、谭嗣同所主张的"群学";后有严复翻译《群学肄言》,为国人对英国早期实证主义社会学的正式接触;而体系完整的社会学理论传入的标志则是 1902 年章太炎翻译日本人岸本能武太的《社会学》一书。[②]

康梁等人的"群学"观开启了中国社会学史演进的路径。"群"的概念"涉及政治整合、政治参与以及政治共同体"[③]等多重含义。在康梁看来,国家之富强、经济团体之发达、学术风气之开新,必须"依靠民权和绅权去专制政治之固弊","借'合群立会'之策,推行政治公议和民间公学,以政党奠定政制,以学会开启民智",从而"确立中国现代民治政体的双重根本"。[④]

严复则将"群学"视为对自然演进序列的整体刻画。人类社会自身的历史依据自然生物界进化之规律,其演进的动力依据则是"力";制度、社

[①] "中国社会学在发育和发展过程中,确立了上识国体、下察国情的基本精神,不仅对中国社会的历史和现实形成了客观认识,更是在每个阶段里都为中华文明的现代复兴提出了总体构想。"参见渠敬东:《现代中国社会的形成》,载应星等编:《中国社会学文选》上卷,中国人民大学出版社 2011 年版,第 1 页。

[②] 这类研究可参见韩明谟:《中国社会学史》,天津人民出版社 1987 年版;刘绪贻:《社会学的起源和在中国的发展》,《江汉论坛》1982 年第 2 期;姚纯安:《社会学在近代中国的进程(1895—1919)》,生活·读书·新知三联书店 2006 年版。

[③] 张灏:《梁启超与中国思想的过渡(1890—1907)》,崔志海等译,江苏人民出版社 1995 年版,第 69 页。

[④] 渠敬东:《现代中国社会的形成》,载应星等编:《中国社会学文选》上卷,中国人民大学出版社 2011 年版,第 1 页。

新史学与中国早期社会理论的形成　377

会风俗之变是随着人心之力的运动而不断迁延。① 为此,严复所理解的"群学"在三个层面上定义了社会范畴:人之本心、社会组织、人之成长与社会建设的最终伦理目的即与自然演进合一。

虽然社会学借助维新学人的翻译被引入中国,但是这种引进亦是中国自身的思想传统转化外来学问的过程。康有为的"群学"之说是融合了春秋公羊学、大乘佛学和西方基督教思想、自然权利学说、空想社会主义学说的综合产物②;而严复在界定个体、群体、国家等范畴时,则用《大学》的"絜矩"之道来消化西方的"自由"观③。正是在这一意义上,中国自身的思想与文化传统为"群学"的学理内涵提供了内在根据。因而,理解中国社会学史起源的关键在于早期社会理论与中国思想传统之间的关联。

一旦我们从中国思想史自身出发,又会发现不同地域学派传统塑造了近代"群学"学理取向的差异。比如,章太炎视社会学为"物理证明"般的客观学问,而排斥如严复那样,在"群学"中杂糅天演论的超验内涵④,便与浙西乾嘉学派唯知识、唯名物的学术性格紧密相关⑤;而他对吉丁斯所定义的社会学始于"同类意识"这一学说倍加推崇,也正基于他从古文经学出发而申论的"历史民族"观⑥;章氏与康有为持论的差异,也反映了

---

① 姚纯安:《社会学在近代中国的进程(1895—1919)》,生活·读书·新知三联书店2006年版,第45页。
② 参见杨雅彬:《中国社会学史》,山东人民出版社1987年版,第4页。
③ 参见黄克武:《自由的所以然:严复对约翰弥尔自由思想的认识与批判》,上海书店出版社2000年版,第30页。
④ 章太炎《社会学自序》:"社会学始萌芽,皆以物理证明,而排拒超自然说。"参见汤志钧编:《章太炎年谱长编》,中华书局2013年版,第80页。
⑤ 杨念群曾指出江浙地区的学术传统坚持对"理"的非道德化中立原则。此外,江浙的区域文化传统表现为明清之际,大批儒生长期游离于政治核心结构之外,学术专门化的技术是江浙文人进入政治轴心的必要手段,因此,"职业化"和"专门化"成为江浙学术群体的特质。参见杨念群:《儒学地域化的近代形态:三大知识群体互动的比较研究》,生活·读书·新知三联书店,1997年版,第202、209页。
⑥ 如王汎森指出,章氏"以'历史'民族来理清种族之纯粹性"。参见王汎森:《章太炎的思想:兼论其对儒学思想的冲击》,上海人民出版社2012年版,第65—66页。章氏此说形成于维新前,早于翻译岸本能武太《社会学》一书;他倾慕心理社会主义学说,也与对种族以同一历史意识为前提的立论分不开。关于章严二氏思想分野,参见姚纯安:《社会学在近代中国的进程(1895—1919)》,生活·读书·新知三联书店2006年版,第101—105页。

378　商业社会的根基

有清一代汉宋之学对垒、今古文学之争①。可见,"群学"提出的背后交织着维新文人对思想经典的全面反思,他们试图"以中释西",既激发传统文明自身的活力,又用汉语古老语汇的丰富内涵来改造西学概念。

此外,"群学"或"合群立会"的主张,还与近代经世文人群体及学术组织的演进息息相关。比如,艾尔曼(Benjamin Elman)对常州今文学派所做的研究发现,19世纪常州今文经研究开始跳出宗族血缘所规定的家学范围,发展为以"诗社"为表征的更广泛的士人政治联盟,学人的"结社"成为推动政治批判与政治参与的新社会组织形式;与此同时,这些文人结合经学和经世学说为结社行动辩护,使之与传统的朋党政治剥离从而获得政治合法性;这些辩护为晚清今文经学改革派康有为、梁启超所采纳,从而使"群"变为自己政治变革主张的核心内容。② 可以说,中国早期社会学的形成,扎根于士大夫群体以结社组织生活、追求一致的经学旨趣、文学风格、政治立场乃至治世理想之中。

由此可见,中国早期社会学思想确受戊戌维新时期"西学东渐"新风的影响,但它与中国文明在思想和社会两方面历史演进的内在联系也不容忽视。中国早期社会理论与中国思想史、社会史之间具体而微的关系,成为理解中国社会学学术形态起源的关键。为此,有关中国社会学史的考察需要置于中国文明内在理路的关照下进行。正是从这一视角出发,本文意图回到地方史和地域学术传统中,选取近代永嘉学派的代表人物陈黻宸的思想为一侧面,呈现经学观念应对晚近思想和社会危机,以旧学融新学,使经世传统转变为现代学术形态和政治治理体系的过程。

---

① 王汎森:《章太炎的思想:兼论其对儒学思想的冲击》,上海人民出版社2012年版,第49—64页。
② 艾尔曼:《经学、政治和宗族:中华帝国晚期常州今文学派研究》,江苏人民出版社1998年版,第219—221页。

第二部分　陈黻宸与近代学术思潮

陈黻宸,字介石。清咸丰九年(1859年)生于浙江省温州瑞安,1917年病殁。1883年,与同乡好友陈虬、池志澂等创办求志社,以"布衣党"著称。时瑞安硕儒孙衣言、孙锵鸣在邑倡兴永嘉学,求志社成员多受其衣钵且多所发明,陈黻宸亦受其影响,以治郑樵、章学诚著称。又与陈虬创立利济医院于瑞城,后扩充兴建利济学堂,为我国开辟现代医院和学堂的先行者。陈黻宸中年大半时间从事地方教育,除温州一隅书院,亦包括上海速成学堂、杭州养正书塾。1903年,携诸门生创办《新世界学报》,翌年中进士,得孙家鼐、张百熙举荐,充任京师大学堂师范科教习。1907年,由岑春煊奏请,充两广方言学堂监督。后清廷下诏预备仿行立宪,各省设咨议局,陈当选为浙江省咨议局议长,任间积极支持苏浙保路运动。民国二年(1913年),陈氏出任众议院议员,兼北京大学文科史学教授。他在北大讲授中国通史,其中国哲学史授课为胡适之先;许德珩、陈中凡、冯友兰、吴景超等深受其教,特别是吴景超,沿袭并发展了陈黻宸所提倡的民史传统,将史学与社会学、地理学、民族学、民俗学研究融合。[1]

近些年有关近代思想史和政治史的研究中,陈黻宸的思想以及他在清末民初浙江省政局中所起的重要作用日益引发学人关注,这些研究大致为四类视角:第一类,以近代新史学思潮为背景,考察陈黻宸的新史观内涵,一方面理清其所借鉴的西学源流,另一方面指出其融汇之新意。如

---

[1] 有关陈黻宸的生平可参见陈谧:《陈介石先生年谱》,北京图书馆出版社1999年版;胡珠生、蒋纯绚:《海内师表陈黻宸》,载陈德溥编:《陈黻宸集》,中华书局1995年版,第1—2页;陈德溥:《陈黻宸与北京大学》,浙江大学出版社2011年版,第70页。

俞旦初通过考证英国实证主义史学家亨利·巴克尔(Henry T. Buckle, 1821—1862年)的《英国文明史》在20世纪初传入中国思想界的过程,发现陈黻宸深受巴克尔文明史学思想的影响而痛感中国旧史之弊。① 基于俞旦初的考证,李孝迁做了深一步挖掘,指出陈黻宸所写的《地史原理》一文,借鉴了巴克尔的历史研究法,即在史学研究中引入统计学。② 蔡克骄则注意到陈黻宸受到了社会进化论和实证主义史学的双重影响,指出他所理解的史学是一门综合性学科,"民史"在这一综合体系中占据重要位置,同时,陈黻宸还提出了历史动力学一说并创造了"良史"体例。③ 陈黻宸的"民史"思想也引起了张越、李峰等人的重视,如张越在对20世纪初新史学思潮的整理中强调陈的新史特点在于将对帝王将相的关注转移到对"民史""国史"的撰述上。④ 与上述思想史研究不同的是,基于对京师大学堂课程体系设置的考据,桑兵指出,陈黻宸对史学之科学化的理解包含了"学科"和"科学"两种概念,这一理论的模糊性是传统学术重心由经入史,以及西学冲击导致的史学成为综合学科的结果。⑤ 第二类,将陈黻宸思想置于地方学术史脉络中来考察,理清其与浙东史学、近代永嘉学之间的关系。蔡克骄认为陈黻宸的思想处于浙东学派发展第三期,继承了该学派重视历史观研究、重世务和事功、经史并治且长于历史编纂学等学术传统。⑥ 陈安金则看到了晚清孙衣言、孙锵鸣家族复振永嘉学统对于陈黻宸的影响,称他的思想仍然是近代地方学人振兴区域文化的努力,其史学成就表现为在孙氏家学的地方史研究基础上,开辟中国通史研究,尤重视社会史。⑦ 第三类,通过细致的文本解读,澄清陈黻宸学说体系内部的关键概念。尹燕和齐观奎同时注意到陈黻宸十分重视史家的主体意识和

---

① 俞旦初:《爱国主义与中国近代史学》,中国社会科学出版社1996年版。
② 李孝迁:《巴克尔及其〈英国文明史〉在中国的传播和影响》,《史学月刊》2004年第8期。
③ 蔡克骄:《陈黻宸与"新史学"思潮》,《浙江学刊》2000年第2期。
④ 张越:《"新史学"思潮的产生及其学术建树》,《史学月刊》2007年第9期;李峰、王记录:《新旧之间——陈黻宸史学成就探析》,《史学集刊》2007年第2期。
⑤ 桑兵:《晚清民国的国学研究》,上海古籍出版社2001年版。
⑥ 蔡克骄:《"浙东史学"再认识》,《史学理论研究》2002年第3期。
⑦ 陈安金:《融会中西,通经致用——论永嘉学派的近代命运》,《哲学研究》2003年第7期。

治学修养,并指出陈将经之"学"从经之"术"中剥离出来,使经学摆脱专制桎梏而恢复它独立的学术价值。① 第四类,将陈黻宸的政治活动放到辛亥革命的大背景中考察,建构其思想与政治实践之关联。如叶建对浙江光复运动的考据说明,作为杰出的地方精英,陈黻宸的政治行动贯彻了他早期的民权思想,同时他也利用了学缘和地缘关系,为革命组织动员提供了现实保障。②

上述研究呈现了陈黻宸的思想价值与历史功绩,构成了理解陈黻宸的不同侧面及问题核心,也为进一步形成对陈黻宸思想的总体性理解提供了可能。不难看出,经术说、新史论和政治改良是理解陈氏思想的三大面向。陈黻宸的高徒马叙伦曾指出,陈的学宗有三大来源:永嘉经制学、章学诚史学和陆王心学。③ 这一总结提醒我们,把握陈黻宸思想之内在逻辑的关键在于理解其心性学与史学之间的关系。我们注意到,上述研究都忽视了陈在《伦始》一文中对人的心智结构之设定,这一提法吸收了西方经验论的概念,也是对陈黻宸其人形成总体性理解的关键。本文以陈氏 1902—1903 年发表于《新世界学报》的六篇论文及 1905 年编纂的《京师大学堂中国史讲义》为文本依据④,为呈现其整体思想的内在逻辑结构做一推进。但在回应这一问题之前,我们有必要回到近代永嘉学派的思想传统及其所应对的 19 世纪中叶以来的社会问题中,才能明晰陈黻宸的"民史"观及其所孕育的中国早期社会理论发轫的社会史基础。

---

① 尹燕:《陈黻宸"去政治化"的经学新论》,《中国政法大学学报》2012 年第 4 期;齐观奎:《近代经史嬗变过程中的陈黻宸》,华东师范大学人文学院历史学系硕士学位论文,2007 年。
② 叶建:《地方知识精英与辛亥革命在浙江的延续——陈黻宸与浙江光复运动关系探析》,《湖北师范学院学报(哲学社会科学版)》2011 年第 5 期。
③ "先生于学虽无所不窥,然亦宿于性理文章经制,治性理宗陆九渊、王守仁,以为人致不为私欲所蔽之心,自应万事而曲当;苟求于外,则支离而无归……(言)经制则自治史始,谓不通史学,则为民生习俗之故,世运迁移之迹,不能推原而究末,所设施为无当。"参见马叙伦:《陈先生墓表》,载陈德溥编:《陈黻宸集》,中华书局 1995 年版。
④ 包括:《经术大同说》(1902 年第 1—9 期,及 1903 年第 2、3 期)、《独史》(1902 年第 2 期)、《伦始》(1902 年第 3 期)、《地史原理》(1902 年第 4、5 期)、《辟天荒》(1902 年第 6 期—1903 年第 1 期)。

第三部分　近代永嘉学派的产生:一个社会史考察

永嘉学派是南宋淳熙年间与理学、心学并重的一支思想流派。[①] 19世纪中叶,温州瑞安孙衣言、孙诒让家族在面对太平天国运动所造成的社会溃败局面后,试图通过复兴永嘉学统以应对时代危机。

1851 年爆发的太平天国运动及其惊扰起的捻军起义、贵州民乱、陕甘动乱等事件,前后历时 24 年之久,对帝制中国的社会和人心结构造成了前所未有的改变。这一影响一方面体现在由等级和礼仪所表征的帝制国家政治权威和规范的全面瓦解,地方社会,特别是底层社会力量开始成为政治格局的重心[②];另一方面更深层次的后果则是以"气"和"力"为表征的新精神气质的出现,并奠定了内战之后夷平化社会形态的内在基础。追逐事功和功利目的的心态腐蚀着社会环境自身,地方私利化背后的伦理紧张体现在人心和道德秩序的维系与不断败坏的习俗风气之间形成巨大张力,构成对国家政治普遍秩序的威胁。因此,太平天国运动之后的社会重建任务,体现在政治结构调整和新道德秩序重塑两个方面[③],可以说,社会与人心的双重危机构成了晚近永嘉学派文人群体的问题意识来源。

---

① "乾淳诸老既殁,学术之会,总为朱陆二派,而水心断断其间,遂称鼎足。"黄宗羲:《宋元学案》,中华书局 1986 年版,第 1738 页。
② 太平天国之后地方社会力量在晚清政局中的扩张,在政治形态上表现为中央权力下移至地方督抚手中,在经济形态上的表现则为地权恢复过程中大地主所有制的崩溃。参见孔飞力:《中华帝国晚期的叛乱及其敌人:1796—1864 年的军事化与社会结构》,谢亮生等译,中国社会科学出版社 1990 年版,第 224—229 页;罗尔纲:《湘军兵志》,中华书局 1984 年版,第 217—228 页;杨国强:《晚清的士人与世相》,生活·读书·新知三联书店 2008 年版,第 143 页。
③ Philip Kuhn, "Local Self-Government under the Republic, Problems of Control, Autonomy, Mobilization", in Jr. Frederic Wakeman, Carolyn Grant (eds.), *Conflict and Control in Late Imperial China*, Oakland: University of California Press.

1854年，正值太平天国运动的第三个年头，时任实录馆纂修的温州学人孙衣言深感当时汉宋之学对立所造成的门户之弊，对于士人负责且有效地应对举国内外危机实为不利，欲以地方永嘉学派的思想传统通汉宋区畛，倡明经世变革大义："文定为《温州学记》曰：永嘉之学，必兢省以御物欲，必弥纶以通世变。可谓兼综汉宋之长者矣，彼断断于马郑、程朱之间者，未窥其本云。"[①]1858—1865年间，孙衣言被简放地方，并在其座师曾国藩的幕府中效力，帮办安庆营务以及平叛地方会匪的经历使其积累了丰富的地方守土经验，也时刻使他体会到士风士习背后隐匿的人心困境才是帝国治乱之根本："夫士子之习，或薄浮华，儒家者流，或疑其阔远，然以变化气质，讲明义理，舍此无由"，学之不讲，"于是闾巷鄙夫，始得挟其桀骜恣睢之气，争为长雄，而胶庠之士亦且折而从之，此大乱所由作也"。[②] 1865年太平天国运动结束后，孙衣言从事地方教馆和行政事务之余，开始系统整理永嘉文献，主讲杭州紫阳书院以及掌理浙江官书局方便了他在校雠佚书、古籍编目方面与以俞樾为代表的乾嘉学派的交流往来。[③] 1875年始，孙衣言逐步退出政局中枢，返乡还里设立"诒善祠塾"，意图以宗族家学的方式陶铸人才，作为清明吏治、敦风化民的良才储备；而永嘉学派的史论传统为这一政治抱负提供了丰富的思想给养。

永嘉学派特重人的历史主体性，主张为政建制的前提要以气质人心作为基础，人道才是政制不泯的前提，也是天地自然运化的动力，人以气禀发挥出的才具和责任来统一政事和事功之业。[④] 正是在此意义上，孔子作为周代的旧史官，其整理旧史而作六经以应世变危机的建制努力，成为

[①] 孙延钊：《孙衣言、孙诒让父子年谱》，上海社会科学院出版社2003年版，第22—23页。
[②] 孙延钊：《孙衣言、孙诒让父子年谱》，上海社会科学院出版社2003年版，第49页。
[③] 孙延钊：《孙衣言、孙诒让父子年谱》，上海社会科学院出版社2003年版，第63—64、72页。
[④] 参见何俊：《叶适论道学与道统》，载张其凡等主编：《徐规教授九十华诞纪念文集》，浙江大学出版社2009年版；郑吉雄：《陈亮的事功之学》，《台大中文学报》1994年第6期。

备受永嘉学派推崇的政治人格典范,而"史学"也被认为是培育此种政治责任伦理人格的必要途径。① 孙衣言为诒善祠塾制定的学规中,不仅将史学置于与经学同等重要的位置,且详细规定了读史方法和治史侧重。值得注意的是,孙衣言特别强调与现实相关的当前史意识,尤重前代史和治乱史之研究(《明史》则以其时代相近,有资考镜,且其文最为有法……即看欧阳公《五代史》,亦取其文可为法也);此外,记录学术师承和迁延的学案以及地方史研究的舆地掌故之学(看其他诸书……史部如宋元明学案及舆地掌故之书)也被纳入读史细目。② 稍后我们会看到,孙氏家学开辟的永嘉学派第二期传统,构成了陈黻宸制作新史体的要素与纲目,以及将古史地理改造为民史的重要学养来源。

19 世纪 80 年代,孙氏的弟子们跳出宗族家学的范围,逐步形成超越血缘关系的文人结社组织——"求志社"。社员有陈黻宸、金晦、陈虬、池志澂等,而与孙氏联姻的平阳学人宋恕虽未列名,却也是参与社事雅集的活跃分子。③ 这批文人在结社、讲学过程中通过不断吸收其他学脉而丰富、延伸着永嘉学的内涵:"是时瑞安孙衣言、锵鸣兄弟方以陈傅良、叶适之学诱勉后起,衡(按:宋恕)既受业其学……其同邑金晦治颜元、顾炎武之学,陈黻宸治郑樵、章学诚之学,陈虬治苏轼、陈亮之学,虬兄国桢治易象数兼禅学。"④ 随着交友、游学、科举和游幕等社会交往圈落的扩大,这一永嘉新学文人群体进一步与其他地方学派融合、对话。1890 年,宋恕入杭州诂经精舍,成为俞樾的弟子,正式接触乾嘉小学,此一师承关系也为他日后与俞樾的另一高徒章太炎举为同道奠定了基础。1896—1898 年

---

① 叶适很早提出了"五经皆史"的主张,"五经"不仅是对三代以来治道的记录,也是对这一治道的反思性建构。参见何俊:《叶适论道学与道统》,载张其凡等主编:《徐规教授九十华诞纪念文集》,浙江大学出版社 2009 年版;周梦江:《叶适与永嘉学派》,浙江古籍出版社 2005 年版,第 252 页。
② 孙延钊:《孙衣言、孙诒让父子年谱》,上海社会科学院出版社 2003 年版,第 177—178 页。
③ 胡珠生:《宋恕年谱》,载胡珠生编:《宋恕集》,中华书局 1993 年版,第 1090 页。
④ 刘绍宽:《宋衡传》,载胡珠生编:《宋恕集》,中华书局 1993 年版,第 1081 页。

间,宋恕、陈黻宸先后进入孙宝瑄幕府。① 维新变法期间,孙氏幕府成为这批永嘉新学文人与其他学派展开思想交流、学术争辩乃至政治论战的平台。比如,宋恕对法相唯识宗的推崇一度影响了章太炎。② 1897 年章太炎遭到岭南学派康有为门徒的排挤,被摈出《时务报》之后,便出任宋恕创刊的《经世报》撰述,其时参与筹办、编辑《经世报》的还有陈黻宸、陈虬和浙东学人汤寿潜;与此同时,宋章二人创设"浙学会",以合流乾嘉学和浙东学为意图,与康梁岭南学派倡言孔教改制展开针锋相对的论争。③

1902 年,陈黻宸创办《新世界学报》,与《新民丛报》就有关"哲学"定义辩论分歧,这一思想交锋可以说是维新期间浙学与岭南学派论战的余续。在这篇论辩檄文中,陈黻宸借助日本学术界划定的哲学分支对 philosophy 做了一总体科学的诠释,提出宗教学、政治学、法律学乃至"一切有形无形之学"无一不可以哲学研究。进言之,"哲学"在陈黻宸这里不仅包括思想史,同时也涵盖了其他社会科学分支中有关一般原理的研究。④ 正是这一立场构成陈黻宸创建以"民史"为核心的社会理论体系的基调。除了学派思想的论战,陈氏本人亦在早期的"学社""学会"组织基

---

① 孙宝瑄 1897 年日记载:"正月壬寅……初三日,微晴。诣燕生,不遇。"可见,宋恕与孙宝瑄的交往不会晚于 1897 年,甚至可能更早,因 1887 年宋恕遭遇家难后便随乳父孙锵鸣至上海,此后长年漂泊于沪杭两地(参见胡珠生编:《宋恕集》,中华书局 1993 年版,第 1092—1093 页);孙宝瑄与陈黻宸的结识缘于宋恕的推介。1896 年孙宝瑄之兄孙宝琦在天津创办育才馆,委托其弟请宋恕赴津任教。宋恕致函孙宝瑄转荐陈黻宸。1898 年,宋恕偕陈黻宸在沪访孙宝瑄,通过这次交往,陈黻宸也与章太炎结识。参见陈谧:《陈介石先生年谱》,北京图书馆出版社 1999 年版,第 1170—1172 页。
② 宋恕在佛学上对章太炎的影响起于 1897 年,时宋恕建议太炎"取三论读之",三论即《法华》《华严》《涅槃》三经。太炎自述这一时期读佛经"不能深也",但却影响了他 1903 年因苏报案入狱后对佛学的研读。参见汤志钧编:《章太炎年谱长编》,中华书局 2013 年版,第 114—115 页。
③ 1897 年 7 月 14 日宋恕致章太炎函:"执事欲振浙学,与恕盖有同情。然非开学会不可,非请曲园师领袖其事不可。鄙意欲俟此馆既开,拟一《浙学会章程》,邀集同门雅士,公请曲园师出名领袖……期于大昌梨洲之学、德清之道,方能为浙人吐气。"可见此时宋章有关浙学会事宜之讨论。值得注意的是,浙学会成立之初欲以诂经精舍的书院学生为主体,且以伸张浙东学(梨洲之学)和乾嘉学派(德清之道)为旗帜,"方为浙人吐气"暗示与康梁党人的对峙。参见宋恕:《复章枚叔书》,载胡珠生编:《宋恕集》,中华书局 1993 年版,第 573 页。
④ 陈黻宸:《答〈新民丛报〉社员书》,载陈德溥编:《陈黻宸集》,中华书局 1995 年版,第 1018—1020 页。

础之上进一步探讨现代政治参与的形式,在他看来,推行学校教育,用"民史"学培养富有政治责任伦理精神的知识分子,才是建设现代政治共同体生活的关键。

以上社会史考察意在表明,陈黻宸"民史"观的形成扎根于19世纪中叶以来浙江文人群体奠定的经世传统中,这一传统由三方面构成:首先,它表现为由宗法家学向士人结社的转变,且这一文人"结社"开始超越宗法血缘、师承、同年等传统社会关系的范围,向均平化的社会组织形态过渡。其次,这些经世文人通过挖掘本土的经史学传统来回应19世纪中叶以来的人心和世道危机,并通过与不同地域学派之间政治语言的交流和交锋,激活并提升地方学术传统应对帝制国家总体政治问题的能力;这些政治语言一致的旨趣或分歧仍然位于清代朴学开辟的考经证史的智识主义思想谱系中。[1] 最后,需要指出的是,这批经世文人的治学活动,以及他们开辟的学社、学会、学堂等生活形式不仅塑造了具有现代意涵的社会组织,同时他们意图通过社会团体的政治参与来构建现代国家政治秩序。可以说,"为学"和"为政"是近代永嘉经世传统的一体两面,而这也奠定了陈黻宸的"民史"理论,以及他本人教育改良或政治实践的基调。

---

[1] 余英时认为,清代由乾嘉学派掀起的考据运动开启了儒学道德理性的知识化发展方向,道德因素转变为思想因素,客观的"闻见之知"在"道"的追求中具有先决作用。这一精神转变贯通了清代汉宋之学的争论,也奠定了今、古文学学派对立的基础。参见余英时:《清代儒家智识主义的兴起初论》,载《人文与理性的中国》,程嫩生等译,上海古籍出版社2007年版。

第四部分 "经术大同":现代社会思想背后的传统反思

陈黻宸的"民史"观,其立论是建立在对传统经学史的反思性批判基础之上的。在他看来,经学所代表的中国人的思想精神,其发展经历了四个阶段——排外、封建、一统和专制,最终陷入了如今人心困顿的局面。具体言之,武帝罢黜百家独尊儒术,是春秋战国以来诸子百家之间互相争立门派家学的延续,只不过这一争胜以儒家清除其他诸子,获得思想胜利为结果,因此,经学在其发展伊始便必然带有排外色彩。儒家被奉为帝国唯一认可的经典,亦催生了儒学内部在诠释经义上的不同解释体系,由守一经一卷,割裂为古文经和今文经各家护卫经说的局面。这一精神内在的矛盾运动演化出一个逻辑:思想之胜出者,因无外力与争,其内竞力逐渐减弱,遂为思想重新归于统一而创造了条件。经过马融、郑玄"网罗众家,折中一轨"的集大成努力之后,儒学发展出现了在理学来临前的统一融合趋势。但理学在进一步巩固儒家经典地位的同时,也逐渐失去了发展活力。最突出的表现在于"经"已不再能为构建理想政制形式提供任何思想给养,通经不为致用,而乃科举功名所出。经术专制的遗毒最终制造了当前的时代病人:所谓经学家是一群专于经典章句记诵,失去了理想与精神的叛经罪人。同时,专制下的"愚人"之术使得思想本身越来越自闭禁锢,专以排外防内为己任。

独尊儒经,在陈黻宸看来,已经与"经"之义背道而驰。今日之经学家,无论在经之名、经之实还是经之行的辩争或实践中,都没有发挥出"经"的原旨大义。所谓名争,当前的思想界表现出来的是"尊经""篡经"

"褒经",即只将儒家经典奉为"经",而排斥其他诸子思想,"经"成了儒家的一家私言。与此相反,"经"在陈黻宸这里,"非一人之私言,而天下万世之公言",此为正经之名。就经之实而言,陈氏认为,"经"是基于人的日用行习之所需而定立的行为标准;而人的日用行习之需遵循着文明进化之规律,今人之需、之言不同于古人之需、之言,故此,"经"为人定立行为准则要依据当前历史条件下的人之需求,而不可落入泥古拜经之僵化中。最后,习经之目的在于通经致用,明经鉴世,证其实迹,而不是拘泥于经典的一字一句之间,只做章句记诵之功夫。①

经学之所以造成当前思想之困顿局面,陈黻宸认为并非"经"本身出了问题,而是"经学"在传习和现实化的过程中背离了上述原义。因此,走出时代精神桎梏的途径便落在了如何恢复"经"之原义这一问题上,也就是突破儒学一家私言之藩篱,道出"经"作为天下公言的本义,重新掀起一场复古运动:

> 我不以一人之私言而尊之,而以天下万世之公言而尊之,而后经尊,而后圣人尊,盖我固将以古之所行者施于今也……变今必欲复古始。②

那么,什么是复古?首先,复古不是复制古人,因为"古之不同于今亦明矣"。复古的前提是要认清"时势",明辨当今经学所面临的处境。这包括两个方面:第一是往回看到历史事实——经术并未扭转中国历史的治乱格局;第二则从当前角度看到新的历史条件之变——诸子百家思想复兴以及西学的进入。这两点为重新反思旧经学,并为发展出经术的新形态创造了有利的历史契机。因此,陈黻宸提醒世人,我们有望在新的历

---

① "古所以名经者,以其出于人生日用行习之所需,而为人人所当言所当行者";而习经之目的在于"明其是非可否以为当世鉴可也"。陈黻宸:《经术大同说》,载陈德溥编:《陈黻宸集》,中华书局1995年版,第536—537页。

② 陈黻宸:《经术大同说》,载陈德溥编:《陈黻宸集》,中华书局1995年版,第537—538页。

史时期,沿着"经"之精神史的运动规律——盛衰起伏的辩证运动——重新赋予"经"以思想的生命活力,实现"经"的理想状态:言公言、行公行的经术大同。

经术大同之萌芽早在战国诸子百家争鸣时代便已现端倪。陈黻宸指出,诸子思想中蕴含了经之本义的苗头,因为其首先以致用为目的,以用古者用今(彼其胸中亦时时有一用天下之意,亦时时有一天下舍我而无所用之意),同时,诸子之说表达出强烈的怀疑自我的精神(是故宗旨自我,言论自我,思想自我,信古人而疑古人自我,信今人而疑今人自我),而更为重要的是,诸子学说特别强调"术"之一端,即由经义入经制,学术与政治相始终,将"经"现实化为政治制度、治国方略(欲出其所得力者以权衡操纵)。但是,诸子学说最终未能实现经术大同的理想状态,其原因在于战国只停留在士大夫提倡经学的小范围内,未将经之功效达于天下之民。这也是之后造成经术由盛转衰的根本原因。因此,实现经术大同之理想的唯一通途在于"效达于民",即经学的普遍民教,以"春秋战国时之经术之贯输于学士大夫之智脑中者,转而贯输于群天下之民之智脑中",从而实现社会整体的思想启蒙。

可见,陈黻宸将救世出路寄托在基于普遍民众教育而掀起的新思想变革之上,为此,他将论战的矛头直接对准了三股势力:泥古派、西化派和变法派。陈氏指出,泥古派导致"自大病和自欺病"这两股风气,"自大病"者主张以夏变夷,"自欺病"者则将一切西学附会为经学早已阐发过的理论。针对这一不知变通的奉经之举,陈氏不仅予以否定,且相当激进地提出以"烧经"作为与泥古派的对抗,通过否定、怀疑,由盲目迷信经义转为肯定自我的独立思考之能力(洪濛万古,穿凿无余,意想大开,惟我独贵,我安知有圣人哉)。但请注意,这一更新的自我并非空无内容,它必须重新回到自身文明体的历史之中,一方面,从历史当中寻找文明进化轨迹之起源,另一方面,则将经学视作历史精神的总体,并将其作为自我精神确立的基点,有了这一基点,才为吸收外来文明从而塑造新学奠定前提。

因此,陈黻宸特别反对流行的西化说,以头脑空无一物的姿态完全照搬西说而致彻底否定自身。相反,如能真正领会西学同样有逼出理想精神以致用的大智大慧,便不难融通中西学之间的异曲同工之处。不惟如此,针对戊戌变法以来康梁学派主持的变法大义,陈黻宸一针见血地指明其危险之处,即面对自身文明体的思想和历史,不做出全面的清理和反思,便操切地树立变法大旗,以"空疏无具之身"做"新奇可喜之论",震骇人之耳目,生眩蛊惑人心,这一做法不过是任意运用意志,用自身一套知识体系,激进而盲目地剥夺了一切常识和历史经验。①

但接下来的问题是,既然只有通过普遍民教进而激发新思想之启蒙才是救世的恰当办法,那么,普遍民教依据了什么样的人心结构,其实质内容是什么,且与经术大同预期实现的公言和公行是什么关系?对此,陈黻宸在《伦始》和《辟天荒》中通过讨论教育问题来澄清上述问题,由此提出了"民史"的人性论基础。

---

① 以上引文均参见陈黻宸:《经术大同说》,载陈德溥编:《陈黻宸集》,中华书局1995年版,第542、547页。

第五部分 "民史"的人心基础:"伦"与"文"

从表面上看,《伦始》讨论的似乎是以德育补充单纯智育不足的问题,但这篇文献立论更根本处在于提出了一个"伦即我"的人性本体假说。在陈黻宸看来,所谓生命的本质及其进化发展的原点是"伦"。由"伦"扩展出的范围构成不同的生命关系总体:由"亲亲"(特指母子之爱)关系发展出"我"之伦的世界,与"我之伦"相关者"我"自有爱护之心,这种自爱与他者之"伦"发生关系时,因爱护而发出争胜之心。但争胜之心尚不能保全"我之伦"的独立性,继而有无数之"小伦"经由争胜转为相助,复合为群的"一众之小伦",而世界之大伦即在这无数无量之"小伦"和"一众之小伦"上形成的更普遍的生命关系。可见,个体生命正是在"伦"的不同层面上实现整全:

> 惟我有伦乃生爱心。浑沌不齿,但知有母。然知有母,是即爱性。性本有爱,因母而动。唯我母爱,唯母我爱。由此爱性,种为爱心。与我伦者,我必爱之。爱之不已,因而护之。护之不能,因而争之。我既人争,人亦我争。于是析世界之一大伦,而为恒河沙数之无量小伦。而复有人焉,虑其争之不胜也,于是求其伦之助者。助之而又虑其不胜也,于是求其助之多者,而恒河沙数之无量小伦,复合而为一众小伦。人之所以翘然战胜于禽兽中而有以独立者,伦之力也。①

---

① 陈黻宸:《伦始》,载陈德溥编:《陈黻宸集》,中华书局 1995 年版,第 575 页。

在陈黻宸这里，个体就其本体而言，自一开始就不是孤立的绝对存在，而是在关系中被定义的，个体生命只有在伦常中才能保有独立与自由。他在针对伦之"无始说"①时进一步阐释了这一论说，并提出"伦即我"的第一命题。在"无始说"看来，"我"在本体上只是一个漂移（无来无往）的虚空（无着无住），在这个虚空的基础之上，依次生出"心""相""念""伦相"，所谓"伦相"即君臣、孝悌、夫妇等伦常关系；而"我"与上述诸种伦常关系展开之活动，反过来作用于"我"心，从而产生伦理情感。相反，陈黻宸不认为能够从一个虚空之"我"中推出"伦"这一实在关系。他定义了与"无始说"完全不同的个体本性。首先，陈氏将"我"区分为"我思想界"和在"我思想界"之外一个对立着的"非我思想界"。这一"非我思想界"是不可穷尽的实在物，但只要"我"调动眼睛、耳朵等器官，与"我思想界"之外的事物发生接触，"非我思想界"便构成了"我"之官感的对象，继而成为"我思想界"的新内容。② 这一无可穷尽的"非我思想界"即为"幻我"。可见，虽然"我"无法穷尽在"我思想界"外的世界，但后者总会构成"我思想界"的对象，只不过是以潜在形式（幻）存在着的，"我"无法脱离这一世界而别造一个"我思想界"。照此逻辑，"伦"就其本身与"我之思"的对立而言，是一实在；就其构成"我之思"对象而言，又是潜在的、将要实现的"我之思"本身，或毋宁说就是"我"本身：

> 且我无问其有始无始，而既有伦矣，是亦我之伦也。我既不能自出于伦之外矣，是亦我伦之所当尽也。③

---

① "或曰，伦者世界中之幻境也。我本非伦，伦何有我？是说也，我闻之唯心家言。为唯心家言者曰伦无始，为唯物家言者曰伦未始无始。为无始言者曰非我非伦，为未始无始言者曰即伦即我。"陈黻宸这里以一唯物家之立场对唯心论之无始说展开反驳。陈黻宸：《伦始》，载陈德溥编：《陈黻宸集》，中华书局1995年版，第577页。
② "以吾思想界之所存，又不足以逮我非思想界之万一，吾之身至思想穷矣，我之力至思想极矣。然此思想者，乃犹在思想之界中者也，是亦斥鷃之见耳，况乎目乎耳乎？"陈黻宸：《伦始》，载陈德溥编：《陈黻宸集》，中华书局1995年版，第577页。
③ 陈黻宸：《伦始》，载陈德溥编：《陈黻宸集》，中华书局1995年版，第578页。

因此,在陈黻宸这里,个体不仅在伦常关系中才能具有确定含义,且又是一个潜在的、可实现的存在。这一实现的过程即主体能够通过运用自身能力将外在纳入自己的思维世界之中,完成"我思想界"的对象化运动。结合前述"伦"在不同层面上所展现出的生命关系,可见,主体如何通过对象化运动,实现不同层次的伦常关系,便成为教育的目标。

接下来我们有必要进入普遍民教的另一个层面的讨论,也就是由上述人性本体论引发出来的问题:主体如何实现对象化运动进而完成"伦"的整全性?在"伦即我"的本体论假说基础上,陈黻宸在《辟天荒》一文中构造了他的人性论第二命题:成"文"。

什么是文?在陈看来,"文"是一切人都具备的内在能力,是人心中固有之物,是人区别于非人(动物)和未开化之人的特质。基于人的普遍心智结构而培养人,则为成"文"的过程:"夫文之所以成者,一原于发声,二原于印象,三原于观念,四原于感情,五原于抽象,六原于概念。"[1]具体来说,发声是语言的基础,也是人区别于动物的基本能力。印象则是人之目、耳、口、脑在与外物接触,人在领受外物之时调动感觉能力而产生的结果。需要注意的是,印象是人与外物接触,由外物单向作用于人的感官而产生的。观念则在此基础之上更进一步,已经不再停留于简单感官,而是"觉解"的感应能力。这种能力使人在与外物往复接触运动中产生"意象"和"精神"。"情感"则在心智结构中更进一步,特指悲喜、甘苦、泣诉、怨慕等情绪,是造成人不同性情差异的特质。"抽象"和"概念"则是更高一层的思维活动,在陈黻宸这里,"抽象"是在自然情性和人伦日用中推出"分别"和"思虑",比如:孩童与母亲之间所产生的亲亲之情推出亲疏远近之别;饮食劳作、养欲给求的农耕和商业活动使人形成认知。"概念"是思维的最高层次,即在抽象思维的基础之上形成科学理性并得出普遍法则。由此可见,在陈黻宸所理解的人的普遍心智结构中,印象和感情分别代表了人的感觉和情感能力;观念、抽象和概念则代表了人的理智能力。

---

[1] 陈黻宸:《辟天荒》,载陈德溥编:《陈黻宸集》,中华书局1995年版,第622页。

不惟如此,这一结构本身意味着人通过调动自己内在的智识能力来与世界建立联系,将世界经验化并提炼为一套抽象观念和法则,只有"由抽象而成概念"才是一切科学方法之基础,其中,剖解、分类、比例、分析、演绎存之于"抽象",而具体、搜集、统计、综合、归纳则存于"概念"。① 因此,只有基于这样一套普遍心智结构去培养人,才能被视为合宜的人心情理教育,而只有这样的人才真正能实现内在精神与外在世界的关联,从而发出自由之言,即"文章自由"。

所谓"文章自由",即人通过调动内在的心智能力与世界建立联系的具体形态,陈黻宸将其概括为四个方面:首先,自由文章指运用通俗语言来反映人伦相往的秩序和原则。其次,为文者能够反求己身,具有独立的自我意识和反思能力,用怀疑和批判的眼光取舍古义,并且作文之时不离对自身生活境遇的体验,充分舒展基于这一经验所激发的情感。此外,为文者对于他所处的共同体生活(社会境遇)也要给予充分的理解和同情,正是在这一意义上,自由之文是与民情相接的经世之文,为文者要时时关注与这一民情演变相关的世界历史变化运动之条件。因此,如果说"文"是普遍的心智结构,那么"文"的另一方面,即这一心智结构的现实化表现则是与共同体生活的普遍联结,特别表现为对社会条件和世界历史的感知与理解,这两方面一起构成了普遍民教的实质。

由此可见,陈黻宸所理解的救世的复古运动,是再造新文人的思想与教育运动,且这一新文人不再停留于传统的士绅阶层,而是扩展至普通大众,在这一意义上,毋宁说这是一场新知识分子或科学者的教育运动。他否定的是旧世界文人高高在上、与民情严重脱节的封闭格局,亦即当前表现为尊崇"文名"、限定"文法"、僵固"文体""文格"的卑贱的文人风气,因为这一风气背后是文人德性的彻底丧失。与之相对,他要通过基于上述人性原理的普遍民教运动掀起一个新的文人时代。

那么,新文人被培养出的德性是什么? 在陈黻宸看来,自《诗经》和

---

① 陈黻宸:《辟天荒》,载陈德溥编:《陈黻宸集》,中华书局1995年版,第624页。

《春秋》始,文风已流入隐讽之辞,文人之情郁郁不得伸,对政治的批判以微言大义的形式出现,文章逐渐成为谋衣食、求名誉的工具,文人对于政治意见不能言亦不敢言。而新文人最突出的一点则是以直情言文,秉笔直书。只有秉持这一德性的新文人才能承担其作为民情的代言人和政治的律法人角色,从而成为历史向文明进化的推动者:"则文者,乃世界人类之代诉辞也,文人者,乃世界人类之大律师也。"[1]而我们在《独史》和《京师大学堂中国史讲义》开篇的《读史总论》中发现,这一建立在普遍人心秩序基础上的大众教育及其掀起的思想即是以"民史"为核心的新史学,这一教育意图实现的律法人即是富有代议制色彩的史官制,而勾连这两个层面的那一新文人形象即是富有现代科学智识和良知的新史家。

---

[1] 陈黻宸:《辟天荒》,载陈德溥编:《陈黻宸集》,中华书局1995年版,第615页。

第六部分　总体社会科学体系与"民史"研究

陈黻宸所定义的"史学"是刻画人的日用伦常生活的学术形态;人的精神在日常生活中"上蟠下际",发展出形形色色、纷繁复杂的内容,都构成"史"的一部分。不仅如此,知识分子也是人类这一精神运动的有机组成,只有沉浸于这一世界,对这一精神具体内容加以研究,知识分子才能实现政治和社会生活秩序的经制理想。此外,史学的性质是总体的社会科学体系,"史学者,合一切科学而自为一科者也,无史学则一切科学不能成,无一切科学则史学亦不能立"①。这一体系性史学其要件包括三个方面:思想史(学问史)、社会史(社会人类史)以及政治史(政治史)。第一个方面早在《经术大同说》下篇便有并不完备的论述,陈黻宸将其概括为"编经",即依据合时通俗的原则重新整理经学的学术史,而不是做割裂经义的类书。为了澄清陈黻宸所理解的体系史学的总体面貌,下面我们从归纳《独史》中开创的新史体的纲目类别(包括表、录、传三种体例)入手加以分析。

1. 世界史:将世界史纳入自身文明体的精神发展序列中,编新的帝王年表,在陈黻宸看来这是秉承了春秋大义:"煌煌帝国,列圣传序,文明之兴,为万族先……昔为地球一统国,今五帝三王之故俗,尚有存于泰西者……今详拟中外建国之先后,传祚之久促,系之岁月,统以我邦,此《春秋》尊王之大义也。作帝王年月表第一,邻国附。"其中,专作世界文化史,

---

① 陈黻宸:《京师大学堂中国史讲义》,载陈德溥编:《陈黻宸集》,中华书局1995年版,第676页。

为文字语言录。①

2. 世界政治制度史：吸收东西邻国政治思想之新得，扩充中国史旧闻，作历代政体表。

3. 地理：包括中国地理和世界地理两部分，主要整理疆域沿革。其中，专作自然地理，为山川录和昆虫草木录，后者为描述自然的进化过程。

4. 国民调查和社会调查：国民调查包括贫民习业表，统计田赋和职业；平民户口表，统计人口和户籍。社会调查包括平民风俗表，仿照西方风俗调查，掌握中国各地域风俗民情，同时继承左氏春秋开辟宗族史记录的传统，扬弃郑樵对于氏祖身份贵贱加以区分的做法，做宗族史考察，记为氏族录。

5. 中国政治制度史：也就是官制沿革表。陈认为，《尚书》反映了我国早在周代便已出现政治制度史编写之端倪，今亦需纳入西方政治制度史。

6. 法制和礼制史：包括四个部分——礼制、乐制、律制和历法。

7. 教育史：作学校录。

8. 经济史：作食货录。

9. 专传：包括国传，即君传和臣传（仁君列传第一，暴君列传第二，名臣列传第三，酷吏列传第四）；士传，即儒林传、任侠传和隐士传；女传，即烈女列传；思想史，即一家列传；以及民史，即义民列传、盗贼列传（贼民和蠹民）和胥吏列传。

不难看出，陈黻宸设计的这一宏大史体所刻画的伦常日用是共同生活世界，即每个人作为社会分子、国民分子和世界公民的所有伦理关系的展开。换言之，"史"本身即"我伦"的全面实现，"我伦"之小伦，"一众之伦"乃至"世界大伦"的内容均是历史塑造的结果，"我"不能不通过历史的考察而理解当前之"我"，为此，陈黻宸提醒我们，知识分子也是"史界

---

① 陈黻宸：《独史》，载陈德溥编：《陈黻宸集》，中华书局1995年版，第569—570页。

398　商业社会的根基

中之一物",并警告说:"国而无史是谓废国,人而弃史,是谓痿人。"①正是在此意义上,"史学"是文人实现"我伦"在不同层面上整全的自我教育过程。

此外,陈黻宸特别在三个层面上为史学注入新的思想精神,并将其概括为史之"独例"这一概念。首先,新史之史例要改造旧史例的纪传之别,剔除尊卑的等级差别。这一改造奠定在《伦始》中所定义的伦理关系性质的基础上,即所谓"伦"之平等。陈氏将伦理关系区分为主观方和客观方,主观主施与,客观主报偿。在他看来,传统伦理结构强调的是客观一方,即为父、友、臣者对"我"的报偿,而理想的伦理关系则应强调主观的施与方,即"我"对客观对象的报偿以等量反施与,这种"施"与"报"的对等关系,在陈黻宸看来,是由于人伦的最高动力——"爱"的能力推动出来的,"爱"使"我"之主观方与"父""友""臣"的客观方形成"施"与"受"的自由平等关系。正是站在这一立场之上,陈黻宸批评了班固用本纪和世家体例区分君臣尊卑,并提出恢复《史记》的帝王年月表和《三国志》以列传代本纪的做法,不再对君臣加以等级区分,而以"德"与"不德"为裁定标准。同样的伦理原则在新史学精神的另一个表现则是消除夷夏之别,用纪年表和列传的体例作世界史。最后,在祛除了"君"的神圣性之后,陈黻宸特别提升了"民"之地位,这一点突出表现在他强调用调查统计的社会学方法对民事和民生加以考察和研究,制作民史。② 从上述归纳的新史纲目中我们也能看出,平民风俗表、氏族录、学校录和食货录的设计正是重视民情研究的体现。不仅如此,陈黻宸更是独立成篇,作《地史原理》一文,更为详尽地讨论了社会史研究部分。

---

① 陈黻宸:《独史》,载陈德溥编:《陈黻宸集》,中华书局1995年版,第569页。
② 梁启超在《新史学》一文中对旧史体的批判也涉及了"民史"的意涵。在梁氏看来,新旧史体的分野在于"群体"之史与"个人"之史的差别;史学是对"群"或者说社会团体的演进的刻画,而史学教育的目的即培养公民对民族国家的认同意识:"贵乎史者,贵其能叙一群人相交涉相竞相团结之道,能述一群人所以休养生息同体进化之状,使后之读者,爱其群善其群之心,悠然生焉。"参见梁启超:《新史学》,《饮冰室合集》第1册,中华书局1989年版。

在批判秦汉古史地理的"任天力之说"后,陈黻宸认为"群"的意志才是推进文明进化的原动力(即"权"),群意志对自然的改造会带来新的社会条件,特别是民风习俗的变动。地理学正是对群意志运动所产生出的文明轨迹的刻画,而这一轨迹的理想形态是基于自身民情历史而衍生出的文明总体,具有普遍性和包容性:

> 为地理学者又因时而变者也……夫形势之骤改,其初者,即民俗亦因而趋之……今试以历史为炉,土地为炭,万物为铜,人类为火,熔宇宙而一冶之,黄欤?白欤?红欤?黑欤?棕之色欤?吾恐欧人将跃跃自鸣曰:吾必为莫邪大剑矣。虽然,此亦存乎人为之力耳。天下健者宁独斯人?①

正是在此意义上,地理学是研究社会事实总和的科学,即揭示"民人社会之义"的民情研究。② 这一社会事实总和包括人的种群、制度、习俗风尚、性情、德行、观念等,是构建社会生活和国家政治的民情基础。这里,我们看到孙氏家学开辟的永嘉学派第二期传统中所强调的舆地掌故之学对陈黻宸的影响。在陈黻宸看来,史迁和杜佑的舆地学早已洞彻了史地是为揭示"民人社会之义"这一含义,但并未形成西方式的体系科学,而新地理学"必合历史学、政治学、人种学、物理学、生理学及一切科学、哲学、统计学,而后能精审"③。巴克尔的实证主义史学提倡将统计学方法引入历史研究的做法为陈黻宸改造旧史舆地学提供了新的视角④,在《独史》的基础上,陈氏进一步提出了利用统计调查和区域研究的方法,揭示

---

① 陈黻宸:《地史原理》,载陈德溥编:《陈黻宸集》,中华书局1995年版,第602页。
② 陈黻宸:《地史原理》,载陈德溥编:《陈黻宸集》,中华书局1995年版,第591页。
③ 陈黻宸:《地史原理》,载陈德溥编:《陈黻宸集》,中华书局1995年版,第586页。
④ 李孝迁指出,巴克尔主张采用形式逻辑的归纳法来研究历史,其中尤为重视统计方法,因为统计方法可发现诸社会现象背后的一般规律:"人之动作合于法例之证据,悉得之统计簿","统计学之于考察人性情之用固已多,所阐明远胜一切艺学"。李孝迁:《巴克尔及其〈英国文明史〉在中国的传播和影响》,《史学月刊》2004年第8期。

民之情状与风俗之间的关系,而这一刻画本身是为揭示物竞天择的自然公理。此外,他设计了较之《独史》更为详细的民情史体例,包括户口表、宗教表、族类表、学校表、职业表、疾病表、罪人表、儒林表、文明原始表和历代君主表。

现在,那一可体察社会境遇、刻画世界历史变动条件下的民情状态的经世之文,在新史学中得到了完整的构建。在《京师大学堂中国史讲义·读史总论》中,陈黻宸在巴克尔所论的历史的自然通例公理学说的基础上,明确地赋予了史学精神以普遍原理,即揭示人事物理的因果规律,并将其定义为史学的科学准则①:

> 史者天下之公史,而非一人一家之私史也。史学者,凡事凡理智所从出也。一物之始,而必有其理焉;一人之交,而必有其事焉。即物穷理,因人考事,积理为因,积事为果,因果相成,而史乃出。是故史学者,乃合一切科学而自为一科者也。②

正是基于普遍抽象的因果律原则,史家这一科学者在进行史裁时才能扬弃春秋义断,不为形势利诱所动,而行之更普遍的真理判断:

> 且我闻之,史家有大例焉,于强国不加益,于弱国不加损,于真王不加褒,于伪统不加饰。抑我又闻之,史家有公理焉,斧钺不加威,章服不能奖,天子不能争,朝廷不能有。③

---

① 巴克尔继承了18世纪启蒙思想家们的遗产,认为史学研究的目标是揭示蕴含在历史中的自然因果律这一通例公理:"一凡作事必有动机为因,二此动机必有前事为之因,三若能尽悉前事及知其设施之理之法,则其间构接之究竟,虽累黍之微,不难察知而预定",因此"取上下古今人事所现之相,悉数研究,以寻其相通之故"。李孝迁:《巴克尔及其〈英国文明史〉在中国的传播和影响》,《史学月刊》2004年第8期。
② 陈黻宸:《京师大学堂中国史讲义》,载陈德溥编:《陈黻宸集》,中华书局1995年版,第675页。
③ 陈黻宸:《独史》,载陈德溥编:《陈黻宸集》,中华书局1995年版,第574—575页。

至此,作为史家的新文人形象及其所发出的史学公言,完成了一整套在心智结构和思想形态上的普遍人格和抽象思辨的转化,新文人通过科学研究与世界建立了普遍关联,同时具有了成为政治律法人的舆情基础。在完成了这一系列准备之后,陈黻宸理想中的新文人运动的政治实践形态,以重立史官制出场了。

第七部分　社会科学的治世理想:史官制之改造

陈黻宸对史官制的构建基于他对社会与政治关系这一问题的理解。由前述可见,他赋予了历史以社会进化这一普遍规律,推动社会文明之前进则成为政制形式理想的标准。社会提供了政治以自然基础,而政治是对社会的培育,是将社会引入到文明进化进程的必要条件,"非社会不足以成政治,非政治不足以奖社会",政治之衰败注定使一国难以进入文明之轨道,而社会之萎靡正是政治无望之根由。

那么如何理解社会是政治的自然基础呢?首先,陈黻宸将政治区分为形而上政治和形而下政治,前者针对的是政治所由出的人性自然基础(出于天然,而治理由是见),后者则指与这一自然基础相匹配的典章制度(出于人为,而治法由是生)。所谓能够推动社会朝向历史进化方向前进的理想政治形态,是能够保存并激发人的自治能力,并能在每一个自治人之间建立起公共精神从而形成公治格局的政治形式。因此,政治的当务之急是能否创造出符合人性自然(根于性,发于情),并塑造自治人格(达于义[①])的制度条件。换言之,施治要秉于人的情势条件而授之以权,这是政治形而上学研究的目的。政治接下来的任务则是划定自治权之间相接的范围,"矫乎法治私而归于公",避免因自治权相争而导致战争状态,从而实现公共秩序。可见,良好政治的前提是形而上学所论的人之性情,它扎根于社会的自然之中:"国家之于社会,自国民之天性及情感而来,社会莫之致而致者也,然此又必有所以致之者,其致之也,谁主之,谁使之,

---

① 以上引文均参见陈黻宸:《京师大学堂中国史讲义》,载陈德溥编:《陈黻宸集》,中华书局1995年版,第678—679页。

吾何从而知之。"在此意义上,文人能否为良好政制形态提供准确的社会情势分析及研究,成为实现合宜政治秩序的保障。因此,在陈黻宸为史家所定立的评判标准中,如果说能否依据因果规律准则推定公允的史裁判断是史家公理的一部分(即"史质"和"史德"),那么能否广纳社会情势,并根据其在不同历史条件下而产生的变动,施与相宜的政制实践,则成为史家公理的另一更为重要的原则(即"史情"):

> 史者乃以广我之见闻而迫出其无限之感情者也。故自有史可传以来,而举数千万年帝王者、君者相者、士者非士者、穷而无告者、奴者役者隶者与作史之人,群相遇于情之中,而读史之人,又适与古数千万年帝者王者、君者相者、士者非士者、穷而无告者、奴者役者隶者群相遇于情之中,抑岂独然欤⋯⋯又与时俱变者也。夫古今异道,王霸殊统,因时而施,乖越互见。①

至此,史家作为政治的律法人形象已经呼之欲出——能够借助于新史学研究,特别是民情史的考察,对社会条件予以敏锐的洞察,并依此制定出既能激发社会力量,又能实现公共秩序的中间力量,而保障史家发挥政治律法人作用的制度便是史官制。章学诚很早便提出从州府到朝廷各部,自下而上设立"志科":"志科"一方面从制度功能上讲,保证史官采择史料文献,使"一人之史"(传状志述)、"一家之史"(家乘谱牒)、"一国之史"(部府县志)乃至"天下之史"(综纪一朝)得以制作传续;另一方面从制度精神上来讲,"志科"也是使史官能够守护典籍,发挥经纶政教之三代遗意的必要条件。② 陈黻宸借用了章学诚论修志说明伸张史权为古代"周间史胥之遗意",同时对古史官制大加改造:就一国而言,建立自上而

---

① 陈黻宸:《京师大学堂中国史讲义》,载陈德溥编:《陈黻宸集》,中华书局1995年版,第686页。
② 章学诚:《州县请立志科议》,载《文史通义新编新注》,浙江古籍出版社2005年版,第836页。

下的中央史馆至地方分史馆的参政议政体系,前者由太史官主掌,后者则由享有民望的乡大夫主掌,自下而上疏通民情。同时,这也是一套选举制度,地方分史馆乡大夫的任职资格决定于民选,而中央一级太史官的任免和废黜则由各分史馆的乡大夫决定;而就国家之间而言,则建立协调国际秩序的万国公史会,不仅有助于国家间互通政教风俗之情,同时以万国公法协定国家间秩序。

至此,陈黻宸完成了以"民史"为主体的总体社会科学理论的创建。这一创建体现在三个方面:第一,从永嘉经制学和章学诚史学出发,将"史"提升至与"经"同等的地位,同时以"史"总括经,揭示了史学作为政治轨迹之载体这一含义;第二,在王阳明"致良知"说基础上吸收西方经验论传统,为传统史学向社会科学形态的过渡奠定了现代人心结构和人性论基础;第三,吸收实证主义史学所强调的史学的"通例公理"来代替春秋义断,成为社会科学方法论的核心。正是在这三个层面上,"新史学"培养的是具有思辨智识能力的社会科学工作者,他们是能够下接民情、上达议政的知识精英,以团体组织的方式进行政治参与的中流砥柱。[①] 可见,在陈黻宸这里,社会科学教育才是推动中国现代思想与政治转型的关键。

[①] 从陈氏本人的实践行动也可以看出,他所致力于的现代新学教育和立宪改良运动正反映了他本人的思想主张。1901年他执教养正书塾期间,对浙东史学的传播影响了马叙伦、汤尔和、杜士珍等青年学子,同时他与林獬等人推行白话文运动,组织学生通过白话演说对大众进行教育普及。陈氏亦是宪政改革的倡导者,除早期参与浙学会和《经世报》的筹办,1909年他当选浙江省咨议局议长后,依托地方议会组织政治公议、舆论监督和地方自治活动。

余　　论

　　作为北京大学哲学门第一代讲师,陈黻宸开中国哲学史研究之先河,但其研究视角也遭到了后辈学者的反对。这场新旧之争即为民国初年胡适讲授《中国哲学史大纲》引发的争论,冯友兰将之概括为"哲学史"与"哲学大纲"之争。在冯友兰看来,这场争论的焦点在于对哲学史性质之定义的新旧差异。以陈黻宸、陈汉章等老派文人为代表,因不明"哲学"这一概念,而将之混淆于"义理之学",因此,其讲授的哲学史只是以史学视角来爬梳义理之学,而并不具有以哲学观为先导,对传统经学做一哲学化之反思的眼光。①

　　余英时曾将《大纲》所引发的史学革命置于乾嘉学派运用考据的怀疑论方法导致儒家"典范"丧失这一大背景中来讨论。他认为,胡适开辟的哲学史革命仍然是对这一典范丧失问题之回应,具体而言,胡适以平等的眼光,截断众流而从老子讲起,是考据学引发的诸子学复兴思潮之余续。②不仅哲学门新一代学者胡适处于这一经学思想史序列中,从前文的爬梳中我们看到,旧式学者陈黻宸的思想也继承了清代朴学开辟的考经、证史进而旁及诸子之学这一思想脉络。陈中凡对北大哲学门课程和讲师的回忆也佐证了这一点:"时所授西洋哲学、伦理、心理、生物学外,以中国群经

---

① 在《中国哲学史》1930 年初版自序中,冯友兰鲜明地表达了他对于哲学史含义的理解:"吾非历史家,此哲学史对于'哲学'方面,较为注重。其在'史'之方面,则似有一点可值提及。"参见冯友兰:《中国哲学史》,中华书局 1961 年版,第 8 页。有关此争论参见冯友兰:《五四前的北大和五四后的清华》,《文史资料选辑》1963 年第 34 辑。
② 参见余英时:《重寻胡适历程:胡适生平与思想再认识》,广西师范大学出版社 2004 年版。

诸子为主。"其中,陈汉章任经学,而诸子学一课则由陈黻宸讲授。① 在1916年开设的中国哲学史一课总论中,陈黻宸鲜明地主张重提诸子学价值以突破固守理学一家言之藩篱,这无疑是对《经术大同说》一文中相关申论的再次强调。②

正因为经史学在陈黻宸这里被塑造为总体社会科学体系,尚未发展出学科专业化之区分,因而北大哲学门的新旧学者之间产生了有关现代学术形态的分歧。但不可否认的是,陈黻宸的新史学体例作为总体社会科学的设计孕育了现代学科形态;这一新史学对民情史研究的重视,特别是国民调查、社会调查的提法,已经具备了社会理论、社会史研究以及社会学研究方法范式的雏形。这也使我们不难理解,为何前辈社会学家吴景超会认为自己的学问路径是承袭了乃师陈黻宸的"民史"观,且"史学"成为现代学科体系中社会学、民族学等学养的重要组成部分,个中原因恰在于陈黻宸的"民史"理论中已经蕴含了"社会学即史学"这一命题。

以内在理路视角考察陈黻宸的思想,意在为理解中国早期社会理论的形成打开一宏大视野。这一研究不仅要揭示早期社会理论嵌入在社会结构、机制及其历史脉络的生成逻辑,更重要的是呈现在社会转型期发育出来的社会思想中深谙的文化自觉和理论抱负,它体现出思想建构自身与对中国人的人心结构的体察、对世风民情的洞见、对社会制度安排的摸索,以及对政治理想情怀的追求有着密切关联。第一,"民史"理论中提出的普遍心智结构即是有关现代中国人格的深度刻画;第二,经典舆地学改造昭示了以民情为社会条件之构成这一内涵,并且这一理论改造本身使"社会条件"作为社会学研究的主体得以确立;第三,新史官制的设计在制度层面探求了社会科学学者在现代国家代议政治中沟通治理与舆情的可

---

① 陈谧:《陈介石先生年谱》,北京图书馆出版社1999年版,第1216页。
② "今异家者(按:道、阴阳、法、名、墨、纵横、杂、农、小说)各推所长,穷知究虑,以明其指,虽有蔽短,合其要归,亦六经之支与流裔,使其人遭明王圣主,得其折中,皆股肱之材已……若能修六艺之术,而观此九家之言,舍短取长,则可以通万方之略矣。故以道专之于儒,非古也。"陈黻宸:《中国哲学史·总论》,载陈德溥编:《陈黻宸集》,中华书局1995年版,第417页。

能性，从这个意义上讲，"科学者"及其科学良知才是实现政治自由和政体统一的精神中枢，也是现代政党政治所需要的具备政治责任伦理精神的知识人格典范。正是在这个意义上我们说，中国社会学学科形态的产生自一开始就未失去它与中国文明母体的脐带联系；相反，它不仅从母体中脱胎而生且激活了这一文明体自身，而且它怀揣的政治理想的激情，以及治世态度的严肃，无一不是中国传统文人士子用经世之道传递给新时代的知识分子有关学术和政治志业的内在召唤。

作者单位：中国政法大学社会学院

书评

约翰·奥尼尔的醉与爱*

——读《灵魂的家庭经济学》 / 孙飞宇

* 本文系国家社科基金青年项目"现象学社会学新流派及其对基层社会的应用研究"(项目编号:13CSH005)的阶段性研究成果,其中部分内容发表于相关研究性期刊。

第一部分　社会与政治思想

2005年,我从北京来到位于加拿大多伦多市郊的约克大学(York University),在该校一个名为"社会与政治思想"(Social and Political Thought,SPT)的跨学科研究中心里攻读博士学位。在加拿大学界,约克大学是一所以人文社科方面的研究而闻名的大学。作为该校人文教育之核心单位的"社会与政治思想"研究中心这种跨学科的机构设置,正是我所期待的博士生教育与研究的形式。

SPT以博士教育为主,主要的研究领域以欧陆哲学和西方经典社会与政治理论为主。该机构没有自己独立的教授,而是聘请约克大学和加拿大其他几所大学里在人文社科领域从事理论研究的教授兼任教职。由于其独特的组织形式,这一机构理所当然成了约克大学最为核心的人文教育与研究中心之一。能够被SPT录取,不仅于我,即便是对于加拿大以及其他国家有志于社会与政治理论的年轻学生来说,也都意味着通往学问之路的上佳选择。

由于SPT本身的性质,教授们和同学们的研究方向当然各自都大相径庭。不过,这里最为重要的核心传统有两个,一个是马克思主义的政治经济学研究,还有一个是精神分析的研究传统。SPT大部分的师生都是——或者至少都自称是——马克思主义者。约克大学堪称北美的马克思主义研究重镇,主要就是因其政治学系和SPT所具有的马克思主义研究传统所致。在这里最为热门的研究生课程一般都与马克思主义传统相关,例如由戴维·麦克纳利(David Mcnally)这位既是马派理论家同时又是活动家的教授所主持的《资本论》精读课。

从到达约克大学的第一天起，我就感受到了在此后五年多的时间里我一直都感受满怀的友善情谊。当时的主任雅各布（Lesley Jacobs）、教学秘书朱迪（Judith）以及几乎所有在读的同学和我所认识的教授，都在各个方面给予了我几乎超出想象的热情帮助，无论是在生活方面，还是在课业方面。一直到今天，我都无法忘记当初受到各种帮助时的那些感动。

在各种课程、座谈会、指南会和私下的交谈中，我也在这里感受到了师生们和同学们彼此之间的文化：彼此之间团结互助，关心时事，勇于担当，同时又能够严肃认真地研究学问。与此同时，几乎所有师友都给了我这个新生一个共同的建议：去听约翰·奥尼尔（John O'Neill）的课，和他聊一聊。

后来我才知道，奥尼尔是 SPT 的创建人之一，也是 SPT 的文化与研究传统的开创者之一。然而在当时，我只是径直去了他的课堂，听了他的课，然后决定请他担任我的博士生导师。我很幸运，成了他最后一位博士生，作为关门弟子而忝列门墙。我决定拜他为师的原因，不仅因为在当时我对于现象学社会学的阅读和理解已经进入了瓶颈，在很长的时间里苦于寻求出路而不得，而他在课堂上轻描淡写地化解了我的问题；可能更为重要的原因是，我在奥尼尔身上见到了那种令人折服的、真正的大学教授的谈吐、样子与风范。

无论是在课堂上、家里还是在咖啡馆里，他的衣着与行动都是最典型的英伦教授的派头。尽管当时已经是一位年近八旬的老人，然而他在所有细节方面都努力做到一丝不苟。这一点不仅体现在他的行动与衣着，还表现在他的语言、写作和课程方面；然而更为重要的，是他在为人处事的态度方面。作为一个大牌教授，在读书、研究和为人处事方面，他对于学生和晚辈有着几乎堪称谦卑的态度，从来不会自以为是，可是除了给学生充分的自由以外，又有着与众不同的严格要求。

奥尼尔在当时开设的是与弗洛伊德的精神分析经典文本有关的文本精读课程。从 20 世纪 90 年代开始，他每个学期都会开设这门课程。课程的进度,就是他与学生们精读弗洛伊德文本的进度。在我认识他的时候,这一长达15年的文本精读工作已经进入了最后的阶段——其标志就是,奥尼尔本人的书稿,也就是本文的评论对象《灵魂的家庭经济学》即将完成。每次上课,奥尼尔都会带来一大堆手稿。在简短的寒暄之后,他就开始按照其手稿来授课。我们所上的这门课程的性质是研讨课,按照一般的要求,我们都要完成阅读量、做课堂报告、参与讨论。然而奥尼尔并不允许我们这么做。他每个学期只会给我们留出最后一节课的时间,让每位学生大概花上15分钟,报告自己的阅读和思考进展。所以他的研究生课程非常奇特:在这门课其余绝大部分的时间里,都是他在讲授,我们在默默地记笔记,努力跟上他的思考。很快,我就明白了他这么做的道理:作为年轻的学生,我们其实并没有能力做到真正意义上的学术讨论,许多时候,甚至连提问本身都有问题,所以最好的态度,就是以敬畏之心,跟着他精读经典文本。

"重返弗洛伊德"是拉康在20世纪60年代所提出来的口号。不过,作为一名社会学的教授,奥尼尔对于弗洛伊德的阅读,并不完全是拉康的路数。在我看来,他对于弗洛伊德的重新阅读与解读,是其基于既有的社会理论传统而做出的重返经典的实践之一。这一重返经典的实践气魄宏大,其工作的载体脉络是现代西方社会理论中最为重要的研究传统,包括西方马克思主义政治经济学、存在主义现象学影响下的社会理论思考对于日常分析的转向,以及精神分析运动的发展等等。而其思考的资源则大大"溢出"了社会理论的传统,将社会理论的思考努力置于整个西方思想史的脉络,尤其是欧陆的哲学传统与文学艺术传统之中。奥尼尔授课的一个最大特点,就是既精读文本,将讨论的基础严格限定在文本中,同时又能够放开视域,以丰富浩瀚的知识与磅礴的气势打开在每一个案例的那些小小故事之中所潜藏的无比丰富的文化、历史与社会性视域与意象,同时将其与社会与政治理论最为核心的问题结合在一起。奥尼尔一生的写作都追求这一特点,到了老年尤其炉火纯青,堪称已臻化境。这一特点,在《灵魂的家庭经济学》之中体现得淋漓尽致。我想,每一位真正读懂了该书的读者,一定会像读任何其他一本真正有内容、有深度和有激情的著作一样,心潮澎湃,夜不能寐。

奥尼尔在其晚年的这一工作,并非偶然。也就是说,他不是随意地挑选了弗洛伊德的工作作为其一生的社会理论工作的最后阶段的内容。这是一个漫长的故事,然而其内在的关怀却始终如一。

第二部分 从波士顿到加州再到多伦多

奥尼尔于 1932 年生于伦敦郊区。1952—1955 年在伦敦政治经济学院学习社会学,1955—1956 年在芝加哥圣母大学(University of Notre Dame)政治学系攻读硕士学位。在 1956 年硕士毕业之后至 1957 年暑期之前几乎一年的时间里,他都在哈佛跟随帕森斯(Talcott Parsons)上研讨课。一个学期的研讨课结束之后,帕森斯问他:"你希望将来做什么方面的研究?"面对着这位巨人的邀请,奥尼尔回答说:"我想研究与爱(love)有关的社会理论。"半个世纪以后,奥尼尔告诉我,听到他的回答,帕森斯跟他玩笑说:"你从伦敦来的?买一张船票,从哪儿来,回哪儿去!我教不了你这个!"

帕森斯随后将他介绍给了当时同在哈佛工作,被帕森斯称为"比我更懂得弗洛伊德"的马尔库塞(Herbert Marcuse),并由此开启了他们之间更为长久的友谊。马尔库塞的《爱欲与文明》一书于 1955 年出版。奥尼尔初识马尔库塞的时候,后者正在构思他那本《单向度的人》,并同时准备转往同在波士顿的布兰代斯大学政治学系工作。

帕森斯的介绍对于奥尼尔后来的学术研究和学术活动影响极为深远,这其中包括奥尼尔在十年之后遵奉马尔库塞的建议而在约克大学创建 SPT,以期在加拿大继承发扬法兰克福学派的社会研究所(Institute for Social Research)的研究传统——而这一点也确实成了迄今为止最令 SPT 成员自豪的精神传统。不过,奥尼尔本人对于精神分析的专业研究兴趣,显然也得益于帕森斯的授课。这不仅是因为他在后来的各种演讲之中以及在《灵魂的家庭经济学》中所说的:"我在距离伦敦只有数英里之遥的地方长大成人,却曾经对其一无所知!"

奥尼尔在这里指的是伦敦弗洛伊德博物馆以及弗洛伊德本人在伦敦的生活及其毕生的工作。尽管在从伦敦政治经济学院毕业后前往芝加哥的时候,他已经通过对于梅洛-庞蒂(Maurice Merleau-Ponty)的个人兴趣产生了对于马克思主义、现象学与精神分析的兴趣,然而在求学波士顿之前,奥尼尔并没有接触过这方面的专业训练。这还是因为帕森斯在20世纪60年代早已接受过波士顿精神分析研究所(Boston Psychoanalytic Institute)的分析,显然也已经将弗洛伊德的理论吸收进了他自己的工作之中。所以,对于奥尼尔来说,帕森斯本人的研讨课显然也是他为何那么回答帕森斯的理由之一。

不过,奥尼尔毕生孜孜以求的另外一个研究传统,即马克思主义的传统,同样也并不仅仅由于受到了马尔库塞的直接影响。除了马尔库塞和梅洛-庞蒂的影响,在这一时期,在马克思主义方面对奥尼尔产生重要影响的,还有那位著名的美国马克思主义者保罗·斯威齐(Paul M. Sweezy)。在求学阶段,尽管帕森斯与马尔库塞都与奥尼尔熟识,然而真正对他进一步求学产生了决定性影响的,却是在当时已经失去哈佛教职、专心于那份著名的《每月评论》(Monthly Review)杂志的保罗·斯威齐。受到他的影响,奥尼尔希望能够寻找一个可以在博士生阶段从事马克思主义与精神分析研究的机构,以某种跨学科式的或者说非学科化的方式来攻读其博士学位。保罗·斯威齐将他推荐给了当时在斯坦福大学社会思想史研究所(History of Social Thought)工作的保罗·巴兰(Paul A. Baran)。在当时的美国,后者是仍然能够留在学界的仅有的几个马克思主义者之一。

当时是1957年,那个后来在历史上激动人心的60年代尚未到来,然而奥尼尔在这一年初夏的举动已经堪称开风气之先。他跟斯威齐借了一笔钱,买了一辆旧车,从波士顿一路开到了加利福尼亚州(加州),中途都睡在车上。这位身无分文却风华正茂的年轻人的如意算盘是,到了加州以后,立刻跟保罗·巴兰见面,并且自荐担任他的研究助手。如此一来,就可以获得稳定收入了。然而令他万万没想到的是,保罗·巴兰在第一次见他的时候,甚至都没有给他说话的机会,而只是简单地说了一句:"我三个月以后再见你。"

所以在1957年的暑假,这位来自伦敦郊区的爱尔兰人之子,只好在加州重新操拾起了他从小就熟悉的行当——园艺——以求谋生。

对于有志从事马克思主义传统与精神分析传统研究的学生来说,这一际遇的象征性显然意义非凡,尤其在帮助我们理解奥尼尔的生平与他的工作方面。在半个世纪之后,他的一位好朋友,同为约克大学社会与政治思想教授的托马斯·威尔森(H. T. Wilson)在一篇论文里如此总结奥尼尔的童年生活背景:英国-爱尔兰式的工人阶级性的天主教起源。所以对于奥尼尔来说,这一重温劳工状态的际遇不仅是其童年的隐然复现,进而还以此方式隐约显露出了他此后毕生对于马克思主义传统的研究旨趣,以及以身体为载体将现象学与精神分析的传统融为一体,还有打开生活世界这一"贴身"世界的不懈追求。

1957—1962年,奥尼尔跟着保罗·巴兰从事马克思主义社会理论传统的研究,并且以《马克思主义与科学主义:论社会科学哲学》(*Marxism and Scientism: An Essay in the Philosophy of Social Science*)的论文获得了博士学位。在这一段时间里,他不必再从事园艺工作,然而却依然保持着类似的"拙朴"习惯——用笔写作。

在他最早跟随保罗·巴兰工作的时候,巴兰曾经问他是否会打字,为了确保自己得到那份期待已久的助研工作,奥尼尔相当肯定地回复巴兰说自己会使用打字机。然而事实上,一直到现在,奥尼尔也没有学会流利和"正确"地打字。在求学时,保罗·巴兰要求他打印自己的手写稿,他只好将自己的工资拿出一部分来,雇人打印,然后再将打印稿交给巴兰。在经济的意义上,这也许意味着从"手工业者"到"分包商"的"升级"。然而终其一生,奥尼尔所有的工作,全部都以手写的方式来完成,然后再由其他人(现在是他的夫人苏珊)帮助他用打字机打出来或者输入电脑。对于他来说,手写显然是一种更为贴近于"手艺"的、从事思考这门"手艺"的方式。

毕业之后,受到巴兰的鼓舞,奥尼尔前往古巴工作了一年。巴兰当时正在和斯威齐合作《垄断资本》(*Monopoly Capital*)这部著作。在全书成稿之前,也就是1964年,保罗·巴兰去世。对于奥尼尔来说,导师的去世不仅令他非常悲伤,而且还令他一度感到失去了人生方向。不过,在去世之前,保罗·巴兰和他的学界朋友们给了奥尼尔另外一个建议:前往多伦多,寻求C.B.麦克弗森(C.B. McPherson)的帮助。

在那一年,麦克弗森与他同在多伦多大学的同侪们,正在努力摆脱有着古老、强大且顽固之研究传统的多伦多大学,希望打造一个有着20世纪60年代气息的全新大学。在得到了来自朋友们的推荐之后,麦克弗森主动打电话与奥尼尔联系。随后,这位从未写过求职信的年轻人,于1964年打包驱车前往位于多伦多市郊的格林顿学院(Glendon College),也就是约克大学(York University)的前身,从此居住在多伦多工作与生活至今。在这期间,他参与创建了约克大学的社会学系与SPT,并长期担任这两个系所的主任职位,一手开创了其研究风格与传统取向。除了从事影响越来越广泛的社会理论工作之外,他参与创建的SPT这一跨学科研究中心,为北美社会学界培养出了许多理论人才,诸如不列颠哥伦比亚大学(UBC)的托马斯·肯普(Thomas Kemple)、得克萨斯大学的本阿格尔(Ben Agger)等北美理论界的代表学者,都曾是他的博士生。

第三部分　从现象学社会学到身体理论：
野性社会学的努力

根据奥尼尔的好友，同为约克大学教授的托马斯·威尔森（H. T. Wilson）的总结，从20世纪60年代至今的半个世纪里，奥尼尔本人的工作大致可以分成四个面向。第一个面向是翻译工作。奥尼尔曾将法语学界中许多重要的研究成果翻译到英语学界，这其中的代表是对于梅洛-庞蒂的翻译与引介，如 The Prose of the World[1]，以及对于让·希波利特（Jean Hyppolite）的 Studies on Marx and Hegel[2] 等著作的翻译。第二个面向是对于法语和英语学界中大量文献的编辑与整理工作。奥尼尔长期担任许多学术期刊的编委，如 Theory, Culture and Society、Body and Society、European Journal of Classical Sociology、The Journal of Classical Sociology、Philosophy of the Social Sciences、The Human Context 等在欧美学界十分重要的理论期刊，此外，他还是其他大量文集如 Modes of Individualism and Collectivism[3]、Phenomenology, Language and Sociology: Selected essays of Maurice Merleau-Ponty[4]、Freud and the Passions[5] 的编者。威尔森所总结的奥尼尔的第三个面向是杰出的散文作家——威尔森主要是指奥尼尔在工作中受到蒙田

---

[1] M. Merleau-Ponty, *The Prose of the World*, John O'Neill (trans.), Evanston: Northwestern University Press, 1973.
[2] Hyppolite Jean, *Studies on Marx and Hegel*, John O'Neill (trans.), New York: Harper Torchbooks, Harper and Row publishers, 1973.
[3] John O'Neill (ed.), *Modes of Individualism and Collectivism*, Hamphire: Gregg Revivals.
[4] John O'Neill (ed.), *Phenomenology, Language and Sociology: Selected Essays of Maurice Merleau-Ponty*, London: Heinemann Education Books, 1974.
[5] John O'Neill (ed.), *Freud and the Passions*, University Park: The Pennsylvania State University Press, 2004.

的影响。奥尼尔是一位蒙田散文的热爱者与研究者,相关的代表作品是 *Essaying Montaigne: A Study of the Renaissance Institution of Writing and Reading*。① 不过我认为,蒙田对于奥尼尔的影响,更多在于他几乎所有的学术作品,都保持了一种人文主义的散文体写作风格:既有饱满的激情与想象力,又不失带有古典风格的优雅与磅礴大气。第四个面向的奥尼尔则——最终还——是一位社会理论作家。这四个面向是互为一体的,很难区分出彼此。在其中,奥尼尔受到的影响主要来自三个方面:梅洛-庞蒂的现象学、蒙田的散文写作和马克思主义的传统。在其长达半个世纪的学术生涯中,奥尼尔一共出版了32部著作与数百篇研究论文。从早期被视为现象学社会学新一代的代表人物,到后来被视为身体理论的开创者,以及在此期间对于社会科学方法论的持续反思与实践,直至在过去20年间的重返经典的工作,他的勤奋与不懈努力使得他在每个时期都能够做到在紧紧把握住时代核心问题的视野下既开风气之先,同时又能有意识地继承与发展传统。

作为一位真正意义上的"世纪老人",奥尼尔亲身经历了北美社会学界的《美国社会学评论》和《美国社会学杂志》等代表性学术期刊在写作体例与研究风格方面的巨大转变,敏锐地意识到了这一转变所代表的巨大的现代性潮流,并将一种20世纪60年代青年学者的精神气质与对此巨变的理解和态度,传递给了他的学生们。将近半个世纪之后,曾经在60年代末70年代初跟随奥尼尔攻读博士的美国社会学家本·阿格尔(Ben Agger),在为吉拉德·德朗蒂主编的《当代欧洲社会理论指南》一书撰写的一章之中,回忆了这段历史:

> 到20世纪70年代中期,随着美国和其他西方资本主义经济体经历了严重的经济衰退、通胀、能源危机和实际收入下降(这是大萧

---

① John O'Neill, *Essaying Montaigne: A Study of the Renaissance Institution of Writing and Reading*, Livepool: Livepool University Press, 1982/2001.

条以来的第一次),苏联人造卫星上天后,美国大学迅猛扩张的步伐放缓甚至开始收缩。在60年代的社会运动中冲锋陷阵的社会学也经历了机构收缩、公共合法性下降……美国社会学对此的回应是成为一块数学化的领域,消除随笔风格、思辨风格的社会学。而这曾经是19世纪末20世纪初这门学科的特点。

期刊中的修辞转换、散文体和理论阐述视角……被定量方法和强制性的数据显示所取代。

在这种背景下,社会理论,也就是把握社会总体性的那些宏大叙事,被默顿所谓的中层理论或"专门理论"所取代,比如犯罪理论、家庭理论、迁移理论、自杀理论、社会运动理论等等。理论被化简为文章开头的文献综述部分,化简为社会交换理论、理性选择理论之类的中层视角,而这两种理论都闪现着科学的光泽,也都可以建立数学模型。[1]

这一学科历史上的巨大转变,不仅仅体现在了社会与政治现实对于社会学的要求以及社会学领域的回应上,甚至还影响到了大学之中的教育与有意识的学科化建设:

自从20世纪70年代以来,不仅主流的美国社会学中用图表和数字取代了散文体,就连理论家和课程体系中的理论课程,也都成为理论的专业工作者。理论被广泛呈现为学科的历史,而不是充满生机活力地接入当前话题。绝大多数社会学系并不把(那种宏大的)理论融入每一门课程,而是将理论课作为单独的课程,只要求主修社会学的学生在本科行将结束时修习。而到了研究生阶段,具有明确定

---

[1] 本·阿格尔:《从多元的欧洲到单一的美国——美国社会理论的学科化、解构与流散》,载吉拉德·德朗蒂主编:《当代欧洲社会理论指南》,李康译,上海人民出版社2009年版,第445—460页。

量取向的院系有可能开设四门方法和统计方面的必修课,理论课却至多只有一门。并且这门课的教员还往往是有理论之外的"实质研究兴趣",专攻一块经验领域,在理论方面并无著述发表。

美国社会学家都有些故步自封……不愿意任由自己的学生从别的学科领域尤其是人文学科领域吸收理论。这里有部分原因在于面对许多非社会学家宣称要做元社会学而采取防御立场,部分原因在于他们坚持要把孔德、涂尔干和韦伯树立为学科的创立者,以便让日后的数学化经验主义获得有源可溯的可信性。①

在这种学科整体大转折的背景下,作为一名社会学的教授,奥尼尔坚定地站在了重返经典的一方,不惜因此而成为社会学的"化外之民",继续将自己的理论工作放置于更为广泛的西方思想史传统之中,如哲学与文学艺术的传统,并坚持运用一种散文体的写作风格,坚持将学术写作视为一种在人类文明历史中自有其传统的文学艺术创作——无论这一风格在社会学界是否越来越显得桀骜不驯,甚或野性十足。终其一生,奥尼尔在写作过程中的问题意识、思考方式、写作方法与文明意义上的宏大视域,都与这一自我期许有关。这一研究的直接思想来源,是欧洲大陆哲学在20世纪的新进展。在其代表性作品《身体五态》的2009年新修版之中,奥尼尔如此简要地回顾了他自己在60年代开始学术生涯的背景、动机与思想资源:

我自己的身体研究的直接背景,就是在美加边境上体验到的20世纪60年代的那种身体政治(body politics)。当时我们正在通过欧陆的现象学、解释学和批判理论来重新审视社会科学,而这里发生的

---

① 本·阿格尔:《从多元的欧洲到单一的美国——美国社会理论的学科化、解构与流散》,载吉拉德·德朗蒂编:《当代欧洲社会理论指南》,李康译,上海人民出版社2009年版,第445—451页。

诸般事件,似乎既在对这样的社会科学构成挑战,又在为它大唱赞歌。同时我认为,依然有必要保留经典的秩序问题的那些宏大视角,从宇宙论的社会,到犹太-基督教的社会,并融入标志着现代性及其后果的工作、消费、生死等方面的工业化秩序之中。①

在1975年出版的早期作品《整合意义:野性社会学引介》一书中,奥尼尔对于他自己的工作以及就社会学本身所提出的要求,更为鲜明地表明了这一宏大的视角是如何体现在日常生活之中的自然态度里的:

> 我们必须要知道人们在工作之中真正所做之事是什么,当他们在观看的时候,他们是如何感知的,他们在何种意义上需要钢铁、大理石或面包,以及这一切是如何变形进入日常生活、进入我们之间最为简单的交换之中的,是如何变形进入家庭、爱恋、恐惧、焦虑以及残暴之中的,是如何变形进入斗争与和解之中的。②

奥尼尔将社会学研究,甚至任何其他一种研究,都视为某种呈现与提交、某种开始、某种照面。这就要求有其基础。在提交的同时,关注到提交的基础,并不意味着对于作为其基础的日常生活或生活世界的断裂,尽管这同时必然意味着某种乡愁(nostalgia)与理念的开始。然而,野性社会学的温柔之处就在于它会环顾四周,发现那些不言而喻的,甚至是非理性的存在之现象。这是一种同时将自身安置于生活世界之中的、诗意的栖居——尽管这一栖居绝非意味着对于那些爱欲、忧愁以及苦难的无视,而是恰恰相反,置于世界之中,就意味着要用整体性的方式来看待事物本身,关注行动者的生死爱欲、恩义情仇及其"建筑世界"(world-building)的

---

① 约翰·奥尼尔,《身体五态:重塑关系形貌》,李康译,北京大学出版社2010年版,第3页。
② John O'Neill, *Making Sense Together: An Introduction to Wild Sociology*, London: Heinemann Educational Books Ltd., 1975, pp.3–4.

过程。野性的社会学绝不愿意牺牲自己,而换回某种"合理的"、去身体化与去世界化的思考方式,因为后者尽管可能会获得某些在现代性制度中的发展前景,然而却往往对于最值得被注视之事件熟视无睹。

所以,奥尼尔其实是将野性的社会学——或者毋宁说社会学的应有之义——视为一种日常的自我培育。这一培育并不会将作者本人从其日常生活之中抽离出来,而是令其受惠于"我们所居于其间的场景:街道上,集会里,劳动时,路途中,还有各种习俗与传统"[1]。

所以,对于奥尼尔来说,知识无法与道德相分离。因为人们在日常生活中并非一个价值中立的存在。因此,"最简单的心灵,同时必然最为渊博,因为他或她知道如何以不同的方式来处理各类事物,与不同的人打交道"[2]。

野性社会学的这一特征,绝不会减弱其社会学性质的力量;恰恰相反,我们反而在科学化的道路上遗忘得太多,诚如胡塞尔所言,这正是现代科学的危机。所以,奥尼尔要在上述美国社会学的大背景下,提出野性社会学的主张。这一主张是:

> 用社会学的方式去思考,就意味着讨论一个我们久已回答的问题:彼此截然不同的人们,是如何彼此属于对方的? 这就是野性社会学的任务。也就是说,野性社会学要处理的,不过是那些关于习俗、偏见、处所以及爱恋的古老议题;从世界劳动的历史之中来理解它们,将社会学扎根于那些形塑常人之神圣范畴的环境与具体性之中。因此,社会学的工作,就是要用家庭、习俗还有人类的愚行之中的灵光(epiphany)对抗科学那种了无激情的世界,除此之外,别无他法。这并不是要否认科学的社会学,这仅仅是要将其视为一种有待于去

---

[1] John O'Neill, *Making Sense Together: An Introduction to Wild Sociology*, London: Heinemann Educational Books Ltd., 1975, p.8.
[2] John O'Neill, *Making Sense Together: An Introduction to Wild Sociology*, London: Heinemann Educational Books Ltd., 1975, p.9.

说服世界的可能性而已。野性社会学对于社会学的贫乏困顿、野心勃勃以及它那些唾手可得的盟友们都了然于胸……野性社会学的成功,有赖于它栖居于自己的关注对象,而非在于其劳动的分工之中。①

奥尼尔在此找到了自己的声音,回答了将近20年之前帕森斯的提问。研究要有情感与爱,要去关注那些在学科化或科学化的过程之中被阉割了的实质内容。这绝非肤浅流俗意义上的小清新或者文艺范,这是对于人本身的真正关注。

这一研究既关于其对象,也关于研究者自身,关乎他们共同的自由与解放。这是奥尼尔关于现象学社会学之方法的诗意宣称(the poetic claims of method)。然而这是一种带有危险的宣称,因为方法打开/遮蔽了我们的眼睛,激发/形塑着我们的感知与激情,决定了我们所看到的是何种的世界。身处于现象学传统之中的奥尼尔,力图将现象学社会学的眼光与视域拓展至政治、道德与社会等传统大陆理论的领域。在这一努力之下,欧洲思想史传统之中的那些宏大浪漫而又严肃的、被无数现代性学问的宏大叙事所继承并发展的主题,那些曾经被奥德修斯的远征、俄狄浦斯的追寻所代表的"认识你自己"的古老箴言,现在都开始要在日常生活这一从未被发现的黑暗大陆之中扬起自己的旗帜。

这一在其学术生涯早期的宣称并非凭空捏造,反而尤其在思想史传统之中有其根源。在其第一部作品也是其成名作的《作为一种贴身行当的社会学》(Sociology as a Skin Trade)②中,奥尼尔明确提出了他的师承渊源。除了前述的保罗·巴兰、保罗·斯威齐和麦克弗森等人所代表的北美马克思主义之外,另外一条对奥尼尔产生重大影响的现代思想脉络是现象学的传统,尤其以梅洛-庞蒂、舒茨和彼得·伯格(Peter Berger)等人

---

① John O'Neill, *Making Sense Together: An Introduction to Wild Sociology*, London: Heinemann Educational Books Ltd., 1975, pp.10 – 11.
② John O'Neill, *Making Sense Together: An Introduction to Wild Sociology*, London: Heinemann Educational Books Ltd., 1975.

为主。此外，诸如马尔库塞、汉娜·阿伦特、戈夫曼（Erving Goffman）这些奥尼尔当时的交游群体以及米尔斯（C. Wright Mills）等人，都对他的初期工作产生了重要影响。其中除了马克思主义和现象学传统之外，作为一门20世纪60年代学术群体的"显学"，精神分析的传统显然也是其上述主张的核心。

在这之中，最为明显的影响仍然来自梅洛-庞蒂与卡尔·马克思。不过舒茨以及加芬克尔对于日常生活"这一未被发现的宝岛"的勘察，首先为奥尼尔的野性社会学提供了入手之处。有趣的是，曾经追随帕森斯的奥尼尔，与加芬克尔等其他那些帕森斯往昔的学生们一样，都在阅读帕森斯的同时，开始对舒茨的现象学社会学研究产生兴趣。帕森斯与舒茨的那段学界公案，迄今为止依然是讨论美国社会学历史的热点；而以加芬克尔为代表的帕森斯弟子的"倒戈"，则更是这段公案里的经典情节。与加芬克尔类似的是，奥尼尔最早也是以现象学社会学方面的工作而在北美学界为人所知。

在奥尼尔对野性社会学的界定中，诸如对"自然态度""专家知识""关联系统"的直接讨论，以及对"生活世界"这一胡塞尔在关于欧洲科学危机的讨论中所使用的核心概念的隐而不彰的运用，都直接体现了现象学社会学对他的直接影响。这一影响还进而体现在加芬克尔对日常生活中信任感与道德感的讨论中——在舒茨的工作中，我们甚少发现了此类直接讨论，尤其是关于道德的直接讨论。然而，在奥尼尔这里，日常生活，作为一个知识的世界与实在，同时也是一种道德现实，具有责任感的要求。

对于自身已然是一个自成一体的意义世界的日常生活来说，社会学研究与这一世界的遭遇所面临的天然问题，就是阐述的问题，或者用奥尼尔的话来说，是一种交互说明/责任（mutual accountability）。然而作为科学的社会学惯于关闭现实，而非呈现现实，惯于赋予日常生活中的人们过多他们所不具有的理性，让其成为理性化组织的合法成员。对此一无所知的社会学,绝不会意识到它正在受到"科学愚人"的诱惑。在日常生活中,理性的呈现方式可能要更为具体生动,同时更为隐秘而不可察寻。在这份野性社会学的宣言中,奥尼尔已经开始将世界看作身体性的世界;这是一种整体性的无处不在(omnipresence),无法简单地被科学化的目光在拉开一定距离的前提下注视。如果我们将社会学研究视为一种叙述,那么真正的叙述就不应该是空洞地去复述,而是灵魂的交谈,是倾注于我们的栖居之处,并且以此方式来栖居。奥尼尔说:"这才是社会学的描述与探寻的真正基础,而野性社会学也因此成了一种义无反顾的民俗艺术。为了遵守这一承诺,我们需要朝乾夕惕,持之以恒。"[1]或者换句话说,作为贴身行当的野性社会学,本身恰好就是现代性紧张的体现。奥尼尔主张社会学需要除魅,需要以一种朴素直白的目光,在看待世界的同时体会自己也身处其中的这个世界,需要以一种"照面"而非客体化的方式来写作。这是现象学传统中的描述性"风格"。奥尼尔因此而在最初被学界视为现象学社会学在舒茨之后的代表人物之一,也因此而追随梅洛-庞蒂,并经由梅洛-庞蒂追溯经典,重返卡尔·马克思与尼采-弗洛伊德的传统。所以,奥尼尔在其现象学的视域之中,所看到的不仅仅是知识,还有权力、交换、经济以及爱欲,是整个世界的绽放与遮蔽、压抑与反抗。这是在舒茨之后对生活世界这一概念的极大发展,是对那些对现象学社会学之偏见与批评的最光明正大的回应,也是《灵魂的家庭经济学》的出发点。

这一回应其来已久。因为现象学从来都不是一种冷冰冰的"客观知识",不是有待于学生去学习或者教师去传授或者学者用来写教材的"对象"或"研究领域"。现象学与启蒙的本真含义一样,乃是一种生命性的运动,是源源不断的绽开、看见、发生与创造。在《灵魂的家庭经济学》出版以前,奥尼尔对于作为贴身行当的野性社会学的研究,最杰出的成果要

---

[1] John O'Neill, *Making Sense Together: An Introduction to Wild Sociology*, London: Heinemann Educational Books Ltd., 1975, p.54.

数《身体五态:重塑关系形貌》①以及《沟通性身体:沟通性哲学、政治与社会学研究》②这两部著作。在这两部作品中,奥尼尔提出要以"活生生的身体"为线索来理解生活世界以及人类社会,以"拟人论(anthropomorphism)实践"为起点,讨论了人类是如何通过身体来思考自然、社会与世界,以及其中的种种制度、历史、家庭甚至是道德、政治与社会问题。社会科学如果想要彻底理解世界,那么这一对于身体的理解就要成为其根基,因为这种彻底的拟人论是"常识的历史根基,而这样的常识对于任何更高层面的人类统一体而言都被视为一种至关重要的成就"③。从胡塞尔开始的现象学悬置与还原工作,在经过了舒茨的改造,将其应用到首先是对日常生活之明证性疑问的悬置,以及对于日常生活之重大意义体系的还原之后,在奥尼尔这里走到了更具实质性意涵的层面。

就这一对于学术的理解和主张来说,最具有社会学气质的工作,其实是弗洛伊德的工作。从 20 世纪 90 年代开始,长期以来就对弗洛伊德感兴趣的奥尼尔,开始重返其经典文本,尤其是构成其传奇历史与精神分析传奇历史的那五个重大的案例史文本。

对于文本的阅读和理解,并不仅仅是精读其本身,更为重要的是,将文本置于文本之中,也就是置于历史、文化、社会与个人的生死爱欲之中加以理解,并将这一文本视为一种作者与作者之间进行表达与理解的身体艺术——这是奥尼尔在《书写蒙田:一项关于写作与阅读的文艺复兴制度研究》一书中所进行的讨论,也是奥尼尔写作《灵魂的家庭经济学》的入手点与写作视域。最终,身体理论在其开掘者那里,在去蔽式写作的同时被实践着,或者说,在实践的同时被"理论着"。在其解读中,奥尼尔力图构建起一套理解主体性的方法论框架。在这一关乎最为隐蔽的琐屑平

---

① John O'Neill, *Five Bodies: the Human Shape of Modern Society*, Ithaca: Cornell University Press, 1985.
② John O'Neill, *The Communicative Body: Studies in Communicative Philosophy, Politics, and Sociology*, Evanston: Northwestern University Press, 1989.
③ John O'Neill, *Five Bodies: the Human Shape of Modern Society*, Ithaca: Cornell University Press, p.150.

常之事的叙事之中,开始融合尼采式哲学、精神分析、现象学社会学、结构主义人类学乃至神话学等等欧洲文明的宏大成就。然而,在穷究其思想史根源之前,从一开始,我们就需要将这一写作视为一种身体艺术,一种通过其文本与读者沟通,在每一页的写作与翻阅、心跳与呼吸的过程中,不断与世界——与奥尼尔曾经工作过的那些园圃中的花朵——共同绽放的过程。

第四部分　灵魂的家庭经济学

一、忏悔者与生活世界

这一视域限定在日常生活之中的身体研究气魄宏大。奥尼尔的初衷，是通过研究"拟人论的历史，或者说人变为人的历史，来揭示开放性的身体逻辑丛(body-logics)。我们以多种方式通过社会思考身体，通过身体思考、影响社会，本书也始终不曾忽视这些方式之间的相互作用……也揭示了古代的宇宙论如何事实上是一种精致的认知图示实践，即使在我们探索面向未来的内部世界和外部世界的时候，也依然是一种文明化的源泉"[①]。

这一对于身体的研究并没有排除"偶然和冲突"，而是构建起一处空间，以便呈现各种观念与实践在其中的较量。然而，在这么做的时候，奥尼尔仍然遵循着现象学的追寻思考形式上的清晰与明证性，反思其观察方法，以便构筑起关于这一领域的社会学。也就是说，奥尼尔的工作乃是一种起点，这一起点具有开放性的特征，可以于其中讨论弗洛伊德和马克思等人的工作。

《灵魂的家庭经济学》正文部分有五章，各自以弗洛伊德赖以构建其精神分析传奇的五个著名案例为案例，作者仔细研读其文本，既深入探查，又抬头比较，同时将文学身体(literary body)既视为其自身，又视为弗洛伊德的身体性写作，在此前学术传统努力的基础上，对弗洛伊德的分析进行了再分析。这一基于学术传统的再分析，不仅娴熟运用了弗洛伊德

[①] 约翰·奥尼尔，《身体五态：重塑关系形貌》，李康译，北京大学出版社2010年版，第4页。

的经典精神分析的分析技巧与理论以对弗洛伊德及其分析工作同时进行"反身性"的分析,还进而综合了诸如拉康等人在精神分析传统之中的努力以及现象学社会学的传统。然而奥尼尔并不满足于此,而是再进一步,将弗洛伊德及其工作以及精神分析传统置于更为久远的西方文明史传统之中加以考察,并与此同时经由弗洛伊德来重新理解这一西方文明史的传统。也就是说,这不仅是一部研究性的作品,也不仅是一部奥尼尔本身的"沟通性"作品,奥尼尔在写作的时候,更是将其创造成为一种文明自身生生不息的古今对话的作品。奥尼尔将弗洛伊德的这五个案例视为有独立生命、可以生长且能够对抗诠释的独立文本。这些文本与其创造者弗洛伊德之间有着极为密切的关系,所以,在该书中,奥尼尔一再将精神分析视为弗洛伊德的孩子,将弗洛伊德作为精神分析的生父/母。虽然这一点在学术史上并不罕见,然而奥尼尔尤其将这一批判的现象学发挥到了极致,从一开始就明确指出了弗洛伊德与这些孩子之间的不同关系。在这些关系与互动之中,弗洛伊德与这些案例史各自成为其自身,同时也表明了阅读弗洛伊德及其作品的通路:

> 弗洛伊德是精神分析的生母。他放纵年轻的多拉与年幼的小汉斯,对狼人则更为严厉,而从未倾听过薛伯。不过,这些案例史同时也是关于精神分析之生父的自我纪念碑。我力图表明,这些竞争性的自我概念是如何深深地缠绕进了关于弗洛伊德那些案例史的文本性经济(textual economy)的。这些案例史都呈现在一种多元声音的文本中。在这种文本中,充满了各式各样的逻辑-科学式叙述,包括生物学、神经病学与化学,以及人类学、考古学与神话学。不过,我们只有通过对于这些案例史本身的耐心的、作为病人的阅读,才能有此见解。[①]

[①] John O'Neill, *The Domestic Economy of the Soul: Freud's Five Case Studies*, London: Sage Publications, 2011, p.2.

然而文本不仅仅属于弗洛伊德。文本有其自主性,能够自我生长。作为作者、母亲和父亲,弗洛伊德不仅仅生产和规定了这些文本,他还需要与其斗争。在这一相互之间的斗争中,弗洛伊德成为弗洛伊德,而其文本则生机勃勃,枝繁叶茂,同时因此而成了精神分析的迷宫。该迷宫的复杂之处在于,我们在每一次阅读或进入它的时候,它都会由于读者自身的身体、文本与视域而发生改变。"无论如何,在文本中,我们永远都无法摆脱那些围绕着光线的阴影。"这是必然的结果,因为我们在阅读它的时候,我们同时也在阅读自身。尽管所有的伟大作品都如是,然而精神分析毕竟是最大胆地说出这一真相的儿童。

这一文本的主题,正是奥尼尔要求社会学研究的应有之义:他将精神分析视为社会理论的工作,也将精神分析理论视为一种爱人的话语。然而如何去研究爱?这个问题或许从一开始就是错误的提问,正如当今各式各样对于爱情的心理学、家庭的社会学研究一样,从一开始,或许就错失了。其问之所问、被问及之物与问之和所以问都错失了。作为一名现象学家的奥尼尔,所观看到的是弗洛伊德关于灵魂的原初现象学,再进一步运用"灵魂",以之为灵与肉交织在一起,并能够将这一关于原初的现象学复原为意识与无意识的行为——这在他对于狼人的原初场景的分析中尤为突出。这一点是贯穿五个章节的线索之一,也是奥尼尔分析弗洛伊德文本的入手之处。

在其早期的论文《现象学可以是批判的吗?》[1]一文中,奥尼尔就已经显露出了某种同时既生成结构又去结构的视域观与表述方法。这一写作手法在《灵魂的家庭经济学》中更是运用得极为成熟。这不仅仅是因为该书作为奥尼尔本人的集大成之作,他在将近 20 年的酝酿与写作时间里,反复修改,苦心孤诣,精心构造,还因为他在这样一种观看之中,所看到的

---

[1] John O'Neill, "Can Phenomenology be Critical?", in *Sociology as a Skin Trade, Essays towards a Reflexive Sociology*, London: Heinemann Educational Books Ltd., 1972, pp.221-236.

精神分析,也具有完全相同的去/结构:

> 我视精神分析理论为一种爱人的话语。在这一话语中,充满了不确定性——除了那些理解和领悟的喜悦时刻。不过,如果想要避免枯萎凋零,这一话语就不得不摆脱这样的时刻。所思所想,无非都徘徊于经济/秩序和越界之间,踟蹰于优雅自矜和无止无境之间。①

借助某些通路,思想或许可以"将死亡(death)或爱(love)设为自己的目标,作为其灵魂的女士(lady)"。然而,这不过只是一种暂时的位置,因为"灵魂自身当然也会被它自己的梦境、幻觉和知识所猎取,所困扰",也就是那些"从灵魂的无意识亦即它的创造体中生发而出的梦境、幻觉和知识"②。

如果一定要追根溯源的话,奥尼尔是发现了精神分析与某种双重诞生之间的亲和力:我们每一个人在母体(mother-body)之中的起源,以及"给予生命的欲望之起源",这一欲望既有其生物性与身体性,又有其社会性与文化性,简言之,既有母亲一般的性质(如同母亲生育每一个"我们"),又有父亲一般的特质(如同父亲生育法律、艺术与科学这三位一体的自体/单性繁殖领域)。然而这两种都堪称单性繁殖(parthenogenesis)的幻想——奥尼尔相信这一单性繁殖的幻想居于弗洛伊德之工作的核心,同时也是《灵魂的家庭经济学》的主要研究线索之一。

这一爱的主题与言说相关,精神分析同时也是一种纠缠于上述言说中的言说。精神分析必须要言说,这意味着,不仅卡萨琳娜与多拉需要言说,狼人与鼠人也需要言说,甚至于小汉斯,也需要在父亲的报告之后,亲自登门去见那位家里有着一位漂亮的小女孩安娜的教授先生,甚而至于

---

① John O'Neill, *The Domestic Economy of the Soul: Freud's Five Case Studies*, London: Sage Publications, 2011, p.2.
② John O'Neill, *The Domestic Economy of the Soul: Freud's Five Case Studies*, London: Sage Publications, 2011, p.2.

薛伯,也必须要在其"忏悔录"之外,被弗洛伊德言说。最后,弗洛伊德还要背叛所有那些向他忏悔之人,向世人言说,正如所有的社会科学研究一样,以便成全精神分析本身。在分析中,忏悔从未开始,永不结束。精神分析仅仅处理语言之中的疾病,或者说,语言的缺失。奥尼尔将弗洛伊德对于疾病的处理以及这一处理的所有洞见与盲目、成功与失误、控制与溢出,都视为一种存在之绽出。所以他说:

> 一种疾病的界限,在于其语言的缺失。一次治疗的开始,是某种症状以另一种语言,在身体之上、在梦中、在言语中或是在写作之中,对它自己的关注。①

在这一关于忏悔者与生活世界的去/结构之中,那位家在维也纳山坡路19号的分析师首先成了一位听众,然而这位听众,同时作为尼采意义上的歌队成员,在聆听的时候,也在阐释,并同时"力图重构这样一种家庭:于其中,病人的故事发端,并且作为一种有自身风格的症候学而发展演变。一门小小的艺术,从某种疾病的案例中,抽离出疾病的过程,从病人那里,抽离出诗歌……"②所有的案例史,在这一过程之中,都成了爱的故事,正如克莱蒙特(Catherine Clément)所说:

> 精神分析师是爱的生物,而精神分析,则是一种多情的规训,一种爱欲性的理论,一种纯粹享乐的技艺。③

然而精神分析的言说不止于此,这一忏悔还包括言语间的沉默黯淡

---

① John O'Neill, *The Domestic Economy of the Soul: Freud's Five Case Studies*, London: Sage Publications, 2011, p.2.
② John O'Neill, *The Domestic Economy of the Soul: Freud's Five Case Studies*, London: Sage Publications, 2011, p.3.
③ Catherine Clément, *The Lives and Legends of Jacques Lacan*, Arthur Goldhammer (trans.), New York: Columbia University Press, 1983, p.143.

之时、指尖的微微挪动、空气中氤氲的烟气,以及在言说绽放过程中的遮蔽。弗洛伊德借助对时间的改造而把握这一存在状态。他那著名的关于快乐是对于史前愿望的"延迟性满足"(nachträglich),以及他对于官能症的界定,才是奥尼尔在《灵魂的家庭经济学》中做出如下大胆判断的起因:在弗洛伊德之后,我们对于黑格尔的《精神现象学》的阅读,就必须要经由弗洛伊德本人的现象学才能真正完成其旅程了,"这五篇案例史,构成了一种关于家庭与家庭的无意识想象,关于家庭的剥夺、嫉妒、愤怒与谋杀、性的伟大的现象学"[1]。

不过,如果仔细阅读奥尼尔的分析的话,我们会发现,皮特·布鲁克斯(Peter Brooks)的感受——似乎弗洛伊德所有的故事都如出一辙,所有的故事貌似都是一个故事[2]——似乎有些轻率,因为奥尼尔对于这五篇案例的分析沿着一条极为清晰的线索——个体成长史——在前进/推展开其讨论。

奥尼尔并未按照弗洛伊德写作和发表这五篇案例的年代顺序安排《灵魂的家庭经济学》的写作结构,而是按照他所发现的五篇案例内在的结构秩序来进行写作的。所以该书的开篇就写年仅五岁的小汉斯与青春期的少女多拉,然后是青壮年时期的鼠人与狼人,最后才是弗洛伊德从未遇到,然而在写作为弗洛伊德所分析的文本时已经年近不惑之年的薛伯。尽管奥尼尔并未明言这一写作结构的顺序,然而这五个章节在写作中层层推进,同时又前后互文,构成了一种具有整体性的奇异文本——对于分析的再分析。这一再分析重新构造了原有分析自然构成的时间性,然而这是一种生产性的重新构造。因为这一重新构造其实可以与原有的案例写作时间、案例主人公的年龄段以及弗洛伊德的成长时间比照并观,从而清晰体现出精神分析对于时间性的把握。这一时间秩序的塑造呈现出一

---

[1] John O'Neill, *The Domestic Economy of the Soul: Freud's Five Case Studies*, London: Sage Publications, 2011, p.7.
[2] Peter Brooks, *Reading for the Plot: Design and Intention in Narrative*, New York: Vintage, 1985.

种奇异的精神分析个体的成长历程：一个被认为是可以给人类带来希望的、仿佛是清晨第一缕曙光的"无性"幼年，如何带着现象学好奇进入世界，以一种绝对意义上的还原与悬置对其置身其间的"性的"世界提问，并在自我解读以及与之相应的斗争之中，在与成人之间对于世界解读权的反复争夺与控制之中，在获得性满足的同时获得残缺、被规训的过程之中逐步成长，同时抑制没有放弃逃离、共谋与反抗的努力的故事。这个俄狄浦斯的个体可以是无性（小汉斯）、女性（多拉）、男性（狼人与鼠人）、变性（薛伯）；然而他们又都是逾越者——对于性别的逾越与对于性的逾越，以及对于"我们"的逾越。

二、开始与神隐

一切故事都有开始，哪怕这一开始没有开始。开始的通常意象是出生，或者黎明与童年，或者就像故事常说的那样，"在很久很久以前"。在奥尼尔的笔下，弗洛伊德的这几个案例成了打开和理解这一"世界"的断面。所有这些断面都有其开始，然而在所有这些开始之中，有一个是开始本身。从这一开始，常人习以为常的世界就显示出了极为"怪异"的景象，正如弗洛伊德所说：

> 如果我们能够脱离自身的肉体性存在，作为一种纯粹的思维性存在——如外星生物，用一种全新的眼光来观察地球上的事物，那么最令我们震惊的，或许是这样一种事实：在人类之中存在着两种性别；尽管他们在其他方面彼此都十分类似，但却用极其明显的外部符号，来标示他们之间的不同。[①]

---

① Freud, *Freud Standard Edition of the Complete Works*, Vol. IX, London: W. W. Norton & Company, pp.211-212.

然而在奥尼尔看来,这一现象学式提问是有问题的,因为这一还原仍然预设了一种没有生物性的科学性的存在,而这有可能是在性别之外更大的谎言。对于这一开始的理解,只能是从童年之性本身出发来加以理解:面对事实本身!

小汉斯案例的核心线索,在于他对于"人从哪里来"这一问题解答的努力。在这一努力之中,这位婴儿理论家从现象学的无前见的起点出发,通过自己的身体,以泛灵论式的巫术方式进入世界,着手处理人世间那些最为古老也最为艰深的问题。这些问题或许早已被成人/常人习以为常、视为理所当然而熟视无睹。然而这位婴儿现象学家天赋异禀:他尚没有获得所有那些妥当处理世界的办法,对于家庭神话也将信将疑,而是采用最为严肃的态度来面对这一最为严肃的问题。尽管这一思考的努力处于精神分析现象学的看护之下,然而小汉斯这一通过身体来思考身体的努力还是立刻遭到了家庭结构与家庭权力的制止:

> 小汉斯不得不努力想方设法地去破解生命的秘密,因为他的父母向他隐藏了他本已准备好去接受的诸种关于生命的事实。[1]

然而这一阻遏小汉斯的努力似乎有点无效,因为那位"可以与上帝通电话的教授"似乎出于某种不仅仅是治疗的原因,而"纵容"了小汉斯的想象与绘画艺术。所以,在奥尼尔笔下,小汉斯、汉斯父母、弗洛伊德构成了一出重复演出的剧中剧。弗洛伊德从患者行为的种种断隙之中,发现了其无意识;奥尼尔则从弗洛伊德的种种断隙之中,发现其本人的种种无意识,尤其是在此时弗洛伊德同时对小汉斯与精神分析这两名幼童的掌控。

这一掌控终究会滑落,比如在多拉那里。在历经了多重的与多形态

---

[1] John O'Neill, *The Domestic Economy of the Soul: Freud's Five Case Studies*, London: Sage Publications, 2011, p.31.

的爱恋、背叛和在家庭经济中作为礼物而被交换之后,在历经了数个月的弗洛伊德的交谈式巫术,并且由此而厌倦了在山坡路19号二楼那个伟大的灵魂剧场中的出演后,多拉在她的第二个梦中,重温了她曾经在德累斯顿大师画廊的经验:孤身一人,面对拉斐尔的《西斯廷圣母》,全神贯注于默默的崇拜之中,长达两个(半)小时之久。当弗洛伊德问她,那幅画为何让她如此着迷/出神的时候,她却无法找到一个明确的理由,最后她说,"圣母玛利亚"。

作为弗洛伊德经典的"多拉"案例中的高潮部分,多拉与圣母玛利亚的这次相遇也是奥尼尔理解该案例的核心。奥尼尔不厌其烦地通过各种角度来进入这一场景。通过一种循环往复的方式,基于思想史与文明史,在该案例史的几重面向的复读与对于弗洛伊德核心理论的再理解背景下,奥尼尔终于打开了这一案例史的"盒子"。

对于这一盒子的研究首先要重返欧洲文明史研究,尤其是对于神话历史的研究。奥尼尔重新发掘了多拉作为潘多拉的一面:灵魂与欲望的亲和性(即Psyche与Eros之间的爱情关系),在欧洲文明中被视为所有灾难的源泉。而在后来的传统中,潘多拉的形象又融合了夏娃或者其他被视为所有美好之来源的形象,例如玛利亚。潘/多拉这一礼物的美德表现为:她并不知晓男人会如何对待她,会用无花果树叶(在多拉的案例中,是钱包)所代表的盒子,来表现其端庄稳重。然而对于弗洛伊德来说,这一夏娃的美德状态必须要在首先知晓男人会如何对待她的前提下,才得以可能。而在此之前,夏娃显然是一种《圣经》中所说的"赤身裸体,不知羞耻"的无道德/差异的状态。这一用盒子来遮掩自己的举动恰好泄露了如下这一点:盒子是女性的代表,是子宫的另外一个词,同时也因此是癔症的另外一个词。从这个盒子里逃出了人世间的一切,尤其是人。作为神话中人世间的第一个女人,潘多拉所创造的造人方式(生殖)意味着一种全新的世界构造与思维模式。多拉因此成为文化之普遍性的表达。不仅如此,奥尼尔在多拉身上汇聚的,显然还有着与本案例更为紧密的、在欧洲文明史中沿袭已久的玛利亚形象。在奥尼尔的考察之中,玛利亚不仅与海水的潮落(stilla maris)有关,而且也与海洋之星(stella maris)有关,并因此而作为一位治疗师,是每一个飘摇在海上暴风雨之中的灵魂都可以停泊的海岸。① Stella maris 是对于圣母玛利亚的尊称,意为我们的女士/神,海洋之星(our lady, star of the sea)。这一尊称被用以强调圣母玛利亚作为希望的象征以及对于基督徒,尤其是异教徒/非犹太人的指引作用。然而这一对于多拉神隐的理解还在另外一条线索中同时进行。

这一线索就是世纪末的艾达·鲍尔(Ida Bauer)亦即多拉的原型。在这条线索中,奥尼尔将多拉/艾达视为弗洛伊德在欧洲社会世纪末大转折的时刻重新思考人性之性的契点。

所有这一切,都在奥尼尔对多拉在拉斐尔所绘就的圣母玛利亚之前的这一神隐(raptured)之中汇聚。现象学的灵光一闪而过,仅仅出现在多拉的梦中,并为弗洛伊德捕捉到。虽然弗洛伊德在当时已经悯然,然而却为奥尼尔重读弗洛伊德,并且通过这一神隐重新理解弗洛伊德及其案例提供了契点。弗洛伊德在描述多拉在这里的状态时,运用了 rapture 这个词。英语的 rapture 来自古法语,而法语的 rapture 又来自拉丁语 rapere,原意是"掳掠""诱拐""绑架"。追根溯源,其原始印欧语的词根是 rep-,意为 to snatch(抢、强夺)。中译本在翻译过程借用了日语中的神隐(神隠し;かみかくし;kamikakushi)一词,意即"被神怪隐藏起来",被其诱拐、掳掠或受到招待,而行踪不明。译者希望能够利用这一个词,来表明奥尼尔所强调的这一核心意象。多拉在这一神隐之中,并且借助于这一神隐而逃离了其家庭与弗洛伊德的掌控;同时弗洛伊德也自认为笑到了最后。然而我们真正关心的,却是同时发生在梦中和在白日梦中的这一短暂的为了满足无意识的愿望双重逃离。

在多拉的案例之中,多拉在其所有试图进入家庭/爱欲经济的途径之

---

① 本句源自法兰克圣徒、加洛林王朝神学家 Paschasius Radbertus(785—865年)的句子:"Lest we capsize amid the storm-tossed waves of the sea."

中,所获得的却全部是背叛。背叛来自父亲、Herr 和 Frau,甚至是家庭女教师,最后,还有弗洛伊德本人以精神分析之名对她的背叛。背叛的原因在于多拉想要进入这个世界,然而却拒绝参与到这一以家庭为基本单位的性循环之中。她认同了自己的母亲,母亲对于洁白珍珠耳坠的执迷,即对于纯洁无瑕、未受玷污的爱情/来自男性之礼物的执迷,并未获得满足,而以洁癖作为补偿和抵抗。然而多拉又与其母亲不同,她有着爱的希望与勇于尝试的勇气。所以她在与 Herr 发生关系的同时,还与 Frau 之间有着密切的关系。然而,在这一方向上的尝试也只不过是她作为礼物而被利用的一个链条而已。因为对于 Frau 来说,多拉不过是一个孩子,最多是一个家庭教师。

在治疗期间发生的第二个梦中,多拉重返了得雷斯顿,重演了她在圣母像面前的那场神隐。多拉在这次神隐之中的形象,显然是一个走投无路、被逼入绝境之中的少女形象。与多拉哥哥不同,在多拉的年代,世纪末的维也纳尚未为女性提供更多的女性社会空间,哪怕在家庭内部也是如此。多拉的时代,神圣政治学仍然占据着主导的地位,而这是经由宗教、历史与现实三者共谋而实现的。对于多拉来说,家庭显然是她在现实当中所可能做的选择的一切。尽管多拉想要逃离,然而在这一家庭秩序之中,多拉所面对的严格秩序既已经全然崩溃,同时又严格而沉默地发挥着作用。父亲从一开始就并非一个道德而忠诚的形象,在将罪恶的种子(evil sperm)传给了母亲及自己以后,又背叛了自己。这并不是一个有德行的神圣父亲的形象。他甚至使得这一维多利亚式的家庭在实质上陷于崩溃,而那位作为社会主义者的哥哥则对这一崩溃不以为意。

在这一情境中,多拉的爱恋符合多重性倒错的全部特征,这是打破秩序之举。然而当这些梦要转变为现实时,却发现既有的秩序沉默而坚定地拦住了她,要求她被规训,不仅将自己的身体纳入现实的道德逻辑中,还要纳入这一家庭的交换经济之中。

多拉对于治疗与医生的敌意与此有关。她坚定地回绝了医生,甚至是弗洛伊德本人。因为弗洛伊德与其他医生一样,不过都是在诱导、劝说她遵从家长的意愿。多拉无路可走,只能遁入梦中,重温她在圣母面前的那场白日梦。拉斐尔那幅画像的治疗意义在此凸显。拉斐尔这一名字[①]与圣母的意象在奥尼尔的考察之中契合,为多拉/艾达提供了双重直接的治疗。然而这一治疗师还有另外一重意义。除了治疗之外,玛利亚最直接的意象是无性生殖,童贞生子,神佑始胎,是纯洁无瑕的、与人类男性之性无关的单性繁殖的神圣实现。这一故事比较起弗洛伊德的巫术式谈话来,显然更能被多拉所接受。所以这一神隐的意义在于,在既有秩序的强迫下,寻求另外一种秩序的可能。这一尝试在现实之中无法得到实现。然而在弗洛伊德这里,心理事实从来都有着与客观现实同样的影响效力。多拉的这个梦,使得她的愿望暂时得到了满足。她在这个梦中重返了无意识大陆,并因此而有信心结束弗洛伊德的治疗,甚至是与那两个家庭都断绝关系,并且似乎取得了胜利。

然而这一独立也是针对同性恋与自体性欲/自恋的独立——没有破坏与占有的爱的经济是否可能?超越人类之性的家庭之爱的神圣题记是否可能?所以,该案例不仅在现实层面超出了弗洛伊德的掌控,同时也在意蕴上超出了弗洛伊德的掌控。对于艾达·鲍尔来说,癔症已然是神隐之一种,将自己隐藏在症状中、逃离现实秩序与家庭的政治经济学的举动;失声与梦,都不外乎此。弗洛伊德将艾达·鲍尔命名为多拉,这一命名体现出了弗洛伊德的期待:确切性,即理性、法则与秩序。然而艾达本人却投向了圣母,正如潘多拉那样,在那一刻,同时在案例史中与现实之中,利用自己的盒子(藏身之所)超越了自己身处的秩序。

弗洛伊德却记录下了那一瞬恍惚/神隐,这在奥尼尔的笔下,成了我们理解多拉、弗洛伊德以及西方文明的通路。弗洛伊德说:"伊底所至之

[①] Raphael(Raffaele)这一名字在希伯来文中有"治愈者"之意,不仅治疗人的身体,还包括信仰问题。

处,自我也将可到了。"①正如尼采对于日神精神与酒神精神的讨论所说,这二者并不可分:爱的身体就是受难的身体,就是快感的身体,就是家庭的身体,就是作为劳动与生殖的双重的代际之祭的身体。奥尼尔将其讲述成了每个人自己的故事。多拉希望能够超越性的政治经济学,这就是"玛利亚对于上帝之言的赞成、基督的诞生,以及在她那受难的儿子躺在她膝头那一刻之前,她在神圣家庭中的生活"②。忏悔者与生活世界的故事,在此达致了第一个高潮。而对于这一神隐的理解,与这一解读他者的努力,不外乎我们自身而已。

在这一爱之戏剧中,爱与劳动是异性恋经济的两个基本故事结构。这是列维-施特劳斯、弗洛伊德、卡尔·马克思等人"总结为文化与生物性生殖的结构性律法的东西。任何女性、任何工作的男性都熟知这一点,亦即任何家庭都熟知这一点,爱与劳动是其两个面向"。这不仅是现代性的故事,这是人类最为古老的现象学注视。这既是《会饮篇》之中的讨论,也是在《圣经·旧约》之中对亚当和夏娃出伊甸园、变为可朽(mortal)之人时的规定。

三、鼠刑、夜奔与狼人之醒

在弗洛伊德致荣格的信中,他坦承,鼠人这部作品的写作极为艰难,弗洛伊德本人对其也并不满意。然而奥尼尔追随荣格,在《灵魂的家庭经

---

① 弗洛伊德在《精神分析引论新编》第三讲末尾处的话,后成为关于精神分析工作的著名格言。詹姆斯·斯特拉齐(James Strachey)将其译为"where id was, there ego shall be";而玛丽·波拿巴(Marie Bonaparte)则将其译为"Le moi doit déloger le ca";拉康在 Ecrits 中对这一句子进行了详细讨论,并将其译为"there where it was, it is my duty that I should come to being"。作为讨论起点,拉康将所引用的英文翻译为:"Where the id was, there the ego shall be."这一点与斯特拉齐译的弗洛伊德标准版英文译文集不同。我们并不清楚是新的译本在拉康的研究发表之后修改了译文,还是拉康所依据的乃是 1933 年由 W. Sprott 所译的第一个英文译本。高觉敷先生的中译本译文为"于是伊底所至之处,自我也将可到了"。
② John O'Neill, *The Domestic Economy of the Soul: Freud's Five Case Studies*, London: Sage Publications, 2011, p.96.

济学》中直称这一弗洛伊德最为复杂的案例为其最为重要的案例,是大师之作。奥尼尔分析的入手点,正是弗洛伊德本人的"艰难"之处;或者毋宁说,令弗洛伊德感到艰难混沌之处,以及弗洛伊德感到无能为力的原因,在此成了奥尼尔分析的入手点。

弗洛伊德的困难在于无法从混乱的叙述中清理出一条道路来,或者无法将叙述条理化。这一困难在奥尼尔看来,与鼠人的鼠刑以及夜奔有着直接的关系,然而我们需要从火车的意象入手来对其加以理解。

希弗尔布施在《火车旅行》一书中,描述了现代早期出现的铁路技术所体现出来的独特现代性质。早先的公路运输及河道运输方式涉及"路线与方式之间在技术上和经济上的区别……交通运输的路线选择和方式选择彼此独立,因为运载车船作为个体而运动在技术上是可行的"[1]。泰斯特在其《后现代性下的生命与多重时间》中分析这一意象说,由是观之:

> 公路运输和河道运输在18世纪发展起来的时候,并不是作为独立的系统,而只是必须通过有意设计的社会文化活动激活并实施的移动方式。

> 然而,随着铁路的发展,情形有了巨大的改变。铁路是作为一种自我规定的独立环境建造起来的,它规定了活动,而不是让活动来规定它。希弗尔布施指出:"路线和车辆在技术上通过铁道合为一体,在铁轨与铁轨上行驶的车辆之间没有任何灵活调整的余地。如果一辆火车碰上了另一辆火车,也不可能'靠边让路'。"因此,根据这一分析,铁路的技术对铁路上能做的事情产生了直接而重大的影响。形式变成了自在的目的。希弗尔布施继续写道:"这一点早就实现了。对于铁路的最初一切界定,无一例外地把它描述成一台机器,由铁轨和在铁轨上跑的车辆共同构成。"

---

[1] Wolfgang Schivelbusch, *The Railway Journey: Trains and Travel in the 19th Century*, A. Hollo (trans.), Oxford: Basil Blackwell, 1980, p.19.

铁路作为一种自在的环境,其发展必然意味着趋向技术可能性的物化:"蒸汽机使此前的有机动力走向机械化,对此人们体验到了去自然化和去感觉化。"按照希弗尔布施的说法,铁路线往往笔直穿越风景,从而规定着周遭的物理景观,更加剧了这种去自然化的感受。同时,铁路线往往并不遵从河流山川的走向。"动力的机械化启动了与无中介的、活生生的自然之间的异化,而随着铁路的筑造径直跨越地域,仿佛以尺度量,就更加剧了这种异化。"其结果,"铁路之于传统的大道通衢,就犹如蒸汽机之于役畜。无论是铁路还是蒸汽机,机械的规律性都征服了自然的不规律性"。①

正如这一引文中铁路带给自然的碎片化后果一样,在鼠人案例之中,弗洛伊德只能向我们提供某些碎片。这一困难当然首先来自精神分析工作本身:弗洛伊德对于任何一位患者的条理化总结,都正如铁路横穿高山大川的异化效果一样。然而在本案例中,这一冲击效果更为强烈,是因为患者本人那杂乱无章的叙述。这一叙述不仅杂乱无章,甚至堪称具有某种"反叙事"功能。奥尼尔在分析该案例的时候,舍弃了弗洛伊德原始案例分析之中的大幅记录与分析。这一删减的直接原因,就在于其叙事特征。这一叙事特征的最佳体现,首先还不是鼠人在案例后半部分的叙述,而是首先体现在鼠刑的故事这一貌似有着明确边界、条理与清晰意象的故事之中。在奥尼尔看来,这一著名的鼠刑故事,从现象学的视域分析入手,可以成为我们理解其"反叙事"的主要手段。弗洛伊德必须要在这一看起来是逾越无矩然而同时又具有绽开之魅惑的材料基础上,向理性的世界呈现这一作品。所以该作品就必然同时成为一个失明(blindness)与(洞)见(in/sight)的案例。随着对于弗洛伊德的文本分析逐渐向前,奥尼尔本人的写作也越来越具有存在主义气质。其中的批判现象学特征也就越发明显。奥尼尔将鼠人案例中的混乱不堪视为一种前现象,一种当下

---

① 基斯·泰斯特:《后现代性的生命与多重时间》,李康译,北京大学出版社2010年版。

之物：

> 鼠人几乎没有说出任何连续性的故事。他的"思维序列"每每会在有所条理之前，变得自相矛盾或者脱轨。那个铁路隐喻的工具，遭遇到了法律与军事性的隐喻，并因此而分岔。后面这两种隐喻的内在转喻，反过来又产生了一个可供理解的临时序列，然而这一临时序列，又迅速在诸多重叠与迂回曲折的弯路中消失，让听众（弗洛伊德）与读者（我们）徒劳无获。或许，是老鼠的形象在啮食着该主导叙事，破坏着那喂食着它的线索，撕碎着感觉与感受性，不断复制着鼠人那混杂在一起的恐怖与愉悦，而这个鼠人，就是那个试图告诉弗洛伊德他自己的故事的鼠人，同时既是弗洛伊德的主角，又是他所要戒防之人。①

然而这一困难还有另外一种原因。奥尼尔在其分析之中，同时将弗洛伊德本人的同性恋无意识与家庭场景杂糅进入了弗洛伊德的分析与写作过程之中，总结出了弗洛伊德用以联结其本人在第一阶段分析的两种动机的各种隐喻与遮蔽。也就是说，我们对于鼠人与弗洛伊德之间关系的理解不能仅仅局限在对于鼠人的理解一方。这种关系是双方向的和往返回复性质的。奥尼尔敏锐地指出了在鼠人与弗洛伊德之间存在着家庭结构（都具有一位强势的抑制性母亲与主人公需要偿还其父亲之债的代际命运）的相似性。鼠人案例，在多大程度上意味着弗洛伊德本人？这是一个有利于我们理解本案例之混乱以及弗洛伊德之"艰难"的问题。

弗洛伊德在治疗之中的通常策略是重返起点/开始以获得对于现象的解读。然而在鼠人案例之中，这一策略成了问题。因为重返起点只会带来更多的困惑与无穷无尽的分支与岔路，而"进程"本身也无休无止地

---

① John O'Neill, *The Domestic Economy of the Soul: Freud's Five Case Studies*, London: Sage Publications, 2011, p.98.

蔓延与分散开来。鼠人同时必须在每一个当下防范他自己的某些观念，以便防止他那位已经过世之父亲的再度死亡。与此同时，他还要防备着父母以及弗洛伊德看穿他那些可能会带来灾难的想法。在这一背景下，鼠刑的故事出场。正如多拉的神隐状态一样，在弗洛伊德的案例中，鼠人所有的世界意义与苦难征程，包括他与弗洛伊德的治疗关系，都浓缩在了这个鼠刑的故事之中。在这个多维度、多视角的故事/叙事中，鼠人同时既是叙事者，又是故事主角；既是旁观者，又是施虐者与受害者；既是那具有孔洞的身体，又是尖叫着胡乱钻入孔洞的老鼠。

对于这一鼠刑的叙述与解读努力本身，实际上就是后来鼠人向弗洛伊德所讲述的那一场不可能的旅程本身。在这一叙事之中：

> 我们看到了一种思维序列是如何被其爱恨交织的矛盾性内容所固定住的。这一矛盾性内容就是，鼠人欲求着能够将他父亲与他自己从他母亲的债务中（以及弗洛伊德的债务中，而这一债务也是由他母亲所偿还的）解放出来，以便追求一种真正的爱恋，于其中，他可以逾越父亲关于激情的禁律。简言之，鼠人自己变成了一只疯狂的小鬼/老鼠，往返奔跑于双亲的身体之间，以求找到一条通路，来安置他们的委屈不平（不对等的婚姻），谵妄性地寻找着再进入与再诞生，以便补偿一种爱之伤害。[1]

与这一鼠刑直接相关，鼠人向弗洛伊德讲述的他那永不停歇/无法完成的偿还债务/赎罪旅程，也最终渐渐消散在维也纳郊外深邃宁静的夜里。大地无言，深夜之中那无穷无尽、分散而又交叉的铁路轨道所代表的茫茫旅程里，鼠人的夜奔前后无序、犹豫不决、反复无常，一直都在试图重返那不可能的过去，以便偿还债务。然而这一不可能，却早已/同时由他

---

[1] John O'Neill, *The Domestic Economy of the Soul: Freud's Five Case Studies*, London: Sage Publications, 2011, p.105.

自己所设下。鼠人一直都在试图逾越他所无法逾越的轨道。这一故事发生在一战之前,在中文的语境中,我们或可将"一战"在电脑中误拼成为"一站",在即将到达这一场颇为具有划时代意义的现代历史轨迹的"车站"之前,鼠人的夜奔却呈现出了相对于工业文明的某种"溢出"姿态:

> 这一旅程,超越了都市与工业文明式制图技术的殖民化。而后者,却正是弗洛伊德的那些病人们的神经分裂造影术的主要构成要素。①

茫茫无尽的旅程,孤独冰冷的夜奔,显然在前述鼠人与弗洛伊德的家庭结构与家庭史之外,构成了与弗洛伊德本人那著名的"旅行官能症"之间的类比。而且鼠人的这一场旅程,连同作为旁观/倾听/参与歌唱的歌队的弗洛伊德本人,都一同陷入了一场更为宏大的现代性悲剧之旅程——通往下一站/战——之中。

在弗洛伊德的剧场之中,帷幕掀起,新晋作者/主持人奥尼尔登台,向读者宣告:

> 鼠人的悲剧在于,他在他家庭循环之中所引起的愤怒,最终被"那场战争的伟大暴力"所覆盖。在此,一个家庭的传承,伴随着文明的崩溃而走到了尽头。弗洛伊德从战争的废墟中幸存下来,然而却付出了沉重的代价:他发现他那位最后的病人,同时也是必然没落/死亡的文明自身——而在这些文明的不满之中,精神分析的角色,正是文明自身其来也晚的成就。②

---

① John O'Neill, *The Domestic Economy of the Soul*: *Freud's Five Case Studies*, London: Sage Publications, 2011, p.112.
② John O'Neill, *The Domestic Economy of the Soul*: *Freud's Five Case Studies*, London: Sage Publications, 2011, p.112.

这一旅程以及逾越的意向当然要得到进一步解读，因为弗洛伊德关于"旅程"之最为有名，也是最为堂堂正正的宣称，来自于他在《释梦》一书结尾处的著名宣言：梦是通往无意识的皇家大道(royal road)。关于"皇家大道"，弗洛伊德在原文之中所使用的是拉丁文 via regia 这一深深镶嵌在欧洲历史中的道路名字。斯特拉齐在英文标准版译文集之中将其翻译成"皇家大道"。然而 via regia 的意思不仅于此。在欧洲的历史之外，我们甚至还可以将旅程追溯到弗洛伊德回忆之中的全家在其幼年时期与其他犹太人群一起，从摩拉维亚迁徙到维也纳的旅程，这条道路在当时被视为中欧犹太人的救赎之路。我们甚至还可以想到犹太民族在开始就已经注定的命运：旷野之间的游荡，永恒的放逐。无论是从圣殿沦陷开始，还是从摩西率领众人出埃及开始，无穷无尽的旅程一直都是犹太人的重要历史。奥尼尔进一步将旅程的概念表象化：在生命的无尽旅程之中，或许永远都存在着通往母亲身体的这座黑暗大陆的旅程。这不仅是向后的旅程，同时还是向前的旅程，正如鼠人的旅程一样。熟悉精神分析历史的读者都知道，这一旅程的意象对于弗洛伊德还有着另外一种向前的重要生命意义：征服罗马！不过，这一通过征服罗马来征服世界的旅程，最终虽然实现，却也永远无法摆脱他的乡愁：

> 弗洛伊德的一生，都被他自己回顾为一场旅行。在这场旅行中，从始至终，他一直都被彼此交织在一起的母亲的目光与关于在怒黄色鲜花与衣裳装扮下的吉塞拉这位初恋的黄金记忆所淹没。①

作者奥尼尔在其耄耋之年，不无自我投射地如此写道：

> 我们同样知道，那列开往维也纳的火车，也曾带着年轻的弗洛伊

---

① John O'Neill, *The Domestic Economy of the Soul: Freud's Five Case Studies*, London: Sage Publications, 2011, p.114.

德远离了他的初恋吉塞拉。弗洛伊德永远都有一种重返关于吉塞拉的记忆的方式/道路,以及表达后悔用那位年轻爱人的花朵,交换了成年人婚姻这一面包的方式/道路。就好像鼠人一样,弗洛伊德的记忆能够反转时间的序列,在他选择一个传统的婚姻之前,重返那个新鲜的"黄金"之恋,在一种返往童年/童年的重返之中,扰乱了那一梦/梦者的关系,正如在这个老鼠故事中被分裂了的叙述者与聆听者之间的关系那样。①

永恒的回归/不可能之旅程,以及在旅程之中对于旅程的逾越,在狼人的案例之中,甚至更进了一步。奥尼尔喋喋不休地在弗洛伊德的工作之中试图重返狼人、弗洛伊德,以及甚至是奥尼尔本人的原初场景。在这个意义上,狼人的眼睛在睁开的那一刻所看到的两个场景——群狼待在胡桃树上和父母在床上的场景——就具有了特定的意义。不过,严格遵循现象学方法的奥尼尔,在狼人的案例中对弗洛伊德的工作进行了严格分析。这一分析的首要成果,就是对于这一永恒回归的悬置性结构的戏剧化方面——逾越的另外一面。不仅如此,弗洛伊德本人在写作方面的结构性特征,也就是对于"附录与校正"的执着(fixation),也成了该现象学分析的重大主题。这一主题与狼人本人的附录与校正亦即狼人本人所写作的著作,以及狼人的苏醒时刻所做的那个梦或者说在那个梦中苏醒过来的时刻(这当然是两种故事版本)以及此后的所有症候,作为其原初场景的附录与校正,就像一出无穷无尽的戏中戏的结构一样,叠床架屋,层出不穷。

在这一结构之中,奥尼尔从那只燕尾蝶的翅膀的开合振动出发,力图也让上述所有事物(things)的历史性关联,以弗洛伊德的方式振动起来。他在那篇《现象学可以是批判的吗?》中对现象学的反思/批判性的强调,

---

① John O'Neill, *The Domestic Economy of the Soul: Freud's Five Case Studies*, London: Sage Publications, 2011, p.114.

在此终于达致炉火纯青之境。现象学式的视域观，与弗洛伊德的儿童理论及方法论结合在一起，永恒的回归与永恒的反思不可或分，而且只有在这一过程中，孕育与概念(conception)才有可能发生与成形，也只有在这一混乱不堪的背景下，我们才能够成为我们。

四、薛伯的神佑升天

丹尼尔·保罗·薛伯(Daniel Paul Schreber,1842—1911年),19世纪德国著名儿童-养育医学权威丹尼尔·高特列博·莫瑞兹·薛伯(Daniel Gottlob Moritz Schreber,1808—1861年)的儿子,在精神崩溃以前,曾任萨克森州高级法院首席法官。1903年,薛伯第二次治疗出院后,出版 *Denkwürdigkeiten eines Nervenkranken* 一书。该书不仅在精神病史学中被引用次数极多,而且成为精神分析历史上的重要文献。弗洛伊德本人并未对薛伯进行过治疗,其"薛伯案例"来自对该书的分析。除了荣格与阿德勒对这一案例的分析之外,拉康1956年在其研讨班中开始以该书为基础而研究精神病学,并于1958年发表文章《论精神障碍的一切可能疗法的先决条件》。德勒兹与瓜塔里在其《反俄狄浦斯》之中亦有对于这一案例的分析。

Nervenkranken 一词的直译是 nevropathic,这与艾达·麦卡尔平(Ida Macalpine)与理查德·亨特(Richard A. Hunter)在其对该书的翻译 *Memoirs of My Nervous Illness* 接近,而斯特拉齐在其弗洛伊德英文标准版译文中,为了符合弗洛伊德的分析需要将该题目翻译为了 *Memorabilia of a Nerve Patient*。奥尼尔在《灵魂的家庭经济学》中将这一章标题译为 "Schreber's Blessed Assumption"。blessed 译自德文 Seligkeit,selig 在德文中有多重意义,如"受到祝福""永在福祉之中",以及作为委婉语的"死亡"。这一标题,与前面各个章节一样,基本上表明了该章的核心意象。

虽然薛伯这个案例对于弗洛伊德来说并不复杂,其篇幅也并不是最长,但是对于奥尼尔来说,对于这一案例的分析,显然是该书的高潮,也是他在全书中用力最多的一章。奥尼尔在此前各章之中的诸多线索,都在这一章中汇聚在一起,以交响乐式的结构构成了整体宏大的叙事吟唱。与此同时,就写作来说,这一章对于奥尼尔也有着与弗洛伊德相耦合的特征:正如奥尼尔是根据弗洛伊德的文本以及相关研究文本来研究弗洛伊德的案例一样,弗洛伊德本人的这一案例也是根据文本与相关研究文本来研究薛伯的——弗洛伊德并没有治疗过薛伯,该案例的主要依据,在于薛伯的那部辩护式自传。不仅如此,奥尼尔发现,薛伯为他自己的"回忆录"所做的声明,与弗洛伊德以在多拉案例中的声明为代表的那些案例声明并无不同:

> 在每一个案例中,都存在着公开披露的得体性与科学探索之间的矛盾,尤其是当自我启示成为分析方法的一部分之后,科学家本人会在分析中身败名裂,或招致好色淫乱的名声。薛伯乞灵于更高的科学兴趣与宗教知识;作为对这二者的代表,他提供了一种关于他自己的精神、身体以及语言经验的记述,而这与弗洛伊德本人的实践并无不同。①

萨缪尔·韦伯(Samuel Weber)在为 1988 年麦卡尔平与亨特译本所写的序言中,向所有弗洛伊德的读者们提出了一个挑战性的问题:"谁曾倾听过薛伯博士?"

作为对于这一问题的回应,奥尼尔首先认真阅读了薛伯的著作,并且从中总结出了四五种"结构",包括:

    I. 一位神经病患者的回忆录。

---

① John O'Neill, *The Domestic Economy of the Soul*: *Freud's Five Case Studies*, London: Sage Publications, 2011, p.159.

Ⅱ. 呼吁反对强制收禁一位精神病患者。

Ⅲ. 宇宙秩序及其犯罪的理论：

    a. 灵魂语言；

    b. 上帝的创造；

    c. 神佑的状态。

Ⅳ. 后记,第一系列,第二系列。

Ⅴ. 附录(A—E)。[1]

  从这一工作中,奥尼尔发现,弗洛伊德事实上只摘取了薛伯著作中的一部分作为分析主题。这一发现使得奥尼尔的工作具有了更多的维度：约翰·奥尼尔—弗洛伊德—弗洛伊德的薛伯案例—薛伯的《回忆录》—薛伯本人。所以奥尼尔在这里所处理的首先是弗洛伊德的阅读之物。这一视角使得奥尼尔易于发现在从薛伯到薛伯回忆录的英文译本以及弗洛伊德的分析之中,所发生的"背叛"与"自我背叛"的种种蛛丝马迹。忏悔者与生活世界的关系,首先是一种伦理学问题。例如,在这一对于薛伯的"征用"之中,就已经存在着一种语用学方面的爱欲特征。

  不过,在该章中奥尼尔一如既往地希望能够借此进入对西方文明的讨论中。这一野心的基础在于薛伯的文本自身,薛伯故事的基本特征在于他重构了世界的秩序。这一宏大叙事甚至与诺亚方舟无关,因为薛伯所斗争与重构的对象,包括上帝。这一更新秩序的表现是薛伯转变为上帝伴侣,并由此来更新全人类。从这一点出发,被认定为疯癫的薛伯提出了完全不同的关于文明、事物的秩序、救赎以及爱欲与肉体之间关系的宏大理论,奥尼尔不得不动用超越一般社会理论传统的资源来对其加以解读：从古希腊的神话到尼采的鹰与蛇。

  事实上,奥尼尔想要说明,不仅在本案例之中,而且在所有的这五个

---

[1] John O'Neill, *The Domestic Economy of the Soul: Freud's Five Case Studies*, London: Sage Publications, 2011, p.163.

案例中,都存在着对于弗洛伊德之理性控制的溢出。例如,在对薛伯自传的重新阅读之中,奥尼尔发现了薛伯"对于女性气质的培育包含了一种肉感崇拜,而这大大超越了弗洛伊德的肛门性爱的版本"。弗洛伊德努力将薛伯的双性恋理解为同性恋,这显然并不符合薛伯本人的宣称。薛伯的回忆录,无论在常人看来多么混乱不堪,然而却仍然有其内在的道理。与此同时,它还"是薛伯的第一个孩子"。薛伯希望能够超越传统的世界秩序,这一点被弗洛伊德理解为一种原初退行。然而在奥尼尔看来,薛伯的谵妄之言更像是在世界秩序边缘起舞的尝试:

> 正如尼采那样,薛伯的语言在意义与无意义的界限边缘起舞,消解事物,以便为了在表达他对于雌雄同体之欲望的委婉用语与矛盾语词之中,重新结合它们。这一雌雄同体却未曾分裂的性交,或许可以更新那性差别的死寂世界。[1]

这甚至无所谓是否超越弗洛伊德,而是完全不同的另外一个世界,当然也就无所谓对于那个古老的摩西律法的冒犯或者顺从了。所以,弗洛伊德建基在(被弑)父性隐喻基础之上的社会秩序,以及与此相关的阉割/良知/秩序的俄狄浦斯故事,不仅在多拉的故事之中,在这里也呈现出了力所不能及的状态。在弗洛伊德那里饱受批评的母亲的缺席,同样在所有的这些故事之中全部复活出席,从弗洛伊德分析的背景走向前台,成了奥尼尔分析的永恒回归之温暖恬适的宁静故乡。

薛伯父亲的教育学乃是一种福柯所谓的全景敞视主义,这是薛伯毕生所要逃脱的教育系统。这一逃脱的最为直接的努力,就是谵妄式变身:转变升华为上帝妻子,以此来拯救世界。所以,在奥尼尔看来,这一变身实际上也是逃脱弗洛伊德之理论框架与相应的世界秩序的努力:

---

[1] John O'Neill, *The Domestic Economy of the Soul: Freud's Five Case Studies*, London: Sage Publications, 2011, p.172.

薛伯的变身并不是从一种性转变到另外一种性,而是从一个家庭转变到另外一个家庭——转变到那个其爱并不为俄狄浦斯化的性所制约的家庭,转变到其爱并非教会或国家规训的家庭,转变到其爱并非一种军队的军事演习或者学校测试的家庭。①

因为他所逃离的这一世界秩序并非随口说说而已。这是"基督教资本主义"的世界,或者反过来也一样,是"资本主义化了的基督教"。所有人的身体都嫁接/存在于其中,"没有谁的身体可以自满"。

然而薛伯在变身飞升中所冀求的逃离,恰恰正是这一世界秩序。这与小汉斯的"天真无邪"、多拉的"神隐"颇有类似之处,却也与鼠人和狼人的永恒回归相近。不过,在奥尼尔的分析之中,这几个案例由浅入深,同时又以一种回返往复的方式,表达了一种关于文明的存在主义现象学分析。在薛伯案例中,奥尼尔说:

> 文明庆祝着人类的求生与不死意志,只允许以其独有的方式死亡。文明化了的存在与死为邻,一种文明化的社会则持续修复着生命的篱笆。它安抚着患病与濒死之人,包容着疾病与死亡。以此方式,我们将生命设定为一种针对死亡的界限,并且通过这一文明化的想象,将死亡承认为生命的界限。只要这一文明化的幻想被削弱,死亡的深渊就会在我们面前隐约展现,并且诱惑着我们去自杀、谋杀。由于缺少这一点,我们捍卫着自己的生命,对抗着其终点与起源的极限,以便将我们自己培育成为那些在我们的家庭经济中的他者;这一家庭经济的智慧,隐藏在那被暴风雨所肆虐的天空下的生活之中,我们并未窥视这一智慧的崇高庄严所在,正如我们未能窥探我们自己

---

① John O'Neill, *The Domestic Economy of the Soul: Freud's Five Case Studies*, London: Sage Publications, 2011, p.175.

的那些梦境的黑暗脐带一样。①

而在更早的篇章中,观看着弗洛伊德笔下鼠人在茫茫夜奔中的毫无头绪,奥尼尔也以悲天悯人之心写道:

> 我们现在所接触的,乃是一部伟大的存在主义戏剧——在一个超越性交的层面上,遭遇到了"去在"(to be)或者"不去在"(not to be)的问题,也就是说,在何种机遇中,生(殖)与毁灭/死亡的问题,"遭遇/结合"(marry)到了一个卵子和经过大量淘汰而幸存的某一个精子之间的问题。我们并非要人格化这一遭遇,该遭遇纯粹是在生物学的意义上和完全常规的意义上而言,并无任何其他考量。任何一个社会,都会成功地在人类生命的繁殖方面同时在集体与个体层面上对其进行礼仪化,同时庆祝着婴儿这一"礼物"以及所有其他自然的礼物,包括我们自己在内。弗洛伊德在他关于强迫性神经症的评论之中,引入了这一主题。他认为,强迫性神经症所处理的,正是这些伟大的主题,人类对此全都一无所知,也就是对那些关于父亲、生命的长度与在死亡之后的生命,全都一无所知。这些确实是鼠人最为关心的主题。它们极大地超越了那个老鼠故事,所以我们能够发现,弗洛伊德自己的心灵转向了歌德和莎士比亚,以展示那些啮咬着人类胸脯的更为宽广的冲突与疑问。这一问题乃是起源的问题——谁创造了我。尽管已经有了关于性交与怀孕的知识,而且尽管这些知识在历史与文化的层面上极为广泛,人类也还是要举出这个问题。尽管伴侣之间存在着性交这一事实,该问题也还是依然存在。②

---

① John O'Neill, *The Domestic Economy of the Soul: Freud's Five Case Studies*, London: Sage Publications, 2011, p.181.
② John O'Neill, *The Domestic Economy of the Soul: Freud's Five Case Studies*, London: Sage Publications, 2011, p.124.

这一存在主义现象学的分析可以更为具体化。在舒茨关于生活世界的经典理论之中,作为其有意向-意义的生活世界核心以及后来梅洛-庞蒂的知觉现象学的起点,乃是一种此时此地的、居于意义世界之核心的身体。奥尼尔对于这一分析框架的突破在于,首先将其放置进入了弗洛伊德式具身化的世界之中,然后再通过对于这一世界颇为具有人类学色彩的政治经济学结构分析,从而将这一现象学的身体与人类历史上的宏大历史和文明命题关联在了一起。奥尼尔首先通过引用里奇的话来展开分析:

> 在自然物理与形而上学之间有什么区别？一种看待这一问题的方式是将"非-当下"(not now)等同于另外一个世界;在这种情况下,过去与未来作为对方的属性而合并,以对抗作为真实生活的现实经验的当下。在"此时-此地"与"其他"之间的关系也就因此可以被视为一种下降(descent)。我的祖先们属于"其他"范畴,我的后裔们也是如此。只有我在此时此地。
>
> 然而这两个世界的分离还不够,它们之间必定还存在着连续性与中介。联想起软弱无能的(男)人们是强大有力的诸神的后裔这个观念,我们就有了那个乱伦教条:诸神与(男)人们或可建立性关系。处女生殖的教义和与人类男性性欲无关的教义都是作为这种神学的副产品而出现的。[1]

此时此地的当下在此首先成了宏大代际变迁之中的"我们",有别于我们的先祖与后裔。然而它并不仅仅意味着此时此地的当下,它还意味着此时此地的当下这一具有道德意涵的肯定命题所否定的另外一个世界

---

[1] Edmund Leach, "Virgin Birth", in *Genesis as Myth and Other Essays*, London: Jonathan Cape, 1969, pp.108 – 109.

与他者——无论这另外一个世界与他者意味着爱欲式的政治经济学秩序的颠覆、神隐或飞升的可能性，还是仅仅具体化为单性繁殖或者雌雄同体的世界秩序，甚至是无性的世界秩序。所以这就进一步映射出一种集体思考的状态，现象学并不仅仅考察个体意义与生活世界。在这里，奥尼尔的论证清晰而明快："处女母亲的悖论或神秘性……是集体在通过这些故事而思考自身。"这一思考的痕迹表现在从希腊神话到圣母玛利亚的这一名字在漫长的欧洲历史中的演变过程。奥尼尔也从这一线索出发，将薛伯的谵妄理解为单性繁殖的幻想。并进而返回尼采所歌唱着的"那个万事万物都以偶然之足起舞，在实用与目的/意义之前的时刻"。原初时刻与原初场景的意义进一步不再仅仅是对于父母交合场景的观看，还牵涉到了更多与世界构成相关的"愤怒、不确定性与迷失"，以及一系列来自双重认同的困难。薛伯的回忆录，构成了一种真正意义上的原初场景。薛伯同时作为创造者与被造物而出现，所以，作为"我是谁"一问题的推进，薛伯真正的病原更为清晰可见了：与"生命源自何处？"这一问题相关的所有提问和回答。所以，在弗洛伊德与拉康的谱系中，抱持着批判性的现象学态度的奥尼尔同时向前进了又向后退了一步，重新捡拾起了早该得到细致分析的薛伯的天鹅之歌，以及那一对作为礼物的天鹅所栖息的存在之镜湖。奥尼尔以最为诚恳朴素的现象学观看，将薛伯这名孩童的努力重又导引回了歌德的永恒女性（das Ewig-Weibliche）。奥尼尔以歌一般的句子如此写道：

> 拉康忽略了那片湖水的意义，那片湖水将生者与亡灵永隔。这是一道我们永远要试图超越的界限——正如我们被身体的孔洞边缘所诱惑，寻求快乐、远离痛苦一样。或者，毋宁说，拉康忽略了他本可以知道的东西，即一旦生命超越了其内在与外在世界的边缘，无论是在饥饿还是在欲望之中，无论是在愤怒还是热爱里，身体都永远不会遗忘（the body never forgets）。身体的孔洞合拢形成的边缘，使得生

与死作为男与女而交织纠缠,或者是作为母亲与婴儿而叠合——在这边缘之上,一种谵妄式的认同游荡于幸福与愉悦之间、天地之间,以及在那些镜像与我们想象性身体——我们必须作为另外一个身体去爱的身体——的岛屿之中。这是因为,我们那活着的身体总是会受到伤害与饥渴之苦;这一活着的身体,哪怕从第一天开始,就无法承受爱的伤害,也无法承受那来自我们所诞生于其间并在其中受到最为悉心照料的家庭的伤害。①

奥尼尔本人的醉与爱,他所理解和践行的社会学写作,如同他所分析的弗洛伊德及其笔下的主角们一样,重返了歌德高歌吟唱的"永恒女性"。如果一定要在这一世界之中做出选择的话,那"为何不选择玛利亚呢"?尽管我们文明的边缘仍然黑暗,尽管我们在烈日当空之际仍然一无所见,也可能无法在黎明之前起舞,然而这并不妨碍我们经由醉与爱来理解自身,在词语和言说之中窥见那些"闪烁摇曳的光点",在引用了阿波利奈尔的诗句以及他的坟墓上的意象之后,奥尼尔以同样的诗意写道:

> 我们不必用我们的身体来埋葬这一爱,也不必忍受我们的两种性别在渴求爱的时候所感受的孤独与寂寞,经年以来,我们各属其身,也都明了,爱无法治疗其自身的伤痕。如此,在我们这两种灵魂之中的虚饰,在这首诗歌的构造中就结合在一起,克服了其自身的不忠、厌女症与绝望,为了照顾这位诗人无法满足的领养需要而清空坟墓,在宇宙间种植上诗意,为月亮着色,为星辰歌唱,让我们这个世界中的小小灯光,成为遥远宇宙中的星光。②

---

① John O'Neill, *The Domestic Economy of the Soul: Freud's Five Case Studies*, London: Sage Publications, 2011, p.207.
② John O'Neill, *The Domestic Economy of the Soul: Freud's Five Case Studies*, London: Sage Publications, 2011, p.210.

读者可能会遗憾于《灵魂的家庭经济学》并未处理思想史传统之中那些与弗洛伊德的工作和该书的解读也有着亲和力的部分。从霍布斯到卢梭,从柏拉图到尼采,弗洛伊德与其患者之间的关系,或许更接近苏格拉底与其学生之间的关系。或许社会学亦当如是。不过,或许读者可以像理解/阅读一幅留白的东方山水画作品一样,从该书结余后记的最后一句神秘、意味深长而又无比诚恳的"阿门"起手,来欣赏该书中的留白。

说明与致谢

如果不出意外的话，《灵魂的家庭经济学》将会是奥尼尔在长达半个世纪的学术生涯之中的总结性作品。这部写了20年的著作，虽然篇幅不长，然而堪称其集大成之作。我并不是一个聪慧的学生，由于知识储备和理解能力差距太大，时至今日，我也才稍微能够体会他在课上所说的那些话。这一份课后作业做得艰难，然而只有在完成之后，我才能稍稍敢说，我算是跟随奥尼尔读过书的学生。对该书的翻译，则更像是一份迟到的课后作业了。

只不过这份作业并不是由我一个人完成。除了奥尼尔的直接回复之外，当年的课堂笔记和奥尼尔的其他两位学生也给了了我非常大的帮助：感谢温哥华大不列颠－哥伦比亚大学（UBC）的教授汤姆·凯普（Tom Kemple）与英国基尔大学（Keele University）的教授马克·费泽斯通（Mark Featherstone）。在《灵魂的家庭经济学》中文版的翻译过程中，有许多中文译者不甚明了的地方，都得到了他们的耐心帮助。汤姆与马克都曾经跟随奥尼尔攻读博士学位，并且在毕业之后各自开创了富有原创性工作的同时，继续与奥尼尔保持着密切的关系。其中，汤姆·凯普还是《灵魂的家庭经济学》英文版出版过程中实际上的编辑，所以我们还讨论一部分文本上的问题。

最后，我还要再次感谢奥尼尔。我从他那里所学到的东西远非仅只有知识。我从他那里得到和学到了太多太多的东西，无论是为人、为学还是为师——这实际上是三位一体的事情。

奥尼尔将学生看成自己的孩子。他并不仅仅和学生谈论学术，也从来不强求学生写作与发表论文、参加学术研讨会、申请校际交流,等等。学界中人基本都能够明白,对于研究生来说,这类活动的真正意味往往都不在学术本身。他并不鼓励我参加学术研讨会,因为读书其实更加重要,他甚至对于某些重大的场合也都淡然视之。我还记得他在2008年带着我参加在多伦多举行的梅洛-庞蒂诞辰100周年研讨会的时候,在某些无聊的发言过程中,他悄悄和我说:"你不必一直坐在这里。"这种在当时的场合下略显荒诞的言传身教,实际上对于学生的意义不亚于他在课堂上的工作。

这当然并不是对于学术没有敬畏之心,恰恰相反,除了课堂和日常研究中的种种模范作用之外,他还每每以最为诚挚的态度,向我表明应该如何对待学问。我仍然记得在2009年的某个下午,奥尼尔在他的办公室里与我讨论读书与写作的时候,顺手拿起放在他桌子上一本刚出版的著作。那是一本研究在当今欧洲极为"热门"的某位学者的会议论文集,其中收纳了该学者以及其他研究该学者之"思想"的若干篇论文。该著作的背面有着奥尼尔为本书所做的背书。奥尼尔拿起书来,先向我读了他所写的背书:"本著作深刻地研究了……广泛地讨论了……是又一部研究现代性的力作!"在读完之后,奥尼尔将手往书背一拍,断然说:"它并不是!"然后解释说:"这段背书是我写的。出版社知道我和他是好朋友,所以付给我30美元,让我写这么一段话。我写了,可是我知道这并不是一本好的书。开一个研讨会,召集一群教授,每人提交一篇论文,然后就出一本书。这不是研究。"说完之后,他将书往我手里一塞,说:"留着这本书,但是不要去读它。我给你是为了让你记住,不要这么做研究!"

在所有这些无论如何都无法令我终篇的回忆之中,这篇论文还是要结束。最后需要做一点说明的是,我翻译这部著作的过程,同时也是我和我妻子的孩子孕育、诞生、成长的过程。他出生于2014年1月。早在多伦多的时候,我们与奥尼尔夫妇就已经约定,要用奥尼尔的名字"约翰"来为他在英文的世界里命名。这不仅仅是为了纪念、回报与荣耀,更是对于其学术理念与实践的最佳体现。在奥尼尔那里,我学到了太多的东西,也错失了太多的东西。作为一名才智极为普通而际遇又极为幸运的求学之人,我又由于需要花费太多的时间在工作上面,而错失了太多与家人共处的机会。无论如何弥补,身处这重重叠叠的"债务"之中,我都明白自己的幸运与所有那些的"错失",其实也都不存在回报或挽回的可能性,而是必须要承担着所有的这些日常生活之中的幸运、债务、自责与错失,勇敢而有担当的前行。在其早期研究的梅洛-庞蒂的作品《知觉、表达与历史:梅洛-庞蒂的社会现象学》之中,时为学界新秀的奥尼尔在前言里引用梅洛-庞蒂的话来表达自己对于他人的感激之情:"梅洛-庞蒂教导我避开哲学的姿态与孤独而理解哲学。'我从他人那里借来我自己;我从自己的思想中创造出他者。这并非对他人失于察觉,这是对于他人的知觉……哲学是在我们之中的本性,是他人在我们之中,而我们在他们之中。'"我想,这样的话语,我也应该借用过来,呈献给《灵魂的家庭经济学》的作者,以及与我有关的所有人。

作者单位:北京大学社会学系

滕尼斯的学术传统与政治担当

——评《滕尼斯传：佛里斯兰人与世界公民》

/ 张巍卓

* 乌韦·卡斯滕斯:《滕尼斯传:佛里斯兰人与世界公民》,林荣远译,北京大学出版社 2010 年版;英文版参见 Uwe Carstens, *Ferdinand Tönnies: Friese und Weltbürger*, Norderstedt: Books on Demand, 2005。凡引用该书的地方,只夹注页码。

提及德国社会学家斐迪南·滕尼斯（Ferdinand Tönnies，1855—1936年），但凡对经典社会学学说有些了解的人，一定会首先想到他最著名的那部作品——《共同体与社会》（*Gemeinschaft und Gesellschaft*），以及由此提出的"共同体"与"社会"这对概念。然而，如果深究滕尼斯的学术形象与学说传统，我们似乎再也说不出更多的东西。在学科日益专业化的今天，以"原创"为目标、以"量化"为最终依归的学术生产机制及成果评定标准，恰恰使经典作家本人及其作品悲剧性地被他自己创造的概念逐出了历史。那么，为什么我们还要研究滕尼斯？滕尼斯对我们有怎样的意义？《滕尼斯传：佛里斯兰人与世界公民》正是要回答这个问题。

作为国内译介的第一部滕尼斯研究专著①，《滕尼斯传》自然成了汉语学界全面了解滕尼斯其人的首选文本，因此，我们不能忽视它可能对汉语学界产生的影响。然而，在评析《滕尼斯传》之前，我们有必要就本书的作者以及本书在滕尼斯研究传统里的位置做一个简短的说明，它为我们提供了充分的评价依据。

《滕尼斯传》的作者乌韦·卡斯滕斯（Uwe Castens）是一位从事滕尼斯与基尔地方史研究的学者。作为德国滕尼斯学会的核心成员，卡斯滕斯的研究不能与滕尼斯学会的整体语境割裂开来。我们看到，经历了纳粹政治与世界大战的失败，加之战后美国式自由主义与市场机制在联邦德国的迅速扩张，德国社会学丧失了它的"文化"传统以及学术自信。由

---

① 除了作为二手研究的《滕尼斯传》，目前还有两部汉译的滕尼斯本人的著作，即《共同体与社会：纯粹社会学的基本概念》与《新时代精神》。

于"共同体"在老一代知识分子那里唤起的纳粹记忆,滕尼斯即使没有被遗忘,也被附上了"国家社会主义先驱"的政治标签;而在战后成长起来的年轻一代看来,滕尼斯的学说显然已经过时。从这个意义上讲,滕尼斯学会正试图重新认识滕尼斯的理论遗产,在德国学术传统中给滕尼斯一个公正的地位。尤其值得注意的是,卡斯滕斯作为一名研究基尔地方史出身的学者①,在他的描述里,滕尼斯笔下的任何普遍的理论问题,都流淌着他的佛里斯兰血液,没有什么普世概念和价值的思考,不带着对自身经验世界的情感。而滕尼斯学会作为一个植根于他一生教学活动所在地的"学者共同体",担当了从地区事务出发、实践民主的政治理想的责任。这也可能是卡斯滕斯写一部纯粹的滕尼斯传记的原因。他的意图可能在于:为滕尼斯学会找到价值的基点和实践的方向。不然,我们就无法理解,为何《滕尼斯传》以滕尼斯学会作为故事的完结,更准确地说,作为故事的延续:"让我毫不犹豫地不断前进!"(第363页)

返回滕尼斯研究的背景来看,《滕尼斯传》是第一部纯粹叙事性的人物传记。作为德语世界研究的构成部分,它的"文化史"取向迥异于英语世界对经典人物的"社会科学式"处理。相对于英美学者的"转化"和"移植",缓慢而细致的"重构"成了德国学者应当担负的历史责任。卡斯滕斯非常清楚,传记是最直接、最具广泛影响的研究步骤(序言第1页)。在此之前,经典的滕尼斯研究往往采用"学术传记"的写作模式,通过阐释他的著作和学说,贯通他的一生并重构其学术及人格形象。从滕尼斯的学生爱德华·雅可比(Eduard Jacoby)的《哲学与社会学:斐迪南·滕尼斯的科学道路》②与《滕尼斯社会科学思想中的现代社会》③,到科内留斯·毕克尔(Cornelius Bicke)的《斐迪南·滕尼斯:作为历史主义与理性主义之

---

① 比较有代表性的是卡斯滕斯以"逃离与驱逐"(Flucht und Vertreibung)为主题的一系列关于战后石勒苏益格-荷尔施泰因州(尤其是基尔)的地方史研究。
② Eduard Jacoby, *Philosophie und Soziologie: Ferdinand Tönnies' wissenschaftlicher Weg*, Kiel: Verlag Ferdinand Hirt, 1970.
③ Eduard Jacoby, *Die moderne Gesellschaft im sozialwissenschaftlichen Denken von Ferdinand Tönnies*, Stuttgart: Enke, 1971.

间的怀疑主义启蒙的社会学》①,再到麦尔茨-本茨(Peter-Ulrich Merz-Benz)的《深思与敏锐:滕尼斯社会世界的概念构造》②,无不如此。相较之下,《滕尼斯传》在一个相反的方向,从最朴素的历史事实出发,希望达成对滕尼斯的整体理解。那么,卡斯滕斯成功了吗?

通观《滕尼斯传》,卡斯滕斯最关切的无疑是滕尼斯的"学术"与"政治":滕尼斯是德国社会学最重要的奠基者;他的一生经历了德国的快速现代化与政治的剧烈转变,对待政治(尤其是面对纳粹),他既理性而冷静,又真诚而坚定。

我们承认作者意图的合理性,赞同他思考问题的出发点。然而,如果从整部书的叙事来看,他并没有真正有效地回答这两个问题,他对历史材料的选择与组织,没有在"理论"或滕尼斯本人常用的"世界观"(Weltanschauung)的意义上达到解释的深刻性,似乎只是停留于一种编年体的叙述。如果我们不满足于将传记视作"有温度的"工具书,那么还是应当深入审视本书揭示的一些重要问题。

本文接下来试图围绕《滕尼斯传》关切的"学术"与"政治"问题,从三个方面出发简单地评价该书:1. 最质朴地看来,滕尼斯为社会学带来了怎样的"风格"? 2. 进一步地,如何在理论上理解他的"社会学奠基"? 3. 滕尼斯的政治态度乃至政治理想是怎样的? 它们与其学问有怎样的关系?

---

① Cornelius Bickel, *Ferdinand Tönnies: Soziologie als skeptische Aufklärung zwischen Historismus und Rationalismus*, Opladen: Westdeutscher Verlag, 1991.
② Peter-Ulrich Merz-Benz, *Tiefsinn und Scharfsinn: Ferdinand Tönnies' begriffliche Konstitution der Sozialwelt*, Frankfurt am Main: Suhrkamp, 1995.

第一部分

卡斯滕斯在《滕尼斯传》里一再试图说明,理解滕尼斯的首要意义在于,他是德国社会学最重要的奠基人。为了支持这个论点,作者是这样表述的:

> 社会学是在19世纪市民社会的发展中形成的科学,它可以说是市民阶层对作为工业化后果的社会危机的一种回答……社会学一般被称为想解释社会行动的"社会的科学"。在德国,社会学的奠基人毫无疑问是斐迪南·滕尼斯,因为他是社会学的三大德国经典作家当中最年长者,而他的主要著作《共同体与社会》发表于1887年(早于齐美尔与韦伯的代表作)。(序言,第2页)

可以说,卡斯滕斯将时间的"最早"与意义的"最重要"这两者混同起来,所以在《滕尼斯传》里,滕尼斯言行中的每一个"最早"都被作者刻意地强调。但是很显然,不查究学问本身,而仅仅诉诸"出版时间""作者的职务"乃至于一些附加的行为,在逻辑上都不能得出"重要与否"的判断。毋宁说,对经典作家们做出"重要性"的高低之分,这样的尝试如果不是意气之争,那么意义也是不大的。相反,我们更应该关心的问题是:这些经典作家奠定了怎样的社会学传统?尤其当我们面对内在构成脉络极为丰富的德国社会学时,澄清这一点尤为重要。

卡斯滕斯在这个问题上犯了一个错误,他认为社会学一般被称为解释社会行动的"社会的科学",那么,他就天然地将滕尼斯的社会学与韦伯的"理解社会学"等同起来,用单一的标准看待所有社会理论家,而没有理解滕尼斯"社会学"的特殊出发点。韦伯的"社会行动"的实质是个体行动者主观意义的赋予,或者按照帕森斯的说法,是"唯意志论个人主义"①,相反,当滕尼斯在1881年手稿中将"人类共同生活的事实"作为探讨对象②,在1887年版《共同体与社会》正文开篇指出,"这项理论仅仅把相互肯定的关系当作它的考察对象"③,在《社会学的本质》(1907年)一书中明白地表明"社会学研究的起点是人与人之间相互肯定的事实"④时,他正是将社会学的起点置于"人类共同生活何以可能"的问题上。

作为一部传记,《滕尼斯传》理应从"精神气质"(ethos)的层面回答以上问题。遗憾的是,这个核心并没有为作者抓住,而是涣散于历史材料之中。尽管如此,我们仍然试图从这本书里找到一些线索,它们有助于我们从"精神气质",或者滕尼斯所谓的"生活理想"(Lebens-Ideal)的意义上把握其理论起点。

如果将1881年手稿视作滕尼斯理论体系的草创,那么在此之前,他的早年生活体验与智识形成过程自然成为理解其"精神气质"的依据。

《滕尼斯传》指出,滕尼斯家族是荷兰人的后裔,继承了黄金时代荷兰人的自由的德性与温和的商业精神(第3页);滕尼斯早年生活在政治宽和、民风淳朴的佛里斯兰,"乡村共同体"的生活感受成了未来"共同体理论"的原型(第6页);滕尼斯家族成员以受到尊敬的绅士身份参与地方自治与文化生活(第8—11页);早年在地方文人学校接受的古典教育,与诗人施托姆的交往,让滕尼斯养成了沉思的性格(第22—34页)。从自然上

---

① 马克斯·韦伯:《社会学的基本概念》,顾忠华译,广西师范大学出版2005年版,第4页;Talcott Parsons, *The Structure of Social Action*, New York: Free Press, 1966, pp.473–475。
② Ferdinand Tönnies, " Gemeinschaft und Gesellschaft. (Theorem der Kultur-Philosophie) Entwurf von 1880/1881", in *Ferdinand Tönnies Gesammtausgabe Band 15*, herausgegeben von Dieter Haselbach, Berlin: Walter de Gruyter, 2000, S.33.
③ Ferdinand Tönnies, *Gemeinschaft und Gesellschaft: Grundbegriffe der reinen Soziologie*, Darmstadt: Wissenschaftliche Buchgesellschaft, 1976, S.3.
④ Ferdinand Tönnies, "The Nature of Sociology", in Werner J. Cahman, Rudolf Herberle (eds.), *Ferdinand Tönnies on Sociology: Pure, Applied, and Empirical*, Chicago: The University of Chicago Press, 1971, p.89.

讲,滕尼斯的"精神气质"与西欧乡绅阶层的意识亲和,他对自然的共同生活抱有本真的情感,又绝非陷入蒙昧之中,而是像启蒙主义者那样沉思普遍价值,同时担当故土事务。卡斯滕斯亦承认,在滕尼斯接下来的大学生涯里,"兄弟会"(友谊的共同体)对其情感取向与理论态度具有重要意义(第59—60页)。

滕尼斯的学术生命始于霍布斯研究,这个选择逆反德国士人有"教养"的古典学追求,也有悖于当时盛行的新康德主义潮流。在滕尼斯看来,正是这位长期受到误解的作者对现实经验生活有着最深刻的把握,霍布斯在现代的、社会式文明(Gesellschaft-like civilizaion)背后发现了永恒潜藏着的自然状态:现代人无条件地自我肯定,相互猜忌,为了和平与安全,个人通过契约建立了一个"人造人",然而自然状态这一"美杜莎的头颅"(马克思语)永远保留在文明的纱幕之后。① 问题在于,这种"虚假"而和平的共同生活是好的吗?从滕尼斯本人的"精神气质"出发,他赞赏霍布斯对"和平"的爱与洞察力,"自然状态"凸显的真正"共同生活"的困难,毋宁是滕尼斯思考的出发点。作为"半个英国人"(雅可比语),滕尼斯将霍布斯问题带入德国学术环境里。

---

① Ferdinand Tönnies, "Hobbes and the Zoon Politikon", in Werner J. Cahman, Rudolf Herberle (eds.), *Ferdinand Tönnies on Sociology*: *Pure*, *Applied*, *and Empirical*, Chicago: The University of Chicago Press, 1971, p.61.

第二部分

从霍布斯研究出发,滕尼斯承认霍布斯奠定的现代人性基础与作为其结果的"自然状态",他也试图在德国的"文化"语境里克服"自然状态"。这就是滕尼斯"社会学奠基"的起点。《滕尼斯传》认识到,早在名为《共同体与社会:文化哲学原理》的1881年手稿中,滕尼斯就初步完成了他的理论创造(第85页)。然而,他在随后的叙述中又悖谬地否认了文化哲学与社会学的关联(第229页)。

因此,卡斯滕斯并没有一以贯之地坚持滕尼斯的"社会学奠基"始于"文化哲学"。当他指出,滕尼斯"把霍布斯研究与对国民经济学、自然法、历史上的法学派别、法律史、比较法学及人种学的研究结合起来,形成了《共同体与社会》的基本构想"(第85页)时,他没有清楚地认识到,滕尼斯的"社会学"就源于这一结合,而结合的原则正是德国时代语境中的"文化"(Kultur)以及滕尼斯本人对"文化"的解读,是其"精神气质"在德国学术土壤里的发育。

在早期的滕尼斯与鲍尔森通信里,19世纪德国时代背景中的"文化"与"文明"之世界观冲突构成了他们的核心关切。面对自然科学发展带来的物欲"文明",德国知识分子力图从"文化"即历史、伦理、精神这一端出发,克服前者造成的困境。滕尼斯对通常被视作"机械论"与"培根经验主义"的门徒霍布斯的研究,显然有些逆时代潮流而动。在滕尼斯看来,解决"文化"与"文明"的冲突,并不是直接地、简单地在两者之间做出选择，而是要在时代的困境里，深入到它们的内核之中加以考察。① 正如他在1881年手稿里向哲学家追问的那样，在大规模劳动分化、心灵疏离的现时代，那种坚持普遍观念的哲学能够面对"不同生活理想"的状况吗？②

滕尼斯十分清楚，"自然状态"这一美杜莎的头颅已经无可阻挡地探到经验生活里：人们追逐着各自的利益，他们在不断发展的劳动分工中分化成独立却孤独的个体，每个人都怀揣自认为合理的理想；货币和资本没有感情，而且它们的触角逐步向无限的地域伸张。如果充分承认并尊重这个事实，而且认识其价值的局限，那么，如何在现实的基础上造就一个新的世界观？

在一封写给鲍尔森的信里，滕尼斯勾勒了关于这个"世界观"的想法："在这样一个废墟般的时代，我们需要强大的、冷静的理性哲学唤起一个个时代的英雄。事实上，这并不是没有根据的希望，我们将走向一个启蒙的时代：宗教般的渴望指向了现实的伦理—美学的文化。"③也就是说，我们要认识到一种看似悖谬的结合：启蒙的理性哲学与浪漫主义的伦理—美学文化。在随后的一封信里，滕尼斯向鲍尔森进一步地解释了这种结合的意思及其落脚点："必须在法哲学的意义上，也就是在社群共同意志的意义上，将浪漫主义与理性主义结合在一个更高的统一体中。"④后来，滕尼斯在1887年版的《共同体与社会》的序言里，将之称作"辩证主义"⑤的结合。

正如《滕尼斯传》（第84页）与滕尼斯本人⑥所指明的那样，滕尼斯是

---

① Ferdinand Tönnies, Friedrich Paulsen, *Briefwechsel 1876—1908*, herausgegeben von Olaf Klose, Eduard Georg Jacoby, Kiel: Hirt, 1961, SS.57 - 58.
② Ferdinand Tönnies, "Gemeinschaft und Gesellschaft. (Theorem der Kultur-Philosophie) Entwurf von 1880/1881", in *Ferdinand Tönnies Gesammtausgabe Band 15*, herausgegeben von Dieter Haselbach, Berlin: Walter de Gruyter, 2000, S.37.
③ Ferdinand Tönnies, Friedrich Paulsen, *Briefwechsel 1876—1908*, herausgegeben von Olaf Klose, Eduard Georg Jacoby, Kiel: Hirt, 1961, SS.28 - 32.
④ Ferdinand Tönnies, Friedrich Paulsen, *Briefwechsel 1876—1908*, herausgegeben von Olaf Klose, Eduard Georg Jacoby, Kiel: Hirt, 1961, SS.61 - 64.
⑤ Ferdinand Tönnies, *Gemeinschaft und Gesellschaft. Grundbegriffe der reinen Soziologie*, Darmstadt: Wissenschaftliche Buchgesellschaft, 1976, S.xxii.
⑥ 参见 Ferdinand Tönnies, Friedrich Paulsen, *Briefwechsel 1876—1908*, herausgegeben von Olaf Klose, Eduard Georg Jacoby, Kiel: Hirt, 1961, SS.57 - 58。

在法哲学或孟德斯鸠意义上的法的精神那里找到了理论的立足点。在孟德斯鸠那里,法的精神就是一个民族共同生活的各种关系,这种观点贯彻到后世对法的一般理解里,在 19 世纪的德国,历史法学与历史主义国民经济学正是将原则落实为考察日耳曼民族的历史与诸文化。按照滕尼斯的讲法,他所关心的人类共同生活的哲学就是法哲学,这也就意味着,他明确地承认社群(sozial)生活是必然的,区别只在于所由构成的心理基础(即滕尼斯所谓的"意志"),《滕尼斯传》所引的一段滕尼斯本人的回忆说得很清楚:面对社群的相互关系、意志形式和结合的一切解释,近代的自然法的唯理主义是不够的,"我的想法的核心是,在前唯理主义的愿望和思维里揭示'共同体'的根基,随后我就扩展这个核心,从法哲学转入到社群哲学里"(第 85 页)。在这个意义上,滕尼斯所说的文化哲学首先是考察现实社群生活各个方面的文化科学[①]。

  问题在于:何谓理性主义与浪漫主义结合而成的更高统一体? 或者按照 1881 年手稿里的说法,如何理解文化哲学为文化科学提供了生活理想?[②] 从滕尼斯的早期通信里,我们可以清楚地认识到,这个更高的统一体针对的是德国的现实困境:一方面是绝对个人主义,另一方面是保守的、诗化的浪漫主义或抽象的观念论,它们看似悖谬地,实质上必然而然地结合在一起,这种混合催生出普鲁士帝国的专制,它同时是对外与对内的"战争状态",即国民对国家与民族的狂热而空洞之信仰,以及个人在冷酷的国家机器下经历着私人化和资本化的日常生活。滕尼斯明白,我们应当重塑浪漫主义,但这不是空洞与虚幻的怀古,而是在实实在在的历史与文化生活里寻找一种真实的伦理生活,一种能改变现实的伦理力量。那么,它们的具体形态是怎样的呢?

[①] Ferdinand Tönnies, " Gemeinschaft und Gesellschaft. (Theorem der Kultur-Philosophie) Entwurf von 1880/1881", in *Ferdinand Tönnies Gesammtausgabe Band 15*, herausgegeben von Dieter Haselbach, Berlin: Walter de Gruyter, 2000, S.37.

[②] Ferdinand Tönnies, *Gemeinschaft und Gesellschaft*, Walter de Gruyter, 2000, S.37.

第三部分

卡斯滕斯准确地澄清了这个事实:滕尼斯不是一位"社会悲观主义者",而是怀抱希望地观察一切改革(第174页)。我们可以看到,滕尼斯的政治抉择,都紧密地关联着他的"共同体"意识。反过来说,滕尼斯学说的"实践取向"让其理论形态更鲜明地呈现出来。正如他在1912年版《共同体与社会》接近结尾处写道,"除非文化的分散的胚芽能够保持生命力,除非共同体的本质与观念重新得到滋养,并且新的文化在正在衰亡的文化之内隐秘地发展起来"①,社会才能重获生命。《滕尼斯传》最有价值的地方,可能正是为我们讲述了一些生动的故事,它们有助于我们具体地理解滕尼斯的"共同体"理想,进一步地说,这一理想构成了他的现实政治抉择的最深刻动力。

按照密茨曼的说法,以1887年第一版《共同体与社会》的面世为分界点,滕尼斯经历了从"文化悲观主义"到致力于"塑造民族共同体"的内心转变。② 相对于有关《共同体与社会》成书经历的薄弱讨论,《滕尼斯传》围绕滕尼斯"塑造民族共同体"的努力所讲的故事,更加具体,它们都直接关联着滕尼斯的"共同体"理想及其现实化的可能:从《共同体与社会》之后滕尼斯将"道德统计学"的方法运用"犯罪"的研究,到"伦理文化学会"时期对"家庭改革""学者共同体"以及"工人协会"的倡导,到一战这一契机下凝聚成的"民族共同体"意识(《共同体与社会》第四版和第五版前

---

① Ferdinand Tönnies, *Gemeinschaft und Gesellschaft. Grundbegriffe der reinen Soziologie*, Darmstadt: Wissenschaftliche Buchgesellschaft, 1976, S.215.
② Arthur Mitzman, "Tönnies and German Society, 1887—1914: From Cultural Pessimism to Celebration of the Volkgemeinschaft", *Journal of the History of Ideas*, (1971), pp.507–524.

言,1922年),再到晚年加入社会民主党,对抗纳粹,这种"共同体"的意识在逐步深化,从局部推及整个民族与国家。

不过,需要指出的是,在细致地呈现这些故事的同时,《滕尼斯传》并没有结合滕尼斯相关的文本,讲明白每一事件背后的理据,比如在"犯罪研究"里(如《防范犯罪》,1891年),滕尼斯是不是用"共同体"这个更高的"统一体"来反观"战争状态"呢?在"共同体"的现实构建方面,滕尼斯在伦理文化协会做的《关于革新家庭生活》(1893年)报告以及在相关刊物《伦理的文化》里发表的若干"家庭革新"计划的内容大致是什么?为什么滕尼斯要从"家庭"入手呢?到学者共同体这里,《心理学—社会学观点中的哲学术语》(1906年)是如何表述这一点的?以"汉堡工人罢工"为主题的一系列时评,又是如何论及劳工的自然权利与劳工共同体的?相比以上问题,可能更加困难、有待解决的问题在于:对滕尼斯来说,这些各个层次的共同体构建,如何一步步地融合、发展,最终有机地结合成民族共同体(Volkgemeinschaft)的呢?

就这些问题而言,《滕尼斯传》(或者说"我们"目前)所达到的解释程度只是澄清滕尼斯的"共同体"针对什么。在一处地方,卡斯滕斯引了滕尼斯本人的表述,很准确地概括了滕尼斯的意图:"如果会有所成就,我将会很高兴,因为这将可能会给普鲁士化和面向整个德意志和欧洲的普遍化造成某种平衡(以免造成过于狭隘的普鲁士化)。"(第203页)反普鲁士化意味着反对暴力国家与专制文化在整个德国乃至欧洲的蔓延,尊重地区(邦国)与各个自由团体本身的传统与价值。

滕尼斯曾指出,共同体本质上是共同的情感或共同的意志指向[1],如

---

[1] Ferdinand Tönnies, "Gemeinschaft und Gesellschaft. (Theorem der Kultur-Philosophie) Entwurf von 1880/1881", in *Ferdinand Tönnies Gesammtausgabe Band 15*, herausgegeben von Dieter Haselbach, Berlin: Walter de Gruyter, 2000, S.37.

果我们尚且承认家庭的革新[1]具有自然的情感基础,劳工共同体以工人对其共同命运的天然感受为支撑,那么如学者共同体,尤其是超国家的学者共同体这样一种极端人为的团体如何可能呢? 我们看到,滕尼斯在《心理学-社会学观点中的哲学术语》里,一方面从科学发展的客观脉络中,提供了共同的术语及问题域平台;另一方面,更为根本的问题在于,学者之同情(sympathie)或者说"第二自然"的养成才是根本解决办法。进一步地,滕尼斯呼吁习俗之复兴[2]所造就的情感与伦理力量来塑造民族共同体。当然,这个推及过程背后的复杂机理,有待我们进一步考察滕尼斯的文本。

总的来说,《滕尼斯传》为我们提供了认识滕尼斯其人及其学说的契机,对滕尼斯的进一步理解,还有待我们阅读他本人的文本与相关研究。不过,更加值得重视的,可能是滕尼斯的"共同体"问题对于我们当前生活的意义。毫无疑问,好的共同体是我们每一个人都在寻找的心灵港湾。我们能否冷静地认识现实,能否真诚地感受身边人的情感、同情地理解他们的思虑,以至于推及更遥远的他者,从内心世界尊重乃至饱有温情地注视他们,也许正是我们根本生活意义之所在。进一步地,我们如何将传统的习俗、民情等重新以理解的方式纳入到现实生活之内,仍然是关键议题。从以上的这些意义来说,滕尼斯学说无疑是我们反思自己与现实生活的出发点。

作者单位:中国社会科学院社会学研究所

---

[1] 在《革新家庭生活》的研究里,滕尼斯重新将"家庭"放在现代社会的处境里(日耳曼传统父权制的衰落,现代的男女平等)思考,他既承认了现代"家庭"基于成员自由选择的前提,也相应地提出了成员人数、共同生活的各种原则的建议,以此建立"家庭"中有组织的团体。

[2] Ferdinand Tönnies, *Custom: An Essay on Social Codes*, A. Farrel Borenstein (trans.), New York: Free Press of Glencoe, 1961.

图书在版编目(CIP)数据

商业社会的根基 / 渠敬东主编. —北京：商务印书馆, 2020
（社会理论辑刊. 第二辑）
ISBN 978-7-100-18940-8

Ⅰ. ①商… Ⅱ. ①渠… Ⅲ. ①经济社会学－文集 Ⅳ. ①F069.9-53

中国版本图书馆CIP数据核字（2020）第151844号

权利保留，侵权必究。

社会理论辑刊（第二辑）
商 业 社 会 的 根 基
渠敬东 主编

商 务 印 书 馆 出 版
（北京王府井大街36号 邮政编码 100710）
商 务 印 书 馆 发 行
江苏凤凰数码印务有限公司印刷
ISBN 978-7-100-18940-8

2020年11月第1版　　开本 700×1000　1/16
2020年11月第1次印刷　印张 30½
定价：96.00元